贵州省社会科学院资助出版

贵州省社会科学学术书库2015年

中华人文稽考

蒋南华 黎 斌 著

人民出版社

前　言

中国古代天文历法及其推算，是章黄学派已故学者，著名古星历家张汝舟先生，生前传授给我们几个关门弟子的一门绝学。

我运用这门绝学知识（特别是其推算技术），即以古代天象及其历点记载之推算，再佐以出土文物和历史典籍（即人们惯称的天上、地下和书上材料）为"三证"，对我国七千年文明史中的许多重要历史事件、历史人物和历史典籍的年代及其真伪，如伏羲太皞、炎帝神农和黄帝轩辕等"三皇五帝""人文之祖"的生活年代；古代伟大思想家、教育家孔子和民族爱国诗人屈原的出生年月；历史典籍《山海经》《竹书纪年》《古文〈尚书〉》《逸周书》等的成书年代及其真伪；河南濮阳西水坡45号墓天文图像及其墓主身份和武王伐纣之年代，等等，作了认真、严谨、科学的分析、解读、推算、考证和论述。发表了数十篇学术论文。从而对19世纪二三十年代以来疑古派在中国古代文化和历史文明方面散布的重重疑云，以及某些崇洋媚外，言必称希腊的学者对中国古代文化，特别是对古代天文历法的懵然无知而散布的种种怀疑论调：什么"大禹是条虫"呀，"三皇五帝"是人为的"编造"呀，《竹书纪年》《山海经》等是"伪书"呀，中国古代没有科学历法，顶多是"术而已"呀，屈原是个"箭垛式的人物"呀，等等错误言论，进行了有理有据、科学严谨的澄清与驳斥。文章刊出后，先后分别被全国数十家丛书、文献、文集、宝典、精粹、总览、档案、文库、大全所收录，并被授予"特等奖""金奖"和"一等奖"共86项。如中国国学院专家委员会发给作者的《获奖证书》说："您撰写的《中华古代文明——世界文明史上独占鳌头的奇葩》一文，立意深远，论述独到，内容新颖，具有较高的理论前瞻性和参考、借鉴价值。在万余件参评作品中脱颖而出，荣获优秀作品金奖。"此文被收入《中国国学专家经典文论》一书。《获奖证书》还赞扬作者"在国学领域勇于实践，敢于创新，在前沿理论方面取得了突破性进展，为国家的发展发挥了重要作用"。

现拟出版的《中华人文稽考》，收集了这方面的考据文章共41篇，其内容大体可分为四部分：一是重要历史人物的主要业绩及其生活年代考稽；二是重要历史事件之年代考证；三是几部历史典籍的真伪考辨；四是中国古代历法与中国历史纪年的起始年代之考证。

如：中国历史纪年始于何时？这关系到我们中华文明信史的断代问题，决不能轻肝小视。凡从事中国传统古历研究的同人们都知道：我国的传统记历方法有：帝王纪年法、干支纪年法、岁星纪年法、太岁纪年法和公元纪年法等，因此要知道中国的历史纪年始于何时？首先必须懂得上述几种纪年法的推算及其相互换算。否则，将是丈二和尚，让人摸不着头脑。

史学界的专家们，大都因不懂这种纪年法及其四分古历的推算，所以才提出了"中国历史纪年始于'共和元年'（即公元前841年）"的结论。其实只要仔细查阅《史记》的各《本纪》（如《五帝本纪》《夏本纪》《殷本纪》和《周本纪》）、各《世家》（特别是《鲁周公世家》）、《尚书》（如《商书·太甲》《周书·泰誓》《武成》）和《逸周书》《竹书纪年》以及殷商末年到西周时期的青铜铭器，了解从弋其卣、邑罜、商尊、周师旦鼎、散季殷、何尊、大鼎等到师事簋、叔尊父罋等等的历点记载，并施以推算，就会大悟：原来中国的历史由来远矣！

另据《竹书纪年》和《通鉴外纪》："包牺氏没，女娲氏作，元年辛未"（公元前5810年）和"神农创天元甲子历（公元前5037年甲子）"（《史记索隐》），黄帝"迎日推策"调制"天正甲寅历"（公元前4567年甲寅）（《史记·封禅书》《汉书·律历志》），以及《帝王世纪》：炎帝神农"在位（世）一百二十年而崩"，其子临魁继位，和《通鉴外纪》：帝临魁元年辛巳（公元前4960年），在位六十年……次帝承元年辛巳（公元前4900年），在位六年或云六十年（经考证应为六十六）；帝明元年丁亥（公元前4834年），在位四十九年；帝直元年丙子（公元前4785年），在位四十五年；帝厘一曰克元年辛酉（公元前4740），在位四十八年；帝哀元年已酉（公元前4692年），在位四十三年；帝榆罔元年壬辰（公元前4649年），在位五十五年（公元前4594年），自神农至榆罔四百二十六年（经考证应为486年）。凡八代乃轩辕氏等多方面的史料及其历点记载，经推算得知：早在距今七千年以前，中国历史纪年就已开始了。为此，我用上百的推算和考证为依据发表了《关于中国历史纪年问题的史料与考证》一文，对《夏商周断代工程》中国历史纪年始于"共和元年"之说，提出了商榷。

再如，晋国征灭虢国和虞国的具体时间，我根据《左传·僖公五年》的一段文字："八月甲午晋侯围上阳，问于卜偃曰：'吾其济乎？'对曰：'克之。'公曰：'何时？'对曰：'童谣云：丙之晨，龙尾伏辰，均服振振，取虢之旂。鹑之贲贲，天策焞焞，火中成军，虢公其奔。'其九月十月之交，丙子旦，日在尾，月在策，鹑火中，必是时也。'冬十二月丙子朔，晋灭虢，虢公奔京师。师还，馆于虞，遂袭而灭之"，运用古天文历法及其推算技术，推得晋灭虢国的具体时间是公元前655年农历七月二十九日；晋国回师馆于虞，遂袭而灭虞的时间是公元前655年农历十月初一丙子。

论文发表后被收集在2012年10月由河南科技出版社出版的大型文集《虢史与虢文化研究》的精装本里。该文集主编李久昌先生还在其《60年来虢史与虢文化的发现与研究》（代前言）中评述60年"虢史与虢文化研究的主要成果"时着重指出："虢国灭亡的具体时间大家没有争议。蒋南华根据古代天文历法进一步推算出晋灭虢的具体时间是周历九月的晦日丙子，即公元前655年夏历七月二十九日。纠正了公元前655年夏历十月初一丙子的传统说法。"

又如，孔子生于公元前551年几乎是史学界的定论。在我没有对此问题进行考证以前，我也是从信无疑的。直到前些年，宁波大学的金先生给我来信，并寄来他的两篇质疑文章，要求我对孔子的生年进行考证，以纠正那些"杜撰历史的'权威'"所做的"孔子生于公元前551年9月28日的'权威结论'"，这才引起我的重视。于是我便根据《春秋》"襄公二十有一年……九月庚戌朔，日有食之。冬十月庚辰朔，日有食之"和《谷梁传》之记载："（此月）庚子，孔子生"及《公羊传》"十有一月庚子，孔子生"（唐陆德明音义："上有'十月庚辰'，此亦'十月'也"）的记载，进行推算，得出了孔子生于公元前552年农历八月二十一日这一不可撼动的科学结论，并以

《孔子生年月日考订》一文刊出，郑重回答了宁波大学金先生的要求。

关于屈原的生年月日问题，历来至少有十多种说法。谁是谁非？我根据屈原《离骚》首句"帝高阳之苗裔兮，朕皇考曰伯庸。摄提贞于孟陬兮，惟庚寅吾以降"的自述，运用古代四分历术和太岁纪年法进行推算，得出了屈原生于公元前343年夏历正月二十一日（即寅年寅月寅日）的正确结论。这篇论文发表后，学术界的几位专家学者发表评论称赞蒋某的《屈原生年考辨》"用四种纪年法推算屈原生年，互相验证，历破前人的错误结论；特别是考出'摄提'为星区之名，而不是个别星体之名。从而彻底摧垮了朱子以来一些学者立论的基础，更是石破天惊的创见""超迈前贤，是屈原生年研究的科学总结"。

此外，我还根据心宿大火等四仲中星"中、流、伏、内"的运行规律和恒星运行的岁差秘律，并以公元前2200年《尧典》所载之是年"日永星火"为标准年，推得了燧人氏"察辰心而出火"的具体年代为公元前15098年的精确结论。与赵永恒采用他法所推得的结论"燧人氏'察辰心而出火'的年代，距今1.7万年前后"可谓是异曲同工，殊途同归。

近作《中华文明炎黄肇造七千年》以精密的推算和论证，重申了中华文明始于七千年以前的科学结论。

2016年7月25日于贵阳颐年斋

目　　录

前言 ·· 1

历史人物篇

燧人氏"察辰心而出火"的具体年代之考订 ·················· 1
伏羲、炎黄、少昊、颛顼、帝喾等主要业绩与生活年代之考证 ·········· 5
黄帝轩辕考——略论黄帝其人其事 ···························· 18
尧舜禹生活年代考 ··· 26
云中君为楚祖吴回考 ·· 38
共工及水族源流考 ··· 42
孔子生年月日之考订 ·· 52
屈原生年考辨 ··· 59
屈原及其作品真伪考辨 ··· 79
濮阳西水坡45号墓天文图像及墓主身份考辨 ················ 93

历史事件篇

中华文明——世界文明史上独占鳌头的奇葩 ················ 102
中华文明炎黄肇造七千年 ··· 112
梵净武陵——中华文明之源述略 ································ 124

三星堆文化源流稽探	145
从布依族的历史及其风情习俗探其族源	155
郑州商城非成汤亳都考	161
《红楼梦》为曹雪芹自传性小说考	169

中华传统典籍篇

中华文化的重要源头和瑰宝——《连山》《归藏》和《周易》	180
水文是一种比甲骨文更早的远古文字	193
古文《尚书》真伪考	202
《尚书·尧典》《夏小正》和《月令》论析	213
《诗经·小雅·十月之交》释疑	220
《诗经·豳风·七月》释疑	228
《竹书纪年》真伪考	234
《山海经》的年代与文献价值论	243
《山海经》与中华古历	253
屈赋写作地点与年代考辨	264
《九歌·山鬼》等篇的写作地点与年代考辨	281

中国传统天文历法篇

光辉灿烂的中国古代天文历法	289
中国历史纪年起始年代考	302
二十四节气起始年代之考证	323
论月相与金文历朔的推算	331
北斗星是远古人们的历书与钟表	338
"星期"纪日是我国对世界纪历的最早贡献	342
水历是中华远古历法的"活化石"	350
彝族历法是中华古历的承传	361

武王伐纣年月考 …………………………………… 372
楚历辨正 ……………………………………………… 381
《诗经》用历说 ……………………………………… 395
关于《诗经》的用历与《诗经》断代问题 ………… 403
晋国灭虢、亡虞的具体时间考 …………………… 412

历史人物篇

燧人氏"察辰心而出火"的具体年代之考订

我国是世界上的四大文明古国之一，是最早进入农耕社会的国家。早在七八千年乃至万年以前，我们的祖先出自农牧业生产和生活的需要，十分重视天时（即日月星辰的运行对一年四季春夏秋冬、风云雨雪、寒来暑往等自然现象的影响所形成的变化规律）。

日月星辰恒动不止，周而复始所形成的天象及其变化规律，为我们人类调配和计量年、月、日、时等时间概念，提供了十分精准的科学法则。

据《尚书·尧典》记载：公元前2200年以前的帝尧唐虞就曾命天文官羲和同羲仲、羲叔、和仲、和叔定时定点对心宿大火、鸟宿七星、虚宿和昴宿等四个星宿在黄昏（酉时）的"中、流、伏、内"之运行规律进行观察，并掌握了"日中星鸟""日永星火""宵中星虚"和"日短星昴"等"四仲中星"的授时规律。即当鸟宿七星初昏（酉时）出现在中天（即头顶上空，与地平面垂直成90度交角）的时候，便是夏历仲春二月的"春分"时节。这时白天和晚上的时间一样长，各占六个时辰，即谓之"日中星鸟"（"中"者，半也）；当心宿大火初昏出现在中天的时候，便是夏历仲夏五月的"夏至"时节。这时白天的时间最长，夜晚的时间最短，即谓之"日永星火"（"永"者，长也）；当虚宿初昏出现在中天的时候，便是夏历仲秋八月的"秋分"时节。这时夜晚和白天的时间一样长，各占六个时辰，即谓之"宵中星虚"（"宵"者，夜也。"中"者，半也）；当昴宿初昏出现在中天的时候，这时便是夏历仲冬十一月的"冬至"时节。这时白天的时间最短，夜晚的时间最长，即谓之"日短星昴"。心宿三星，特别是其中的大火，是二十八宿夏夜星空中最明亮的星星，最容易用肉眼识别。因此早在一万年以前（也可能更早），我国先民在长期的观象授时的实践中，就已掌握它"中、流、伏、内"的运行规律。远古的人们发现：当心宿大火初昏出现在中天的时候，即谓之"火中"。这时的白天最长，夜晚的时间最短，即《尚书·尧典》所谓的"日永星火"（《礼记·月令》谓之"季夏之月〔即夏历仲夏五月〕昏火中"）。这时正好是一年二十四节气的"夏至"之交气时刻，时间是夏历仲夏五月。这时太阳也正好处在北回归线二十三度半的上空。

当心宿大火初昏在中天偏西30度的天空出现（即与地平线构成60度之交角）的时候，即谓之"火流"（亦谓"流火"，如《诗经·豳风·七月》："七月流火，九月授衣"之"流火"）。此时即是二十四节气之"大暑"的交气时刻。时间是夏历季夏六月（殷历为七月，周历为八月）。

当心宿大火初昏隐伏在中天偏西60度（即与地平线构成30度之交角）的时候，即谓之"火伏"（大火隐而不明，如《大戴礼·小正》曰："八月辰则伏。"辰即大辰，主星心宿大火）。这时即是二十四节气之"处暑"的交气时刻。时为夏历孟秋七月。

当心宿大火初昏在中天偏西90度（即与地平线的交角为0度），也就是心宿大火进入地平线的时候，即谓之"内火"（"内"者，纳也，也就是"进入"的意思。如《大戴礼·小正》："九月内火。"殷历九月为夏历八月）。此时为夏历仲秋八月的"秋分"时刻。这时太阳也正好从北回归线回到了地球赤道的上空。这天夜晚和白天的时间一样长，各占六个时辰。是《尚书·尧典》所谓的"宵中星虚"之日（此日初昏酉时虚宿正好现于中天，出现在人们的头顶上空）。

心宿大火环绕着地球黄道带由东向西所进行的视运动，一天西移一度，一月西移30.45度（即365.25÷12＝30.45），一年十二个月西移一周天，即365.25度。掌握了心宿大火（和其他恒星）的这一运行规律及其岁差率（即七十一年八个月恒星东移一度的规律），并以《尚书·尧典》"日永星火"，即心宿大火初昏酉时现于"中天"的年代——公元前2200年夏历仲夏五月"夏至"为标准历点，就可以精准地推算和考订我国历史典籍或出土文物所记载的心宿大火初昏（酉时）"中、流、伏、内"或卯（或辰）时从东方地平线升起，即"晨出""晨现"等历点的具体年代。

例如：《韩非子·五蠹》和《礼含文嘉》《尸子》《尚书·大传》《路史》等云：上古圣人燧人氏"上观辰心"（即以心宿大火为观察天象的标准主星"大辰"），"观乾（天）象，察辰心而出火，作钻燧，别五木以改火"（《路史》），亦即《中论》所云之"察时令而钻火"（其意为：观天象以心宿大火为标准星进行观察，而当心宿大火"晨出"于东方地平线的时候，就进行钻木取火，并令人们随时令之变化而起用新火）。其具体年代，我们就可以根据心宿大火初昏酉时"中、流、伏、内"的运行规律推知：从心宿大火初昏酉时"内火"（进入西方的地平线），到逆行（即东移）至东方的地平线，于"卯时"（或辰时）"晨出"东方（初晨从东方升起）时，心宿大火已环绕地球黄道带由西往东移动了180度。而恒星（如心宿大火）由西向东每东移一度时，其岁差秘率是七十一年八个月。我们根据这个岁差率并以公元前2200年"日永星火"为标准年，就能推算出燧人氏"察辰心而出火，作钻燧，别五木以改火"的具体年代是：180×71又$8/12 + 2200 = 15098.8$，即公元前15098年，距今17111年。

我们推得的这一结果，同赵永恒《燧人氏"察辰心而出火"的可能年代》（见《重庆文理学院学报》2013年第4期）"大火星'季春晨出'的年代为公元前17254年至公元前14809年，大火星'季秋晨没'的年代为公元前15150年至公元前12779年。这样大火星既在'季春晨出'又在'季秋晨没'的年代为公元前15150年至公元前14809年。即燧人氏'察辰心而出火'的年代距今1.7万年前后"的结论，殊途同归，非常一致。

燧人氏"察辰心而'出火'，作钻燧，别五木以改火"（似后世民俗"寒食"过后的起火开荤习俗）之年代距今17111年。这时正是我国早期陶器烧制时期。湖南道县玉蟾岩等遗址出土的，其年代距今15000年至18000年的稻谷遗存和陶器残片，便是最好的见证。

此外，近年考古工作者在湖南常德临澧县官亭乡竹马村发现的距今18000年的高台木楼建筑亦是最好的印证。我国人工钻木取火、陶器烧制、房屋建筑和水稻种植等等开中华文明之滥觞的历史久矣！

作者2015年10月于贵阳颐年斋

伏羲、炎黄、少昊、颛顼和帝喾等主要业绩与生活年代之考证

大量的古代典籍和历史传说以及考古发现与出土文物不断证实：数千年以前，在中华大地就先后出现了伏羲太皞、炎帝神农、黄帝轩辕、战神蚩尤和少昊青阳、颛顼高阳、帝喾高辛、水师共工以及尧舜禹等创世英雄和推动历史前进的伟大人物。人们称他们为"三皇五帝"或中华民族的"人文之祖"。

《史记·补三皇本纪》云：早于炎帝神农"凡十五代"的"太皞庖牺（伏羲）氏，风姓，代燧人氏继天而王。母曰华胥，履大人迹于雷泽（今洞庭湖）而生庖牺于成纪（"成"或作"陈"或"睢"。"纪"，即"冀"，指翼宿。为今湖南怀化洪江市辰水之畔的高庙）。蛇身人首，有圣德。仰则观象于天，俯则观法于地，旁观鸟兽之文与地之宜，近取诸身，远取诸物，始画八卦，以通神明之德，以类万物之情。造书契以代结绳之政。于是始制嫁娶，以俪皮为礼。结网罟以教佃渔，故曰宓牺氏。养牺牲以庖厨，故曰庖牺。有龙瑞，以龙纪官，号曰龙师。作三十五弦之瑟……"《帝王世纪》《水经注》《通纬河图稽命征》《史纲评要》和《元和郡县志》等亦曰："燧人之世，有巨人迹出于雷泽，华胥以足履之有娠，生伏羲于成纪。"《路史·后纪》罗萍注引《宝椟记》曰："帝女游于华胥之渊（远古之时常德西洞庭湖区有'华胥氏之国'，华胥之渊即洞庭湖畔），感蛇而孕，十三年生庖牺。"19世纪30年代长沙子弹库出土的《楚帛书·乙编》云："雹戏（庖牺）出自震（即'雷泽'，今洞庭湖），居于睢□（即'成纪'，今怀化洪江市辰水之畔的高庙）……乃取狙□□之子，曰女娲（或作'女皇''女常'）。""伏羲氏刳木为舟，剡木为楫。舟楫之利以济不通"（《易·系辞下》）。"因燧皇之图而制八卦"（《三国志·魏书》）。"八卦作三画，以象二十四气"（《晋书·律历

志》）。"仰观俯察谓以天之七曜二十八星（宿），周于穹圆之度，以丽十二位"（《隋书·律历志》）。"立周天历度"（《周髀算经》）。"作十言之教，曰：乾、坤、震、巽、坎、离、艮、兑、消、息，无文字。谓之《易》"（郑玄《易赞·易论》）。"获景龙作龙书"（《尔雅翼》）。崩于"女娲（女皇、女常）氏作（之）元年辛未"，葬"山阳"（《路史》《世说新语》《元和郡县志》）。

晚出伏羲太皞氏"凡十五代"的"神农氏，姜姓，母曰任姒，有蟜氏之女，名安登，为少典妃。游华阳（今湖南会同连山乡之常羊山），有神龙首感女登于常羊，生炎帝（《路史·后记》曰：'生神农于连山之石室。'），人身牛首，长于江水（今长江沅水的支流渠江）""有圣德，以火承木，位在南方……""初都于陈（今怀化洪江高庙）""作五弦之琴""始教天下种谷"，"重八卦之教，究八八之体为六十四卦。""又（迁）都于鲁"（"鲁"通"渌"，即长沙市南郊湘江东岸的古"渌"。《衡湘稽古》曰："炎帝连山氏，以长沙为历山（连山）国"），"在位百二十年辛巳，而崩，葬长沙。"（《路史·后记》葬于"长沙茶乡之尾，茶陵。"）"纳奔水氏女曰听䀢，生帝临魁，次帝承，次帝明，次帝直，次帝厘，次帝哀，次帝榆罔，凡八世命五百三十年"（《帝王世纪》）。《礼记·祭法》疏引《春秋命历序》曰："传八代，合五百二十岁。"（笔者注，实为486年。）

《皇王大纪》曰："神农立极，先定乾坤，推五德之运，以火承木，因以纪官……作为陶冶，合土范金制金斧、耒耜、枷芟、枪刈、耨镈、茅蒲、袯襫……兴农桑之业，春种夏耘秋获冬藏，为台榭而居。治其丝麻，为之布帛……作穗书，以颂时令……神农亲耕，后亲织，以为天下先……命天下日中为市，聚天下之货，交易而退……绳丝削桐为五弦之琴（《世本·作篇》曰：'神农氏琴长三尺六寸六分，上有五弦，曰：宫、商、角、徵、羽'），咏丰年之歌，以通神明之德，合天人之和（《尚书通考》《礼记注疏》等曰：神农乐名《扶持》亦曰《下谋》'）。法省而不烦，威厉而不杀，俗朴而不争，不令而人化……神农居天位百有四年而殁……（其子临魁即位）次帝临魁在位八十年（实为六十年），帝承在位六十年（实为六十六年），帝明在位四十九年，帝直在位四十五年，帝来在位四十八年，帝哀在位四十三年，帝榆罔在位五十五年。"

《资治通鉴》《资治通鉴外纪》《史记·补三皇本纪》《淮南子》《吴越春秋》《太平御览》《商君书》《庄子》《白虎通》《易·系辞》《世本》等亦曰：炎帝神农"教民播种百谷，斫木为耜，揉木为耒，春耕夏耘，秋获冬藏……日中为市，致天下之民，聚天下之货，交易而返，各得其所"（《资治通鉴》）。"作陶冶斤斧，为耒耜锄耨，以垦草莽。然后五谷兴，以助果蓏实而食之。又尝百草酸咸之味，察水之甘苦，令民知所避就。……都鲁（'渌'），以火纪官，其俗朴重端悫，不分争而财足，无制令而人从，威厉而不杀，法省而不烦，列廛于国，日中为市，以聚货帛。国实民富而教化成（《路史》：'令司怪主卜，巫咸、巫阳主筮'）。削桐为琴，绳丝为弦，以通神明之德，合天人之和……纳奔水氏之女听詙，生帝临魁。神农崩临魁继位。帝临魁元年辛巳，在位六十或云八十年（经考证应为六十年）；次帝承元年辛巳，在位六年或云六十年（经考证应为六十六年）；帝明元年丁亥，在位四十九年；帝直元年丙子，在位四十五年；帝厘（釐）一曰克，元年辛酉，在位四十八年；帝哀元年己酉，在位四十三年；帝榆罔元年壬辰，在位五十年。自神农至榆罔四百二十六年（经考证应为四百八十六年）。"（《通鉴外纪》）"炎帝神农氏……以火名官，斫木为耜，揉木为耒，耒耨之用，以教万民。始教耕（《周书》：'耕而作陶'）……作蜡祭，以赭鞭草木，始尝百草（《世本》：'和药济人'），始有医药（《诗传名物集览》：'作方书以疗民疾。'），又作五弦之琴。教人日中为市，交易而退，各得其所。遂重八卦为六十四爻（《三国志》：'庖牺因燧皇之图而制八卦，神农演之为六十四'），初都陈（洪江高庙），后居曲阜（'曲阜'为'于渌'的谐音），立一百二十年崩，葬长沙……神农纳奔水氏之女曰听詙，为妃，生帝魁。……凡八代，五百三十年（实为486年）而轩辕氏兴焉。"（《史记·补三皇本纪》）神农倡"《连山易》其经卦八，以'艮'为首"，"艮为山，山上山下，是名《连山》，云气出纳于山"（宋·王应麟《玉海》），别卦六十有四。"正节气，事寒暑"（《事物纪原·正朔历数部》），"正四时之制"（《尸子》），"分八节，以始农功"（《晋书·律历志》），创"上元太初历"亦即"天元甲子历"（《汉书·律历志》）。

继炎帝神农第八代榆罔而"代神农氏"的黄帝"生于寿丘"（洞庭湖之君山），乃"少典之子（裔），姓公孙，名曰轩辕。生而神灵，弱而能言，幼而徇齐，长而敦敏，成而聪明"，"神农氏世衰……诸侯咸尊轩辕为天子，代神农氏"（《史记·五帝本纪》）。"黄帝居轩辕之丘（即'寿丘'，今岳阳之君山），娶于西陵氏（《路史·国名记》：'今湖北江夏、安陆间，古有西陵氏国'）之子是谓嫘（亦作'雷'）祖氏，产青阳及昌意。青阳降居泜水（今湖南芷江），昌意降居若水（今湖南会同县若水镇金〔真〕龙山有建于宋元以前的八角盔顶太子塔一座。上有石刻楹联一副，为：'助国灵威昭胜地，封王帝泽耀名山。'横额为：'德配乾符'四个大字）。昌意娶于蜀山氏（湖南辰州一带）之子谓昌濮氏，产颛顼（应为颛顼之父韩流。《山海经·海内经》云：'昌意降居若水，生韩流。韩流擢首、谨耳、人面、豕喙、麟身、渠股、豚止，娶淖子曰阿女，生帝颛顼。'），颛顼娶于滕奔氏（滕奔氏之子女渌，长沙市南郊湘江东岸'古渌国'之女）产老童，老童娶于竭水氏（之子高蛙氏），产重黎及吴回。"（《大戴礼·帝系》《史记·五帝本纪》）

"黄帝采首山铜，铸鼎于荆山下"（《史记·封禅书》），"张咸池之乐于洞庭之野"（《庄子·天运》），"过（居）洞庭（轩辕之丘）从广成子受自然之经"（《抱朴子·内篇》《广博物志》《绎史》），"南至于江（资水）登熊湘"（《史记·五帝本纪》），同炎帝榆罔派的风后祭祀先祖女娲并歃血为盟（曹辰阶《美人窝》），"登熊耳山以望（遥祭）江汉"（《史记·封禅书》），南行衡岳"受戒于衡山金简峰"（徐灵期《南岳记》），"亲与帝榆罔战于阪泉"（元·王芮：《历代蒙求》）。"黄帝迎日推策（朔）"（《史记·五帝本纪》）。"考定星历，建五行，起消息，正闰余"（《史记·历书》），"令大挠造甲子，容成造历，令仓颉统一文字"（《吴越春秋》），于"阏逢摄提格仲冬十一月甲子朔旦冬至"，继"上元太初历"之后，调制"天正甲寅历"（《汉书·律历志》）。"令雷祖西陵氏功桑蚕"（《路史》《衡山湘稽古》），"立明堂"（《管子》），"作宫室"（《白虎通》），"命宁封子为陶正"（《搜神记》），"都于有熊"，"在位百年，崩于荆山之阳葬桥山"（《历代帝王年表》《山海经·中山经》），其"陵在湘阴鼎湖"（《湖广通志》）。

《史记集解》皇甫谧曰："黄帝在位百年而崩，年百一十一岁。""轩辕之时，蚩尤作乱。黄帝乃征师诸侯，与蚩尤战于涿鹿之野，遂禽杀蚩尤"（《史记·五帝本纪》等）。

黄帝崩，其子玄嚣"青阳代之，是为少昊"（《帝王世纪》），青阳治地在"云梦之阳（南）"，为长沙属地。"今长沙府北有青州云田，传以为青阳、云阳之故地"（《汉书·邹阳传》《南岳志》《山海经·沅水注》《中国古今地名大辞典》）。"少昊在位八十四年而崩"（《帝王世纪》），葬"茶陵"（刘俊男《华夏上古史研究》：今"茶陵有青阳氏坟"）。

少昊早年曾"孺"韩流之子颛顼于"东海之外少昊之国"（《山海经·大荒东经》）。"及少昊之衰也颛顼受之"（《国语·楚语下》）。"颛顼乃代少昊而立。""即位居濮"（《今本竹书纪年》）（清代王鸣盛《尚书后案》云："湖南辰州实古濮地"）。"在位七十八年，年九十八"，"岁在鹑火而崩，葬东郡"（《史记集解》《左传·昭公八年》）。其冢在"东郡濮阳顿丘城门外广阳里中"（《皇览·冢墓记》）。

"静渊以有谋，疏通而知事，养材以任地，载时以象天，依鬼神以制义，治气以教化，絜诚以祭祀"的颛顼去世之后，"玄嚣（青阳）之孙高辛立，是为帝喾"（《史记·五帝本纪》）。帝喾"高辛于颛顼为族子"，"生而神灵，普施利物，聪以知远，明以察微，仁而威，惠而信，修身而天下服。取地之财而节用之，抚教万民而利诲之，历日月而迎送之，明鬼神而敬事之"（《史记·五帝本纪》）。"年十五而佐颛顼。三十（五）登位都亳"，"在位七十年，年百五岁"（《史记·五帝本纪》《正义》《集解》）。其"冢在东郡濮阳顿丘城南台阴野中"（《皇览·冢墓记》）。从上述伏羲太皞、女娲、炎帝神农、黄帝轩辕、少昊青阳、颛顼高阳和帝喾高辛等人的生平事迹中得知：

1. 早于炎帝神农"凡十五代"的伏羲太皞，生于成纪（"睢□"），"继天而王"，"都于成（'陈'、'睢'）"，崩葬"南郡"。

2. 伏羲逝世，其妻"女娲氏作，元年辛未"。为中国和世界最早的第一位女王。

3. 晚于伏羲太皞"凡十五代"的炎帝神农生于常羊"连山之石室"，于"阏逢困敦"（甲子）之年"正四时之制"，"创上元太初历"（亦即"天元甲子历"），"分八节，以始农功"。"都于成"，"又都于鲁（渌）"，以长沙为中心，建"连山国"。"在位一百二十年崩，葬长沙"之"茶陵"。其子临魁继位是为"元年辛巳"。临魁"在位六十年"崩。次帝承继位"元年辛巳，在位六十六"崩，帝明继位"元年丁亥，在位四十九年"崩，帝直继位"元年丙子，在位四十五年"崩，帝厘一曰克继位"元年辛酉，在位四十八年"崩；帝哀继位"元年己酉，在位四十三年"崩；帝榆罔继位"元年壬辰，在位五十五年"被黄帝轩辕所灭。自神农至榆罔（"凡八代"）为四百八十六年。

4. 继炎帝神农"第八代"（"合四百八十六年"）榆罔而"代神农氏"的黄帝轩辕氏生于"寿丘"（君山"轩辕之丘"）。后同风后结盟于熊湘山（今湖南益阳修山），并于"榆罔五十五年"，"亲与帝榆罔战于阪泉"。尔后又"与蚩尤战于涿鹿之野"而"禽杀蚩尤"，"迎时推策"，"考定星历"于"阏逢摄提格仲冬十一月甲子朔旦冬至"，调制"天正甲寅历"。"都于有熊"，"在位百年而崩，年百一十一岁"，葬"桥山"，其"陵在湘阴鼎湖"。

5. 黄帝崩，其子少昊"青阳代之"。"少昊在位八十四年而崩"，葬"茶陵"。韩流之子颛顼"代少昊而立"，"颛顼在位七十八年，年九十八"，"岁在鹑火而崩"，葬"东郡濮阳顿丘城门外广阳里中"。

6. 颛顼崩，帝喾高辛"三十（五）登位，都亳"，"在位七十年，年百五岁"葬"东郡濮阳顿丘城南台阴野中"。

推算和考证明确以上六条相关事件及其确切年代，不仅可以洞悉伏羲、女娲、炎帝神农及其子孙（从临魁至榆罔"凡八代"）和黄帝、蚩尤、少昊、颛顼、帝喾高辛等人的具体生活年代，而且还能明确中华文明的起始年代。

1. 炎帝神农"审寒暑""正四时之制"，创"天元甲子历"、"分八节以始农功"。我们根据"历元"数次始于"○"（即甲子年甲子月甲子日甲子时合朔并交冬至），这一千古不变的制历原则和《史记·甲子篇》《汉书·律历志》等提供的四分历术及其推算原理、方法和数据，推得炎帝神农创制的"上元太初历"（亦即"天元甲子历"），始于公元前5037年甲子的前子月朔日冬至（即农历十一月初一零时。此时即为历元之始的甲子年甲子月甲子日甲子时。具体推算方法，详见拙著《中华传统天文历术》，海南出版社1996年版）。

采用同样的原理和方法，根据《汉书·律历志》"乃以前历上元太初四千六百一十七至元封七年，复得阏逢摄提格之岁，中冬十一月甲子朔旦冬至，月在建星"之记载，我们推得黄帝轩辕氏"迎日推策"，"考定星历"调制

"天正甲寅历"的时间是公元前4567年甲寅。黄帝的"天正甲寅历"比神农的"天元甲子历"晚出470年。

2. 炎帝神农"在位（世）一百二十年而崩"，其子临魁继位。是时为"帝临魁元年辛巳"。这就是说炎帝神农是"辛巳年"逝世的，他活了"一百二十岁"（刚好两个"甲子"）。那么他的生年亦必是"辛巳"。这"辛巳"当为何年？我们已知神农于公元前5037年甲子，创制了"天元甲子历"。则神农生年必是早于创制"天元甲子历"之"甲子"43年的"辛巳"（0－17＋60＝43），即公元前5080年"辛巳"（5037＋43＝5080）。其卒年必是公元前4960年辛巳（5080－120＝4960）。据此，我们还可推知次帝临魁至榆罔等帝的在位年代："临魁元年辛巳"即神农逝世之年公元前4960年辛巳。临魁"在位六十年"，其去世之年则为公元前4900年辛巳。临魁崩帝承即位，则"帝承元年辛巳"为公元前4900年；"位在六十六年"至公元前4834年（丁亥）："帝明元年丁亥"为公元前4834年，"在位四十九年"至公元前4785年（丙子）；"帝直元年丙子"为公元前4785年，"在位四十五年"至公元前4740年（辛酉）；"帝厘一曰克，元年辛酉"为公元前4740年，"在位四十八年"至公元前4692年（己酉），"帝哀元年己酉"为公元前4692年，"在位四十三年"至公元前4649年（壬辰）；"帝榆罔元年壬辰"为公元前4649年，"在位五十五年"至公元前4594年（自神农至榆罔"凡八代"，四百八十六年〔120＋60＋66＋49＋45＋48＋43＋55＝486〕），最后被黄帝轩辕氏所灭。

据此亦知：黄帝是在征灭炎帝榆罔之后的二十六年调制了"天正甲寅历"（公元前4594年征灭榆罔减〔公元前〕4567年〔调制天正甲寅历〕等于26〔年〕）。

3. 颛顼"岁在鹑火而崩"，我们用古代岁星纪年法推得：公元前4393年为"岁在鹑火"之年。是年颛顼逝世。颛顼活了"九十八岁"，"二十而登帝位"，"在位七十八年"。那么颛顼的生年必是公元前4491年（4393＋98＝4491）；其在位之年，必是公元前4471年（4491－20＝4471）至公元前4393年（4491－78＝4393）。即位居濮（湖南辰州），逝世葬于"东郡濮阳……"。

颛顼"代少昊"而立，则颛顼元年公元前4471年就是少昊卒年。而"少昊在位八十四而崩"，葬"茶陵"。如此，则少昊"代黄帝而立"元年，必是公元前4555年（4471+84=4555）。此年即为"黄帝在位百年而崩"之年，而黄帝活了"一百一十一岁"，则黄帝生年必是公元前4666年（4555+111=4666）！

4. 颛顼去世后，其继承者为帝喾高辛。高辛"年十五而佐颛顼，三十（五）登位，都（亳）"，"在位七十年，年百五岁"，葬"东郡濮阳顿丘城南台阴野中"。据此推知：帝喾高辛生年必是公元前4428年（颛顼崩年公元前4393年），即帝喾高辛登位元年（4393-70+105=4428），其卒年必是公元前4323年（4393-70=4323）。

关于伏羲、女娲的生活年代，我们根据伏羲早于炎帝神农"凡十五代"之说，并以炎帝神农至榆罔"凡八代""合四百八十六年"为参数。进行分析和估算，则知伏羲太皞和女娲的生活年代当为公元前5800年至公元前6000年之间。伏羲去世时，继承其王位的则是他的夫人"女娲"（女皇、女常）。而"女娲"这位中国和世界的第一位女王，其即位之年则是"辛未"（"女娲之作元年辛未"）。据此，我们推断女娲"元年辛未"（即伏羲太皞逝世之年）必是公元前5810年辛未。如此则伏羲太皞生年应为公元前5900年左右。

为了使上面推算得出的结论条理化以便阅读，现将其疏理如下：

1. 伏羲太皞生于公元前5900年左右，卒于公元前5810年辛未，葬"南郡"。中国和世界的第一位女王，女娲元年为公元前5810年辛未。

2. 炎帝神农生于公元前5080年辛巳，公元前5037年甲子创制"上元太初历"（亦即"天元甲子历"）。卒于公元前4960年辛巳（在世一百二十年），葬"长沙茶陵之尾——茶陵"。

次帝临魁元年为公元前4960年辛巳，卒于公元前4900年（"在位六十年"）；帝承元年为公元前4900年辛巳，卒于公元前4834年（"在位六十六年"）；帝明元年为公元前4834年丁亥，卒于公元前4785年（"在位四十九年"）；帝直元年为公元前4785年丙子，卒于公元前4740年（"在位四十五年"）；帝厘一曰克元年为公元前4740年辛酉，卒于公元前4692年（"在位四十八年"）；帝哀元年为公元前4692年己酉，卒于公元前4649年（"在位四十三年"）；帝榆罔元年为公元前4649年，公元前4594年被黄帝轩辕氏所灭。（"在位五十五年"）。

3. 黄帝轩辕氏生于公元前 4666 年。公元前 4655 年登位，"在位百年"；公元前 4594 年征灭炎帝榆罔；公元前 4567 年甲寅，调制"天正甲寅历"。卒于公元前 4555 年（"年百一十一岁"），葬"桥山"，"陵在湘阴鼎湖"。

黄帝之子少昊立于公元前 4555 年，卒于公元前 4471 年（"在位八十四年"而崩）；葬"茶陵"。帝颛顼生于公元前 4491 年；公元前 4471 年登位（"二十登位"）；公元前 4393 年"岁在鹑火而崩"（"在位七十八年，年九十八"），葬于"东郡濮阳……"帝喾高辛生于公元前 4428 年，公元前 4393 年登位（"三十五登位"）；公元前 4371 年庚午年，（五十七岁时）战败水师共工；卒于公元前 4323 年（"在位七十年，年百五岁"），葬于"濮阳"，"冢在东郡濮阳顿丘城南台阴野中"。

以上推算和考证得出的伏羲、女娲、黄帝、炎黄、少昊、颛顼、帝喾等人的主要事迹与生活年代，是否信实可靠，我们将从以下两方面加以验证。

一、我们以神农于公元前 5037 年创制"天元甲子历"和颛顼公元前 4393 年"岁在鹑火而崩"为坐标，用数学计算法，分别加减各有关帝王的在位年数，所得结果就能验证其年代的真实可靠性

如炎帝神农生年公元前 5080 年是否信实？我们可用其生年公元前 5080 年之数（5080）减去自神农至榆罔凡八代 486 年之数（486），再减去黄帝自榆罔殁年（5080－486）至少昊代立元年（即"岁在鹑火"，公元前 4393＋78＋84）间的在位年数"39"[（5080－486）－（4393＋84＋78）]，再减去少昊在位年数"84"，再减颛顼在位年数"78"，就得颛顼卒年为公元前 4393 年即"岁在鹑火"之年（算式：5080－486－[（5080－486）－（4393＋84＋78）]－84－78＝5080－486－39－84－78＝4393）。或以颛顼"岁在鹑火而崩"的公元前 4393 年，加颛顼在位年数"78"，再加少昊在位年数"84"；再加黄帝自榆罔殁年（5080－486）至少昊元年之间的在位年数"39"[（5080－486）－（4393＋84＋78）]，再加自神农至榆罔"凡八代"合 486 年之数 486，然后减去神农生年至创制"天元甲子历"之间的甲子数次（0－17＋60＝43）的"43"，就等于"5037"，即炎帝"神农创制天元甲子历"的公元前 5037 年甲子（算式：4393＋78＋84＋[（5080－486）－（4393＋84＋

78）］＋486－43＝5037）。

二、用考古发现和出土文物来验证其主要事迹与年代的真实性

1. 2005年5月我国考古工作者,在湖南怀化洪江市发现了距今7800年至6400年前的高庙文化遗址,出土了绘有八角星图(即无字八卦图)、太阳神鸟(凤凰)图案和獠牙神兽的白陶器、文字刻画符号以及玉钺、玉璜、玉玦等精美绝伦的玉器和象牙雕刻制品以及略呈八字型的"双阙式"宫殿和两排或三排的楼房建筑、神像与大型祭祀场。此外还出土了大量的猪、牛、羊、鹿等动物兽面纹陶器和平底木板风帆船陶画以及猪、牛、羊、鸡、鸭等家禽家畜和象、鹿、麂、鱼等动物骸骨。尤其值得重视的是,这里还出土了一尊头上刻有"马猴王"即"狙尾氏"的石头神像和一座地位显赫的夫妻并穴合葬墓。墓穴中的随葬品有一件象征权力的带扉牙的玉钺；一件长条形的精细石斧；两块玉璜,一个玉玦和一根雕刻有凤凰等精致图案与花纹的象牙。此外,还有一张编织精细的竹席和其他随葬品。这些均充分证实:洪江高庙文化遗址,是7800年前的伏羲太皞,"生于陈","仰则观象于天,俯则观法于地"；"始画八卦""造书契""结网罟""以佃渔""养牺牲(猪、牛、羊)""刳木为舟,剡木为楫"……"乃娶狙尾氏之子曰女娲"为妻,死后并葬于斯,"都于成"的王都；亦是炎帝神农"作陶冶斤斧""为台榭而居""主祭祀""观天象",创制"连山(无字)八卦""推五德之运""创天元甲子历"和"初都于陈"的地方。

又如1987年考古工作者在安徽含山县凌家滩遗址发现的距今6500年前的"含山玉版",从玉版中央的正方形四边的八个 ▲▲ 相连,分别指向正东、正西、正南、正北和东北、东南、西南、西北八个方位(隐含四时八节)的"无字八卦图"证实:这"含山玉版"同高庙遗址出土的八角星图(即无字八卦图)是一脉相承的关系。它是"《连山易》和《归藏易》(即伏羲、神农和黄帝)的前期八卦图"；是伏羲和神农之易"初无文字,只有一图以寓其象,而天地万物之理,阴阳始终之变(尽)具"的实证(邵雍:《论伏羲连山之易》)。

2. 近年从湖南岳阳君山(即"轩辕之丘")发现的距今七八千年前刻在

岩石上的"星云图"以及20世纪90年代在湖南长沙市南郊东岸（即炎帝神农"又都于鲁"的古"渌"之地）出土的一个距今6900年到7100年绘有图画花纹和文字符号的彩陶罐残片，其文字符号内容为："我们在江边聚居，人丁兴旺，禾苗茂盛……"（周建忠主编：《楚辞研究信息快报》1994年8月10日）。另外，在会同县连山乡龟头坡人们发现的七千年前刻有"二十八宿和北斗"等天文星象的"星象石"，连山乡居民2008年在兰台坡附近的坛子墙遗址捡到的一个罐底烧刻有阴阳太极图的小陶罐以及1989年5月考古工作者在河南舞阳县贾湖遗址发现的七八千年前，音乐水准极高的"五声音阶"和"七声音阶"的骨笛，1990年在河南密县发现的黄帝战蚩尤九战不胜退守南密时，同大将风后演创的八阵兵法"风后八阵兵法图"（《光明日报》1990年7月16日《文摘》）等等证实：早在六千年前乃至七八千年间伏羲、神农制作琴瑟，发明音乐（《世本》《说文》），黄帝"命伶伦造律吕"，"命荣援作十二律"（《山海经》），以及伏羲、神农"观天象""画八卦""造书契""耕而作陶"，黄帝战蚩尤等全是铁的史实。

3. 1987年6月考古工作者在河南濮阳西水坡发现的45号墓葬及其出土文物：墓主头南脚北仰卧，左侧用蚌壳摆塑着一条龙，右侧用蚌壳摆塑着一只虎。脚端北侧还有一个用两根人胫骨和蚌壳摆塑的略呈三角形的北斗星图案。有专家经研究指出：这是帝喾高辛时代"三辰"观象授时的生动见证。人胫骨的斗杓指向正东，即蚌塑东方苍龙七宿之龙首和龙角；略呈三角形的斗魁与右边（即西方白虎七宿）的蚌塑虎头（参宿）相对应。它们反映的正是《史记·天官书》所云"杓携龙角，衡殷（迎）南斗，魁枕参首"和"二月龙抬头"（从地平线上升起）及"辰出而以火入"，"斗柄东指，天下皆春"时的实际天象。时间正是夏历二月的春分时节，其具体年代，经碳十四测定和树轮校正，距今6200—6400年。而墓葬的地点"濮阳"，也正是《皇览·冢墓记》《史记集解》和《山海经》郭璞注中所说的帝喾及其司掌"三辰"以授民时的天文官昆吾的生活和死葬之地。帝喾"冢在东郡濮阳顿丘城南台阴野中"，而"昆吾之墟"则"在县西三十里，台在县西百步"。同"西水坡"45号墓葬的位置十分吻合。因此，我们断定：45号墓葬的龙虎北斗天文图像是距今6300年前即帝喾高辛时期的星历家们为悼念昆吾，根据当时的实际天象而摆塑的一幅"三辰"授时图。墓葬的主人不是史学界公认的帝喾而是帝喾晚年的天文官昆吾。距今 6300 年的 45 号墓葬墓主虽为昆吾，不是帝喾，但它却十分雄辩地证实帝喾高辛确实是距今 6300 年前的历史人物。

4. 水族始祖共工，是帝喾高辛时"步十日四时""平九土"的"水正"（即朝廷的历法大师和水利大臣）。后因帝喾高辛诛杀了共工的父辈，"能光融天下"的"火正"重黎，因而激起了共工等人的反抗，从此发动了一场与帝喾高辛一决雌雄的战争。结果因敌我力量悬殊，共工在战争中失败，"怒触不周山"（湖南益阳浮邱山）而亡。共工的子裔及其部属，为躲避高辛统治者的野蛮屠杀而逃往四方。至今流传在水族民间的《鲤鱼歌》："咱鲤鱼本住长江……庚午年水府打仗，一家人逃往四方……"就描述了共工子裔及其部族集团的这段悲惨经历。《鲤鱼歌》所说的"庚午年"是哪一年呢？我们用中华传统天文历术知识推得此年正是公元前 4371 年，即帝喾高辛五十七年。

以上史实确证：帝喾高辛尚且是公元前 4428 年至公元前 4323 年的历史人物，那么早于他若干年的伏羲、女娲、炎帝神农、黄帝轩辕以及少昊、颛顼等人则是距今六七千年甚或七千年以上的历史人物，绝无疑矣！也由此而验证了中华文明始于七千年前之论断的真实性与科学性。

中华文明究竟是五千年还是七千年？

主五千年之说的人们认为：武王伐纣（即周武王推翻商纣王建立西周）是公元前 1000 余年的事，而《汉书·律历志下·世经》记载：殷商积年凡"六百二十九年"，夏朝积年为"四百三十二年"（《汲冢纪年》记为"四百七十一年"）。据此他们估计夏禹元年为公元前 2100 年左右（即：1046＋629＋432＝2106〔年〕；或 1046＋629＋471＝2146〔年〕；实为公元前 2174 年）；而夏禹之前是尧舜；尧舜之前是帝喾高辛；帝喾之前是颛顼、少昊，少昊之前便是炎黄。因此他们估计从炎黄到帝喾，再到尧舜禹，中间顶多不过几百千把年，这样从炎黄到如今，中华文明史，不过五千年罢了！殊不知从炎帝神农到黄帝轩辕氏兴中间隔了"八代"共"486 年"；而从帝喾高辛到唐尧之世，其间相隔则远在"千有百岁"以上（抗日战争时期长沙杜家坡战国墓出土的《帛书》和长沙子弹库出土的《楚帛书》均有此记载）。此时期的"中国"，经历了千年以上的长期分裂、动乱局面。而帝尧正是在"合（统一）

万国"(《史记·五帝本纪》)的基础之上,才建立起自己的政权的。

关于尧舜禹的主要事迹及其生活年代,我们另有文章专门论述。本篇我们只就伏羲、女娲、炎黄等人文之祖的主要事迹与生活年代,作了以上扼要的论述和考证,并以此证明:中华文明七千年之说有着充分的科学依据而绝非臆断。

蒋南华 2013 年 7 月

初稿于贵阳颐年斋

黄帝轩辕考——略论黄帝其人其事

曾经有某"著名历史地理学家"在《新闻周刊》发表文章,否认黄帝的历史存在。他认为黄帝是后人根据对先民的传说和崇拜塑造出来的,将黄帝作为"华夏始祖"并不是历史事实,更不符合中国五十六个兄弟民族形成和发展的历史。这位"著名历史地理学家"还就有关方面拟对黄帝陵公祭礼仪进行重大变革,并正式升格为国家级一事提出了批评和异议。他认为这种做法既不符合历史事实,也不利于民族团结,更违反宪法。并进一步提出:祭祀黄帝只能由民间社团和个人进行;所需费用应通过自愿捐款募集,不得动用国库;国家领导人与各级政府官员、公务员只能以个人身份参加,不能作为公务政务活动。本文就民族和黄帝这两个问题,说点肤浅看法。

一、什么是民族?民族是指处于不同的历史时期和不同的社会发展阶段的各种人们的共同体,如中国古代民族。或特指具有共同语言、共同地域、共同经济生活以及表现于共同文化上的共同心理素质的人们的共同体,如我国的汉族、苗族、彝族、侗族、土家族、布依族、藏族、瑶族等等。简而言之,民族存在于一定历史范畴,亦即在一定历史范畴产生、发展和消亡的人们的共同体。在秦汉封建中央专制尚未建立以前,我国是一个华夏人们的共同体,没有汉族和苗瑶等其他少数民族的区别,顶多在地域上有个中央与蛮方或荒服的区别。但这并非民族的概念,而是接受王化与否的差别。因此,称黄帝为"华夏始祖"并不有损于今天中国民族的团结,也不违背中国五十六个民族形成和发展的历史,也伤害不到各族人民的感情。它只会更加有利于民族团结,从感情上更加增强各民族人民的凝聚力和向心力。1938年4月中国共产党和国民党在民族危亡的关键时刻,隆重公祭黄帝陵,就是一个极其生动有力的证明。

二、黄帝是否实有其人?据《山海经》《尚书》《周易》《礼祀》《国语》

《春秋左传》《世本》以及《史记》《帝王世纪》《通鉴外纪》和《通志》等古代典籍记载，距今六七千年以前，我国就出现了炎帝神农、黄帝轩辕和少昊、颛顼、帝喾等历史英雄人物。《山海经》《史记》和《帝王世纪》《通鉴外纪》等，还对他们的生平世系和生卒之年或在位年数作了记载。《史记·五帝本纪》云："黄帝，少典之子，姓公孙，名曰轩辕。生而神灵，弱而能言，幼而徇齐，长而敦敏，成而聪明。""轩辕之时，神农氏世衰"，"诸侯咸尊轩辕为天子，代神农氏，是为黄帝"，"邑于涿鹿之阿"，"黄帝崩，葬桥山"。（《索隐》云：炎黄"中间凡隔八帝，五百余年。"《周易·系辞》云："炎帝神农氏姜姓也……在位一百二十年而崩。纳奔水氏女曰听訞，生帝临魁，次帝承，次帝明，次帝直，次帝厘，次帝哀，次帝榆罔，凡八代乃轩辕氏也。"又曰："黄帝有熊氏，少典之子。……长于姬水，龙颜有圣德，战蚩尤于涿鹿，擒之。在位一百年崩。"《通鉴外纪》亦曰："帝临魁元年辛巳，在位六十……次帝承元年辛巳，在位六年或云六十年〔经考证当为六十六年〕；帝明元年丁亥，在位四十九年；帝直元年丙子，在位四十五年；帝厘一曰克，元年辛酉，在位四十八年；帝哀元年己酉，在位四十三年；帝榆罔元年壬辰，在位五十五年。自神农至榆罔四百二十六年〔经考证应为四百八十六年〕。"《集解》皇甫谧曰：黄帝"在位百年而崩，年百一十一岁。"）"轩辕之时"，"蚩尤作乱"，"黄帝乃征师诸侯与蚩尤战于涿鹿之野，遂禽杀蚩尤"。黄帝"娶西陵氏之女，是为嫘祖"。嫘祖"生二子……其一曰玄嚣……其二曰昌意"。"昌意娶蜀山氏女曰昌仆"生颛顼。（《山海经·海内经》云：颛顼为昌意之孙，韩流之子。"黄帝妻雷祖生昌意，昌意生韩流。韩流……取淖子曰阿女，生帝颛顼。"）颛顼"静渊以有谋，疏通而知事，养材以任地，载时以象天，依鬼神以制义，治气以教化，絜诚以祭祀"。"颛顼崩，而玄嚣之孙高辛立，是为帝喾"。（《集解》皇甫谧曰："颛顼在位七十八年，年九十八。"《礼记·月令·孟冬之月》疏：颛顼"二十而登帝位，在位七十八年而崩。"《索隐》曰："据左氏〔颛顼〕岁在鹑火而崩，葬东郡。"《皇览》云："其冢在东郡濮阳顿丘城门外广阳里中。"）"帝喾高辛者，黄帝之曾孙也"，"高辛于颛顼为族子"，"生而神灵""普施利物"，"聪以知远，明以察微"，"仁而威，惠而信，修身而天下服。取地之财而节用之，抚教万民而利诲之，历日月而迎送之，明鬼神而敬事之"。(《正义》曰：帝喾"年十五而佐颛顼，三十(五)登位，都亳。"《集解》皇甫谧曰：帝喾"在位七十年，年百五岁。"《皇览》云："帝喾冢在东郡濮阳顿丘城南台阴野中。")

我国古代典籍不仅记载了炎黄等人的生平世系、在位年数等情况，还简约地记载了他们的发明创造及有关事件，如："神农理天下，正四时之制"(《尸子》)，"分八节，以始农功"(《晋书·律历志》)。黄帝调历以前，炎帝神农创"上元太初（亦即天元甲子）历"(《史记·历书》)；"黄帝迎日推策，考定星历，建五行，起消息，正闰余"(《史记·历书》)。《汉书·律历志》还说黄帝调制的"天正甲寅历"始于"阏逢摄提格之岁中（仲）冬十一月甲子朔旦冬至"。

《隋书·律历志》等亦曰："创历之厥初者，洎乎炎帝分八节，轩辕建五部，少昊以凤鸟司历，颛顼以南正司天。""先王之道，在乎治历明时……昔在颛顼，使南正重司天，而帝喾亦序三辰"(《纪浑天说》)。"(颛顼)乃命南正重司天以属神，命火正黎司地以属民"(《国语·楚语下》)。"重黎为帝喾高辛居火正，甚有功，能光融天下，帝喾命曰祝融。共工氏作乱，帝喾使重黎诛之而不尽。帝乃以庚寅日诛重黎，而以其弟吴回为重黎后复居火正，为祝融"(《史记·楚世家》)。"帝喾序三辰，以固民"，"以示民时早晚"(《国语·鲁语下》)。"神农之时……作陶冶斧斤"(《太平御览》引《逸周书》)，"作耒以教天下"(《周易·系辞》)，"男耕而食，妇织而衣"(《庄子·盗跖》《商君书》)，"天雨粟，神农遂耕而种之"(《绎史》引《周书》)，使"民食谷"(《艺文类聚·食物部》)。伏羲造书契(《易纬·乾凿度》)，"仓颉作书"，"书契之兴，五帝是作"(郭璞注《山海经·中山经》)。"黄帝蒸谷为饭，作瓦甑"(《古史考》)，"作舟车以济不通"(《汉书》)，"命西陵氏劝蚕桑"(《路史》)，"建宫室，以避寒暑"(《白虎通义》)，"炼石为铜"(《拾遗记》)。"蚩尤受卢山之金而作五兵"以伐黄帝(《管子》)。黄帝与蚩尤"战于涿鹿之野，血流百里"(《庄子·盗跖》)。"黄帝与蚩尤九战九不胜"(《御览》引《黄帝玄女战法》)，"天遣玄女下授黄帝兵符伏蚩尤"(《史记·正义》)，"(黄帝)使应龙杀蚩尤于凶黎之谷"，等等。

以上是古代史家和学者们的说法，是否可信？我们将求助于古代天文历术的推算以及史实和出土文物的相互验证。

1. 炎帝创制的"上元太初历",亦即天元甲子历,是一部始于甲子年甲子月甲子日甲子时"合朔并交冬至"的历法。我们用古代的四分历术和司马迁《史记·历书·历术甲子篇》所提供的原理、方法和数据,推得这部"天元甲子历"始于公元前5037年甲子。是年前子月"朔旦冬至"恰是甲子年甲子月甲子日甲子时。而黄帝调制的"历法"即始于"阏逢摄提格中(仲)冬十一月甲子朔旦冬至"的"天正甲寅历"则为公元前4567年之甲寅,比炎帝的"天元甲子历"晚470年。

2. 史载炎帝"在位一百二十年而崩",其继承者"帝临魁元年"为辛巳。则炎帝的生年和卒年必为辛巳。由此可以推知,炎帝生年必为早于公元前5037年甲子43年即公元前5080年之辛巳。卒年必为公元前4960年之辛巳。而从炎帝至黄帝"中间凡隔八帝,五百余年"或曰"五百三十年",或曰"五百二十年"(《春秋命历序》)。"黄帝在位一百年而崩"则黄帝生卒之年当为公元前4660—前4550年左右(5080 - 530 + 110 = 4660；4660 - 110 = 4550),实为公元前4666年—前4555年。

3. 史载颛顼"岁在鹑火而崩",我们用岁星纪年法推得公元前4393年为"岁在鹑火"之年。是年既为颛顼卒年,而颛顼"在位七十八年,年九十八",则颛顼的生年当为公元前4491年(4393 + 98 = 4491)。在位之年为公元前4471—前4393年(4393 + 78 = 4471)。

颛顼之前是少昊。史载:少昊"继黄帝立者"(《史记·五帝本纪》),少昊曾"孺"其孙,韩流之子颛顼于"东海之外,少昊之国"(《山海经·大荒东经》),则少昊在位当为公元前4555年—前4471年,即在位84年。

4. 帝喾"于颛顼为族子","在位七十,年百五岁",而颛顼卒于公元前4393年。则帝喾生年当为公元前4428年(4393 - 70 + 105 = 4428),卒年当为公元前4323年(4393 - 70 = 4323年)。以上各帝生卒之年的推算是否符合实际,我们还可以通过对1987年在河南濮阳西山坡45号墓葬出土的天文图像和墓主身份的考释来加以验证。

这座"仰韶文化前期"的45号墓葬,墓主头南脚北仰卧。左侧用蚌壳摆塑着一条龙,右侧用蚌壳摆塑着一只虎,脚端北侧用两根人胫骨和蚌壳摆塑着一个略呈三角形的北斗星图案。人骨的斗构正指龙头，略呈三角形状的斗魁恰与虎脑相对应。经碳14测定和树轮校正，墓葬距今已有六千多年。其龙虎、北斗天文图像，是我国古代二十八宿左苍龙、右白虎、南朱雀、北玄武"四象"的真实反映。左龙、右虎和北斗星所构成的天文图像与《国语·鲁语下》所载"帝喾序三辰以固民"，即以心宿（大火）、参宿和北斗星并称为"三辰"的授时历法完全一致；人胫骨的斗构指向正东，即蚌塑苍龙之首和龙角（亦即心宿所在的位置），略呈三角形状的斗魁与右边（即西方）的蚌塑白虎的头部（即参星所在的位置）相对应。它们反映的正是《史记·天官书》所云的"杓携龙角，衡殷（迎）南斗，魁枕参首"和"二月龙抬头"（从地平线升起），亦即"辰出而以参入"，"斗柄东指天下皆春"（《鹖冠子·环流篇》）时的实际天象，时间正是夏历二月的春分时节。其具体年代，冯时先生取公元1950年"秋分点在翼7°0′，春分点在7°13′"为今日历元，以"分至点在黄道上约71.6年西移1°"的岁差推算法推算为公元前4200年至公元前4400年左右（冯时：《中国早期星象图研究》，《自然科学史》1990年第2期）。

据《史记·楚世家》和《左传·昭公元年》等记载：帝喾高辛前期，设有"能光融天下"的司历官"火正"（重黎和吴回），以及主祀心宿大火和参宿的天文官（阏伯和实沉）。到了帝喾晚年，其司历官"火正"由吴回之长孙昆吾继任（《史记·天官书》）。今河南濮阳古时名帝丘，乃帝喾高辛死葬之地。《史记·五帝本纪》《集解》皇甫谧曰："（古）都帝丘今东郡濮阳是也。"《集解》引《皇览》云："颛顼冢在东郡濮阳顿丘城门外，广阳里中。"《山海经》郭璞注："帝喾高辛，今冢在顿丘县城南台阴野中。"《史记·楚世家》《集解》云："今濮阳城中有昆吾台。"《正义》引《括地志》云："濮阳县古昆吾国也。昆吾故城在县西三十里，台在县西百步，即昆吾墟也。"据此可证，濮阳西水坡45号墓的主人，就是帝喾晚年以"三辰"而定时令季节的天文官昆吾。

帝喾晚年天文官昆吾的卒年（即45号墓葬的年代）既为公元前4300年左右，那么前面推得的帝喾高辛的卒年为公元前4323年，即早于昆吾逝世23年左右。从黄帝卒年公元前4555年至帝喾高辛卒年公元前4323年，中间共

232年，除去其中帝喾在位七十年，颛顼在位七十八年，剩下的84年即为少昊在位之年，与《帝王世纪》所载正合。由此可见，古代典籍关于炎黄、少昊、颛顼、帝喾的生平世系和在位年数的记载并非杜撰，而是历史的真实，完全可信。

炎黄是距今六七千年前的历史人物，我们还可以从近几十年来的一系列考古发现得到印证。例如近三四十年来，我国考古工作者先后在湖南澧县梦溪和城头山、安江安坪司，湖北京山、屈家玲、天门石家河、武昌放鹰台、松滋桂花树，江西修水，江苏连云港二涧村、江阴石庄高城墩、吴兴钱山漾，浙江余姚河姆渡、桐乡罗家角、良渚等长江中下游广大地区，以及江淮流域的河南舞阳贾湖等地，发现了距今六千至七八千年前的大量人工栽培稻遗存。在湖南澧县城头山还发现了六千年以前的稻田以及水渠、水塘等灌溉设施。在浙江的河姆渡发现了大批的稻谷、米粒、秕谷和稻秆等堆积的遗存物，其厚度平均达四五十厘米，经计算其稻谷总量在120吨以上。在这里还发现了先民们残留在釜底的米饭和锅巴。1976—1978年考古工作者在河北武安磁山以及西安半坡、陕西宝鸡北首岭和华县泉护村等遗址，发现了七八千年以前的大量人工栽培粟。考古工作者还在磁山遗址中发现了八十多个堆放有小米的土坑。经计算在这些长方形的土坑中共藏有小米达5万公斤。这些都充分说明远在六七千年以前，我国就已形成了南稻北粟的水旱农作经济区域格局。说明古史关于"神农之时，天雨粟，神农遂耕而种之""男耕而食"和"黄帝蒸谷为饭"等记载均非杜撰。

在距今六七千年前的河姆渡、马家浜、大溪、庙底沟、大汶口和良渚文化时代，随着农业经济，特别是南稻北粟等不同经济类型的形成和发展，手工业已从农业中分离出来，成为独立的生产部门。主要手工业如制陶、制玉、制革、制骨、桑蚕、纺织、木器、竹器编制以及冶铜业等等都出现了专业化的手工业工场（还出现了轮制陶器和原始织机），形成了用于交易的专业性生产。从河姆渡遗址出土的七千年前盅壁上雕刻着四条宛若蠕动的家蚕的牙雕小盅，到马家浜文化遗址七千年前的螺纹纺织物的发现，到良渚文化遗址六千年前的苎麻织品以及钱山漾遗址工艺水平令人叫绝的绢片、丝带和丝线的出土，这些无不说明"神农之时""男耕而食，妇织而衣"，"日中而市"，黄帝"命西陵氏劝蚕桑"之说均非无稽之妄言。

此外，1983年考古工作者们还在舞阳贾湖遗址发掘出了40多座房基，1997年在湖南澧县梦溪镇发掘出了长120多米、宽110多米的村落遗址。之前，还在西安半坡、姜寨及良渚、马家浜和屈家岭等遗址发掘出了榫卯结构的干栏式房屋建筑群落，其建筑面积有的达5万平方米以上。屈家岭遗址中的一座殿堂，其建筑面积为450平方米，主室为126平方米。室内的大柱周长达1.79米。1973年在河姆渡发掘出的榫卯结合等工艺成熟、建筑结构复杂、有廊有柱的干栏式分间房屋群，其建筑样式，同今天南方少数民族的干栏式居民建筑几乎无甚差别。六七千年前的这些房屋建筑，说明黄帝"建宫室"之说完全信实。

在以上这些六七千年前的古代遗址中，考古学家们发现了大量的杯、盘、盆、缸、瓶、钵、瓮、碗、豆、鼎、釜及瓦甑等陶器制品、玉器制品、铜制品以及木器、竹器和石、角、骨器制品，如河姆渡遗址出土的用牛肩胛骨制作的耒耜就多达170余件。不仅在河姆渡遗址发现了八支船桨，在陕西宝鸡北首岭出土了船形陶壶，2001年在浙江萧山跨湖桥发现了七千年前的木船，还在西安半坡遗址出土了黄铜片，在甘肃永登马家窑遗址出土了青铜小刀。又在山东大汶口和陕西姜寨早期遗址发现了残铜片或铜残迹。这些都说明了六七千年以前，神农"作陶冶斧斤"，"作耜以教天下"，黄帝"作舟车以济不通"，"炼石为铜"，"蚩尤受卢山之金而作五兵"，都是不容置疑的历史事实。

1986年前后，我国考古工作者相继在湖南澧县彭头山、洪江高庙、澧县城头山、湖北天门石家河和甘肃秦安大地湾、西安半坡、河南舞阳贾湖、浙江河姆渡、良渚以及大汶口、马家窑和蚌埠双墩等遗址发现了八九千年至五千年以前的许多笔画工整、多个相属的象形符号。专家们认为这是我国早期的文字符号。由此可以证实伏羲神农时期已有文字，黄帝令仓颉造字之说亦非无据。

史说"轩辕之时"，"蚩尤作乱"，"黄帝乃征师诸侯，与蚩尤战于涿鹿之野，遂禽杀蚩尤"（《史记·五帝本纪》）。蚩尤兵败之后，蚩尤部落的大部分退回到了江淮及其以南的广大地区，小部分退到了西北和东北边陲。有的经朝鲜半岛和白令海峡，辗转迁徙到了日本和南北美洲。据考证，今日美洲的玛雅人和印第安人，就是他们的后裔。玛雅文化就是炎黄文化的传承。玛雅人公元前三四千年以前的太阳崇拜及所使用的四分阴阳历，金星会合周期（584天）以及象形文字等等，都是从中国传带过去的。至今美国印第安人易洛魁族所保存着的两张五六千年以前的彩绘鹿皮画：《轩辕酋长礼天祈年图》和《蚩尤风后归墟扶桑值夜图》，以及在北美洲发现的圣埃米格迪亚洞岩画、加利福尼亚州楚玛斯瓠娲氏岩画和五大湖区莫哈克河的奥斯顿歌村村民祈祷节供奉的所谓"改邪归正"的"恶神"，《归墟扶桑值夜图》中的蛇发冠人蚩尤，在密西西比河流域的田纳西州、密苏里州和俄克拉荷马州的斯毕拉蒙特的贝雕上所雕刻的伏羲、女娲、蚩尤、骦兜像（其造型与汉代的山东武梁祠画像石、画砖上的同类造像如出一辙。蚩尤作风、鹏、蛇、牛整合的"疏首"羽蛇状，手持大弩和金兵短剑或匕首或镞）等等（宫玉海：《〈山海经〉与中华文化之谜》，吉林大学出版社1995年版），这些都是我国六七千年前确有神农炎帝、黄帝、蚩尤等人的铁证。而1993年美国亚特兰大埃默里大学的生物化学家道格拉斯·华莱士等人，对一百多个印第安人的遗传基因DNA进行化验，证明他们和中国人相同（王大有：《蚩尤在中国文化史上的杰出地位论纲》，宫玉海主编：《〈山海经〉与中华文化之谜》）。此亦说明，数千年以前就生活在南北美洲的印第安人乃是炎黄和蚩尤的后裔。

上述种种事实，说明黄帝是距今六千年以前的历史人物，应是毋庸置疑的。否认黄帝的历史存在，实在是一种不负责任的轻率行为。

尧舜禹生活年代考

距今四五千年以前,即考古学家们通称的石家河文化、后石家河文化、龙山文化时期,是我国历史上著名的尧舜禹时代。这时我国的社会文明与进步,进入了又一个新的历史发展阶段。城市的兴盛和青铜文化的辉煌成就,是这一历史时代最显著的两大特征。

据传说和历史记载:尧名放勋,公元前2317年"甲申"其母"庆都于斗维之野(今湖南的湘南地区)……足履翼宿(湖南分野。在二十八宿中,翼宿为南方朱雀七宿之一。湖南湘中地区是它的分野)。既而阴风四合,赤龙感之,孕十四月而生尧于丹陵(今湖南攸县皇图岭之天子坪)"(《竹书纪年》)。故人们称尧为"翼星之精"。尧为帝喾高辛后裔。其兄挚得登帝位,封放勋为唐侯,故帝尧亦曰陶唐氏。"挚在位九年,政微弱而唐侯德盛,诸侯归之。挚服其义,乃率群臣造唐而致禅"(《史记·五帝本纪》《正义》引《帝王纪》)。

相传尧是一位"其仁如天,其知(智)如神……富而不骄,贵而不舒(傲慢)……能明驯德,以亲九族"(《史记·五帝本纪》)的仁德贤明之君。他二十而登帝位,"在位九十八年"而"天下大和"(《高士传》《史记·五帝本纪》)。人们过着"日出而作,日入而息,凿井而饮,耕田而食"的自由自在的宁静生活。尧去世时"百姓如丧考妣,三载四海遏密(绝静)八音"(《尚书·舜典》)。

关于尧的生卒之年问题,《史记·五帝本纪》载:"尧立七十得舜,二十年而老,令舜摄行天子之政,荐之于天,尧辟位凡二十八年而崩。"《集解》皇甫谧云:"尧以甲申岁生,甲辰即帝位,甲午征舜,甲寅舜代行天子事,辛巳崩,年百一十八,在位九十八年。"并云:"舜以尧之二十一年甲子生,三十一年甲午征用,七十九年壬午即真,百岁癸卯崩。"干支(甲子)60年一轮回，从甲申到甲辰是20年；从甲申到甲午是70年；从甲申到甲寅是90年；从甲申到辛巳是118年。皇甫谧的说法与司马迁《史记·五帝本纪》的记载完全吻合："尧甲午征舜"时尧年七十，舜年三十（从甲子到甲午30年）；"甲寅舜代行天子事"时尧年九十（"尧立七十，二十年而老"），舜年五十（从甲子到甲寅50年）；尧"辛巳"去世时，尧寿118岁（尧年二十即位，"在位九十八年"，正合此数；或尧"甲寅（由）舜代行天子事"，"辟位凡二十八年"亦合此数），舜年78岁（舜"七十九年壬午即真"，"即真"就是真正即天子位，不再是"代行天子事"了。显然这是尧去世后的第一年。尧"辛巳崩"第二年即为"壬午"）。以上确切说明：舜比尧刚好年轻40岁。从"尧以甲申岁生"到舜"癸卯崩"中间相隔140年（其算法是：癸卯干支系数－甲申干支系数＋干支数60×2＋1），即尧舜在世共140年；我们还可以从下面的推算：118＋（100－78）＝140得出同样的结论。亦有云"（舜）寿百一十二岁"者。如《尚书·尧典》正义孔颖达疏："舜即位五十年，升道南方巡守，死于苍梧之野而葬焉。三十征庸，三十在位，服丧三年，其一在三十之数，为天子五十年，凡寿百一十二岁。"《疏》曰："孟子云舜服尧三年丧毕，避尧之子故服丧三年。三年之丧二十五月而毕，其一年即在三十在位之数，惟有二年，是舜年六十二，为天子五十年，是舜凡寿百一十二岁也。"如此，则从尧出生到舜"南方巡守死于苍梧之野"（即尧舜在世年数）为：118＋（112－78）＝152年。另据《史记·夏本纪》《集解》："徐广曰：'从禹至桀十七君，十四世。'骃案：'《汲冢纪年》曰：有王与无王，用岁四百七十一年矣。'"或曰"四百三十二年"（《汉书·律历志下·世经》）；或曰"四百三十九年"（《通鉴外纪》）；《史记·殷本纪》《集解》："谯周曰：殷凡三十一世，六百余年。"或曰：自伐桀至武王伐纣，"六百二十九岁"（《汉书·律历志下·世经》）；而周武王克商（即殷商亡年），据张汝舟先生等考证是公元前1106年乙未（张汝舟：《二毋室古代天文历法论丛》，浙江古籍出版社1987年版）。这样，我们可以推算出帝尧出生之甲申年：

或为：1106＋629＋471＋152＝2358（年）；

或为：1106＋629＋471＋140＝2346（年）；

或为：1106＋600＋471＋152＝2329（年）；

或为：1106 + 600 + 471 + 140 = 2317（年）；

或为：1106 + 629 + 432 + 152 = 2319（年）；

或为：1106 + 629 + 432 + 140 = 2307（年）；

或为：1106 + 600 + 432 + 152 = 2290（年）；

或为：1106 + 600 + 432 + 140 = 2278（年）；

或为：1106 + 629 + 439 + 152 = 2326（年）；

或为：1106 + 629 + 439 + 140 = 2314（年）；

或为：1106 + 600 + 439 + 152 = 2297（年）；

或为：1106 + 600 + 439 + 140 = 2285（年）。

查《中国历史纪年表》之《公元前甲子检查表》得知：公元前2358年是癸卯；前2346年是乙卯；前2329年是壬申；前2317年是甲申；前2319年是壬午；前2307年是甲午；前2290年是辛亥；前2278年是癸亥；前2326年是乙亥；前2314年是丙戌；前2297年是甲辰；前2285年是丙辰。

从公元前2358年至公元前2278年这12个年数中，除公元前2317年恰是甲申年外，其余各年与甲申年均有差距。其中差距最小的是公元前2314年（丙戌），与甲申年相差3年。这就是说只有公元前2317年（2314+3）甲申，最有可能是尧的生年。而公元前2317年甲申，正是我们上面推算求得的12个年数中的唯一吻合者。这就是说：当周武王克商为公元前1106年，殷世为600年，夏世为471年，尧舜之世为140年时；或殷世为629年，夏世为432年，尧舜为150年；或殷世为629年，夏世为439年，尧舜之世为143年时，帝尧的生年正好是公元前2317年甲申。

尧的生年既为公元前2317年之甲申，他活了118年，那么尧去世之年当是：2317 − 118 + 1 = 2200（年），查《中国历史纪年表》的《公元前甲子检查表》得知：公元前2200年正是辛巳，与《史记·五帝本纪》《集解》"尧生于甲申，崩于辛巳，享年118岁"正合。

"龙山文化"时代，继尧之后的又一位贤明之君是虞舜。

虞舜名曰重华，字都君，号有虞氏，冀州冯乘（今湖南江华县）人。《孟子》曰："舜生诸冯，迁于负夏，卒于鸣条，东夷人也。"冯，指冯水。在湖南江华县东南。《水经注》云："冯水出临贺郡冯乘县东北冯冈。"《中国古今地名大辞典》云:"冯乘县,汉置。界内有冯水,因名。宋省,故城在今湖南江华县西南六十里,接广西富川县界。"《辞源》:富川,汉时"属苍梧郡……三国吴属临贺郡。"父曰瞽叟,母名握登。公元前2277年甲子握登"见大虹意感而生舜……(因)目重瞳子,故曰重华"(《史记·索隐》)。皇甫谧亦云:"舜字都君","舜母名握登"。舜年轻时,曾"耕(于)历山,渔(于)雷泽,陶(于)河滨,作什器于寿丘",其"父瞽叟盲,而舜母死,瞽叟更娶妻而生象,象傲。瞽叟爱后妻子,常欲杀舜。舜避逃,及有小过,则受罪。顺事父及后母与弟,匪有解(懈)"(《史记·五帝本纪》),是一位勤劳忠厚、聪智而有孝道的小伙子。他的德行很快被人们所赏识。"舜年二十以孝闻"(《史记·五帝本纪》)。他31岁时,正值帝尧"在位七十载"召集四岳,要求"悉举贵戚及疏远隐匿者"以"践朕位"(物色接班人),众岳便从民间将舜举荐出来(《尚书·尧典》中尧对四岳曰:"朕在位七十载,汝能庸命,巽朕往。"〔庸,用也;巽,顺也〕四岳曰:"否,德忝〔辱〕帝位……有鳏在下曰虞舜……")。经过长期反复的锻炼和考察之后,尧在90岁时终于把帝位让给了舜。(《史记·五帝本纪》云:"尧立七十年得舜,二十年而老,令舜摄行天子之政,荐之于天。尧辟位凡二十八年而崩。")

舜摄行天子之政时,通过整顿和改革,社会文明得到进一步发展。农业、渔牧业、手工业、商业以及司法、教育、宗教、礼仪和音乐艺术等等,都发展到了相当高的水平。国家出现了"柔远能迩,惇德允元,面难任人,蛮夷率服"(《尚书·尧典》)(即远近安宁,德厚长善,妄人拒纳,各民族团结一致),"百兽率舞","箫韶九成,凤凰来仪"的祥和、安定局面。

舜年百岁时南巡,"崩于苍梧之野,葬于江南九疑,是为零陵"(《史记·五帝本纪》)。《集解》皇甫谧曰:"舜以尧之二十一年甲子生,三十一年甲午征用,七十九年壬午即真,百岁癸卯崩。"

关于帝舜的具体生卒之年问题,我们知道尧生于甲申,舜生于"尧之二十一年甲子",尧118岁"辛巳"去世的第二年,即舜"七十九年壬午即真"之时,舜比尧刚好年轻40岁(甲子干支系数 - 甲申干支系数:0 - 20 + 60 = 40;或118 - 79 + 1 = 40)。而尧是公元前2317年甲申出生的,那么舜的生年当是公元前2277年(2317 - 40 = 2277)。查《中国历史纪年表》之《公元前甲子检查表》得知公元前2277年正是甲子，与皇甫谧"舜以尧之二十一年甲子生"正合（尧甲申年生，二十岁践天子位，即位二十一年时，尧年四十，是年为甲子）。舜生于公元前2277年甲子，"百岁癸卯崩"，其卒年是公元前2178年（2277－100＋1＝2178）。查《中国历史纪年表》之《公元前甲子检查表》，公元前2178年正是"癸卯"。

继尧舜之后，"龙山文化"时代的第三位贤明之君，则是夏禹。

夏禹，名曰文命，其父曰鲧。《史记·夏本纪》索隐引《帝王纪》云："父鲧妻修己，见流星贯昴，梦接意感，又吞神珠薏苡，胸坼而生禹，名文命，字密，身九尺二寸长，本西夷人也。"生于四川"汶山郡，广柔县"之"石纽"（扬雄《蜀王本纪》）。

禹同尧舜几乎是同一时代的人，舜比尧小40岁，禹比舜约小20岁左右。禹"为人敏给克勤，其德不违，其仁可亲，其言可信，声为律，身为度（言传身教合乎法度），称以出（权衡出自其身），亹亹穆穆（亹 wéi，不倦之意；穆穆，美盛貌。意指禹之品行道德可为世之楷模，美盛不衰），为纲为纪"（《史记·夏本纪》）。夏禹闻过则喜、闻善言则拜的高贵品德（《尚书·大禹谟》："益赞于禹曰：'惟德动天，无远弗届（至），满招损，谦受益，时乃天道……'禹拜昌言曰……"），同他治水的丰功伟绩几乎是连在一起的。禹在尧舜时期，先被尧任命为司空，负责掌管土地和人口。舜"摄天子之政"后，听从四岳的推荐，仍命禹为司空。舜被举试用期间，天下发生了空前的大水灾，"汤汤洪水方割（害），荡荡怀（包）山襄（上）陵，浩浩滔天"（《尚书·尧典》），"鲧治水，九年而不息"（《夏本纪》）。这时舜"登用，摄行天子之政"，"巡狩，行视鲧之治水无状（功绩），乃殛（流放）鲧于羽山以死……"并"举鲧子禹，而使续鲧之业"（《史记·夏本纪》）。禹于是就同益和后稷"奉帝命，命诸侯百姓兴人徒以傅土，行山表（标）木，定高山大川"。禹身先士卒，公而忘私，"身执耒锸以为民先，胫不生毛，虽臣虏之苦，不若于此矣！"（《韩非子·五蠹》）与民同甘共苦，风餐雨宿，治水13年，三过家门而不入。在他的拼死努力下，终于将黄河、长江两大水系的洪魔制伏了。（《说苑·君道》："疏河以导之，凿江通于九派，酾五湖而定东海。"——破岐山九处而疏通黄河，开凿三峡使长江与众支流沟通，疏导五湖之水使之东注于海。)从此中国又出现了"九州攸同,四隩既居(隩,室西南隅,人所安息之地),九山刊旅(刊,标记。旅,道也),九川涤原(涤,除也。原,水泉之本源),九泽既陂,四海会同,六府甚修(六府:金、木、水、火、土、谷),众土交正,致慎财赋,咸则三壤成赋"以及"声教讫于四海"(《史记·夏本纪》)的兴旺、繁荣景象。

禹除领导人民治水,恢复和发展生产外,他还在尧舜"有乃命羲和,钦若昊天,历象日月星辰,敬授人时"(《尚书·尧典》),"乃在睿玑玉衡,以齐七政"(《史记·五帝本纪》),分命羲仲、羲叔、和仲、和叔四位星历官专职分工观测"四仲中星"(日短星昴、日中星鸟、日永星火、宵中星虚)的中、流、伏、内规律,"以闰月定四时成岁"(《尚书·尧典》)的基础上,组织专门力量,对子午线和地球经纬线的长度进行过实测。《淮南子·地形训》云:"子午为经,卯酉为纬。""禹乃使太章步自东极至于西极,二亿三万三千五百七十五步;使竖亥步自北极至于南极,二亿三万三千五百七十五步。"《轩辕本纪》亦云:"帝令竖亥自东极至于西极,得五亿十选九千八百八步,南北二亿三万一千三百步。竖手亥左手把算,右手指青丘,东尽泰远,西穷邠国,东西得二万八千里,南北二万六千里。"使我国天文历术在夏代更加系统、更加科学,并走上了制度化和法制化之路。

禹生于何年?卒于何时?史家不曾提及,不过我们可以根据《史记·夏本纪》:"帝舜荐禹于天为嗣,十七年而帝舜崩。三年丧毕……禹于是遂即天子位……十年帝禹东巡狩,至于会稽而崩,以天下授益。三年之丧毕,益让帝禹之子启。"《集解》皇甫谧曰:"夏启元年甲辰,十年癸丑崩。"《史记·五帝本纪》所载亦同。《尚书·大禹谟》云:"(舜)帝曰:格汝禹,朕宅帝位三十有三载,耄期倦于勤,汝惟不息,惣朕师。"《正义》曰:"舜即政三十三年命禹代己。"《尚书·舜典》正义云:"舜即位五十年,升道南方巡守,死于苍梧之野而葬焉。"舜即位50年,即政33年时命禹代己,离去世之时正是17年,而舜是公元前2178年癸卯去世的。以上史实证明:(1)舜荐禹为嗣是公元前2194年(2178+17-1=2194);(2)禹即位舜崩居丧三年,在位十年,死于会稽之年是公元前2180年(2194-3-1=2180);(3)禹死"三年之丧毕","益让禹之子启"。启即位元年是公元前2177年(2180-3=

2177)。查《中国历史纪年表》之《公元前甲子检查表》得知：公元前2177年正是甲辰，与皇甫谧"夏启元年甲辰"正合。

《史记·夏本纪》正义云："舜登用，摄行天子之政……举鲧子禹，而使续鲧之业。"舜摄行天子之政时年为五十（《史记·五帝本纪》：尧以甲申岁生，甲辰即帝位，甲午征舜，甲寅舜代行天子事。"舜以尧之二十一年甲子生，三十一年甲午征用，七十九年壬午即真。"舜30岁甲午征用，50岁甲寅代行天子事）；禹承父业，担任治水任务时，其年30岁左右。据此，可知夏禹的生年当是公元前2257年左右（舜生年公元前2277－50＋30＝2257）。

根据《史记》等史料记载，分析推算出夏禹卒年为公元前2180年，三年后夏启元年甲辰是公元前2177年，应该不错。但有一个问题很值得研究，那就是"舜荐禹于天，为嗣"17年后才去世的，而禹嗣位，"居丧三年"后，"十年至于会稽而崩"。这就是说禹嗣位才13年就去世了，禹去世时，舜还活着（舜是公元前2178年去世的）。这显然是问题了：第一，禹嗣位，"居丧三年"，是为何人居丧？从道理上只能是为尧舜，而尧已于公元前2200年辛巳去世了，自然不是为尧；而舜却还活着，这讲不通。第二，《史记·夏本纪》又分明记曰："舜崩，三年丧毕，禹辞辟舜子商均于阳城，天下诸侯皆去商均而朝禹，禹于是遂即天子位。"可见舜去世后，禹还健在。如此，禹又不当死于公元前2180年（即舜崩之前）。第三，倘禹"十年至于会稽而崩"是舜去世的第十三年（而不是舜嗣位后的第十三年），则禹去世之年是公元前2165年（2178－13＝2165），夏启元年应是公元前2162年（2165－3＝2162）。此年为己未，而非皇甫谧所云之"甲辰"。

因此，我们认为：一、禹去世之年可能是公元前2120年辛丑，夏启元年是公元前2117年之甲辰。启"十年癸丑崩"当是公元前2108年之癸丑。这与皇甫谧所云吻合。如此，则《史记·夏本纪》："十年帝禹东巡狩，至于会稽而崩"之"十年"疑是"七十年"之误。这样禹寿当是137岁左右（2257－2120＝137）；二、倘禹是"舜崩"之后十三年去世的（禹居舜之丧三年，十年东巡狩至于会稽而崩），那么夏禹去世之年当是公元前2165年丙辰（2178－13＝2165），夏启元年当是公元前2162年。查《中国历史纪年表》之《公元前甲子检查表》得知：此年为己未，而非皇甫谧所云"甲辰"。如此，则是皇甫之误。这样，禹寿当是九十二岁左右（2257－2165＝92）。

从人的寿命来说，一百岁以上者古今稀少，尤其是130岁以上者，恐怕更是难有。因此禹生于公元前2257年左右，死于公元前2165年最为可信。

"龙山文化"的尧舜禹时代，是我国社会各阶级大分化、大组合，并由旧有的社会制度向一种新型的社会制度大步迈进的时代，其社会形态与殷商和西周前期是相行一致的。有专家提出，它是封建社会的初级阶段，我们认为这是不无道理的。

尧舜时期，国家实行的是一种"禅让"制度，国家领导人由四岳会议推荐、选举产生。可谓是一种"议会民主制"。这种举贤授能，"终不以天下之病而利一人"（《史记·五帝本纪》）的"禅让"，即《尚书·尧典》所称道的美政，成了我们中华民族共同认可和向往的道德规范和行为准则。

帝尧时代，社会管理得井井有条，农业、手工业、天文历术、音乐、法律和教育等等都委任有专门的官员管理，"天下大和，百姓无事"（《高士传》），全国出现了一派和平、安定、兴旺、"箫韶九成，凤凰来仪"的美好景象。帝舜即位之后，"行厚德，远佞人"，大举贤才，任禹为司空，后稷"播时百谷"，契为司徒，皋陶作士，倕为百工，益为虞，伯夷为秩宗"典三礼"，夔为典乐，龙为纳言，"三岁一考功，三考绌陟"（经三次考核决定职位的升降），社会文明有了相当进步，无论是农、工、商等社会生产或是音乐美术、天文历术等等，都达到了更高水平，国家出现了"蛮夷率服""百兽率舞"的团结、繁荣局面（以上见《尚书》和《史记·五帝本纪》）。

大禹在根除水患的基础上，兴修水利、改革赋税和行政管理制度（《史记·夏本纪》："相地宜所……及山川之便利"，"其土白壤，赋上上错，田中中"，"田中下，赋贞，作十有三年乃同。其贡漆丝，其篚织文"；"海滨广泻，厥田斥卤，田上下，赋中上。厥贡盐絺，海物维错……""令天子之国以外五百里甸服：百里赋纳，二百里纳铚，三百里纳秸服，四百里粟，五百里米。甸服外五百里侯服：百里采，二百里任国，三百里诸侯。侯服外五百里绥服：三百里揆文教，二百里奋武卫。绥服外五百里要服：三百里夷，二百里蔡。要服外五百里荒服：三百里蛮，二百里流。"），建城池，发展工农业生产，国家强盛，"天下于是太平治"（《史记·夏本纪》）。

大禹去世后，他的儿子夏启凭借自己的才干（"启贤"）和父亲生前的崇高威望，在上层统治阶层的支持下，废除"禅让"，世袭了帝王之位，并兴兵将"不服"而反的有扈氏一举剿灭（《史记·夏本纪》："有扈氏不服，启伐之，大战于甘……启曰：'有扈氏威侮五行，怠弃三正，天用剿绝其命……'"），于是"天下咸朝"于启。

由"禅让"到王位世袭的转变，是我国从旧有的社会形态过渡到一种新的社会形态的标志，城市的兴盛和青铜文化的光辉成就，便是这一新兴社会制度出现的伟大象征。此外，文字、玉器制作业和谷物酿酒业的兴盛也很有典型意义。《五帝本纪》曰："古有醴酪，禹时仪狄作酒，禹饮而甘之，遂疏仪狄，绝旨酒，曰：后世必有以酒亡其国者。"《尚书·夏书》"五子之歌"也说太康失国时，宫廷已是"甘酒嗜音，峻宇雕墙"。而中康之时，就有星历官羲和"沉湎于酒，畔宫离次，俶扰天纪"而"干先王之诛"的事。

近年，考古学家们在黄河和长江中下游地区发现了距今四五千年的"龙山时代"的数十座城址和大型祭祀遗迹或遗物以及一些遗物上的文字。吴春明同志《关于中国文明起源的考古考察》一文说："距今4700—4000余年间，即广义的龙山时代，迄今已在黄河、长江流域范围内发现近50座该时代的城或相当于城的遗迹。这是中国早期城池的繁盛时代。""在等级群落单位的中心都修造了面积20万—30万平方米以上的大型城址，石家河城达到了120万平方米，尤为壮观。中心城址都修建了高大的城墙、宽阔的城壕、大型高台建筑与祭坛。大型工程的全面实施意味着动用大量的劳动力从事非生活资料的直接生产，蛋壳黑陶、精雕玉器、祭坛里包含的复杂礼仪，表明在手工业、宗教祭祀等领域已经分化出许多满足上层社会特殊需要的专业阶层。如果不是以社会生产高度发展、物质财富大量积累为基础，再复杂和强有力的统治机器也很难支配它的社会成员去创造如此辉煌的物质文化成就"（吴春明：《关于中国文明起源的考古考察》，《光明日报》1999年8月27日）。

2000年6月，考古工作者在连云港藤花落地区发现一座龙山文化古城遗址，"城址分外城、内城两部分，外城平面呈圆角长方形，总面积约15万平方米，内城位于外城内南部，城址平面呈圆角方形，面积约4万多平方米，城内众多房址中有一座'回'字形大房址，面积约110平方米。此外，城内还发现有供排水用的水沟、道路、石埠码头、水稻稻田等遗迹 200 多处,动植物标本、玉器等共计 1200 余件"。据说这是目前发现的保存最好、面积最大的"中国第一座内外城结构的史前城址"(赵鸣:《我国发现保存最好龙山文化遗址》,《重庆晚报》2000 年 6 月 21 日)。

1983 年,辽宁牛河梁东山嘴发现的距今五千多年的大型祭坛、女神庙和积石冢群,"其布局和性质与今天的北京天坛、太庙和十三陵很相似,有象征'天圆地方'的祭坛和按南北轴线分布、注重对称的建筑群"(于希贤:《关于城都地理格局的发展》,《光明日报》1996 年 4 月 16 日)。

1959 年,河南偃师二里头尸沟乡发现的夏代宫殿群遗址,多数人认为是夏代的都城。从"发掘的两座各自逾万平方米的大型殿堂建筑遗址、铸铜遗址、多座包含丰富随葬品并含朱砂的墓葬以及大量房址、窖穴、水井、灰坑、祭祀遗迹、中小型墓葬中出土的一些青铜容器、大型玉器和陶质礼器等"(刘庆柱:《夏商周时期考古发现与研究》,《新华文摘》2000 年第 4 期)所展现出的王都恢宏气势证实:这是一处"具有高度发展水平,饶具特征的青铜文化遗存……大型宫殿(宗庙)建筑群是二里头曾作为一代王都最具有说服力的证据"(高炜、杨锡璋、王巍、杜金鹏:《偃师商城与夏商文化分界》,《光明日报》1998 年 7 月 24 日)。

1978—1980 年,考古学家在山西省临汾县发现的陶寺遗址,出土了十分丰富的陶器、玉器、木器(其中以礼乐器居多)以及富有明显的地方特色的扁陶壶、釜灶、双鋬陶鬲和为别处龙山文化遗址所罕见的石鼓、石磬、蟠龙盘等。专家们认为:"陶寺遗址年代其晚期与夏代早期相当,早中期则与古代典籍所说的尧舜时代相应。"(曲冠杰:《陶寺建筑基址是否城址定论尚早》,《光明日报》2000 年 6 月 14 日。)早些时候,考古工作者在山东历城县城子崖村和河南登封阳城王城岗发现的城堡,也都是夏代的古城遗址。历代典籍如《淮南子·原道训》所载:"夏鲧作三仞之城","禹作城,强者攻,弱者守,敌者战,城郭自禹始"已为今天的大量考古发掘所证实。

20 世纪 80 年代在四川成都平原广汉市发现的三星堆遗址,是一座相当于夏商时期,具有内外城的宏伟城池,城内面积至少在 4 平方公里以上。城内有大小型不同规格的建筑物以及大量精美的饮食器、漆器、玉器、礼器、乐器和陶塑艺术品等社会上层人物享用的物件，还有神巫们在祭祀后埋下的成吨的青铜神像、人像、神树和礼仪器，以及罕见的黄金权杖、黄金面具和金箔等。冶金术、城邑、礼仪中心、艺术和文字等文明社会的标志说明，此城已是当时的中心城市。

在四川，与三星堆遗址同属于距今4500—4000年的龙山文化期的古城址，还有新津县宝墩遗址的龙马古城、郫县三道堰遗址的古城、温江县鱼凫村遗址的鱼凫城、都江堰市芒城村遗址的芒城、崇州市的双河村遗址的下芒城和紫竹村遗址的紫竹古城。这些城池都有"设防的聚落"，居民们过着安定的"农业定居生活"。例如宝墩的龙马古城"城墙周长达3200米，宽处约25米，高处约5米以上"。"郫县古城中的大型庙殿建筑已经耸立在文明时代的门道上，城邑已成为当时政治权力与宗教文化的中心"（林向：《成都平原古城址的发现与研究》，《光明日报》2000年6月30日）。而1999年6月在河南新密县发现的距今四千多年前的古城寨城址，规模宏大，墙高沟深，气势雄伟，城池面积17650平方米，周围环绕护城河，南河宽34—90米不等。从城中出土较多酒器而少生产工具来分析，此城是当时的一处政治军事中心。

尧舜禹时代采矿、冶炼、琢玉、制骨、髹漆、纺织及农业等生产技术和工艺水平，已达到了相当惊人的水平。铜器的分布，"迄今在黄河、长江流域至少发现20多处……仅齐家文化中就发现了50多件铜器，器型包括刀、凿、锥、钻头、匕、指环、带銎斧、铜镜等"。广汉市三星堆出土的大量精美绝伦的饮食器、漆器、玉器、礼器、乐器和陶塑艺术品以及巨大的青铜神像、人像、神树、礼仪器和罕见的黄金权杖、黄金面具、金箔等等，其制作之精巧，造型之优美，种类之繁多，风格之独特，真是令世人称绝！

这个时期的文字（山东莒县的陶尊文）也已"超越了仰韶时代写实、图形化的初始阶段，会意、抽象化的程度提高，笔画工整、规则……与三代象形文字越来越接近"，并"已摆脱了单字孤立存在的阶段"，"出现了多字成行的文句……最重要的发现是山东邹平丁公一块龙山陶片上的11个原始文字，三排排列，是龙山时代象形文字已经基本成型的证据"（吴春明：《关于中国文明起源的考古考察》，《光明日报》1999年8月27日）。据《逸周书》载，夏代不仅已有成型的文字，而且已有《夏箴》等书籍刊行于世。《逸周书·文传第二十五》还引用了该书的部分内容，如《夏箴》曰"中不容利，民乃外次"等等。

尧舜禹时代的天文历术，也在前人"敬顺昊天，数法日月星辰，敬授民时"，"以闰月正四时"成岁的基础上，进一步推向了更为系统、科学和精微的法制阶段。此时期"礼制的复杂化，也达到了先夏时期的顶峰阶段"。在中华文明的发展史上，"龙山文化"的尧舜禹时代，绝不是文明的起点，而是中华远古文明七千年的中续，它上承炎黄，下启汤武，是一个承前启后继往开来的辉煌时代。

云中君为楚祖吴回考

屈原《九歌》中的云中君是什么神？历代注家其说纷纭。一说云中君是云神，如王逸、朱熹、胡文英、蒋骥、陆侃如、马茂元等。王逸《楚辞章句·云中君》注："云中君，云神，丰隆也，一曰屏翳。"马茂元等（《楚辞注释》）亦说："'丰隆''屏翳'一神而异名。'丰隆'是云在天空堆集的形象，'屏翳'则是云兼雨的形象。因为天雨时，云在太空一定堆集得更厚，以致遮蔽了日光，天显得晦暗不明，所以叫'屏翳'。"云中君，犹言云中之神。并说："云中君指云神，后世注家大多无异词。"似乎云中君为云神已成定论。

一说云中君乃云梦泽之水神。如清初学者徐文靖《管城硕记》提出："云中君犹湘君耳。"以后王闿运（《楚辞释》）、陈培寿（《楚辞大义述》）均持此说，认为云中君就是云梦泽中的水神。

此外，还有主云中君为月神或云中郡的地方神之说的（见陆侃如等《楚辞选·云中君》注）。

我们认为：以上诸说，既违《九歌·云中君》文义，也与楚地民间风俗不符，难以成立。

诗中所描绘的云中君，来往疾速、出没无端、行止不定（"灵皇皇兮既降，猋远举兮云中。览冀州兮有余，横四海兮焉穷"），并且灵光闪闪（"烂昭昭兮未央"），可以"与日月兮齐光"。加上"龙驾兮帝服"等生活特征的描写，说它是云神显然不确。历代骚人墨客描写云的用词，往往都是浓、淡、轻浮、缥缈、舒卷之类，可从未见有用"烂昭昭""猋远举"（猋 biāo，意为扶摇直上，王逸注为"去疾貌"。举，是向上的意思）"灵皇皇"（皇同煌，亦即光明灿烂之意）的，也从未听说云神出行需备"龙驾"（即乘坐龙车）并身着"帝服"（"龙驾兮帝服"）的。云不发光，正如马茂元等所云："天雨时，云在太空一定堆集得更厚，以致遮蔽了日光，天显得晦暗不明，所以

（才把云神）叫'屏翳'。"因此，"在太空"能"与日月兮齐光"并在须臾之间能包揽九州、横绝四海而无穷止（"览冀州兮有余，横四海兮焉穷"）、出没骏速、瞬息之间能往返于天地之间（"猋远举兮云中"）的绝不可能是云神，而只能是雷神！身着"帝服"驾着龙车出游，其声隆隆如连鼓的也只有雷神。自古以来，人们都称雷神是"天上的造化神"（司马相如《大人赋》注）。《孔子家语》曰："（能）分时化育以成万物（者），其神谓之帝。"故雷神身着"帝服"是符合情理的事。此外，各地民间神话故事无不说雷声是雷神爷的车子滚动发出的声音。只要我们稍微注意观察一下夏季的雷阵雨（特别是夜晚发生的雷击）现象，我们就不难体会到诗人屈原对雷神生活的这些描写，是多么生动、真实而深刻！诗人的洞察力是何其敏锐！

丁山在《中国古代宗教与神话考》中谈到云中君时，亦曾指出："此'君'既居'云中'，当然是藉云以栖身的天神，非虹蜺当即雷霆了。《离骚》'吾令丰隆乘云兮，求宓妃之所在。'王氏章句云：'丰隆，云师，一曰雷师。'洪氏补注则云：'……《淮南子》曰：季春三月丰隆乃出，以将其雨。张衡《思玄赋》云：丰隆轩其震霆，云师䨘䨘以交集。则丰隆，雷也。'（丁）山谓'丰隆'者象征霹雳之声，隆隆如连鼓，《淮南子》定为雷霆之神是也。以'丰隆乘云'证云中君。知非雷神，雷公莫属。""丰隆"即轰隆。丰、轰一声之转。它们原是雷声的象声词，这种声音犹如高山滚石。说"丰隆"是"云在天空堆集的形象"，"丰隆（与）屏翳一神而异名"是指云神，显然错了。

丰隆当为雷神，我们还可以引《礼记·月令》"仲春之月雷乃发声"同《淮南子》"季春三月丰隆乃出"相佐证。倘丰隆是"云在天空堆集的形象"，那么这种"形象"可以说一年四季皆有，并非只有等到"季春三月"方才出现。而雷却不是这样，它是"仲春之月"始"乃发声"，到"仲秋之月"就"始收声了"（《月令》和《淮南子·时则训》所载相同），与时令季节倒是十分相关的。

因此，我们可以肯定：云中君绝非云神而是雷神，亦即迄今湖南益阳桃花江人民每年阴历六月廿四日所祀奉的雷祖（当地居民相传六月廿四日这天是雷祖的生日）。

此外，说云中君是云梦水神、云中郡地方神或月神者，概与《九歌·云中君》内容丝毫无涉，有的纯系望文生义，均是无稽之谈，可不予置辩。

云中君既然就是雷神，湖南益阳桃花江的人民为何不称雷神或雷公，而要称他为雷祖呢？诗人屈原为何对这位雷神竟那样虔诚、敬重，祀奉和拜神前先以香兰煎水沐浴并着以洁美的衣裳（"浴兰汤兮沐芳，华彩衣兮若英"）？其思念之情又是那么纯真、深厚（"思夫君兮太息，极劳心兮忡忡"）呢？这恐怕不是简单地由于"在生产劳动中，一刻也不能离开的，除了阳光，那就是雨水。云行雨施，膏泽万物"，所以人们对它才有着如此"深厚的情感"。其中肯定是另有原因的。

我在2008年6月给湖南国际屈原学术讨论会提交的论文《〈离骚〉"高阳""彭咸"考》中曾经指出：高阳是炎帝神农之裔。他是光明之神，亦即火神和太阳神。他的子辈重黎和吴回曾相继"为帝喾高辛居火正，甚有功，能光融天下"，被帝喾命为"祝融"（《史记·楚世家》）。祝融就是掌管火与光明（无疑应包括雷霆和闪电）的神灵（虞翻曰："祝，大也。融，明也"）。《山海经·海内经》云："炎帝生炎居，炎居生节并，节并生戏器，戏器生祝融，祝融生共工，共工生后土。"《吕氏春秋·孟夏纪》高诱注曰："祝融"即"吴回也。为高辛氏火正，死为火官之神。"吴回既是火神，自然就是掌管雷霆闪电的雷神。其实从吴回这名字的含义来看，"吴，大也"（《说文》《方言》）。回，《说文》云："从口中，象回转之形。"徐锴曰："浑天之气，天地相承，天周地外，阴阳五行回转其中也。"而"雷"，《说文》亦云："从雨，畾声，象回转形。"可见"回"与"雷"同义，且读音相近，为一声之转。"吴回"亦即"大雷"，就是雷神的意思。屈原《天问》："康回凭怒，地何故以东南倾？"说的就是雷神以雷电怒击不周山的故事。这个雷神康回就是吴回（"康"与"吴"均是大的意思）。《淮南子·天文训》说："昔者共工与颛顼（应为帝喾高辛）争为帝，怒而触不周之山，天柱折，地维绝，天倾西北，故日月星辰移焉，地不满东南，故水潦尘埃归焉。"其实怒触（雷击）不周之山的应是祝融吴回。共工是重黎和吴回之后，他在帝喾高辛之时，是一名水官。他没有那么大的神力能怒触（雷击）不周之山。具有这种神力的只有雷神吴回了。

因为吴回是高阳炎帝神农的子孙，亦即楚人和屈原的宗祖。《帝系》云：炎帝之裔高阳"娶于滕氏，产老童，老童产重黎及吴回，吴回产陆终，陆终六子曰季连，芈姓，楚其后也"。因此，楚人称吴回为雷祖，每当阴历六月廿四日他生辰这天，人们对他的奉祀也就特别虔诚、恭敬而热烈。这也正是诗人屈原把《云中君》列在《东皇太一》（即炎帝神农）之后，为《九歌》中的第二篇诗章的重要原因。

楚人崇拜火神和雷神吴回，西南地区的少数民族也大多崇拜火神和雷神吴回。四川大梁山地区的彝族人民至今把阴历六月廿四日称作"火把节"，或火神节。每逢这天彝族人民都要举行隆重而热烈的庆祝活动。这与今天湖南益阳桃花江人民在同一天祭祀雷祖吴回，绝非一种偶合，而显然是一种崇祖活动。贵州的苗族、侗族和土家族也都很敬重火神和雷神，在他们的民族创世史诗中无不提到火神和雷神。在被人们称之为我国古代戏剧活化石的贵州黔中傩戏中，火神的地位尤其显赫，人们称火神灶王爷"上管三十三天，下管十八层地狱，中管五姓人民"。它成了宇宙中的最高主宰，并给"人人增福寿，个个免灾殃"。灶王爷是谁？《淮南子·汜论训》云："炎帝主火，死而为灶（神）。"由此可见，西南地区的苗族、侗族、土家族和彝族等各少数民族同楚地人民一样，他们都是太阳神、火神（亦即灶神和雷神）的后代，都是炎帝高阳及其子孙蚩尤、吴回、陆终、共工的后裔。《史记·楚世家》"吴回生陆终，陆终生子六人……其后中微，或在中国，或在蛮夷"为我们提供了有力的历史证据。

共工及水族源流考

关于水族的发祥地，我在拙文《水族源流考》中做过概略的介述，提到：水族是六千四百年前就已生活在以洞庭为中心的荆楚江南水乡的一支勤劳、坚毅、果敢、勇为的古老民族。水族的祖先是颛顼和帝喾高辛时期曾任"水正"和"步十日四时""霸九州""平九土"并负责治理南方的朝中天文历法大师和水利大臣。《山海经·海内经》云："炎帝生居炎，居炎生节并，节并生戏器，戏器生祝融。祝融降处江水生共工，共工生术器。术器首方颠，是复土壤以处江水……共工生后土，后土生信，信生夸父。"共工的父辈祝融（即重黎和吴回）在颛顼和帝喾高辛时期，相继"主祀星宿大火"任"火正"，"能光融天下，帝喾命曰祝融"（《史记·楚世家》）。共工的先辈炎帝神农、蚩尤、重黎、吴回（见《包山竹简》和长沙子弹库《楚帛书》）和后裔陆终、昆吾、彭祖、后土、信、夸父也都"降处江水，世居南方"，是太阳神家族（炎帝神农、祝融）中从事治水、观天和稻作农耕的重要成员。《大戴礼·帝系》曰："（颛顼之妻）女禄氏产老童，老童产重黎及吴回。吴回产陆终，陆终产六子：其一曰樊，是为昆吾；其二曰惠连，是为参胡；其三曰篯，是为彭祖；其四曰莱言，是为云郐；其五曰安，是为曹姓；其六曰季连，是为芈姓。昆吾者，卫氏也；参胡者韩氏也；彭祖者彭氏也；云郐人者郑氏也。曹姓者邾氏也；季连者楚氏也。"

水族始祖共工等所"降处"的"江水"，实为长江水系在湖南境内的沅江及其支流辰水、洛水。水族的发祥地当为湖南沅水和资水流域的中上游广大地区，而"南楚""黔中"即今之怀化会同、洪江等地则是神农、重黎、吴回、共工等人的诞生地和发迹地；湘中北的长沙、益阳、常德等地则是共工同帝喾高辛争帝前的基本阵地；湘西的辰溪、泸溪、沅陵、大庸、慈利、澧县和花垣等地则是共工争帝失败后其部落和子裔撤退所坚守的后方根据地。

位于沅水最大支流辰水之滨的洪江镇，是一个离炎帝神农故里会同才几十公里的千年古镇。这里近年发现的高庙遗址，是一座距今7800—6400年的文化遗址，出土了大量的玉钺、玉璜、玉玦等晶莹剔透、精美绝伦的玉器和纹有禽兽动物图形的各种陶器、象牙等等。特别是那些戳印有太阳神鸟图案以及绘有巧夺天工的猪、牛、羊等兽面纹和獠牙神兽的白陶制品，证明这里不仅是中国白陶的最初发源地，而且从其祭祀场和略呈八字状的"双阙"式宫殿建筑、房屋、窖穴及二开或三开结构的排架式与楼层式的大量地面建筑遗迹，说明这里远在六七千年前早已是一座文化品位极高的城镇，当是颛顼和重黎、吴回与共工三代及其先辈们的故里和发祥地。

史载"黄帝长子昌意""德力不足""降居若水"，"娶蜀山氏女生颛顼之父于若水"。这个"南海之内，黑水之间"（即"洞庭、沅水之间"）的若水（《山海经·海内经》），离高庙遗址仅几十公里（此水由会同县流经洪江市境内，在离高庙几公里处注入辰水）。颛顼既然生于"若水之野"即洪江高庙一带，那么《大戴礼·帝系》等所说的颛顼的儿孙辈"降处江水"的重黎、吴回和共工自然也是高庙一带的洪江人了。《易·乾凿度》"帝王始兴，各起河洛"（河洛即洛河，洛水）之说是非常可信的。毛成舟等在《炎帝文化遍会同》等文章中也说："（会同县境的）火神坡是连山氏炎帝的火正官祝融（重黎、吴回）世代居住地。"离此处不远的"洪江一名来历更是揭示出这里与水神共工的某种内在联系"。汉代的《世本》（卷七）记载："共氏为共工后，四岳同姓……后改为洪氏。"中州古籍出版社出版的《百家姓》第30页也说："洪，角音，豫章郡。旧传共工之后为避仇而改洪姓。"（《元和姓纂》和《尚书》也有相同的记载。）可见"洪江"原本就是以共工之名而名的"共江"。如今湖南芷江县的洪水塘、通道县的洪洲河、新晃县的大洪山，衡阳市西北边的洪落市、益阳市境内的洪桥、洪头桥、洪年楼、洪山、洪头山、洪山庙、龙拱滩、龚家湾、洪龙桥等历史地名以及贵州在元明清时代设置的黎平洪睢泊里长官司、定番洪番安抚司和下江的洪州镇，德江、务川的洪渡河等等，其"洪"字、"龚"和"拱"字自然都是"共工"之"共"的刻意另写。

共工出生于"若水之野"的洪江高庙，还可以从高庙遗址中出土的猪牙床以及陶器上绘制的猪面纹和獠牙神兽图案得到印证。经专家们鉴定猪牙床属当地近8000年时就已驯养的家猪。而猪面纹和獠牙神兽图案，至今仍为水族民间工艺马尾绣的传统图案。水族同胞每两年或六年或十二年一次的敬霞节，所祭拜的"霞"（猳）神，其实是对"水德之帝颛顼玄冥"的父亲韩流的一种猪图腾崇拜。（《山海经·海内经》云："昌意降处若水，生韩流。韩流擢首，谨耳，人面，豕啄，麟身，渠股，豚止，娶淖子曰阿女，生帝颛顼。"）高庙遗址和水族马尾绣中的猪面纹和獠牙神兽图案，就是韩流形象的神化。水族是一个最早从事家猪饲养并善于"用豕皮做大鼓"的民族（见韦章炳：《水族与水族历史研究》），故"夏帝少康（曾）以古帝王号'豨韦氏'赐封予大彭别孙元哲"（《中国韦氏通书》）。因而至今水族同胞不仅把猪列为"六畜之首"，还称之为"水畜"（即水家之畜）。此外考古工作者还在高庙遗址附近发现了头上刻有三个水族文字（即"水书""马猴王""狙尾王"之意）的七千年以前的石头神像（"马猴王"即《楚帛书乙篇》所说的"狙尾氏之子"，"女娲"，是水族同胞至今崇拜的始祖神）。

《山海经》所云位处"南海之内，黑水之间"的"若水"及颛顼所生之地"若水之野"，以及水族《古歌》"古祖上住在洛河边"的洛河必在南楚之地（即今之洪江高庙一带），而非"发源于陕西塚岭山，经陕西洛南，河南卢氏、洛宁、宜阳进洛阳偃师……至巩义南河渡注入黄河"的洛河（韦章炳：《水书与水族历史研究》）。据阳国胜等考证：古之"南海即今之洞庭，古之黑水即今之沅水"（《炎帝故里会同新说》）。发源于贵州云雾山的沅水，上游称清水江，自湖南黔阳县黔城镇以下始名沅江。东北流经辰溪、沅陵、常德等县市，到汉寿县入洞庭湖。其支流有巫水、洛水、辰水、酉水等。这与《禹贡》大禹治水"导黑水至于三危，入于南海（即洞庭）"之说完全吻合。"南海"为今之洞庭还可以从《述异志》"南海中有轩辕丘"得到印证。史载黄帝轩辕氏不仅曾登洞庭湖中的君山"张咸池之乐于洞庭之野"（《庄子·天运》），而且还曾铸鼎于君山的轩辕台。《湖南风物志》曰："君山上有轩辕台，传为黄帝铸鼎的地方。"（常德古称鼎州，中国称鼎州者唯此一处。）《大戴礼》还曰："黄帝居轩辕之丘取西陵氏之女谓之嫘祖，产青阳及昌意。青阳降居江水，昌意降居若水。昌意取蜀山氏之子谓昌濮氏，产颛顼。"湖北宜昌市境内自古就有地名"西陵"，而长江三峡的西陵峡离洞庭湖中的轩辕之丘亦才几箭之遥。《南岳志》载：黄帝之妃"生少昊于青阳"，其地为今之长沙，并曰："今长沙府北有青州云田，传以为青阳云阳之故地。"又据《逸周书》孔晁和王应麟等人补注：蜀山昌濮乃"西南之蛮"，其地"在今湖南沅陵""辰溪"一带。由此可见古之黑水和位处"黑水和南海"之间的"若水"绝不是北方中原地区的河流，那里的任何一条江河都不可能注入"南海"（无论是洞庭还是今天的南海）。

以共工为始祖的水族，最初是一个居于水边以治水和稻作为业的部族集团。《管子·揆度》云："共工之王，水处什之七，陆处什之三，乘天势以隘制天下。"在共工与帝喾高辛争为帝之前，身为"水正"的共工及其部属与子裔原本生活在以洞庭为中心的荆楚江南地区。正如水族史诗《鲤鱼歌》所说："咱鲤鱼本住长江"，只因"庚午年水府打仗一家人"才"逃往四方"，最后在"都柳江安下家乡"。今天三都、荔波的水族农事谚语："太阳打伞长江水，月亮打伞草头枯"，"夏至昼暖夜来寒，虽是江湖也防旱"就是最好的印证。三都、荔波地属珠江水系，而水族"文化行囊"中装的却是千百年前长江水系和洞庭水乡的"文化因子"。再看今天水族同胞的生活习俗："夹江傍水而居"，"种稻似湖湘"（《宋史·蛮夷传》）；好糯食、喜酸汤、嗜鱼虾、爱饮酒，善养鱼……水族妇女把水的波纹当作花边绣在自己心爱的衣裙上，并在围腰上系上两根飘带象征着鱼群在水中跳跃和展翅腾飞。水族湛青色的传统服饰和百褶裙既象征着湛蓝的湖水和水面的波纹，也象征着绿色的田野和随风翻滚的稻浪；而脚下穿的尖头钩鼻船形鞋则象征着当年水乡的舟楫。这些无不说明：水族是一支最早生活在以洞庭为中心的荆楚江南水乡并以稻饭鱼羹为生的民族。陈久金等人在其《贵州少数民族天文学史研究》一书中也说：今天的贵州水族是古代"沅水蛮"的"直接""后裔"。水族族源在黔中，在南楚，在湖湘。它是一支由南向北逐渐发展壮大的民族。到公元前4371年即帝喾高辛五十七年"庚午"，共工与帝喾高辛争帝以前，水族已经发展壮大成一个据有荆楚江南，包括湖南、湖北、江西、河南、江苏、安徽等地，可以"乘天势以隘制天下"，即具有与帝喾高辛抗衡能力的部族集团。这时的共工不仅拥有可以载兵进行水上攻击的船只，而且还拥有"铁铦"等坚兵利器（《韩非子·五蠹》："共工之战，铁铦短者及乎敌，铠甲不坚者伤乎体。"），因此引起了帝喾高辛统治集团的猜疑和不安。于是高辛便以共工治水不力造成"水患"为借口，命令重黎去进行责伐。重黎毕竟是共工之父，责伐自然不会卖力。于是高辛又以责伐不力为借口，于"庚寅日"诛杀了重黎（以上见《史记·楚世家》）。

　　重黎之死成了战争的导火线。共工将重黎埋葬于"衡山之阳"（《路史·前纪八》）后，就发动了与高辛一决雌雄的战争（《列子》《淮南子》等曰："共工与颛顼（应为帝喾）争为帝"，"振滔洪水，以薄空桑"，最后"怒触不周之山……"而亡）。在这场殊死的复仇战争中，共工战败身亡后，他的部族和子裔才先后从荆楚江南的北部地区撤回南楚和黔中及其五溪地区。从水族芦笙舞的舞裙十六根飘带所显示的徽章性标志和《韦氏宗志部》所载文字证实，今天的水族是由"湖南省六房游十六水"即16个部落组成的联盟。而"睢柳""睢米""睢干"则是其中最主要的三个支系。"睢柳"是水族群体中的陆姓一支；"睢米"是其芈姓一支；"睢干"是其韩姓一支（柳与陆，米与芈，干与韩均为一声之转）。他们即是共工之后陆终的第二个儿子"参胡"和第六个儿子"季连"的后裔。今天流传在三都民间的《水族迁徙歌》："古我祖住在睢水旁，古祖父住在洛河边。洪水急，才邀约逃难。到处找，哪里能生存？去广东也做不成吃，到广西也积不了钱。弟背棉随清水而下；哥累多逆红水而上。到贵州砍山间荆棘，种小米，才得活了命。"从这首《迁徙歌》中我们可以看出几个问题：1. 水族的先祖曾长期居处于水乡，但最初不可能居处在北方（中原地带）的洛河和睢水之边。因为发源于陕西塚岭山，流经洛阳偃师，最后至巩义注入黄河的"洛水"，同"故道在今河南开封，向东流经杞县、睢县、宁陵、商丘、夏邑、永城继而转入淮南"的"睢水"（韦章炳：《水书与水族历史研究》）相去甚远，中间隔了若干个县。因此洪水来临时，居处河洛和睢水两地的人们绝不可能"邀约逃难"。更何况"睢水"是一条"战国时期由魏国开凿的人工河"（《康熙字典》注），在"《禹贡九州图》上找不到它的踪影"（阎朝科：《连山神农炎帝故里九铁证》）。2. 水族《古歌》（亦即《迁徙歌》）"古父老住在西雅，发洪水四处散开……"这里所说的"西雅"其实就是"睢雅"，即"水涯"（水边）的意思。韦章炳先生在其《水书与水族历史研究》一书中明确指出："'睢'是'水'的华夏古音。"

"水书先生诵读五行（金木水火土）时，常念'水'字为'睢'。这与今天水族人称水为'能'大不相同。原因在于水书先生念诵水书五行时用的是世代相传的'华夏古音'，如念'山'（shan）为'散'（san）；念'虎'（hu）为'夫'（fu）；念'天'（tian）为'听'（tin）等。也就是说水族自古以来就以'水'为族称。"《国语·周语》曰："共工以水纪，故为水师而水名。"故以"水"为族称是理所当然的事。韦章炳先生还说："水族古语称水为'睢'，水书中多次出现'大水贪狼，小水廉贞'……水书先生读到'大水''小水'时念为'打睢''消睢'。"韦章炳为"睢雅"即"水涯"（水边），"睢"就是"水"提供了铁证。此外，阎朝科先生也说：高庙前面的"辰水"，高庙人念作"睢水"。他说："高庙人至今对'辰'字与'神、辰、睢、成、陈'五字发音不分，都是读 sen"，"辰州就是神州。"并说，"长沙子弹库王家祖山楚墓帛书乙编：'曰故（古）因熊包戏（伏羲），出自币（震），居于睢□……'即伏羲女娲所居之'睢□'就是高庙前面的'辰水'。"（《连山神农炎帝故里九铁证》）今天水族的老祖宗最初生活在会同、洪江一带，还可以从前年在贵州荔波民间征集到的水书《连山易》得到印证，有专家指出："水书《连山易》源出于湖南会同县连山乡"，"水书《连山易》封面上的地图，是会同连山的地形图"，"是那个时代（距今六千多年前）真正的地图，也是中国最原始的地图"（同上）。如今水族民间保存的这部水书《连山易》，不仅说明水族始祖共工六千余年前"步十日四时"所创制的"十日历"（即天干纪日法），正是炎帝神农"仰则观象于天，俯则观法于地……"，"画八卦，以正二十四节气"和"正四时之制"，"分八节，以始农功"所创天元甲子历的衣钵传承（《周易·系辞》《尸子》《晋书·律历志》）；同时也有力地说明水族的族源确为炎帝神农故里，即今之怀化会同和洪江。水族《迁徙歌》中所说的"洛河"和"睢水"就是会同的"洛水"和洪江的"辰水"。水族先民不仅在这里继承和发展了炎帝神农历法，而且还创造了与炎帝神农八卦及其文字一脉相承的水书（即水字）。

据《桃江县志》介绍：位于湘中北的益阳是一个有几千年历史的古邑，自始地属楚国，其原住居民均是"楚人和巴人的后代"。从西周初年至秦汉时代，这里就是周成王所封楚祖熊绎之"长沙国"的中心地带（按：其实远在六七千年以前，据《南岳志》《通典》《太平寰宇记》和《路史·国名纪》所载，这里已是炎帝神农所都凡七世的"长沙国"和蚩尤"古三苗国"的中心地带）。地下出土文物证实，早在八九千年以前，"就有先民在资江、桃花江、沾溪、颜溪、志溪河等河流的两岸繁衍生息"。仅今之桃江县境所出土的商周至战国的文物，就有工艺高超的商代提梁卣、西周夔龙纹铜鼎、西周马纹簋、战国虎纽錞于、战国铁锛等等。而在六千余年前这里是共工及其部族和子裔重要的政治和军事基地之一。《县志》说：桃江境内的"浮邱山"就是"共工与高辛争帝"失败时以头"怒触"的"不周山"，亦是女娲氏炼石以补苍天的地方。《县志》说："共工头触不周山，天崩地裂"，"天幕"在"浮邱山东面""穿了一个孔"，造成天河之水下注，天下成灾。于是女娲氏"带领天兵八万八千多人（来此）补天"。"女娲氏带着施工队伍，采集石头，（将石头）一直垒高到穿天孔里，然后烧火升温，烧熔的石头补成了完整的五色天宇。"相传女娲补天的地方，至今存有"火云洞"和女娲补天取石、运石与堆放石头的地方——"石井头"和"堆石坪"等。《县志》还说，今"穿天坳东南有晒谷石村和黑石村"，"相传晒谷石与黑石乃女娲补天时坠落在地上的石头"。人们为了纪念女娲补天的功德，便将她"炼石的山坳取名'穿天坳（界）'，（并）在坳上建立了一座茶亭"。茶亭上挂有"炼补亭"的题额大匾，还有"炼石功深，补天术幻"的楹联。"四时云荡不周山，万仞浮邱梦日边。"（陶澍《浮邱山门楹联》）共工头触不周山，女娲炼石补苍天便成了此地万古流传的佳话。

共工及其部族、子裔不仅长期凭水而居，是一个爱水、崇水的民族，而且是一个有光荣传统的治水民族。不仅共工本人在颛顼和帝喾高辛时期曾任朝廷的水利大臣"水正"，他的后裔后土等人也是引领人们治水和进行"水田农作"的国家功臣。《史记·律书》："颛顼有共工之阵，以平水害。""共工氏以水纪，故为水师而水名。""（共工之子）术器首方颠，是复土壤"（《山海经》）；"后土治水取得成功，被人们尊奉为社神"（郭沫若《中国史稿》）；"禹治水土，其共工之从孙四岳佐之"（《国语·周语下》）。今天的益阳人既然是"巴人和楚人的后裔"，自然就是共工的后代（《史记·楚世家》云：楚为吴回、陆终、季连芈姓之后）。他们同其先祖一样勤于筑水垒坝、开塘蓄水，发展水利灌溉和稻作农业。至今遍及桃江四处的坝名和塘名，如龙头坝、老尤坝、黄土坝、石桥坝、旋溪坝、千工坝、黄金坝、筑金坝、人民坝、担水坝、豆腐坝、解放坝、龚家坝、向家坝、汪家坝、黄家坝、狮子坝，莲花塘、马迹塘、花塘、荷塘、舒塘、翔公塘、黄土塘、鲤鱼塘、鸭婆塘、鸡公塘、鸦鹊塘、上荷塘、下荷塘、青山塘、石门塘、三角塘、四方塘、横马塘、万功塘、白米塘、石灰塘、黄金塘、长湖塘、竹金塘、白茅塘、井公塘、楠木塘、株木塘、松木塘、荷叶塘、烂木塘、大桥塘、郭家塘、贺家塘、铁家塘、龙塘、月塘、温塘、清塘、干塘、双塘、大塘、赤塘、增塘、新塘，以及大塘村、小塘村、清塘村、三塘湾、干塘坳、新塘湾、泉塘坳、月塘湾，等等，就是共工子裔治水、开塘、筑坝的遗存和遗风。《桃江县志》曰："县境人民利用资水各大小支流筑坝挡水灌田，利用山窝出口堵堤筑塘或在平原处挖田开塘，自古有之，源不可考。"《国语·周语下》所载"共工之从孙……高高下下疏川导滞，钟水丰物"即益阳桃江人民开塘筑坝挡水以灌农田之所本。因此，至今源自湖湘的贵州荔波水族同胞仍称他们的祖先是"任夯能、任吞应"即"挡水的人，筑坝的人"。韦章炳先生在分析解说水文的祖（恭）字时说："单从祖（恭）字的字形看，此字像一壁拦河水坝。（恭）下面的'三角形'像个出水孔。而从象形文、甲骨文的结构分析，此字竟是"共工"的合体字。共的古体字正为'祖'（恭）的水字的上部，有学人称像两个人抬石头等重物，而工字则为'厶'，合之正是水文字的'祖'（恭）字。"

共工与帝喾高辛争帝失败身亡后，其子裔和部族成员便从湘中北益阳一带撤退到了常德和湘西武陵地区。澧县、慈利、大庸、桑植、花垣等地便是他们撤退后的根据地。桑植的"洪家坪"，花垣的"洪安（镇）则是共工及其后裔居住而得名"（吴心源：《蚩尤新考》）。

共工部族及其子裔在水族先祖陆终等人的率领下，撤至常德和湘西武陵地区后，"建房造屋，开垦土地，种植庄稼""饲养六畜"，重振家园（潘宠宪《水族的几种信仰崇拜文化》），在这里经历了上千年的图存复兴和发展。近几年来考古工作者先后发现的距今6000—4200年左右的澧县城头山遗址、梦溪三元宫遗址、宋家台遗址、胡家屋场遗址、车溪乡南岳村遗址、安乡划城岗遗址、华容车轱山遗址以及慈利的崇山等遗址和历史遗存就是最好的历史见证。特别是距今6000年左右的城头山古城遗址。这座由护城河、城垣和东南西北四个城门组成的，道路和排水系统等城市辅助设施齐备，修建规范、科学（如利用城周的自然河流与人工沟渠衔接以为防卫、水利和航行之用），城区总面积达22万平方米（城内面积为八万平方米）的古城和城中出土的陶器、精美玉器、木桨、船橹等上万件文物以及城外的人造稻田、水塘、水渠等灌溉设施，这些显然都是共工部族、子裔——今日水族先民的伟大创造。距今5300年前始建的石家河城，是一座城市设施完备，迄今为止发现的我国史前最大的古城。城区面积达12万平方米，一级城址的城墙南北约1200米，东西约1000米，城墙底座宽50米，顶宽8—10米，墙高5—6米。二级城址的城濠宽35—50米。

石家河古城及其周边的十余座卫星城（如应城陶家湖城、石首走马岭城、公安鸡鸣城、荆州阴湘城、澧县鸡叫城等）发现了玉器作坊、红陶杯生产基地和陶器、陶纺轮等专门生产场所及墓葬区等。出土了数以万计的陶杯、陶缸、陶鬲、陶甗、陶鬶、陶鼎、陶罐、陶擂钵等生活日用品以及铜器和石灰、水泥质样的建筑材料；出土了璜、玦、管、斧、刀、钻、凿、锛等大量精美玉石器以及玉虎、玉龙、玉凤、玉鹰、玉蝉等动物玉饰制品和玉神人、玉牙璋等玉礼器。在中心古城址还发现了大型祭坛、石钺和大型筒形祭祀器"陶祖"；并在肖家屋脊出土了刻有太阳鸟（凤凰）、獠牙神兽、八角星纹和文字刻画符号的套缸等"陶祖"象征物。还出土了一件绘有头戴羽冠、手持玉钺，即王者或首领形象的陶缸和一件面部有獠牙、双耳上附有长尾鸟（凤凰）的玉神人。专家们分析：头戴"羽冠"的王者和玉神人，"应是石家河文化居民及其后裔长期共同信仰的神祇或先祖崇拜的偶像"（杨建芳先生语）。从"玉神人"所戴刻有平行条文和回旋水波纹的头冠来看，他很可能就是水族的始祖共工。

从石家河古城出土的龙、凤、虎三类玉器即玉神人和太阳鸟、獠牙神兽，以及八角星图与文字刻画符号等说明：石家河古城不仅是共工之裔水族先民继城头山古城之后的又一宏伟建筑；而且同距今7800年前的高庙文化及城头山文化有着一脉相承的亲缘关系，并对后来的中原龙山文化、二里头文化及夏代前期文化，乃至商代的妇好墓、陶寺遗址，成都金沙遗址等出土的玉器等文化都发挥过龙头作用和强烈影响。刘俊男博士在其《马克思主义国家起源理论中国化研究》中说:"武汉之西的石家河古城原来叫'大夏'",曾为黄帝之妃嫘祖"西陵氏所居之处","《史记》所说的'舜迁于负夏'(之'夏')也当指此地"。因而水族的先民在夏代曾与夏朝统治者有过甚密的交情。在尧舜禹之前的千百年间,共工的后裔后土等人弘扬传统,子承父业,为民治水取得巨大成功,"被人们尊奉为社神"。到了夏代,大禹治水时,"其共工之从孙四岳佐之,高高下下,疏川导滞,钟水丰物,封崇九山,决汨九州,陂障九泽,丰殖九薮,汩越九原",其功甚伟。因此"四岳"得到了夏代君王的册封和重用,"祚四岳国,命以侯伯,赐姓曰'姜',氏曰'有吕'","使绍炎帝之后"(《国语·周语下》并韦昭注)。此时共工陆终之后彭祖一支的彭氏族长彭寿,与夏代君王关系甚密。他不仅以一方诸侯的身份参加了大禹的"涂山之会",并被"封于豕韦(今河南滑县),世伯夏商,其苗裔遂以国为姓"(张为纲:《水族来源试探》)。如元代梁益《诗传旁通》卷十四载:"颛顼孙陆终之子曰筏,筏之子曰铿,封于彭,是为大彭。彭祖以雉斟养性,事放勋(尧)。夏之(少康)中兴,别封其孙无哲于韦,是为豕韦,迭为夏伯。"这便是今日水族大姓"韦"氏的由来。除此,彭寿还在夏启十一年(公元前2154年)奉命率彭国军队平定了夏启长子武观在河西(今山西汾阳)的反叛。于是又因功高被晋爵为"彭伯"。其封国"彭伯国"位于今之江苏徐州。其后彭伯又出兵助少康夺回王位立下大功。少康复位后论功行赏,彭寿的庶孙元哲被封回"豕韦"。这就是《中国韦氏通书》所说的"夏帝少康以古帝王号'豨韦氏',赐封予大彭别孙元哲于豕韦"之史事。

在中华文明的发展史上,水族人民除了共工、陆终时代有过永载史册的灿烂文明外,在"城头山古城"时代和夏王朝时期,同样有过令人骄傲和自豪的灿烂文明。《汉书·韦贤传》"肃肃我祖,同自豕韦,黼衣朱绂,四牡龙旗"正是夏代水族光荣显赫历史的真实写照。也正由于水族先民同夏王朝最高统治者之间有着水乳交融的亲密关系,因此夏桀二十八年(公元前1737年),商王成汤伐桀时,水族彭姓的豕韦、顾韦和昆吾等国便遭受了与夏桀一同覆亡的命运(《诗经·商颂·长发》"韦顾既伐,昆吾夏桀"记的就是这个历史事件)。

2010年4月18日完稿

孔子生年月日之考订

前些日子宁波大学的金先生给我寄来一份《余修文摘》（辑三）。这份《文摘》辑载了叶小草先生的三篇文章，其中有两篇是讨论我国古代思想家和教育家孔子的生年月日的。一篇名《"十月庚子"与孔子生日》；另一篇为《诘难杜撰历史的"权威"——"9月28日"孔诞还要蒙骗民众多久》。

见于报端和其他媒体所载的孔子诞辰日期，如《光明日报》2005年12月22日刊载的全国政协委员李汉秋《建议以孔诞为教师节》一文，提出了"经权威部门共同研究推算，孔子诞生于公元前551年9月28日"（即鲁襄公二十二年十月二十七日庚子，夏历八月二十七日）的结论。

这里所说的"权威部门共同研究推算"的孔诞结论，不外乎是孔子七十世孙清代孔广牧《先圣生卒年月日考》、匡亚明《孔子评传》、张岱年《孔子大辞典·孔子》和张培瑜先生《孔子生卒的中历和公历日期》等论著中所提出的观点。

对这个问题，过去我是很少留意的。因为孔子的诞辰，《春秋》及其《谷梁传》和《公羊传》均有明确记载。《春秋》曰："襄公二十有一年……九月庚戌朔，日有食之。冬十月庚辰朔日有食之……"《谷梁传》继载："（此月）庚子，孔子生。"《公羊传》载："十有一月庚子，孔子生。"（陆德明音义："上有'十月庚辰'，此亦'十月'也。"）如此，我想孔子的诞辰应是十分明确的，即鲁襄公二十一年的周历十月庚子日。这"庚子"是"十月"的哪一天？如果我们能用古代天文历术知识推算出《春秋·襄公二十一年》所载之"九月庚戌朔"和"十月庚辰朔"所在的年月，则不仅可以确定并验证孔子诞辰的确切年月，同时也可以推出"十月庚子"是周历十月（夏历八月）的哪一天了。我想这是"权威部门"的"权威"专家们应能解决的问题。所以，对见于报纸和其他传媒所载的孔子生年月日，我从未怀疑，也未曾加以考究，料想权威专家们该不至于会弄错吧?!

如今读了叶小草先生的质疑文章，才引起了我对此问题的关注。于是我便运用所掌握的古代天文历法及其推算技术，对孔子的生年月日，做了一番推算和验证。

一、孔子是否生于鲁襄公二十一年（即公元前552年）"十月庚辰朔"的"庚子"日

要搞清楚这个问题，首先必须对鲁襄公二十一年（即公元前552年）的全年月朔来一番推算。我用中华传统天文历法（即古四分历术）19年7闰为一章，4章（即76年）为一蔀，20蔀为一纪，29又499/940日为朔实以及《史记·历书·历术甲子篇》所提供的有关数据，并以公元前427年（己酉16蔀）为天正甲寅历的历元近距，推出鲁襄公二十一年（即公元前552年）前子月的朔日（详情请阅拙著《中华传统天文历术》，海南出版社1996年版）：

(552 − 427) /76 = 1……49

16 − (1 + 1) = 14；

查《二十蔀蔀余表》：14为辛卯蔀；

其蔀余为27；

76 − 49 + 1 = 28（公元前552年进入辛卯蔀之28年）

查《甲子蔀子月朔闰气余表》之第28年，

是年有闰小月。

是年前大余53

前小余727

27 + 53 = 80，满一甲减60，得20；

查《一甲数次表》20数次的干支为甲申；

则公元前552年前子月的朔是甲申727分。

公元前552年全年的月朔为：

子月甲申727分（合朔）

丑月甲寅286分

寅月癸未785分

卯月癸丑344分

辰月壬午843分

巳月壬子402分

午月辛巳901分

未月辛亥19分

申月庚辰518分

酉月庚戌77分

戌月己卯576分

亥月己酉135分

子月戊寅634分

古代纪历有建子为正的周历，有建丑为正的殷历，有建寅为正的夏历和建亥为正的颛顼历。经考证《春秋》经传使用的是建子为正的周历。从《甲子蔀子月朔闰气余表》得知：鲁襄公二十一年（即公元前552年）有闰月。而古时置闰一般是在年中或岁末。从以上所推出的是年之全年月朔可以看出：此年之闰置于年中（即周历六七月间）。于是《春秋》所载的该年"九月庚戌朔"就成了"酉月庚戌朔"了。在年中无闰月的常态下，"酉月"应是建子为正之周历的"十月"（即夏历的八月），但因该年有闰小月，且置闰于年中，故"酉月"就成了建子为正之周历的"九月"（即夏历七月）了。这样在常年（无闰）状态下建子为正的周历十一月，即此处"己卯576分合朔"的"戌月"便成了闰在年中的周历十月（即夏历八月）了。因此《春秋》的星历史家就将是年"酉月庚戌518分合朔"和"戌月己卯576分合朔"记为"九月庚戌朔"和"十月庚辰朔"。将"十月（即戌月）己卯576分合朔"记为"十月庚辰朔"，比我们所推得的月朔晚记了364分；即9个多小时。这在史籍纪历上是很常见的事。倘若我们将该年的闰月置于岁末，那么"戌月己卯576分合朔"，自然就是周历"十一月"了。这大概就是《公羊传》将"十月庚辰朔"记为"十有一月（庚辰朔）庚子，孔子生"的由来。这也大概是唐代陆德明音义标注"上有'十月庚辰'，此亦'十月'也"的原因。

还需补充说明的是，以上我们推得的月朔是经朔。它是以月亮运行的平均周期，即每月平均为29又499/940日（亦即29.53085106日）来计算的。

而实测朔实是29.530588日。也就是说我们推得的经朔比实朔每月要多出0.00026303日，即307年就多出一天，一年多出3.06分。因此，如果我们要推求实际天象时，则须加减每年的浮差3.06分（以公元前427年为历元近距，在此年以前的则加；在此年之后的则减）。倘若我们要推求公元前552年（即鲁襄公二十一年）周历十月即"戌月己卯576分"的实朔，则为：

（552－427）×3.06＝382.5（分）；

576＋382.5＝958.5（分）

958.5÷940＝1……18.5

查《一甲数次表》己卯的干支数次为15

15＋1＝16

从《一甲数次表》得知16数次的干支是庚辰。

这就是说，从实朔来看，鲁襄公二十一年（即公元前552年）"戌月"即周历十月（夏历八月）的朔日正是"庚辰18.5分合朔"。该年周历"十月"的朔日星历家根据推算订为"己卯576分"。但这是经朔，而实朔是"庚辰18.5分"。因此，一月之中出现了两次合朔，故《春秋》记曰："襄公二十一年冬十月庚辰朔，日有食之。"即出现了"日食月"的实际天象。

周历十月（夏历八月）的朔日干支即为庚辰，那么周历"十月"的"庚子"，自然就是夏历八月二十一日了。

经上面推算验证：孔子诞生于鲁襄公二十一年（公元前552年）"十月庚辰朔"之"庚子日"，即夏历八月二十一日，完全正确。

二、孔子生于鲁襄公二十二年（即公元前551年）"十月庚子"（亦即夏历八月二十七日）之说是否能够成立

读了叶小草先生的文章，我才注意到孔子诞辰还有"年从《史记》，月从《谷梁》，日从《公羊》《谷梁》"之拼凑法（见孔广牧《先圣生卒年月日考》），即孔子之生年月日为"鲁襄公二十二年"，"冬十月庚辰朔"，"庚子日先圣生"之说。亦即张培瑜先生在《孔子生卒的中历和公历日期》一文中所做的结论："我们认为：以鲁襄公二十二年十月二十七日庚子，夏历八月二十七日，公历格历前551年9月28日作为孔子诞辰比较合宜。"

这个用拼凑法得出的孔子诞辰日是否能够成立？我们试以古代天文历法（即四分历术）推算来加以验证：

(551 − 427) ÷ 76 = 1……48；

16 − (1 + 1) = 14

查《二十蔀蔀余表》14 为辛卯蔀，其蔀余为 27；

76 − 48 + 1 = 29；

查《甲子蔀子月朔闰气余表》第 29 年，

得前大余 17；

前小余 634；

27 + 17 = 44

查《一甲数次表》44 数次的干支为戊申；

则公元前 551 年前子月的月朔为

戊申 634 分（合朔）。

则公元前 551 年全年的月朔为：

子月戊申 634 分合朔

丑月戊寅 193 分

寅月丁丑 692 分

卯月丁未 251 分

辰月丙子 750 分

巳月丙午 309 分

午月乙巳 806 分

未月乙亥 367 分

申月甲戌 808 分

酉月甲辰 367 分

戌月癸酉 866 分

亥月癸卯 425 分

……

从上面所推出的月朔来看，鲁襄公二十二年（公元前 551 年），全年根本就没有朔日是"庚戌"和"庚辰"的。既然全年没有"庚戌朔"和"庚辰朔"，那么孔子生于是年"十月庚辰朔"的"庚子"日（即夏历八月二十七日）就成了无中生有的臆想。退一万步，即使该年有"十月庚辰朔"，则"庚子"也绝不当是"二十七日"！

因为任何具备起码的历术推算知识的人都知道，任何一个干支日的具体日序的确定，必须首先知道这个干支日所在之月的朔日干支；否则是绝不可能知晓其具体所指日数的。因此，要想知道"十月庚子"的日序，则必须首先知道这"十月"的朔日干支。我们真不知道那些"权威部门"的专家们是如何得出"十月庚子"是"夏历八月二十七日"这样的结论的。而从我们推出的公元前551年（即鲁襄公二十二年）全年的月朔来看，是年周历十月（即夏历八月）的月朔是"甲辰367分"。从"甲辰"（八月初一）到"庚子"，中间相距44天。这就是说"甲辰朔"的八月根本就没有"庚子"这一天。既然鲁襄公二十二年（公元前551年）既无"庚辰朔"之月，也无"十月（夏八月）庚子"这一天，就更无从说该年夏历八月二十七日是孔子的生日了。

经以上分析，推算和验证：孔子生于公元前551年（即鲁襄公二十二年）夏历八月二十七日之说绝对不能成立。

孔子生于公元前552年夏历八月二十一日的科学结论，不容撼动，还可以从杜预注《春秋经传集解》得到印证：

（一）杜"昭七年"注："二十四年（即公元前518年）孟僖子卒。""僖子卒时，孔丘年三十五。"即

$518 + 35 - 1 = 552$；

（二）杜"昭十七年"（即公元前525年）注："于是仲尼年二十八。"即：

$525 + 28 - 1 = 552$

杜预两个注释均证明孔子生于公元前552年。

经以上推算验证，证实：孔子诞辰确如叶小草《"十月庚子"与孔子生日》一文所说："孔子生于鲁襄公二十一年十月庚辰朔庚子二十一日"即公元前552年夏历八月二十一日庚子，这是"无人可撼"的正确结论。至于这年是公元前552年阳历的"10月9日"还是"9月28日"或"今行公历之10

月3日"或是其他……我认为这似乎没有什么讨论的必要。因为在阳历（不论是儒略历还是格里历）行用之前的若干年代，我国既然早已施行了干支纪年、岁星纪年、太岁纪年和帝王纪年等纪年法，并采用了或建子为正，或建丑为正，或建寅为正，或建亥为正的阴阳历（即天元甲子历和天正甲寅历），又何须用晚起于它们若干年代的外来阳历的月日去硬套呢？今天我们纪念孔子诞辰，就以每年夏历八月二十一日（即孔子的生日）作为教师节和孔子的纪念日，如同每年以夏历五月初五为端午节，八月十五为中秋节，九月初九为老人节和登高节，十二月三十（小月二十九）为除夕节，正月初一为春节，正月十五为元宵节，岂不更好，更合国情，更合乎中华民族的传统文化精神与习俗礼仪吗?!

2007年1月18日
完稿于贵阳颐年斋

屈原生年考辨

屈原是我国战国时期伟大的民族诗人，是"博闻强志，明于治乱，娴于辞令"[①]的杰出政治活动家、外交家和"才智绝世"，主张"明法审令""举贤授能"、富国强民的锐意改革者。可是关于他的出生年月，除了他的自传性的长诗《离骚》有"摄提贞于孟陬兮，惟庚寅吾以降"的自叙外，秦汉以前的史家很少论及。而历代的楚辞注家或出于"不屑为也"，或出于对古代天文历术的不甚了了，故对其"摄提贞于孟陬兮，惟庚寅吾以降"的阐释和推算就难免异说纷纭。有说屈原生于楚宣王四年乙卯（即公元前366年）夏历正月的（如清代刘梦鹏《屈子纪略》）；有说生于楚宣王十五年丙寅（即公元前355年）夏历正月的（如清代曹耀湘《屈子编年》）；有说生于楚宣王二十七年戊寅（即公元前343年）夏历正月二十一日庚寅的（如清代邹汉勋《屈子生卒年月日考》、刘师培《古历管窥》及今人游国恩《楚辞概论》、钱穆《先秦诸子系年》和张汝舟《二毋室古代天文历法论丛》，等等）；有说生于楚宣王二十七年戊寅（即公元前343年）夏历正月二十二日庚寅的（如清代陈玚《屈子生卒年月考》）；有说生于楚宣王二十八年己卯（即公元前342年）夏历正月二十六日庚寅的（如汤炳正《屈原赋新探》）；有说生于楚宣王三十年辛巳（即公元前340年）夏历正月初七日庚寅的（如郭沫若《屈原研究》等）；有说生于楚威王元年壬午（即公元前339年）夏历正月十四日庚寅的（如浦江清《屈原生年月日的推算问题》）；有说生于楚威王五年丙戌（即公元前335年）夏历正月初七日庚寅的（如林庚《屈原生卒年考》）。以上这些说法究竟谁是谁非呢？搞清楚这个问题，不仅是研究屈原及其作品的需要，同时也是保卫祖国文化和建设社会精神文明的需要。

为了把"中国古代（这位）杰出的进步诗人屈原放到更为准确、更为具体的历史环境中进行评价"[②]，为了彻底驳斥和澄清由"五四"时期的廖季平、何天行等人所抛出的"屈原否定论"以及当今在日本等地所泛起的这股历史沉渣，我们很有必要对屈原的生年月日来一番考辨，也就是说在众说纷纭之中，我们应该用科学的办法，通过对屈原的生年月日的周密考证，以求得科学的正确结论。

为了考证清楚屈原的生年月日，我们很有必要对"摄提贞于孟陬兮，惟庚寅吾以降"加以阐释，并给大家介绍几种古代天文历术及其推算方法（如岁星纪年法、太岁纪年法和干支纪年法以及"四分历术"的推算等等），并在这个基础上做出令人信服的结论。

一、"摄提贞于孟陬兮，惟庚寅吾以降"释义

"摄提贞于孟陬兮，惟庚寅吾以降"这句诗的含义，因"涉及古代天文学、历法学上极其复杂的问题，所以从东汉直到现在将近两千年的学术界，意见极其分歧"[③]。王逸、钱杲之、王夫之、顾炎武、陈本礼、蒋骥、戴震、钱澄之、龚景翰、朱骏声、郭沫若、游国恩、张汝舟、杨胤宗等认为："摄提，岁也。""太岁在寅曰摄提格。孟，始也。贞，正也。于，於也。正月为陬。庚寅，日也。屈子以寅年寅月寅日生"[④]；而朱熹、陈第、王萌、周拱辰、林云铭、屈复、董国英、沈云翔、谢无量、林庚等人则认为："摄提，星名，随斗柄以指十二辰者也。贞，正也。孟，始也。陬，隅也。正月为陬。""其日摄提贞于孟陬，乃谓斗柄正指寅位之月耳，非太岁在寅之名也。"[⑤]也就是说王逸等人认为屈原在这句诗中自叙了生年、月、日；而朱熹等人则认为屈原只是自叙了出生的月、日，并没有提到生年。

显然，王、朱两派分歧的根本原因，是对"摄提"做如何理解，也就是说"摄提"究竟是"岁名"还是"随斗柄以指十二辰"的"星名"？

我们认为："摄提"并非星名，而是一个星区（即几个星宿所在方位）的名称。从《天文全图》上看，它属东方七宿的角亢二宿所辖，同二十八宿中的营室一样，恰好处在黄道星空北纬23.5度左右，亦即正东方向。它并不能"随斗柄以指十二辰"，而只是北斗柄"开春发岁"时所指向的一个固定方位。这个问题《史记·天官书》说得很清楚："大角者，天王帝廷。其两旁各有三星，鼎足勾之，曰摄提。摄提者，直斗杓所指以建时节也。"意思是

说：在大角天王帝廷的两边各有三颗星（一共六颗），它们同大角成鼎足之形，构成摄提这一星区。正当北斗柄指向摄提这个星区时，可以凭它而建时节（如同《鹖冠子》所云："斗柄指东，天下皆春"）。《天官书》这里说的是"直斗柄所指以建时节"（"直"是正当的意思，"所指"即指向的地方），根本没有"随斗柄以指十二辰"（即星随斗转）的意思。"摄提"在黄道星空中所处的这个位置，《天官书》也有交代："岁星一曰摄提，曰重华，曰应星，曰纪星，营室为清庙，岁星庙也。"这段话文字上疑为后人所窜乱（似应为：摄提，一曰岁星，曰重华，曰应星，曰纪星，庙也。营室为岁星清庙），但意思还是清楚的，就是说：摄提这个星区，是那个叫岁星的（也就是那叫重华，或叫应星或纪星）清庙，像营室为岁星的清庙一样。在这里，史迁不说它的宿度（这在古人几乎是人人皆知的），而只说它像营室为岁星清庙一样（即与营室同处在地球北纬23.5度上空的黄道线上），讲明了这一点，斗柄凭它以建时节自然就清楚了。这个问题，我们用《汉书·律历志》所载《次度》和《星次图》来对照，情况就更为清楚了。

从《星次图》看：陬訾始于危宿十六度，终于奎宿四度，中辖营室、东壁两宿。营室居中（《次度》："中，营室十四度，雨水"），为岁星必经之处。所以《天官书》说"营室为清庙"。当岁星运行至营室时，也正是《天文全图》所云"斗柄所指孟春，日月会于陬訾，（以）斗建寅"的时候；而"摄提"所处位置，又恰好同营室处在同一个纬度（即黄道线）上，也是岁星运行必经之地，也是北斗柄所指（即正东方）的一个固定方位。因此《天官书》说它与营室同为岁星的清庙，并"直斗杓所指以建时节"。

由此可见，"摄提"原只是黄道星空中的一个固定星区，但由于它在星空中成鼎足之形，夜间十分显眼，且所处位置居中，为岁星运行必经之处，因此，不仅北斗柄凭它能"所指以建时节"，而且人们把它作为太岁纪年，即所谓"太阴在寅，岁名摄提格"十二年一轮回的起讫点也很适当。所以《天文全图》歌云："下天田，右摄提，郎位郎将品帝席；周鼎常陈及斗柄，十二度画甚明晰。"当星历家们把"摄提"这个星区作为"太岁纪年"一周期的起讫点，将周天由东向西划为："摄提格、单阏、执徐、大荒落、敦牂、协洽、君滩、作鄂、阉茂、大渊献、困顿、赤奋若"，亦即"寅、卯、辰、巳、午、未、申、酉、戌、亥、子、丑"十二辰（度）以后，"摄提"便由星区之名，开始向太岁纪年"摄提格"年之名过渡了。这样久而久之，"摄提"就成了"寅年"的代称。

《史记·天官书》："摄提格岁，岁阴左行在寅，岁星右转居丑。正月（夏历十一月）。与斗、牵牛晨出东方，一名曰监德。"

《汉书·天文志》："太岁在寅曰摄提格，岁星正月晨出东方。石氏（时）曰名监德，在斗、牵女……甘氏（时）在建星、婺女。太初（时）在营室、东壁。"（意思是：时摄提格就是寅年。在甘公、石公时代，岁星在星纪为寅年，月建子；而太初年间，岁星却在娵訾，亦为寅年，月建寅。）

《淮南子·天文训》："太阴在寅，岁名摄提格，其雄为岁星，舍斗、牵牛，以十一月与之晨出东方。东井、舆鬼为对。"

以上三书所载，都是当时的实际天象。"摄提"记岁，就是寅年，完全可信。朱熹等人把"摄提"说成是"星名"，并认为它可以"随斗柄以指十二辰"，显然是把史迁《天官书》中的有关文字理解错了。

我国古代，在真正的四分历术还未诞生以前，我们的祖先曾用木星经天一周天（即十二年为一周期）来纪年。因此，人们就把木星称作"岁星""纪星"或"应星"等，把木星纪年法叫作"岁星纪年法"（那时人们并不知道木星的周期并非12年，而是11.8622年。所以也还没有"跳辰"的概念），从《星次图》中我们不仅可以看出：岁星纪年始于牵牛初度，终于南斗$26\frac{1}{4}$度（即十二年运行一周天即$365\frac{1}{4}$度）；而且可以看出：古人把一周天，$365\frac{1}{4}$度，按二十八宿每个星宿的距离（即拒度）划分为十二个度数（亦即宿度）相等的宿区，即星纪、玄枵、娵訾、降娄、大梁、实沉、鹑首、鹑火、鹑尾、寿星、大火、析木十二次，亦即子丑寅卯辰巳午未申酉戌亥十二辰。当岁星运行到星纪次时，这年就叫"岁在星纪"；当岁星运行到玄枵次时，这年就叫"岁在玄枵"……这个岁星纪年到鲁襄公二十八年（公元前545年），因"岁在星纪而淫于玄枵"，即出现"跳辰"之后，人们就不用岁星纪年而改用"太岁纪年"（如"焉逢摄提挺格""端蒙单阏、游兆执徐"）即干支纪年了。

　　在岁星纪年创立之初，星纪、玄枵等十二次只用来纪年，并不纪月。但在岁星纪年因出现"跳辰"而破产之后（即公元前545年以后），岁星纪年法就开始废置了。于是星纪、玄枵等十二次却反而只用来纪月，而不再纪年了。《汉书·律历志·次度》："星纪，初，斗十二度，大雪。中，牵牛初，冬至。于夏为十一月，商为十二月，周为正月。终于婺女七度。"这里的"星纪"就是夏历十一月，便是有力的证据。到了屈原生活的年代，星纪、玄枵、陬訾等十二次用于纪月已经有了大约一百年的历史。杨胤宗《屈原赋新笺》引郝懿行《尔雅·义疏》云："陬者，虞喜以为陬訾。"又云："陬訾，星名，即营室、东壁。正月日月会于陬訾，故以孟陬为名。"说得颇有道理。陬为正月，亦即寅月，约定俗成，固定化了。非独《汉书·律历志·次度》如此，《尔雅·释天》还记载了十二个月的专称："正月为陬，二月为如，三月为寎，四月为余……"据汤炳正先生云："解放前长沙出土的战国楚帛书，其中所标十二月名，跟《尔雅·释天》完全一致"[6]。"摄提贞于孟陬兮"，"孟陬"（陬訾）即已纪月，屈原岂会画蛇添足又来一个"摄提"纪月？朱熹等人所说"摄提"乃是"斗柄正指寅位之月"，"非太岁在寅之名"，显然是错了。且顾炎武《日知录》卷三十云："自春秋以下记载之文，必以日系月。以月系时，以时系年。此史家之常法也……《楚辞》'摄提贞于孟陬兮，惟庚寅吾以降'，摄提，岁也。孟陬，月也。庚寅，日也。屈子以寅年寅月寅日生……或谓摄提，星名，《天官书》所谓直斗杓所指以建时节者，非也。岂有自述其世系生辰，乃不言年而只言日月者哉！"汤炳正《屈赋新探》亦说："《周礼·地官·司徒》'凡男女自成名以上，皆书年、月、日，名焉。'注引郑司农云：'成名谓子生三月父名之。'《疏》云：'子生三月父名之，《礼记·内则》文。按《内则》文，三月之末……父执子右手咳而名之……书曰某年某月某日某生，而藏之。'可见古代礼俗很重视命名之礼，这跟《离骚》所谓'肇锡吾以嘉名'的叙述是一致的；而在命名的同时，必记录诞生的时日，这时日必须是年、月、日三者齐全，这也就是《离骚》所谓'摄提贞于孟陬兮，惟庚寅吾以降'。则'摄提'指年，'孟陬'指月，'庚寅'指日，更与中国古代的礼俗相符合。如果说这里的'摄提'……只纪月而不纪年，则不仅跟古代礼俗不合，也跟《离骚》首段上下文义相乖离。"

古人以日月系年的事，我们还可以贾谊的《鹏鸟赋》"单阏之岁兮，四月孟夏，庚子日斜兮，鹏集于舍"为证。贾谊晚屈原不过一百来年，而且非常同情并效法屈原的为人。他在此赋中无疑是完全模仿了《离骚》"摄提贞于孟陬兮，惟庚寅吾以降"的叙述方式，年、月、日三者并举。此外，许慎《说文解字·后叙》："粤在永元困顿之年，孟陬之月，朔日甲子"，亦是后世文人学士模仿古俗以太岁纪年、月、日三者并举的例证。

现在我们可以肯定："摄提贞于孟陬兮，惟庚寅吾以降"，屈原自叙生年是年、月、日三者并举，就是寅年寅月寅日。王逸等人所说完全正确。既然如此，那么刘梦鹏的公元前366年（乙卯）、郭沫若的公元前340年（辛巳）、浦江清的公元前399年（壬午）、林庚的公元前335年（丙戌）等等之说，均因不是寅年而概不可信。更何况经我们用"四分历术"推算检验（具体检验法下面再讲），公元前366年（乙卯）夏历正月为癸巳朔，该月并无庚寅日；公元前335年（丙戌）夏历正月是壬寅朔，该月亦无庚寅日！一个生年、月、日三者错了两个，有何科学可言。

二、岁星纪年及其推算

我们知道，郭沫若和浦江清等人是用"岁星纪年法"来推算屈原的生年、月、日的。为了验证他们的推算是否正确，我们先简单介绍一下岁星纪年法及其推算。

前面已经提到，岁星纪年法是以天象（木星）为基础的纪年法。它是春秋以前少数星历家的点子。所谓岁星纪年就是以木星经天十二年为一周期，把天球赤道带由西往东均匀地划分为星纪、玄枵、陬訾、降娄等十二次（宫），或代之以子、丑、寅、卯等十二辰，木星一年行经一次（辰或宫）。当木星运行到"星纪"次时，就叫"岁在星纪"；运行到"玄枵"次时，就叫"岁在玄枵"……但实际上木星的周期并不是12年而是11.8622年。这样，一周天相差0.1378年。多少个周天相差一年呢？

$1 \div 0.1378 = 7.256894049$（周）即7.256804049周天就相差一年。这就是说每隔七个多周天，即八十六年（算法是：$7.256894049 \times 11.8622 = 86$）

木星就要多行经一个辰次。这个现象星历家们称作"跳辰"。因此到鲁襄公廿八年（即公元前545年）时，这个岁星纪年便因"岁在星纪而淫于玄枵"，"岁弃其次而旅于明年之次"即因"跳辰"而破产了。

我们可以《左传·襄公廿八年》（即公元前545年）"岁在星纪而淫于玄枵"和《左传·昭公三十二年》（即公元前510年）"岁在星纪"所载实际天象为基本历点，推出"岁在星纪"的各个年代（公元前545年"岁在星纪而淫于玄枵"，这就是说：公元前545年岁星本当在"星纪"，但它已"跳辰"，跑到下一个辰次"玄枵"去了，也就是说，从实际天象看，岁星在公元前546年就已经次于"星纪"了。岁星纪年是以十二年为一周期的，所以，岁星下一个"星纪"当是公元前534年〔546－12〕了。于是我们就可以公元前534年和《左传·昭公三十二年》公元前510年"岁在星纪"为基本历点，排出《岁在星纪》年表）如下：

岁在星纪	岁在星纪	岁在星纪	岁在星纪	岁在星纪	岁在星纪
前534年	前451年	前368年	前285年	前202年	前119年
前522年	前439年	前356年	前273年	前190年	前107年
前510年	前427年	前344年	前261年	前178年	前95年
前498年	前415年	前332年	前249年	前166年	前83年
前486年	前403年	前320年	前237年	前154年	前71年
前474年	前391年	前308年	前225年	前142年	前59年
前463年	前380年	前297年	前214年	前131年	前48年
（跳辰）	（跳辰）	（跳辰）	（跳辰）	（跳辰）	（跳辰）

利用这个"星纪年表"，我们可以检验浦江清的推算是否正确。浦先生说："公元前339年岁在陬訾"，我们从表中看出：公元前344年和公元前332年为"岁在星纪"之年，公元前339年比公元前344年晚5年，比公元前332年早7年。我们从"星纪"的下一次往下顺数5；或从"星纪"的上一次往上逆数7，均为"实沉"。这就是说公元前339年"岁在实沉"而非"陬訾"。浦先生是推算错了。另外，我们还可以用公元前510年（昭公三十二年）"岁在星纪"为标准历点，以八十六年跳辰来验证一下我们这个查表索检法的正确性。从公元前510年到公元前339年，是171年，以12除余3，加两次跳辰，计：（510－339）÷12＝41……3；171÷86＝2；3＋2＝5，从"星纪"的

下一次往下顺数5，亦即实沉。浦江清以"太初元年前十一月岁在星纪婺女六度"为标准历点进行推算，而又忽略了一个"前"字和"婺女六度"，因此，把公元前339年错推成"岁在陬訾"了。

张汝舟《二毋室古代天文历法论丛》指出："公元前339年，纵然岁星在陬訾，太岁也不在寅。"完全正确。《汉书·天文志》云："太岁在寅曰摄提格，岁星正月晨出东方。石氏曰名监德，在斗、牵牛……甘氏（时）在建星、婺女、太初（时）在营室、东壁。"这就是说甘公石公时代，岁星在星纪（斗、牵牛）；而太初年间岁星则在陬訾（营室、东壁）。当时人们并不懂得跳辰，都是实察实录。浦先生的"岁在陬訾，太岁在寅"，正是太初年间的天象，非公元前339年的天象。从公元前339年到公元前105年（太初元年）相距234年，岁星已跳辰两次矣！浦先生拿二百多年后的实际天象（"岁在陬訾"），去解释公元前339年的事焉能不错？

从《星纪年表》中可以查知：公元前427年"岁在星纪"，那正是甘公石公和《淮南子·天文训》等所说的"太阴在寅，岁名摄提格，其雄为岁星，舍斗、牵牛，以十一月与之晨出东方"之年。但到公元前343年时，岁星已于公元前"380年跳辰"一次，即"岁在星纪而淫于玄枵"了。我们又从《星纪年表》得知：公元前344年也是"岁在星纪"，则公元前343年自然是"岁在玄枵"了。岁星跳辰而太岁并不跳辰（道理下面再讲）。因此，从岁星纪年来说，公元前343年尽管是"岁在玄枵"，但从太岁纪年来说这年仍应为"太阴在寅，岁名摄提格"，亦即寅年。所以用岁星与太岁纪年法来检验屈原生于寅年，即公元前343年，其结果证明是正确的。

三、太岁、干支纪年法及其推算

如前所说，岁星纪年所用十二次：星纪、玄枵……是沿天球赤道按其运行方向由北向西、向南、向东依次排列的。这个方向与古人熟悉的天体十二辰（以子丑寅卯等十二地支配廿八宿）划分的方向正好相反，在实际运用中很不方便。于是星历家便设想出一个假岁星叫"太岁"（《汉书·天文志》叫太岁，《史记·天官书》叫岁阴，《淮南子·天文训》叫太阴），让它与真岁星"背道而行"而与十二辰廿八宿的方向、顺序相一致，即从东到西，匀速运行十二年为一周天。也按分周天赤道带为十二等分的办法,将地平圈分为子丑寅卯等十二辰(亦名"摄提格""单阏""执徐""大荒落"等十二"岁阴")。

太岁创使之初,它和岁星保持着固定的对应关系,即岁星在星纪,太岁在寅;岁星在玄枵,太岁在卯;岁星在陬訾,太岁在辰……用这个假想的天体——"太岁"所在的"辰"来纪年的方法,就叫太岁纪年法。

由于太岁纪年法创制使用之初,考虑了与岁星纪年的对应关系,所以使用太岁纪年法推算历点时,要先确定木星所在的实际位置,特别是木星在星纪的位置,以求找到太岁纪年的起算点。《淮南子·天文训》所列十二个岁名与太岁居辰的固定关系是:

太阴在寅,岁名曰摄提格,其雄为岁星,舍斗、牵牛(星纪)

太阴在卯,岁名曰单阏,岁星舍须女、虚危(玄枵)

太阴在辰,岁名曰执徐,岁星舍营室、东壁(陬訾)

太阴在巳,岁名曰大荒落,岁星舍奎、娄(降娄)

太阴在午,岁名曰敦牂,岁星舍胃、昂、毕(大梁)

太阴在未,岁名曰协洽,岁星舍觜、参(实沉)

太阴在申,岁名曰涒滩,岁星舍东井、舆鬼(鹑首)

太阴在酉,岁名曰作鄂(《史记》作"作噩"),岁星舍柳、七星、张(鹑火)

太阴在戌,岁名曰阉茂(《史记》作"淹茂"),岁星舍翼、轸(鹑尾)

太阴在亥,岁名曰大渊献,岁星舍角、亢(寿星)

太阴在子,岁名曰困顿(《史记》作"困敦"),岁星舍氐、房、心(大火)

太阴在丑,岁名曰赤奋若,岁星舍尾、箕(析木)

岁星纪年因"跳辰"而破产之后,相伴而生的太岁纪年也因之而失去了"岁星在星纪太岁在寅"这种固定的对应关系。但由于太岁只是一个假想的天体,它不像真岁星那样,要以天象观测为依据,因此,它不像岁星那样存在"跳辰"问题。王引之《太岁考》云:"岁星超辰,而太岁不与俱超……干支相承有一定之序。若太岁超辰,则百四十四年而越一干支,甲寅之后遂为丙辰。大乱纪年之序者,无此矣!……故论岁星之行度则久而超辰,不与太岁相应，古法相应之说，断不可泥。"岁星超辰，太岁根本没有超辰。战国初期（即甘公石公时代）的"太阴在寅，岁星在星纪"，到了汉代太初年间"太阴在寅"而岁星却在"娵訾"，就是这个道理。

由于太岁没有超辰，这样它便可以脱离同岁星的对应关系，而成为不受天象制约的纪年法，且由于它的"摄提格""单阏""执徐"等十二"岁阴"，与十二地支相配合，久而久之就成了干支的别名，并在实际中取代了十二地支。所以太岁纪年法十二年一循环，本质上就是地支纪年。到了阏逢（《史记》作"焉逢"）、旃蒙（端蒙）、柔兆（游兆）、强圉（彊梧）、著雍（徒维）、屠维（祝犁）、上章（商横）、重光（昭阳）、玄黓（横艾）、昭阳（尚章）十"岁阳"（实为天干之别名）（见《尔雅·释天》《史记·历书·历术甲子篇》）与摄提格、单阏、执徐等十二"岁阴"相配合时（如公元前427年），便成了完整的干支纪年了。古人干支纪年，有时为了"故避子丑寅卯等文字"，便采用干支的别名（岁阳和岁阴），如甲寅年就写成为"焉逢摄提格"，乙卯年就写成为"端蒙单阏"了。《史记·历书·历术甲子篇》通篇的纪年就是如此。

运用太岁纪年原是一件十分简单的事，只需从史籍上找到一个"太岁在寅，岁名摄提格，其雄为岁星，舍斗、牵牛（即太岁在寅，岁星在星纪）"的历点作为起点，按十二年一轮回排个"摄提格"年表就可以了。如：周考王十四年（公元前427年）"天正甲寅"就可以作为标准历点，排出"太岁在寅，岁名摄提格"之年表（即《摄提格寅年表》）：

摄提格（寅）	摄提格（寅）	摄提格（寅）	摄提格（寅）	摄提格（寅）
前427年	前355年	前283年	前211年	前139年
前415年	前343年	前271年	前199年	前127年
前403年	前331年	前259年	前187年	前115年
前391年	前319年	前247年	前175年	前103年
前379年	前307年	前235年	前163年	前91年
前367年	前295年	前223年	前151年	前79年

郭沫若先生用太岁纪年法考证屈原生年，但他上了钱大昕《太阴太岁辨》（《潜研堂文集》）"太阴至太阴，太岁至太岁""太阴纪岁，太岁超辰"的当，

把太岁纪年法与岁星纪年法混为一谈，推算时采用了"超辰"，结果造成歧说，而我们以公元前427年为标准历点，往下顺推十二年一轮回，即可得知公元前343年为"太阴在寅，岁名摄提格"之年（我们也可以从《摄提格寅年表》一查即得公元前343年为"摄提格"寅年）。

我国古代，干支不仅用于纪日、纪月，而且也用于纪年。干支纪年的历史亦由来久矣。甘公云："单阏之岁，摄提格在卯，岁星在子，与须女、虚、危，晨出夕入。"（见《开元占经》卷二十三）《史记·历书·历术甲子篇》纪历通篇用的都是干支别名。《史记·年表》《鹏鸟赋》《淮南子·天文训》《汉书·郊祀歌》以及战国时期盛传的"天正甲寅元""人正乙卯元"等等，这些都是干支纪年的明证。王引之《太岁考》更历举西汉诏文及文人手笔（如"武帝诏书之乙卯""天马歌之执徐"），干支纪年历历不紊。孙星衍《问字堂卷五·再答钱少詹书》云："今按《史记·十二诸侯年表》，自共和讫孔子，太岁未闻超辰。表自庚申纪岁，终于甲子，自属史迁本文，亦不可谓古人不以甲子纪岁。《货殖传》云：'太阴在卯，穰；明岁衰恶，至午，旱；明岁美。'此亦甲子记岁之明征，不独《后汉书》'今岁在辰，来年岁在巳'之文矣。"现在有些专家还说干支纪年起于东汉，试图以此否认屈原生于寅年之说，显然是没有道理的。楚人精于历术，据张汝舟等专家考证，战国初期的大星历家甘公石公均是楚人。中国古历宝典《史记·历书·历术甲子篇》亦是楚国中秘之书。甘公云："单阏之岁，摄提格（指太岁）在卯，岁星在子。"（见《开元占经》）这是楚人干支纪年的铁证。屈原是楚国公族，又是才智绝世的鸿儒博学之士，他"用本国历法自纪生辰，备纪年、月、日，夫复何疑"（《二毋室天文历法论丛》）？屈原生于公元343年戊寅之说，我们可以公元前427年"甲寅"和公元前366年"乙卯"，这两个战国时期广为人知的干支为标准历点，用逐年推算法，按六十干支的自然排列顺序，从公元前427年（甲寅）起下推85年（或从干支甲寅起往下数85位）；或从公元前366年（乙卯）起下推23年（或从干支乙卯起往下数23位），均可得出公元前343年即戊寅的结论。

四、四分历术及其推算

我国以公元前 427 年为"近距"而创制行用的历法，是一部以岁实 365 $\frac{1}{4}$ 日、朔实 29 $\frac{499}{940}$ 日和十二个朔望月 354 日为基本数据，将日月周期相调谐合以推朔、置闰、"定四时成岁"的阴阳历。为了使岁实和朔实等数据最后能同六十甲子相调和，星历家们采用了大于年的计算单元，即：

章：十九年七闰为一章（12 × 19 + 7 = 235 月）

蔀：四章为一蔀（19 × 4 = 76 年；235 × 4 = 940 月；365 $\frac{1}{4}$ × 76 = 27759 日）

纪：廿蔀为一纪（76 × 20 = 15520 年）

元：三纪为一元（15520 × 3 = 46560 年）

《史记·历书·历术甲子篇》就是这种四分历术的最早科学宝典。我们用《历术甲子篇》提供的年序、大余、小余和七十六年为一蔀等数据（见表一即《历术甲子篇朔闰表》），再加上一个《廿蔀蔀余表》（简称《蔀余表》）（见表二）和《一甲数次表》（见表三），便可以推出和验证公元前 427 年前后上下数千年中任何一年的月朔和日的干支。

要推某年的朔闰，当先以历元近距公元前 427 年和它所属的己酉十六蔀为基点，标出该年入《蔀余表》中的某蔀第几年；然后用《历术甲子篇朔闰表》的年序，查出某蔀第几年的"大余"和"小余"；然后用"大余"加该蔀蔀余，其所得之和即为所查之年前年子月（夏历十一月）的朔日干支数次，小余为合朔时刻（用分数计算，分母是 940）。最后用《一甲数次表》一对朔日数次，干支便出来了（注：四分历术是按朔实每月 29 $\frac{499}{940}$ 日平均计算的）。因此所推的朔叫平朔或经朔。但实际上月亮绕地球运行的速度并不平衡，每月不一定是 29 $\frac{499}{940}$ 日。后人用精密仪器实测的月实是 29.530588 日。这就是说四分历术的朔实比实测月实每月多出 0.00032536 日，计 307 年就多出一天，亦即每年多出 3.06 分。一日为 940 分。因此，倘若我们要推算某年的实际天象，则应在上面推算出的朔日干支数次上（含小余分数），再加上或减去每年的浮分 3.06 分（推算公元前 427 年以前时就加；推算公元前 427 年以后时就减)。然后用《一甲数次表》一查,即得该年实际天象的朔日干支。否则,就会出现与实际天象不合的情况。

我们试用四分历术的推步,来验证屈原生于公元前343年戊寅夏历正月廿一日庚寅,是否正确:

(427－343)÷76＝1……8(算外加1,为9)

从己酉十六蔀往下顺推1,该年进入十七戊子蔀第九年。

查《廿蔀表》:十七戊子蔀蔀余24。

查《历术甲子篇朔闰表》:第九年:十三 大余14;小余22;该年闰十二月。

蔀余24＋大余14＝38

查《一甲数次表》:38,壬寅。即公元前343年前子月(夏历十一月)的朔日干支为壬寅。

从《历术甲子篇朔闰表》得知第九年闰丑(十二)月(四分古历闰在岁末)。据此,我们可排出以下各月的朔日干支:

子月壬寅　22分合朔

丑月辛未　521分合朔

闰丑月辛丑　80分合朔

寅月庚午　579分合朔。即夏历正月初一是庚午。

查《一甲数次表》从庚午(正月初一)往下数到"庚寅",是正月廿一日。公元前343年夏历正月廿一日为庚寅,不错。公元前343年为寅年我们已在前面验证过。现在我们再用公元纪年与干支换算公式验算一下:

(343－427)÷60＝－1……－24

50－(－24)＝74(50是《一甲数次数》中的"甲寅"序数)

74－60＝14(60甲子一轮回)。

查《一甲数次表》:14为戊寅。

以上推算证明:公元前343年为戊寅,夏历正月(为寅月)廿一日是庚寅日,与屈原自叙生年月日——寅年寅月寅日完全吻合。

这个推算法是否可靠呢?我们试推贾谊《鵩鸟赋》:"单阏之岁兮,四月孟夏,庚子日斜兮,鵩集于舍",再来验证一下。"单阏"是卯的别名,根据贾谊生活年代推知是丁卯。这是汉文帝六年公元前174年夏历四月二十三日庚子发生的事。这个说法是否正确？试推算之：

(427－174)÷76＝3……25（算外加1，为26）

从己酉十六蔀往下顺推3，该年进入十九丙午蔀第26年。

查《廿蔀表》：十九丙午蔀蔀余42

查《历术甲子篇朔闰表》：第26年：大余5，小余31；

蔀余42＋大余5＝47

查《一甲数次表》：47为辛亥。即公元前174年前一年子月（夏历十一月）朔日为辛亥。

据此，我们可排出以下各月的朔日干支：

子月辛亥　31分合朔

丑月庚辰　530分合朔

寅月庚戌　89分合朔

卯月己卯　588分合朔

辰月己酉　147分合朔

巳月戊寅　646分合朔　即夏历四月（孟夏）初一是戊寅。

查《一甲数次表》：从戊寅（四月初一）往下数到"庚子"，是四月廿三日。那么，公元前174年是否是卯年呢？

我们用公元纪年与干支换算公式一推即得：

(174－427)÷60＝－4……－13

50－(－13)＝63

63－60＝3

查《一甲数次表》：3为丁卯。

以上推算证明：公元前174年是丁卯，夏历四月廿三日是"庚子"，与贾谊所叙完全吻合。证明我们的推算正确无误。

现在让我们用这个方法，来检查一下郭沫若推出的屈原生于公元前340年夏历正月初七庚寅是否能够成立。

(427－340)÷76＝1……11（算外加1，为12）

从己酉十六蔀往下顺推1，该年进入十七戊子蔀第12年。

查《廿蔀表》：十七戊子蔀蔀余24

查《历术甲子篇朔闰表》：第12年：大余56；　小余184

蔀余24 + 大余56 = 80　80 – 60 = 20

查《一甲数次表》：20为甲申。即公元前340年前一年子月（夏历十一月）朔日为甲申。

据此，我们可排出以下各月的朔日干支：

子月甲申　184分合朔

丑月癸丑　683分合朔

寅月癸未　242分合朔。即夏历正月初一为癸未。

查《一甲数次表》从癸未（正月初一）往下数到初七是己丑，初八才是"庚寅"。我们用公元纪年与干支换算法，查公元前340年的干支：

(340 – 427) ÷ 60 = 1……–27

50 – (–27) = 77　77 – 60 = 17

查《一甲数次表》：17为辛巳。即公元前340年是辛巳年：

以上推算证明：公元前340年夏历正月初七日不是寅年寅日。"三寅"缺了两寅（只剩下一个夏历正月为寅，这是不需推算的），与屈原自叙生年月日不合，郭老之说确实错了。

那么，浦江清的公元前339年夏历正月十四日庚寅之说，又对不对呢？我们也来检验一下：

(427 – 339) ÷ 76 = 1……12（算外加1，为13）

从己酉十六蔀往下顺数1，该年进入十七戊子蔀第13年。

查《廿蔀表》：十七戊子蔀蔀余24

查《历术甲子篇朔闰表》：第13年：大余50；小余532

蔀余24 + 大余50 = 74　74 – 60 = 14

查《一甲数次表》：14为戊寅。即公元前339年前一年子月（夏历十一月）朔日是戊寅。

据此，我们可排出以下各月的朔日干支：

子月戊寅　532分合朔

丑月戊申　91分合朔

寅月丁丑　590分合朔。即夏历正月初一为丁丑。

查《一甲数次表》从丁丑（正月初一）往下数到正月十四日是己丑，正月十五才是"庚寅"。那公元前339年的干支呢？我们用公元纪年与干支换算公式一推即得：

(339－427)÷60＝－1……－28

50－(－28)＝78　78－60＝18

查《一甲数次表》：18是壬午。

以上推算证明：公元前339年是壬午，夏历正月十四日是辛卯，不是寅年寅日。同郭沫若先生推算一样，"三寅"缺了两寅，与屈原自叙生年月日不合。浦先生的屈原生于公元前339年夏历正月十四日庚寅之说亦不能成立。

我们用四分历术（即《历术甲子篇》为我们提供的"法"）来检验前面提到的各家之说，证明除"屈原生于公元前343年戊寅夏历正月廿一日庚寅"之说完全正确外，其余各家之说统统不能成立。郭沫若、浦江清和汤炳正先生的推算均是"三寅"缺了两寅。虽然他们所推之年的夏历正月均有"庚寅"日，但却不是他们所推定的那一天，都比他们所推定的日子恰好晚一天（如郭沫若推定是公元前340年夏历正月初七，浦江清推定是公元前339年夏历正月十四日，汤炳正先生推定是公元前342年夏历正月廿六日，而实际上，他们推定的这几天都不是"庚寅"，而是"己丑"，是第二天才是"庚寅"）。这些前辈专家学者之所以出现以上失误，主要是他们不精推步，而过分地相信了日本学者新城新藏的"战国长历"。我们知道，新城新藏著《东洋天文学史研究》，洋洋数十万言，于天文历术不无建树，然亦有不少失实之处。新城迷信刘歆"三统论"，他依照刘歆的"孟统"所排的"战国长历"，刚好比我们采用的《历术甲子篇》四分历术（即公元前427年凭实测天象而创制的历法）之朔要前推一天（见《汉书·律历志》）。如新城新藏的"战国长历"，把公元前342年寅月（夏历正月）的朔日定为乙丑，经我们推算，实际这年正月的朔日却是甲子，927分合朔，而汤炳正先生"根据"新城新藏的"战国长历"这年正月朔乙丑进行推算，所以得出了"这年的正月廿六日，又恰恰是'庚寅'日"的歧说[7]。清人陈玚推算屈原生年月日为"（公元前343年）戊寅正月廿二日"，同样是上了"三统"的当，相差一天。要不是这样，陈炀的推算也当精确了。

清人刘梦鹏的公元前366年正月说，经我们推算证明的确不能成立。该年是乙卯年，夏历正月的朔日是癸巳，304分合朔。这月根本就没有"庚寅"日。

清人曹耀湘的公元前355年夏历正月说，经我们推算验证，该年确为丙寅，夏历正月的朔日是己丑，888分合朔，正月初二日正是"庚寅"，符合屈子生于寅年寅月寅日之说。但曹耀湘本人并未推出日的干支，只说了寅年寅月，所以也不完全正确；且从屈原生活的时代背景和生平事迹来分析，说他生于公元前355年丙寅正月初二日庚寅，似乎有点失之过早，因此曹说亦不足信。

林庚先生的《屈原生卒年考》，把屈原的生年月日定为"纪元前335年（楚威王五年）的正月七日庚寅"。此说是否正确？我们试检验之：

(427－335)÷76＝1……18（算外加1，为19）

从己酉十六蔀往下顺推1，该年进入十七戊子蔀第19年。

查《廿蔀表》：十七戊子蔀蔀余24

查《历术甲子篇朔闰表》：第十九年：大余15；小余798；该年十三月（即闰十二月）。

蔀余24＋大余15＝39

查《一甲数次表》：39为癸卯。即公元前335年前一年子月（夏历十一月）的朔日是癸卯，798分合朔。该年闰十二月。据此，我们可排出以下各月的朔日干支：

子月癸卯　798分合朔

丑月癸酉　357分合朔

闰丑月壬申　856分合朔

寅月壬寅　415分合朔　即夏历正月初一为壬寅。

翻《一甲数次表》从壬寅（正月初一）往下数廿九位（因该月小）或卅位均无"庚寅"，这就是说，公元前335年夏历正月没有"庚寅"日。林庚先生说"正月七日庚寅"，是不对的。经我们推算公元前335年是丙戌，也不是寅年，推算如下：

$(335-427) \div 60 = -1 \cdots\cdots -32$

$50 - (-32) = 82 \quad 82 - 60 = 22$

查《一甲数次表》：22 为丙戌。

林庚先生不明推步，他的结论同上述某些专家一样，也是根据新城新藏的"战国长历"来做出的，"三寅"缺失两寅，实不可信。

五、结语

科学是实事求是的东西。在科学面前，来不得半点虚伪和骄傲，也不能以权威大小来决定是非与取舍。对屈原生年月日的研究，中国历代的《楚辞》注家，特别是清代以来的专家和学者不少人曾对它进行过潜心的研究和推测，各家自有建树，其成绩亦可谓蔚然大观。然亦如清人汪赵菜《长术辑要》所言："读史而考及于月日干支，小事也；然亦难事也。欲知日，必求朔闰；欲求朔闰，必明推步……盖其事甚小，为之则难。"上述各家如郭沫若、浦江清诸先生，盖因其不甚精于天文历术之推步，或迷于刘歆的"三统"，照抄日本新城新藏博士的"战国长历"来论定屈子生年月日，因而造成种种歧说，以致使后世青年同志乃至学术界的专家、学者和同人们，或歧途却步，茫然不知所从；或仰权威之大而俯首。唯张汝舟先生，"壮年以好胜心钻《史记·历书》《汉书·律历志》"[⑧]，暮年八十犹"老骥伏枥，志在千里"，果骊龙探珠，深得四分历术之精要，将沉埋两千多年的中国天文历法两大宝书——《史记·历书·历术甲子篇》和《汉书·律历志下·次度》的尘埃拂去，迷烟清扫，并首创以四分历术（即《史记·历书·历术甲子篇》）之精诀来推算屈子生年月日，且以史家典籍所载之天象实录和出土文物提供的"历点"来验证其推步之精密度和科学性，写成《西周考年》和《再谈屈原的生卒》等鸿篇巨制，刊行于世。至此，有关屈原生年月日的种种歧说，理当休矣！然先生虽名列学班，但却非为世人皆知的"权威"。故其卓然之学，鲜为人知。尽管自清代邹汉勋、刘师培及今人游国恩、钱穆等先生，虽亦曾再三申说屈子生于公元前 343 年戊寅正月廿一日庚寅，可还是小权威压不过大权威。当今的不少《楚辞》注本或史书，只要一提到屈原生年，几乎无不以郭沫若先生所言"屈原生于公元前 340 年"为准。科学真理至今仍被权威所淹没，岂不令人慨然？今特不揣愚陋，试以岁星纪年、太岁纪年以及四分历术等各种手段，对各家学说，一一加以考辨，以期拨散烟云，使学术界同人不盲目折服于权威，使"屈原生于公元前343年戊寅夏历正月廿一日庚寅"之真理，见白于学界。谬误之处，请方家赐教！

附表：
历术甲子篇朔闰表（根据《史记·历书·历术甲子篇》整理）

年序	月数	大余	小余	年序	月数	大余	小余	年序	月数	大余	小余	年序	月数	大余	小余
1	12	0	0	20	12	三十九	705	39	12	十九	470	58	12	五十九	235
2	12	五十四	348	21	12	三十四	113	40	12	十三	818	59	12	五十三	583
3	13	四十八	696	22	13	二十八	460	41	13	八	226	60	13	四十七	931
4	12	十二	603	23	12	五十二	868	42	12	三十二	13	61	12	十一	838
5	12	七	11	24	12	四十六	716	43	12	二十六	481	62	12	六	246
6	13	一	359	25	13	四十一	124	44	13	二十	829	63	13	0	594
7	12	二十五	266	26	12	五	31	45	12	四十四	736	64	12	二十四	501
8	12	十九	614	27	12	五十九	379	46	12	三十九	144	65	12	十八	849
9	13	十四	22	28	13	五十三	727	47	13	三十三	492	66	13	十三	257
10	12	三十七	869	29	12	十七	634	48	12	五十七	399	67	12	三十七	164
11	13	三十二	277	30	13	十二	42	49	13	五十一	747	68	13	三十一	512
12	12	五十六	184	31	12	三十五	889	50	12	十五	654	69	12	五十五	419
13	12	五十	832	32	12	三十	297	51	12	十	62	70	12	四十九	767
14	13	四十四	880	33	13	二十四	645	52	13	四	410	71	13	四十四	176
15	12	八	787	34	12	四十八	552	53	12	二十八	317	72	12	八	82
16	12	三	195	35	12	四十二	900	54	12	二十二	665	73	12	二	430
17	13	五十七	543	36	13	三十七	308	55	13	十七	73	74	13	五十六	778
18	12	二十一	450	37	12	一	215	56	12	四十	920	75	12	二十	685
19	13	十五	798	38	13	五十五	563	57	13	三十五	328	76	13	十五	93
												77	12	三十九	0

廿蔀蔀余表

蔀序	蔀名	蔀余	蔀序	蔀名	蔀余	蔀序	蔀名	蔀余	蔀序	蔀名	蔀余
1	甲子蔀	0	6	己卯蔀	15	11	甲午蔀	30	16	己酉蔀	45
2	癸卯蔀	39	7	戊午蔀	54	12	癸酉蔀	9	17	戊子蔀	24
3	壬午蔀	18	8	丁酉蔀	33	13	壬子蔀	48	18	丁卯蔀	3
4	辛酉蔀	57	9	丙子蔀	12	14	辛卯蔀	27	19	丙午蔀	42
5	庚子蔀	36	10	乙卯蔀	51	15	庚午蔀	6	20	乙酉蔀	21

一甲数次表

0 甲子	10 甲戌	20 甲申	30 甲午	40 甲辰	50 甲寅
1 乙丑	11 乙亥	21 乙酉	31 乙未	41 乙巳	51 乙卯
2 丙寅	12 丙子	22 丙戌	32 丙申	42 丙午	52 丙辰
3 丁卯	13 丁丑	23 丁亥	33 丁酉	43 丁未	53 丁巳
4 戊辰	14 戊寅	24 戊子	34 戊戌	44 戊申	54 戊午
5 己巳	15 己卯	25 己丑	35 己亥	45 己酉	55 己未
6 庚午	16 庚辰	26 庚寅	36 庚子	46 庚戌	56 庚申
7 辛未	17 辛巳	27 辛卯	37 辛丑	47 辛亥	57 辛酉
8 壬申	18 壬午	28 壬辰	38 壬寅	48 壬子	58 壬戌
9 癸酉	19 癸未	29 癸巳	39 癸卯	49 癸丑	59 癸亥

注：①引自《史记·屈原列传》。

②③⑥⑦引自汤炳正《屈赋新探》。

④王逸《楚辞章句》。

⑤引自朱熹《楚辞集注》。

⑧引自张汝舟《二毋室古代天文历法论丛》（此文刊于《贵州教育学院学报》1989 年第 1 期）。

屈原及其作品真伪考辨
——同日本学者稻畑耕一郎和三泽玲尔等先生商榷

近年,日本学者稻畑耕一郎和三泽玲尔先生发表了两篇文章,一篇叫《屈原否定论系谱》(以下简称《系谱》),一篇叫《屈原问题考辨》(以下简称《考辨》)[①]。文章系统地引述我国疑古学派廖季平、胡适、何天行等人的一些论点,即屈原是个"箭垛式的人物","想象中的作家";"这个人物实际上不存在","在秦代以前(公元前207年以前)诸著作中找不到言及屈原的记载";"屈原的文章,多半是秦博士所作";"《离骚》的作者,本是淮南王刘安"等说法。稻畑耕一郎先生文章的意图是为"几乎销声匿迹"的"否定论"提出"备忘录";三泽玲尔先生的文章则是对"把屈原当作民族诗人来颂扬"表示"实在"的"遗憾"。对此,我想谈点肤浅看法,以求教于海内外方家。

一

中国历史上究竟有没有屈原这个人?《系谱》和《考辨》的作者,沿袭我国疑古学派廖季平、何天行等人的看法,认为屈原是个"假名",《史记·屈原列传》为"后人所写",不足为据,从而否定屈原的历史存在。

我的看法与此相反。司马迁是我国西汉时候最伟大的史学家。他的先人任过"周室之太史","自上世尝显功名于虞夏",其父司马谈在汉武帝时曾为太史令,是一个"学天官于唐都,受易于杨何,习道于黄子"的大学问家。司马迁从小就受到这个"世典周史"之家的文化熏陶。他十六岁就能背诵古文,二十岁时就曾"南游江淮,上会稽,探禹穴,窥九疑,浮于沅湘……",其"足迹殆遍宇内",是一个学识渊博、实践经验丰富的"通人"。他的闻名世界的伟大巨著《史记》,就是在其先父"所欲论著""续吾祖"的基础上,进一步"紬史记石室金馈之书"②,"网罗天下放失旧闻,考之行事,稽其成败兴坏之理"③而写的史书。完全如刘向、扬雄、班固等人所称赞的那样,是一部"善序事理,辨而不华,质而不俚,其文直,其事核,不虚美,不隐恶"的"实录"④。他高举董狐之笔,实事求是,"从不以空言说经"⑤。他每写一篇史记,都要"鸠集国史,采访家人"⑥,实地进行考察,以求真实准确。他写《屈原列传》时,就曾亲"适长沙,观屈原所自沉渊"。何天行等人认为《屈原列传》是后人的"伪托","屈原"这个名字是司马迁为了"发泄对汉武帝的不满"而"假造"的。这些说法,显然是站不住脚的。

第一,《史记》一书远在汉宣帝时就已在朝廷和民间流传。《汉书·司马迁传》:"迁既死后,其书稍出。宣帝时迁外孙平通侯杨恽祖述其书,遂宣播焉。"《七略·春秋类》就有《太史公》百三十篇的记载。从汉代流传至今各种版本的《史记》,无一没有《屈原列传》。《史记·太史公自序》就有"作辞以讽谏,连类以争议,《离骚》有之。作《屈原贾生列传》第二十四"和"余述历黄帝以来至太初而讫百三十篇"的话。《汉书·司马迁传》记载得亦同样清清楚楚:"《屈原贾生列传》第二十四。"可见《屈原列传》并非后人伪托(关于这个问题,国内著名楚辞专家汤炳正教授已有详细考证,见其《"屈原列传"新探》,故不赘述)。再说司马迁除《屈原列传》专门叙述屈原的生平、事迹和遭遇外,还在其《太史公自序》《报任安书》《楚世家》《张仪列传》等文章中,多处谈到屈原。倘这些都竟是司马迁为了"发泄对武帝的不满"而"假造"的话,那么《史记》这部书早就会失去其"实录"的史学价值而不为历代史学家们所珍视了。再则,汉武帝并不是那种不学无术的昏君,而是一位"博览古文"的明主,他也不会宽容司马迁无中生有地捏造历史人物和历史事件,来对自己的朝政进行无端的"攻击"。汉武帝以后的皇帝更不会把一部"捏造事实""发泄"对皇上"不满"的《史记》,当作珍品而藏之"秘府",并让他的外孙"祖述其书,遂宣播焉"。

第二,记述屈原生平、事迹和遭遇者,除司马迁外,还有比司马迁早生几十年的汉初鸿儒贾谊(前200—前168年)和严忌、刘安(前179—前122年)、严助、东方朔等人以及司马迁之后的桓宽、王褒,刘向、刘歆父子,也有"博览无所不见""默而好深湛之思""非圣哲之书不好"的扬雄与"博贯载籍，九流百家之言，无不穷究"的班固等人⑧，他们无不在自己的论著和诗歌中，对屈原进行过论述和评价。如：贾谊的《吊屈原赋》、严忌的《哀时命》、刘安的《离骚传》、东方朔的《七谏》、桓宽的《盐铁论》、王褒的《九怀》、刘向的《新序》和《九叹》、扬雄的《反离骚》、班固的《离骚经序》、王充的《论衡》、王逸的《楚辞章句》等等，所有这些论著和诗歌，不仅叙述屈原的生平事迹和遭遇同《屈原列传》所载一致，而且深受屈原《离骚》和《九章》的影响。

如果我们不尊重这些客观的历史事实，也不承认早在秦汉之前就有《离骚》《九章》等作品，硬要说司马迁"假造"了一个屈原，倒不如说司马迁"假造"了一个产生屈原的时代。《离骚》《九章》《九歌》所涉及的子胥、申生、介子推、西施等五十余名历史人物和历史事件，都出现在这个"假造"的时代之前，竟无半个产生于这个时代（即公元前3世纪）之后。司马迁再是神通广大，法力无边，也无法驱使早他几十年前的贾谊、严忌、刘安之辈以及与他同时或后来的人们，都相信他的"假造"，按照他的调子，在各自的论著和诗歌中将屈原的生平事迹和遭遇加以记述。尤其是贾谊适长沙渡湘水，写《吊屈原赋》时，离屈原投江而死才不过九十余年。贾谊是汉初鸿儒，十八岁就被文帝召为博士，不久迁至太中大夫，很受文帝赏识，欲议以公卿之位。因遭绛、灌等权贵排挤，贬为长沙王太傅。他适长沙，涉汨罗，渡湘水时，想必对屈原的遭遇和投江始末，有所闻睹。他为赋以吊屈原之事，当可凭信。

《考辨》说："在秦代以前（公元前207年以前）诸著作中找不到言及屈原的记载。"虽似如此，然并非如此。

（一）秦灭六国统一中国之后，为了巩固其封建专制政权，实行了"燔烧诗书，坑杀儒士，上小尧舜，下邈三王"⑨等一系摧残文化、迫害知识分子的措施。秦始皇三十四年，根据丞相李斯的建议，全国搞了一场搜抄和焚毁"诗书、百家语"⑩的运动。秦始皇亲自下诏："令史官非秦纪皆烧之；非博士官所职天下敢有藏诗书、百家语者悉诣守尉杂烧之。有敢偶语诗书者弃市；以古非今者，族；吏见之不举者，与同罪。令下三十日不烧，黥为城旦！"⑪此令一下，仅咸阳一处，一次就坑杀了"犯禁"的知识分子六百四十余人。这就是历史上有名的"焚书坑儒"。楚国原是秦国的死敌,"秦之所害天下,莫如楚"[12]。在这场空前的浩劫中,楚国文化所遭受的摧残,则更是可想而知。《史记·六国年表》说:"秦既得意,烧天下诗书,诸侯史记尤甚。为其有所刺讽也。"消灭以楚国为代表的各国文化,防止六国东山再起,这是秦王朝发动这场运动的目的。因此在劫后尚存的"秦代以前的诸著作中,找不到言及屈原的记载",应是十分自然的事。

(二)楚国原是一个经历了近千年历史发展的强国,是一个"地势饶食,无饥馑之患","铁剑利,倡优掘"[13],"儒墨弟子徒属充满天下,皆以仁义之术教导天下"[14]的文明之邦。秦国灭楚之后,尽管采取了一系列严酷的思想文化统治措施,然而以屈原充满爱国激情的《离骚》《九章》《九歌》等伟大诗篇为代表的楚国文化,"楚人高其行义,玮其文采,以相传教"[15]。早已深入人民心中,并一直在民间流传,鼓舞和激励着楚国人民的反秦斗争。"楚虽三户,亡秦必楚"[16]。在"暴秦权威正盛的时节","屈原的两个私淑弟子"项羽、刘邦继陈涉、吴广之后揭竿起事,一举推翻了秦王朝。以屈原为代表的《楚辞》"毕竟做了倒秦的先声"[17],汉代的学者和那些有雄才大略的帝王或雄俊之士,"莫不瞻慕"屈原及其作品,"舒肆妙虑,赞述其词"[18]。这是不无缘由的。

(三)《战国策》:"错乱相揉营","字多误脱"[19],虽不足为据,然其《中山策》所载关于秦国大将白起伐楚拔郢火烧夷陵的一段话:"是时,楚王持其国大,不恤其政,而群臣相妒以功,谄谀用事,良臣斥疏,百姓心离,城池不修。既无良臣又无守备,故起所以得引兵深入",十分真实地道出了当时楚国朝廷政治的腐败情况。这与《屈原列传》以及《离骚》《九章》等所说的情形是完全一致的,比如:"众皆竞进以贪婪兮","好蔽美而嫉妒";"竭忠诚以事君兮,反离群而赘胧";"君含怒而待臣兮","远迁臣而弗思";"屈平正道直行,竭忠尽智以事其君,谗人间之";"怀王不知忠臣之分","内惑于郑袖,外欺于张仪,疏屈平而信上官大夫、令尹子兰,兵锉地削,亡其六郡,身客死于秦,为天下笑"。顷襄王继位,令尹子兰又"使上官大夫短屈原于顷襄王。顷襄王怒而迁之","其后楚日以削,数十年竟为秦所灭"等等。这里虽然没有明言点出那班"相妒以功,谄谀用事"的"群臣"就是夫人郑袖、公子子兰和上官大夫靳尚之流；也没有明说"良臣斥疏"，指的就是屈原被疏逐放一事，然而明眼人一看便知，在当时楚国的历史上，除了屈原又有哪位"良臣"曾被"斥疏"呢？

另外，《韩非子·人主》也说："（楚国）当途之臣，朋党比周"，其《饰邪》一篇还进一步说道："群臣朋党比周以隐正道，行私曲而地削主卑者，山东是也。"山东，自然是指以楚国为代表的燕、赵、韩、魏、齐六国。由此可见，《离骚》所说的"世并举而好朋兮，各兴心而嫉妒"；"背绳墨以追曲兮，竞周容以为度"；"蔽晦君之聪明兮，虚惑误又以欺"；"何贞臣之无罪兮，被离谤而见尤"；"历兹情以陈辞兮，荪详聋而不闻"等现象，确实是楚国当时的时弊，也是楚为秦灭的根本原因。

以上种种，说明屈原并非《考辨》所说是"想象中的作家"，而是我国战国时期楚国的一位伟大的爱国诗人，是一位"博闻强志，明于治乱，娴于辞令""正道直行，竭忠尽智"的政治活动家。司马迁《史记·屈原列传》的记载是完全可靠的。

二

疑古学派的先生们为了否认屈原的历史存在，对《离骚》《九章》《九歌》等《楚辞》的作者及其写作年代，同样作了主观的臆断。

廖季平说："《离骚》首句'帝高阳之苗裔'，是秦始皇的自序。其他屈原的文章，多半是秦博士所作。"[20]廖氏的理由是："《史记》：'始皇不乐，使博士为仙真人诗，及行所游天下，传令乐人歌弦之。'秦博士的这些'仙真人诗'，就是《楚辞》即《九歌》《远游》《卜居》《渔父》《大招》诸篇。"倘我们看问题不是凭自己的主观臆断，而是从客观存在的事实出发，那么只要我们认真读读《楚辞》，就不难发现此说之谬。

（一）倘《离骚》首句"帝高阳之苗裔兮"是秦始皇的自序，那就是说《离骚》的作者是秦始皇了。然《离骚》："岂余身之惮殃兮，恐皇舆之败绩。忽奔走以先后兮，及前王之踵武。荃不察余之中情兮，反信谗而齌怒。余固知謇謇之为患兮，忍而不能舍也。指九天以为正兮，夫唯灵修之故也。曰黄昏以为期兮，羌中道而改路。初既与余成言兮，后悔遁而有他。余既不难乎

83

离别兮，伤灵修之数化。""怨灵修之浩荡兮，终不察夫民心。""曾歔欷余郁邑兮，哀朕时之不当。"这些诗句分明是一个"正道直行""竭忠尽智以事其君""信而见疑，忠而被谤"的失意良臣的苦心申诉，哪像是一位至高无上的专制皇帝的自叙？

（二）倘《离骚》《九章》《远游》《卜居》《渔父》《大招》诸篇是秦博士给秦始皇"取乐"而写的"仙真人诗"，那么诸篇为何竟敢违犯秦国"上小尧舜，下邈三王""非秦纪皆烧之"的法令，半句也不言及秦地山川地理、风土人情，却偏偏尽"书楚语、作楚声、纪楚地、名楚物"[21]?！诗中出现的所有植物和地名（除神话地名和泛称外），几乎无一不在楚国南方。仅以《离骚》《九章》和《九歌》涉及的地名为例，三篇出现的地名近 150 个（次），除了少数是泛称（如：九州、冀州、四海），或为诗人"将上下而求索"的理想仙境（如：昆仑、悬圃、瑶台、咸池、阆风），或为诗人最后的归宿之地（如彭咸之所居）外，其余九十余个（次）地名（60%以上）都在楚国（尤其是南郢之邑和沅湘之间）的南部地区，却没有一个有确切的地理位置的地名是在秦国境内。诸诗还尽违秦令而行之，上崇尧舜，下颂三王，道古非今，大肆抨击"矰弋机而在上，罻罗张而在下"[22]，"凤凰在笯，鸡鹜翔舞"[23]，"伍子逢殃，比干菹醢"，"鸾鸟日远，乌鹊巢堂，申死林薄，腥臊并御，阴阳易位"[24]等朝廷政治的腐朽、黑暗和君王的昏聩无道，以及奸臣邪党"偭规矩""背绳墨""竞周容""贪婪""嫉妒"[25]的卑鄙行径。而始皇不但没有绳之以法，把他们"族"而"弃市"，或"黥为城旦"！反而还让他们公开做起《哀郢》这样的楚国恋来，并亲自"传令乐人歌弦之"，这岂不是天下之奇谈吗？

何天行等人关于《楚辞》作于汉代、《离骚》的作者是淮南王的说法，同样是不值一驳的。

其一，据史家记载：刘安入朝，"上以安属为诸父，甚尊重之"，"诏使为《离骚赋》传。自旦受诏，日早食已。上爱而秘之"[26]约是汉武帝壬寅二年（即公元前 139 年）的事。是时才距他父亲淮南王刘长谋反"废徙蜀道而死"三十五年。淮南王刘长"悖逆无道，自作法令，逐汉所置吏，请自置相……又擅杀不辜及爵人关内侯"，"至是谋反"，其罪天下共知，汉文帝亦曾"重自切责"㉗。倘刘安这个"罪人之子"受武帝之诏,写的不是《离骚传》,也就是说不是王逸等所说的《离骚经章句》㉘,而是《离骚》本身,并且从诗一开头就大肆吹嘘起自己"光明伟大的父亲"以及自己的不凡身世来("帝高阳之苗裔兮,朕皇考曰伯庸。摄提贞于孟陬兮,唯庚寅吾以降……"),诗中还直言不讳地斥责当今皇上"数化""浩荡""终不察夫民心",并反复表白自己"博謇好修",生不逢时("哀朕时之不当""长顑颔亦何伤"),把汉代中兴时期"海内一统","天下安治",百姓乐业的升平景象,描绘成"纵欲""嫉妒""蔽美称恶""民生多艰"的黑暗社会㉙,甚至当面警告皇上"恐皇舆之败绩"等等;而对这些完全违背客观实际的斥责,武帝非但不加申斥,却反而"爱而秘之",岂非天下罕有的怪事?事实上,刘安也并不是什么"怀瑾握瑜",既有"内美"又"重以修能",一心系于国家兴亡之业的政治家,而是一个图谋不轨,最后步其父刘长后尘,谋反不果而自杀的叛臣。汉武帝这个有"雄才大略"而"好楚辞"的皇帝,他爱刘安,爱的是他的"好读书"和"善为文辞",而不是他的犯上作乱。从这里可以证实,汉武帝"爱而秘之"的不是《离骚》,而是刘安那篇赞扬《离骚》为"国风好色而不淫,小雅怨诽而不乱,若《离骚》者,可谓兼之。蝉脱浊秽之中,浮游尘埃之外,皭然泥而不滓。推此志与日月争光可也"㉚的传文。

其二,"系谱",引用何天行的话说:"《离骚》中有'修名''前修''修能'等许多'修'字,这是因为刘安讳其父刘长名字的缘故。"并因之得出了"屈原=淮南王刘安"的结论。只要认真把《离骚》读上两遍,就会发现何天行的说法是根本站不住脚的。尽管《离骚》中有"好修""前修""灵修""信修""謇修"和"修名""修能""修姱""修服"等许多个"修"字,然而这个"修"字,却几乎没有一个是可以训释为"长"的。以"纷吾既有此内美兮,又重之以修能"来说,正如魏炯若《离骚发微》所说:"能、态,古字通,修态即是修饰的美态,即和'内美'相对的后天的修饰。借指人对道德品质和学术的修养。'余独好修以为常',是说终身不离'好修'。""屈原好修,因此他对前代的贤者,也称作'前修',对楚王,称为'灵修',希望他在神一般天赋之上,再加上修饰,也即是内美加修态。对于奉命出使,没有把交涉办好的人,称为'謇修',说他是跛足的好修者,虽有德却无才。"

我们不知何天行等人当年读《离骚》时,是由于过于粗心,还是出于某种需要而有意抹杀事实:《离骚》中那些对刘安来说,倒是应该犯讳的"长"字,如"余以兰为可恃兮,羌无实而容长","苟余情其信姱以练要兮,长顑颔亦何伤","长太息以掩涕兮,哀民生之多艰"……却没有因"讳其父刘长名字的缘故"而"改为""修"字,又将作何解释?

其三,《史记·秦始皇本纪》:"天子自称曰朕。集解,蔡邕曰:朕,我也。古者上下共称之,贵贱不嫌则可以同号之义也。皋陶与舜言:'朕言惠可底行'……至秦然后天子独以为称,汉因而不改。""朕",在先秦以前贵贱皆自称之。《尔雅·释诂》:"卬、吾、台、予、朕、身、余、言,我也。"朕,原本不专限皇帝或国君。自秦始皇称帝之后,"朕"便成了帝王自称的专用代词,而《离骚》一开始就说:"帝高阳之苗裔兮,朕皇考曰伯庸。"此亦证明:《离骚》不是汉人的作品,应是断然无疑的,更不要说是刘安了。刘安再是斗胆,也不敢在汉武帝面前竟自称"朕"并发泄"哀朕时之不当""怀朕情而不发""长顑颔亦何伤"等不满和失意情绪。汉武帝也不会因此"爱而秘之"了。

其四,《楚辞》"书楚语、作楚声、纪楚地、名楚物",非楚人实莫能为也。《离骚》是《楚辞》中最杰出的代表,刘安虽有才学,"善为文辞",然他终非楚出,亦未曾到过"南郢之邑、沅湘之间"的楚国故地。他对楚国的地理山川、风情土俗和方言俚语,毕竟不甚了了。他根本不可能熟练地运用那么多南楚(特别是沅湘之间)的独特的地理名物和方言土语来写《离骚》。而《离骚》"扈江离与辟芷兮,纫秋兰以为佩","朝搴阰之木兰兮,夕揽洲之宿莽","女媭之婵媛兮,申申其詈予","济沅湘以南征兮,就重华而陈辞","朝发轫于苍梧兮,夕余至乎悬圃","忽反顾以流涕兮,哀高丘之无女","索琼茅以筳篿兮,命灵氛为余占之","巫咸将夕降兮,怀椒糈而要之","百神翳其备降兮,九嶷缤其并迎"等等,这些诗句不仅运用了楚国南方的独特地理名物(秋兰、沅湘、苍梧、九嶷、高丘),而且采用了许多楚南的方言俚语(扈、宿莽、媭、婵媛、搴、篿、巫咸、椒糈)[31]。从《离骚》涉及的地名(阰、洲、兰皋、椒丘、四荒、沅湘、苍梧、悬圃、灵琐、崦嵫、咸池、白水、阆风、高丘、春宫、穷石、洧盘、瑶台、九洲、故宇、九嶷、

· 86 ·

昆仑、天津、西极、流沙、赤水、不周、西海、旧乡、彭咸之所居）来看，除沅、湘、苍梧、高丘、九嶷在楚国南部，有确切的地理位置外，其余均为泛称和诗人"将上下而求索"的理想仙境，或为诗人最后的归宿之地。而泛称阯、州、兰皋、椒丘等等，也是江南的地名。如果没有坚实的实际生活基础，没有亲临其境的实地长期考察和生活体验，不论有多么伟大的艺术才能，也是不可能写得这样具体细致的。

其五，《离骚》所反映的社会风俗和道德标准，与前汉时期迥然不同，也同刘安的实际情形相反。比如："'兰'在《离骚》中往往比喻最高尚或最美的东西"[②]，其中有许多写"兰"的诗句："扈江离与辟芷兮，纫秋兰以为佩"。"朝搴阯之木兰兮，夕揽洲之宿莽。""余既滋兰之九畹兮，又树蕙之百亩。""朝饮木兰之坠露兮，夕餐秋菊之落英。""步余马于兰皋兮，驰椒丘且焉止息。""时暧暧其将罢兮，结幽兰而延伫"……诗人不但搴兰、滋兰、树兰、纫兰、佩兰、结兰，而且还饮兰，生活息止于兰。兰与诗人的关系竟如此密切！而刘安在其著作《淮南子·缪称训》中说的却是"男子树兰，美而不芳。继子得食，肥而不泽。情不相与往来也"。可见刘安和汉朝时候的人们对兰就不那么看重了。又如《离骚》中说："两美必合"，"苟中情其信修兮，又何必用夫行媒。"意思是说：男女双方只要彼此"好修"，就不需媒人作介，便可以自行结合。这在汉朝推尊儒术，强调"动则有章，行则有迹"（刘安《诠言训》）等封建仪礼制度，男女婚姻必须凭父母之命，媒妁之言的时代，是受人蔑视的，而在秦汉以前的婚姻习俗中，确有其现实的依据。《诗经·卫风·氓》一诗中的青年男女就是不用良媒而自行结合的一例。

另外，《离骚》和《九章·涉江》所说的那种重奇服、戴高冠、带长铗、佩宝璐（"高余冠之岌岌兮，长余佩之陆离""余幼好此奇服兮，年既老而不衰。带长铗之陆离兮，冠切云之崔嵬。被明月兮佩宝璐"）的风习，也与刘安和汉朝人"圣人无屈奇之服，无瑰异之行"（《淮南子·诠言训》）的要求迥然不同。1973年5月，湖南省博物馆在长沙城东南子弹库的楚墓中获得一批重要文物，其中有一幅稀世的御龙帛画。画面的正中画着一位侧身站立的男子。他胡须冉冉，神情潇洒，身材修长，高冠长袍，腰间佩带长剑。这种装束就像上引诗句的图解。这些罕世的艺术奇珍，正好证明：《离骚》和《九章》不是汉代刘安等人之作，而是战国时期楚国诗人的作品。

何天行说："《离骚》中所言的'桂'和'菌桂'，其传入中国是武帝时开拓疆域之故，战国时期不可能有。"㉞因而认为《离骚》是武帝时候的作品。这实在经不起历史的检验。第一，如果《离骚》是武帝时候的作品，那么"博览无所不见"的司马迁、东方朔和刘向、扬雄、班固等"汉之通人"，肯定不会不知。他们怎么会违背自己"不以空言说经"，"九流百家之言，无不穷究"的严谨治学态度，而相继作起"屈原放逐著《离骚》"㉟等这类文章来呢？倘他们连《离骚》的作者和写作年代都搞不清楚，那他们怎么能配称为"鸿儒博学之士"呢？第二，"桂"和"菌桂"（菌桂为桂之一种，花白蕊黄，正圆如竹），中国古已有之。《庄子》："桂可食，故斧伐之。"《韩非子》："楚人有卖珠于郑者，为木兰之柜，薰以桂、椒，缀以珠玉，饰以玫瑰，辑以羽翠。"《战国策·楚策》（苏秦）对曰："楚国之食贵于玉，薪贵于桂。"刘向《汉书·五行志》所载成帝时民谣："桂树华不实，黄雀巢其颠。"《汉乐府·陌上桑》："青丝为笼系，桂枝为笼钩。"淮南小山《招隐士》也说："桂树丛生兮山之幽，偃蹇连蜷兮枝相缭。"淮南小山虽是武帝时人，但从他和以上的诗文中可以看出："桂"在中国不仅自古有之，而且生长十分普遍，连"山之幽"都有；同时使用也比较广泛（可以食或用于薰柜，作笼钩），可见它并不是武帝开拓疆域时才从外传入的。

其六，何天行还说："《离骚》有'虽体解吾犹未变兮'句，体解是秦代刑罚中才有的。《离骚》既然谈到体解，当然也不是秦以前的作品。"这个论断同样不能成立。秦国固然有"体解"的刑罚，据史家记载：秦惠王时车裂过商鞅，秦始皇九年车裂过假父㊱，但"体解"并非秦国所独有，春秋战国时期各国也都有这种刑罚。《左传·鲁襄公二十三年》就记有楚国"昔观起有宠于子南，子南得罪，观起车裂"的事。《史记·张仪列传》也说："齐王大怒，车裂苏秦于市。"《九章·涉江》："伍子逢殃兮，比干菹醢。"说的就是吴国贤臣伍子胥进谏被杀，尸体做成了肉酱的故事。怎么能说"体解"只是秦代刑罚中才有，并因此断定《离骚》"当然不是秦以前的作品"呢？

汉代是没有"体解"这种野蛮刑罚的。《史记·扁鹊苍公列传》载，文帝四年，齐太仓令淳于意之女缇萦上书皇上，为父"坐法当刑"说情，"上悲其意"。是岁"除肉刑法"。景帝元年还进一步实行了"减笞法"。帝下诏曰：

· 88 ·

"加笞与重罪无异,幸而不死,不可为人。""定律笞三百曰二百,笞二百曰一百。又定令'当笞者笞臀,毋得更人'。自是笞者得全。"[37]因此,我们的看法恰恰与何天行等人相反:《离骚》既然谈到"体解",就说明它绝非是汉代的作品。

其七,刘安入朝的第二年(即武帝癸卯三年)严助、朱买臣、吾丘寿王、司马相如、东方朔、枚皋、终军等"天下文学材智之士"中的俊异者,已被"招选"进京,为武帝所"宠用"[38]。"(朱)买臣以《楚辞》与(严)助俱幸,侍中,为太中大夫"[39]。可见刘安受诏作《离骚传》时,《楚辞》已作为一门专门学问在汉代的朝野广泛受到重视,上至汉代的君王,如汉高祖刘邦(他的房中乐就是《楚辞》),下至在野的一般平民布衣,如九江被公,他们无不学《楚辞》,"好楚声"[40],而且几乎无不效仿《离骚》《九章》或《九歌》作过"楚辞"(如刘邦的《大风歌》、武帝的《秋风辞》、乌孙公主的《悲愁歌》、李陵的《别歌》以及蔡邕父女的《琴歌》和《胡笳十八拍》等等)。尤其是严忌(严夫子)"哀屈原受性忠贞,不遭明君而遇暗世","叹而述之"的《哀时命》,东方朔"追悯屈原","以述其志"[41]的《七谏》和扬雄"自岷山投诸江流以吊屈原"[42]的《反离骚》……从思想内容到表现形式,无一不深受《离骚》的影响。请看如下的比照:

《哀时命》《七谏》《反离骚》	屈原《离骚》《九章》
严忌《哀时命》:"愁醉而委惰兮,老冉冉而远之(至)。"	《离骚》:"老冉冉其将至兮,恐修名之不立。"
"冠崔嵬而切云,剑淋漓而从横。"	《九章》:"带长铗之陆离兮,冠切云之崔嵬。"
"世并举而好朋兮,一斛而相量。"	《离骚》:"世并举而好朋兮,夫何茕独而不予听。"
	《九章》:"同揉玉石兮,一概而相量。"
"俗嫉妒而蔽贤兮,孰知余之从容"。	《九章》:"重华不可遇兮,孰知余之从容。"
"举世以为恒俗兮,固将愁苦而终穷。"	《九章》:"吾不能变心而从俗兮,固将愁苦而终穷"。
"虽体解其不变兮,岂忠信之可化。"	《离骚》:"虽体解吾犹未变兮,岂余心之可惩。"
"志怦怦而内直兮,履绳墨而不颇。"	《离骚》:"举贤而授能兮,循绳墨而不颇。"
"时暧暧其将罢兮,遂闷叹而无名。"	《离骚》:"时暧暧其将罢兮,结幽兰而延伫。"
东方朔:《七谏》:"举世皆然谏,余将谁告。"	《九章》:"与前世而皆然兮,吾又何怨乎今之人。"

· 89 ·

续表

《哀时命》《七谏》《反离骚》	屈原《离骚》《九章》
"明法令而修理兮,兰芷幽而有芳。"	《九章》:"故荼荠不同亩兮,兰茞幽而独芳。"
"正臣端其操行兮,反离谤而见攘。"	《九章》:"何伲臣之无罪兮,被离谤而见尤。"
"赴湘沅之流澌兮,恐逐波而复东。""怀沙砾而自沉兮,不忍君之敝壅。"	《九章》:"临湘沅之玄渊兮,遂自忍而沉流。""不毕辞而赴渊兮,惜壅君之不识。"
"欲高飞而远集兮,恐离罔而灭败。"	《九章》:"欲高飞而远集兮,君罔谓汝何之(至)。"
"皇天既不纯命兮,余生终无所依。"	《九章》:"皇天之不纯命兮,何百姓之震愆。"
"狐死必首丘兮,夫人孰能不反其真情。"	《九章》:"鸟飞反故乡兮,狐死必首丘。"
"悲虚言之无实兮,苦众口之铄金。"	《九章》:"故众口其铄金兮,初若是而逢殆。"
"恶耿介之直行兮,世溷浊而不知。"	《九章》:"世溷浊而莫余知兮,吾方高驰而不顾。"
"念女媭之婵媛兮,涕泣流乎于悒。"	《离骚》:"女媭之婵媛兮,申申其詈予。"
"怨灵修之浩荡兮,夫何执操之不顾。"	《离骚》:"怨灵修之浩荡兮,终不察夫民心。"
"固时俗之工巧兮,灭规榘而改错。"	《离骚》:"固时俗之工巧兮,偭规矩而改错。"
"不量凿而正枘兮,恐榘矱之不同。"	《离骚》:"不量凿而正枘兮,固前修以菹醢。"
"鸾皇孔凤日以远兮。"	《九章》:"鸾鸟凤皇日以远兮。"
"自古而固然兮,吾又何怨乎今之人。"	《九章》:"与前世而皆然兮,吾又何怨乎今之人。"
扬雄《反离骚》:"精琼靡与秋菊兮,将以延夫天年。"	《离骚》:"折琼枝以为羞兮,精琼靡以为粻。"
"解扶桑之总辔兮,纵令之遂奔驰。"	《离骚》:"饮余马于咸池兮,总予辔乎扶桑。"
"捃申椒与菌桂兮,赴江湖而沤之。"	《离骚》:"杂申椒与菌桂兮,岂惟纫夫蕙茝。"
"费椒稰以要神兮,又勤索彼琼茅。违灵氛而不从兮,反湛身于江皋。"	《离骚》:"欲从灵氛之吉占兮,心犹豫而狐疑。巫咸将夕降兮,怀椒糈而要之。"
"徒恐鹈鴃之将鸣兮,顾百草为之不芳。"	《离骚》:"恐鹈鴃之先鸣兮,使百草为之不芳。"
"初纍弃彼宓妃兮,更思瑶台之逸女。"	《离骚》:"吾令丰隆乘云兮,求宓妃之所在。""望瑶台之偃蹇兮,见有娀之佚女。"
"览四荒而顾怀兮,奚必云女彼高丘。"	《离骚》:"忽反顾以流涕兮,哀高丘之无女。"
"既亡鸾车之幽蔼兮,驾八龙之委蛇。"	《离骚》:"驾八龙之婉婉兮,载云旗之委蛇。"
"虽增欷以于邑兮,吾恐灵修之累改。"	《离骚》:"曾歔欷余郁邑兮,哀朕时之不当。"

  大量事实证明:《楚辞》在西汉初年早已广为传诵,它不仅是汉代文学(尤其是诗赋)创作的源流,而且是汉代帛画艺术的主要题材之一。1972年从湖南长沙马王堆一号汉墓出土的帛画,据有关专家们考证,它的年限,"当

在汉惠帝二年至景帝中元五年之间（即公元前193—公元前145年），其下限很可能不晚于文帝三年（公元前177年）"[43]。而这些珍奇的罕世帛画以及前面说到的楚墓御龙帛画，它们的取材大都来自《楚辞》的《天问》《离骚》《九章》《九歌》和《招魂》。这些事实雄辩证明，说《离骚》是"武帝太初元年（公元前104年）以后所作，其作者是淮南王刘安"[44]的论点，完全是不可置信的无稽之谈。《离骚》《九章》《九歌》《天问》和《招魂》诸篇，是秦汉以前楚国诗人的伟大杰作，其著作权，正如司马迁、班固、刘向、刘歆等汉代鸿儒博学之士所说，只能属于博闻强志、才华横溢的伟大爱国诗人屈原。明白上述道理，则稻畑耕一郎和三泽玲尔等先生的论见就会不攻自破。

屈原和他的伟大诗篇，永远是我们中华民族的光荣和骄傲！

注：①译文见《重庆师范学院学报》1988年第4期。

②[35]见《史记·太史公自序》。

③④见《汉书·司马迁传》。

⑤见《汉书·艺文志》。

⑥见刘知几《史通·公家篇》。

⑦⑧[42]见《汉书·贾谊传》《后汉书·班固传》《汉书·扬雄传》。

⑨[39]见刘向《战国策·叙录》。

⑩见《历代通鉴辑览》卷十一。

⑪见《史记·秦始皇本纪》。

⑫见《战国策·楚策》。

⑬见《史记·货殖列传》《范雎蔡泽列传》。

⑭见鲁迅《汉文学史纲要》。

⑮⑱[28][41]见王逸《楚辞章句》。

⑯见《史记·项羽本纪》。

⑰见谢无量《楚辞新论》。

⑳[34]见稻畑耕一郎《屈原否定论系谱》。

㉑见黄伯思《东观余论·翼骚序》。

㉒㉓㉔见《九章》。

㉕㉙见《离骚》。

㉖㉚见高诱《淮南子·叙》、班固《离骚序》。

㉘㉗见《历代通鉴辑览》卷十四。

㉛《说文》："搴，拔取也，南楚语。"吴景旭《历代诗话》："秋兰，沅澧所生。"魏炯若《离骚发微》："请巫人降神，要南上椒和精米（即精糈），这是战国时楚国巫术的规矩。"王逸《楚辞章句》："楚人名结草折竹以卜曰篿。"洪兴祖《补注》：阰，频脂切，山在楚南。戴震《屈原赋注》："南楚语大阜曰阰。"北大《先秦文学史参考资料》："宿莽，楚人呼经冬不死之草为宿莽。"《说文》引贾逵云："楚人谓姊为嫛。"扬雄《方言》："凡恐而喧嚣谓之胁阋。南楚江湖之间谓之婵喧"。"婵媛"是"婵喧"的假借字。

㉜见《离骚发微》。

㉝见湖南省博物馆：《新发现的长沙战国楚墓帛画》，《文物》1973年第7期。

㊱见《史记·秦始皇本纪》以及《历代通鉴辑览》卷九、十。

㊳见《历代通鉴辑览》卷十五、《汉书·严朱吾丘父徐严终王贾传》。

㊴见《史记·酷吏列传》。

㊵见《汉书·王褒传》。

㊸见马雍：《论长沙马王堆一号汉墓出土帛画的名称和作用》，《考古》1973年第2期；安志敏：《长沙新发现的西汉帛画试探》，《考古》1973年第1期。

㊹见三泽玲尔《屈原问题考辨》。

（原刊《贵州民族学院学报》1985年第1期）

濮阳西水坡 45 号墓葬天文图像及墓主身份考辨

1987 年 6 月考古工作者在河南省濮阳市西水坡发掘了一座仰韶文化时期的 45 号墓葬。墓主头南脚北仰卧，左侧用蚌壳摆塑着一条龙，右侧用蚌壳摆塑着一只虎，脚端北侧还有一个用两根人胫骨和蚌壳摆塑的略呈三角形的显系北斗星的图案。人胫骨的斗杓正指龙头，略呈三角形状的斗魁恰与虎脑相对应。此外，在墓主人的左右两侧及脚端稍远的东、西、北三方，还发现有三个陪葬者的骸骨。经碳 14 测定和树轮校正，墓葬距今已有 6300 多年。此墓葬的发现，在国内外专家学者中引起了强烈的反响，在天文历法方面具有不可估量的重大意义。

中国是世界上的文明古国。我国的天文历法早在 7000 年以前的炎黄时代，就已达到了相当高的水平。据史籍记载：伏羲、神农之时就已"仰则观象于天，俯则观法于地"（《周易·系辞》），"立周天历度"（《周髀算经》），"察辰心而出火"（《路史·前纪》），"正四时之制"（《尸子》），"分八节，以始农功"，创"上元太初历"（《晋书·律历志》）。"黄帝考定星历，建立五行，起消息，正闰余"（《史记·历书》）。帝少昊时不仅设有总掌星历的官员"历正"凤鸟氏，而且还分设有司掌八节（即二至、二分和二启、二闭）的星历官，如"玄鸟氏，司分者也；伯赵氏，司至者也；青鸟氏，司启者也；丹鸟氏，司闭者也"（分：指春分和秋分。至：指冬至和夏至。启：指立春和立夏。闭：指立秋和立冬）（《左传·昭公十七年》）。天象和历术的推算更趋精密。以后，他们的后代"乃步以为岁"，"祝融以四神降，奠三天"，"共工□步十日四时"，"帝乃为日月之行"直到"为禹为㠯以司堵，襄晷天步"（楚《帛书》乙编）。天象观测和推步已成为其家传本事。

《史记·天官书》云："昔之传天数者，高辛之前重黎；于唐虞，羲和；有夏，昆吾；殷商，巫咸；周室，史佚、苌弘；于宋，子韦；郑则裨灶；在齐，甘公；楚，唐眛；赵，尹皋；魏，石申。"《国语·楚语下》曰："及少昊之衰也……颛顼受之，乃命南正重司天以属神，命火正黎司地以属民，使复旧常……（其后）尧复育重黎之后不忘旧者，使复典之，以至于夏商。故重黎世叙天地而别其分主者也。其在周，程伯休父其后也。当宣王时，失其官守而为司马氏。"这就是说自伏羲、神农始创上元太初历以来，历代"传天数""叙天地而别其分主者"，少昊之后均为祝融重黎后裔，且历代相继不绝。

我国先民关于四象和二十八宿的观念，远在六七千年以前就形成了。《隋书·天文志》云：伏羲神农"仰观俯察，谓以天之七曜、二十八星周于穹圆之度，以丽十二位也，在天成象示见吉凶"。"七曜"即日、月、五星，"二十八星"即二十八宿，"丽十二位"就是将周天分为十二辰（次）之意。据古代历史典籍和神话传说记载，伏羲（太皞）崇龙，以龙为图腾。《左传·昭公十七年》云："太皞氏以龙纪，故为龙师而龙名。"司马贞《补三皇本纪》曰："（太皞庖牺氏）有龙瑞，以龙纪官，号曰龙师。"《汉书·百官公卿表》序云："宓羲龙师名官。"颜师古注引应劭语："师者长也。以龙纪其官长，故为龙师。春官为青龙，夏官为赤龙，秋官为白龙，冬官为黑龙，中官为黄龙。"伏羲和炎帝神农及其宗亲氏族崇龙、崇蛇、崇虎、崇鸟。他们或以龙、蛇为图腾，或以朱离（凤鸟）为图腾，或以虎为图腾。皇甫谧《帝王世纪》云："太皞帝庖牺氏，风姓也。母曰华胥，燧人之世，有大人迹出于雷泽之中，华胥履之，生庖牺于成纪，蛇身人首，有圣德。"《路史·后纪一》罗苹注引《宝椟记》云："帝之女游于华胥之渊，感蛇而孕，十三年生庖牺。"《史记·五帝本纪》正义引《帝王世纪》云："神农氏，姜姓也。母曰任姒，有蟜氏女，登为少典妃，游华阳，有神龙首，感生炎帝。"《山海经·海外南经》载：炎帝之裔南方祝融"乘两龙"，《海外西经》载：西方蓐收"乘两龙"，《海外东经》载：东方句芒"乘两龙"。炎帝之裔巴人（今之土家族）和彝族崇虎，《后汉书·南蛮西南夷列传》云："廪君死，魂魄世为白虎。"少昊及其子裔崇鸟、崇蛇，以朱鸟和龙、蛇为图腾。《左传·昭公十七年》云："郯子曰：我高祖少皞挚之立也，凤鸟（即朱离）适至，故纪于鸟，为鸟师而鸟名。凤鸟氏，历正也。玄鸟氏，司分者也；伯赵氏，司至者也；青鸟氏，司启者也；丹鸟氏，司闭者也。……鸤鸠氏，司空也；爽鸠氏，司寇也；

鹘鸠氏，司事也。五鸠，鸠民者也；五雉，为五工正……九扈，为九农正。"王嘉《拾遗记》卷一云："少皞以金德王。"其父"为白帝之子，即太白之精……帝子与皇娥（少皞之母）泛于海上，以桂枝为表，结薰茅为旌，刻玉为鸠，置于表端"。《山海经·海外西经》载：句芒"鸟身人面，乘两龙"。

伏羲、神农之裔除崇龙、崇蛇、崇鸟、崇虎外，还有崇蛙、崇龟者。何星亮《中国图腾文化》说："后稷的部落图腾为龟。""楚族的图腾有熊、天鼋、羊、凤、鱼、龙、虎等等"，"黑哲族以蛇、龟为图腾"。侗族古歌《侗族从哪里来》说，侗族始祖母和始祖父都是由龟婆（一说猿婆）孵蛋孵出来的。陈代兴《"三足鳖"的文化阐释》一文也说：先楚民族是我国远古时代夏民族内部的一支以龟鳖为图腾信仰的原始民族或部落，他们将龙蛇与龟鳖都看作自己的图腾。《礼·典礼上》所说的"前朱鸟而后玄武，左青龙而右白虎"之四象概念，大概就是这样形成的。何谓玄武？洪兴祖《楚辞补注·远游》云："说者曰：玄武，谓龟蛇位在北方，故曰玄身有鳞甲，故曰武。"高诱注《吕氏春秋》"水师玄冥"时说："玄冥，官也。少皞氏之子曰循，为玄冥师，死祀为水神。"（循、玄同音）《文选·鲁灵光殿赋》王文考："伏羲鳞身，女娲蛇躯。"很明显，东方苍龙，西方白虎，南方朱雀，北方玄武，原本是伏羲、女娲、神农、少昊时代图腾崇拜的产物。这四象和二十八宿的关系是，东方苍龙：角、亢、氐、房、心、尾、箕；西方白虎：奎、娄、胃、昴、毕、觜、参；南方朱鸟：井、鬼、柳、星（七星）、张、翼、轸；北方玄武：斗、牛、女、虚、危、室、壁。其中心宿（大火）、昴宿、虚宿和鸟宿（七星）分别为东方苍龙、北方玄武、西方白虎和南方朱鸟七宿中的"中星"。中星亦称主星，即观测天象的标准星。《尚书·尧典》所载"日短星昴""日中星鸟""日永星火""宵中星虚"就是以西方白虎七宿中的昴宿，南方朱鸟七宿中的鸟宿，东方苍龙七宿中的心宿（大火）和北方玄武七宿中的虚宿这四星酉时（即初昏时候）在中天的宿位来确定冬至、春分、夏至、秋分四个重要气日的。由于昴宿是仲冬（夏历十一月）的中星，鸟宿是仲春（夏历二月）的中星，心宿（大火）是仲夏（夏历五月）的中星，虚宿是仲秋（夏历八月）的中星，所以星历家们称昴、鸟、心、虚四宿为"四仲中星"。尧舜时代，星历家们主要是根据这"四仲中星"的"中、流、伏、内"运行规律来确定一年四季、十二个月和二十四个节气。以心宿（大火）为例：《尧典》所云的"日永星火"（白天最长的那天初昏心宿大火出现于正中天）就是夏历五月的夏至；《诗经·豳风》所云的"七月流火"（殷历七月初昏大火偏离中天，现于西边天空）就是夏历六月；《大戴礼·夏小正》所云的"八月辰则伏"（辰伏即火伏。殷历八月初昏大火隐伏于西方天际）就是夏历七月；《大戴礼·夏小正》所云的"九月内火"（"内"就是纳，殷历九月初昏大火已进入地平线）就是夏历八月。

十分明显，"四仲中星"是在四象和二十八宿的基础上确定的。如果没有四象和二十八宿的完整、精确概念，就不可能有"四仲中星"的概念。尧舜时代既能凭借对"四仲中星"的观测来确定季节和时令的变化，足见四象和二十八宿早在尧舜之前已形成和定型了。据史籍所载：在尧舜以前的颛顼和帝喾高辛时代（距今6000年以前），人们对二十八宿等天象的观测，重点是东方苍龙七宿中的心宿大火和西方白虎七宿中的参宿以及位于天球北极的北斗星。他们将心宿（大火）、参宿和北斗并称为"三辰"。《国语·鲁语上》曰："帝喾能序三辰以固民时。"古时三辰亦统称大辰。《公羊传·昭公十七年》云："大辰者何？大火也。大火为大辰，伐为大辰。"《国语·鲁语上》曰："北辰（北斗）亦为大辰。"何休注："大火谓心，伐谓参伐也。大火与伐，天所以示民时早晚，天下所取正，故谓之大辰。辰，时也。"《国语·楚语下》亦云："颛顼受之，乃命南正重司天以属神，命火正黎司地以属民，使复旧常，无相侵渎。"《史记·楚世家》曰："重黎为帝喾高辛居火正，甚有功，能光融天下。帝喾命曰祝融。共工氏作乱，帝喾使重黎诛之而不尽，帝乃以庚寅日诛重黎，而以其弟吴回为重黎后，复居火正，为祝融。"颛顼与帝喾设星历官"火正"，专门负责观测心宿大火，制定历法"以示民时早晚"。

据《史记·五帝本纪》记载：帝喾高辛是一位"生而神灵……聪以知远，明以察微，顺天之义，知民之急，仁而威，惠而信，修身而天下服，取地之财而节用之，抚教万民而利诲之，历日月而迎送之，明鬼神而敬事之，其色郁郁，其德嶷嶷"的仁德贤明之君。在天文历法方面，他除继承前代之法"察辰心而出火"设"火正"，祀心宿大火为族星外，还主祀参宿三星，将心宿（大火）、参宿和北斗这"三辰"拴系在一起，建立了我国传统的"三辰"

观象授时体系。《左传·昭公元年》载:"昔高辛氏有二子,伯曰阏伯,季曰实沉,居于旷林,不相能也,日寻干戈,以相征讨。后帝不臧,迁阏伯于商丘,主辰(主祀心宿大火)。商人是因,故辰为商星。迁实沉于大夏(晋阳),主参(主祀参宿三星)。唐人是因,以服事夏、商……故参为晋星。"《左传·襄公九年》亦曰:"陶唐氏之火正阏伯居商丘,祀大火,故商主大火。"以上故事生动说明:帝喾高辛时不仅设有专门司掌心宿大火的星历官,还设有专门司掌参宿的天文官,这种制度还一直沿袭到了夏商周时代。因而参宿成了夏族的主祭星,心宿大火成了商族的主祭星。每当心宿(大火)初昏现于东方地平线的时候,即"察辰心而出火"时,就是夏历的二月;现于东方天空(与地面呈六十度交角)时,即夏历四月;现于中天(正当头顶)时,就是"日永星火",即夏历五月的夏至……每当参宿三星初昏现于中天时,就是殷历《大戴礼·夏小正》所说的"正月参中",即夏历十二月;当参宿三星初昏偏西三十度(即参流)时,则为夏历正月。《诗经·唐风》:"绸缪束薪,三星在天。今夕何夕,见此良人。子兮子兮,如此良人何!绸缪束刍,三星在隅。今夕何夕,见此邂逅。子兮子兮,如此邂逅何!绸缪束楚,三星在户。今夕何夕,见此粲者。子兮子兮,如此粲者何!"写的就是夏历正月"冠子取妇之时"(即新婚之夜)的欢悦情景。正月婚娶,这是古人的婚俗。《夏小正》云:"二月(即夏历正月)绥多女士。"传云:"绥,安也,冠子取妇之时也。"当参宿偏离中天,继续西流而隐伏不见时,就是《夏小正》所说的"三月参伏",此时为夏历二月。因为"伏"就是隐伏,看不见,所以古人有时将"伏"视为"入"。故《国语·晋语四》云:"大火,阏伯之星也,是谓大辰……且以辰出而以参入……而天之大纪也。"韦昭注:"所以大纪天时。传曰:大火为大辰,伐亦为大辰。辰,时也。"夏历二月大火出而参宿隐伏不见,故云:"辰出而以参入。"

帝喾高辛时除以观察二十八宿中的参、商(即心宿大火)二宿以"示民时早晚"外,北斗星也是他们观象授时的一个重要手段。

北斗星由斗魁(即斗身)四星(天枢、天璇、天玑、天权)和斗柄(即斗杓)三星(玉衡、开阳、摇光)组成。它位处天球北极,终年不没入地平线。它在不同的季节和夜晚不同的时间,总是出现于北部天空的不同方位,由于地球的自转和公转，其斗柄总是围绕北天极做周日旋转和周年旋转，以指示夜间时间的早晚和寒暑更替的季节变化。早在公元前数千年以前，我们的祖先对北斗星的运行规律及其重要性的认识，就已十分透彻。他们把北斗星当成了一部摆放在天空用以计时、计历的钟表和历书。《史记·天官书》云："斗为帝车，运于中央，临制四方，分阴阳，建四时，均五行，移节度，定诸纪，皆系于斗。"古人根据北斗柄夜晚方位的变化和指向以定一天的时间早晚；根据斗柄初昏（即酉时）的指向以定月份、四季和二十四节气。《大戴礼·夏小正》就有"六月初昏斗柄正在上"（指正南，午位，即夏历五月夏至）和"正月初昏参中，斗柄悬在下"（指北，偏东，丑位，即冬至过后的夏历十二月。冬至在夏历十一月，即《小正》的十二月。此时斗柄正悬在下，指正北，子位）等记载。稍后的《鹖冠子·环流》篇亦云："斗柄东指，天下皆春；斗柄南指，天下皆夏，斗柄西指，天下皆秋；斗柄北指，天下皆冬。"西汉刘安的《淮南子·时则训》对斗柄（招摇）初昏时的指向及二十八宿与寒暑交替等季节变化关系做了更为周详的记载："孟春之月，招摇指寅，昏参中，旦尾中，其位东方……仲春之月，招摇指卯，昏弧中，旦建星中，其位东方……季春之月，招摇指辰，昏七星中，旦牵女中，其位东方"；"孟夏之月，招摇指巳，昏翼中，旦婺女中，其位南方……仲夏之月，招摇指午，昏亢中，旦危中，其位南方……季夏之月，招摇指未，昏心中，旦奎中，其位中央"；"孟秋之月，招摇指申，昏斗中，旦毕中，其位西方……仲秋之月，招摇指酉，昏牵牛中，旦觜中，其位西方……季秋之月，招摇指戌，昏虚中，旦柳中，其位西方"；"孟冬之月，招摇指亥，昏危中，旦七星中，其位北方……仲冬之月，招摇指子，昏壁中，旦轸中，其位北方……季冬之月，招摇指丑，昏娄中，旦氐中，其位北方"。

根据古人凭北斗柄定月和季节的方法，我们可以绘制北斗柄四季指向示意图表如下：

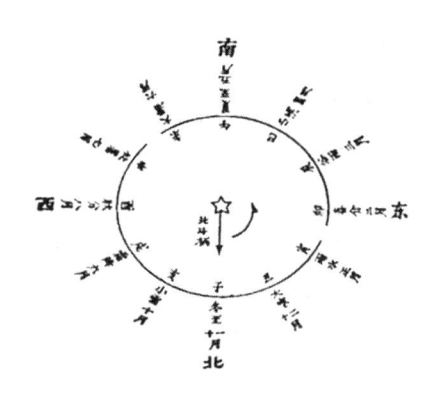

北斗柄初昏指向定月份和节气（观看时须正面朝北）图

北斗柄初昏指向示意表

月建	子	丑	寅	卯	辰	巳	午	未	申	酉	戌	亥
农历	十一月	十二月	正月	二月	三月	四月	五月	六月	七月	八月	九月	十月
节气	冬至	大寒	雨水	春分	谷雨	小满	夏至	大暑	处暑	秋分	霜降	小雪
斗柄指向	下	下右	下右	右	右上	右上	上	上左	上左	左	左下	左下
钟表（时）	6	5	4	3	2	1	12	11	10	9	8	7

笔者考证：炎帝神农氏生于公元前 5080 年（辛巳），卒于公元前 4960 年（辛巳），享年 120 岁，于公元前 5037 年（甲子）创上元太初历（亦称天元甲子历）。黄帝轩辕氏晚炎帝神农 525 年，他生于公元前 4666 年，卒于公元前 4555 年，享年 111 岁，于公元前 4567 年（甲寅）"建五行""正闰余"，创制天正甲寅历。黄帝的曾孙颛顼以南正司天，以火正司地，《山海经·海内经》云："黄帝妻雷祖（即西陵氏嫘祖）生昌意，昌意生韩流，韩流……取淖子曰阿女，生帝颛顼。"颛顼的族子（族侄）帝喾高辛先后以重黎和吴回为火正并以阏伯和实沉主祀参、商。"唐人、商人是因"，以至于夏、商。这就是说"泊乎炎帝分八节，轩辕建五部，少皞以凤鸟司历，颛顼以南正司天"（《隋书·律历志》），到帝喾高辛之世（即公元前 4300 年左右），我国的天文历法已经达到了非常精密和科学的地步。《史记·五帝本纪·集解》皇甫谧曰："（颛顼）在位七十八年，年九十八。"《五帝本纪》："高辛于颛顼为族子。"《集解》皇甫谧曰："（高辛）在位七十年，年百五岁。"由此可知，从黄帝殁年到帝喾高辛之世约 200 年左右。

但由于现存的古代典籍时代久远，且语焉不详，又少实物做证，加之后来的人们又缺乏天象观测的知识、实践与感知，因此，现代有人竟主观认为：远古之人"心智未开"，以致怀疑我国六七千年以前会有如此精密、科学的天文历术。濮阳西水坡45号墓葬出土的龙虎、北斗天文图像，以无可争辩的铁证，给怀疑论者一个极大的教训。墓主人身旁用蚌壳摆塑的左龙、右虎，是我国古代二十八宿左苍龙、右白虎、南朱鸟、北玄武"四象"的真实反映。左龙、右虎和北斗图案所构成的天文图像与帝喾高辛时代的"三辰"记载完全一致：人胫骨的斗杓指向正东，即蚌塑苍龙之首（和龙角）；略呈三角形状的斗魁与右边（即西方）蚌塑白虎的头部（即参星）相对应。它们反映的正是《史记·天官书》所云的"杓携龙角，衡殷（迎）南斗，魁枕参首"和"二月龙抬头"（从地平线升起），亦即"辰出而以参入""斗柄东指，天下皆春"时的实际天象，时间正是夏历二月的春分时节。其具体年代，冯时先生取公元1950年"秋分点在翼7°0′，春分点在7°13′"为今日历元，以"分至点在黄道上约71.6年西移1°"的岁差推算法，推算为公元前4200年至公元前4400年左右。冯时《中国早期星象图研究》："公元前4200年左右秋分之时日在躔尾宿，大火朝觌东方，斗杓东指；而公元前4400年左右参宿恰值春分点。"（《自然科学史》1990年第2期。）此时正是帝喾高辛时代。

45号墓葬的龙虎和北斗天文图像充分证实：远在距今六七千年以前，我国就已有了四象和二十八宿概念，并已运用北斗柄的指向来确定时节和寒暑交替，这种说法是完全信实的。它以铁的事实证明：距今6300年左右的帝喾高辛时代星历家们对以参、商和北斗"三辰"为代表的天象观测，业已十分精密，远远超乎了今人的想象。

45号墓主人身旁摆放之物，除蚌塑的龙虎（即参、商）和北斗"三辰"及三个能显示其特殊身份和地位的殉葬者外，别无他物。这足以说明：墓主人生前绝非一般人物，而是一位地位显赫、身份不凡、文化素养很高的司掌"三辰"以定民时早晚的天文官。墓主头南脚北仰卧的葬式，正是炎帝神农及其后裔"崇西尚左"、以南为尊之传统习俗的反映。由此可以断定，墓主人当是炎帝神农、祝融血统的世袭天文官。从他所生活的年代和葬地来分析推断，他可能就是帝喾高辛时的"火正"吴回或其长孙昆吾。

据史籍记载，今河南濮阳市古时名帝丘，是帝喾高辛死葬之地。《史记·五帝本纪·集解》皇甫谧曰："（古）都帝丘今东郡濮阳是也。"引《皇览》云："颛顼冢在东郡濮阳顿丘城门外广阳里中。"《山海经》郭璞注："帝喾高辛，今冢在顿丘县城南台阴野中也。"而《皇览·冢墓记》亦云："帝喾冢在东郡濮阳顿丘城南台阴野中。"《史记·楚世家·集解》又云："今濮阳城中有昆吾台。"《正义》引《括地志》云："濮阳县古昆吾国也。昆吾故城在县西三十里，台在县西百步，即昆吾墟也。"

《史记·楚世家》曾云："重黎为帝喾高辛居炎正，甚有功……共工氏作乱，帝喾使重黎诛之而不尽，帝乃以庚寅日诛重黎，而以其弟吴回为重黎后复居火正，为祝融。吴回生陆终，陆终六子，坼剖而产焉。其长曰昆吾……"在帝喾高辛之时，吴回继其兄重黎之后"复居火正，为祝融"。"火正"就是主司心宿大火以"三辰"定时令季节的天文官。吴回的长孙昆吾，据《史记·天官书》等记载，他也是一位大名鼎鼎的天文官，直到夏代，他的后裔"昆吾氏"仍袭居星历官之职。而昆吾生活和死葬之地均是今之濮阳，其墟又在濮阳"县西百步"。其地理位置正好与今天考古发掘发现的西水坡45号墓地相符。因此，笔者认定：濮阳西水坡45号的墓主人就是帝喾高辛后期的星历家昆吾。

历史事件篇

中华文明——世界文明史上独占鳌头的奇葩

　　清朝晚期闭关锁国的封闭政策，不仅造成了中国经济的衰退和国运濒危，而且造成了不少中国国民志气的萎靡和卑劣。他们不仅觉得自己什么都不如人，今天的中国不如人，而且中国过去的伟大和辉煌，也成了在洋人面前羞于启齿的"劣绩"。"五四"前后，竟出现了那么一批没有脊梁骨的"儒生"，他们泛起了一股"疑古"与虚无的逆流，否认祖先曾经辉煌过的一切。他们言必称希腊，一切都是外国的好；连外国的月亮也比中国的大，比中国的圆。什么"大禹是条虫"呀，三皇五帝是人为的"编造"呀，《竹书》《山海经》是"伪书"呀，屈原是"箭垛式的人物"呀，等等。总之，一切好的伟大而辉煌的东西，中国就不配有。正如《阿Q正传》里的赵太爷训斥阿Q一样，"呸！你也配姓赵?！"

　　新中国成立后，特别是在改革开放的今天，我国人民意气风发，斗志昂扬，在建设有中国特色社会主义的道路上迈步前进，旧时代遗留下来的那股崇洋媚外、奴颜婢膝的萎靡之气，已经一扫而光了。然而由于历史虚无主义的影响，至今仍有少数人对我国的古代文明是否能与古代埃及和巴比伦文明相匹配心存疑虑。因此，一提到古代文明问题，他们"言必称希腊"，而对于我们自己老祖宗的历史则对不起，不知道，甚至投以怀疑的目光："恐怕未必吧！"因此，今天我们谈论中华古代文明，首先就必须驱散这些迷雾。

人文社会科学、自然科学和哲学是构成人类社会文明大厦的"三维"之纲，而人文社会科学中的文学艺术类的诗歌和自然科学中的天文历法，则是构建社会文明的两大支柱和基石。

在古代，天文历法是人们生存的指南。"春耕、夏耘、秋收、冬藏"，人们的生活和农牧渔猎等一切生产活动都离不开"天时"，即所谓"力不失时，则食不困"（《农书》）。而天时就是指与日月星辰的运行规律有着密切关系的季节变化和风雨雷电等自然现象。其实质就是天象，就是天文（即《淮南子·天文训》所说的"文者象也，天先垂文，象日月五星及彗孛，皆谓以谴告一人，故曰天文"）。而历法则是利用天象的变化规律来调配年、月、日、时的一种计时法则。

明清学者顾炎武云："三代以上，人人皆知天文。"（《日知录》卷三十）著名英国科学史专家李约瑟也认为在阿拉伯人以前中国是"全世界最坚毅、最精确的（天文）观测者"，"是文艺复兴以前，所有文明中对天象观测得最系统、最精密的国家"；"显然，中国天文学在整个科学史上所占的位置，应该比科学史家通常所给予它的重要得多"。可是，一些中外学者，如法国的马伯乐和德伦贝尔等人，他们并不了解中国古代的天文历法，也从未认真对中国古代典籍中的天文观测记录及有关论述做过起码的研究，却信口开河地说："中国天文学的历史是很短的，直到公元前五六世纪，中国天文学还没有产生。""中国历史虽然长，但天文学简直没有在中国产生过"（参考郑文光：《中国天文学源流》，科学出版社1979年版）。而中国的一些学者从外来资料中看到了古巴比伦人在公元前4000年根据月亮的盈亏周期制定出了太阴历；古埃及人在公元前2700年发现了月亮绕地球运动一周，即由"逆经上弦到望，再由望从下弦回朔"的轮回规律以及巴比伦人在公元前799年开始对行星、恒星、月食等天象进行系统观察，并计算出了12个朔望月之间的时间间隔是29日12小时44分3秒（一月为29.53068天）；埃及人从日月星辰的变化和尼罗河水的泛滥及耕作种植收获的关系，把一年分成春夏秋冬四季，等等。于是就大惊小怪起来，认为是古巴比伦人和古埃及人发明和创造了世界上最早的天文历法。殊不知我们的祖先远比古巴比伦和古埃及人早出两三千年就已发现、发明和创制了比他们更系统、更精密、更科学的天文历法。

我国先民对日月星辰及其四象、二十八宿运行规律的观测以及年、月、日、时、月相、朔实、岁实及朔、闰与四分历的推算，早在六七千年以前的炎黄时代就已开始了。"包牺立周天历度"（《周髀算经》），"谓以天之七曜，二十八星（宿），周于穹圆之度，以丽十二位也。在天成象以示吉凶"（《隋书·天文志》）。"神农理天下，正四时之制"（《尸子》）。"分八节，以始农功"（《晋书·律历志》）。"黄帝迎日推策（朔策）"，"考定星历，建五行，起消息，正闰余"（《史记·历书·索隐》）。"少昊以凤鸟司历（命玄鸟氏、伯赵氏、青鸟氏、丹鸟氏分别司分、司至、司启、司闭，即二至二分和四立等八气），颛顼以南正司天，陶唐则分命和、仲，夏后乃备陈鸿范，汤武革命咸率旧章……正朔斯革"（《隋书·律历志》），而五千余年前的唐尧之世，以"甲子天元为推术"，"七十六岁为一纪（蔀）"（《易·凿乾度》），"期三百有六旬有六日，以闰月定四时成岁"（《尚书·尧典》）。闰的设置成了四分历推算必不可缺的条件。而巴比伦和亚述人分一年为十二个月，大月小月相间，平年354天，并根据观测随时安排闰月的"置闰法"，则是公元前1100年的事。这就是说，我国推朔、置闰以调和阴阳历（即"正闰余"），比巴比伦和亚述人要早三四千年！而"七十六岁为一纪"，即经940个朔望月计27759天为周期的阴阳历，其朔实为29又499/940日（即29.53085106日），比古巴比伦人在公元前799年计算出的一月为29.53068日，早出约四千年，而比希腊人迦利泼斯公元前4世纪创制的以76年为周期的阴阳历，更要早出四千五百来年。

关于岁实（即回归年的长度）为365又1/4日，罗马人是在公元前43年采用儒略历时才确知的，而我国则在六七千年以前就已掌握并用于推算了。我国星历家很早就曾对岁实的测算方法做过极其简明而又科学的介绍："日发其端，周而为岁，然其景不变。四周千四百六十一日而景复初。是则日行之终。以周除日，得三百六十五又四分之一，为岁之日数。"（《后汉书·律历志》）

我国从黄帝调历以前，"以建寅为正，谓之孟春"的"上元太初历"，即"天元甲子历"（《史记·历书·索隐》），到而后的黄帝历、颛顼历、夏历、殷历和周历（它们统为"天正甲寅历"，只是建月各异），均是以推朔、置闰、"定四时成岁"的阴阳历。也就是说，它是一部以回归年长度（即岁实）365又1/4日为一周期，以朔望月之朔实29又499/940日为另一周期，以六十甲子一轮回纪年，并使三者相谐合，以闰月定四时成岁的四分历术。经考证，这部历术，始于公元前5037年的甲子年甲子月甲子日甲子时，是炎帝神农之时所创制的"天元甲子历"（亦即上元太初历）；黄帝调制"天正甲寅历"的时间是公元前4567年（甲寅），即《汉书·律历志》所载的"阏逢摄提格之岁中冬十一月甲子朔旦冬至"之时。

关于四象和二十八宿的概念，我国早在伏羲、神农之世就已出现（"二十八星，周于穹圆之度，以丽十二位也"），而到了少昊和颛顼之世就已系统化。东方苍龙、西方白虎、南方朱雀、北方玄武这四象原是伏羲、神农和少昊时代图腾崇拜的产物。分属于东方苍龙七宿中的心宿大火，西方白虎七宿中的昴宿以及南方朱雀七宿中的"鸟宿"（七星）和北方玄武七宿中的"虚宿"，即古人所谓的"四仲中星"，至少在帝喾高辛时期，人们就凭它的酉时在中天的宿位变化，即"中、流、伏、内"的规律来确定冬至（夏历十一月）、春分（夏历二月）、夏至（夏历五月）和秋分（夏历八月）以及十二个月和二十四节气了。颛顼以黎为"火正"（主司心宿大火）（《国语·楚语下》）；帝喾高辛亦先后以重黎和吴回为"火正"，并"迁阏伯于商丘，主辰（主祀心宿大火）……迁实沉于大夏，主参（主祀参宿三星）"（《左传·昭公元年》）。火正是专司心宿大火以纪时的天文官。帝喾高辛除继承前法，"察辰心而出火"，设火正并主祀参宿和心宿大火外，还将心宿大火、参宿三星和北斗柄三者拴系在一起，构建了"序三辰以固民"（《国语·鲁语上》）的"三辰"观象授时体系，"以示民时早晚"，把我国古代天文历法，推向了一个更精密、更系统、更科学的发展新阶段。1987年河南濮阳西水坡45号墓葬天文图像的发现，正是6300年前帝喾高辛时代已有四象二十八宿完整体系和以"三辰"授时体系"示民时早晚"的铁证（详见拙著《中华文明七千年初探》，人民出版社2002年版，第149—160页）。

我国先民对日食和月食的观测与推算，至迟在公元前21世纪的夏代中康五年（公元前2139年）就已进入了科学和立法时代。当时的天文官羲和因"沉湎于酒"对中康"五年秋九月庚戌朔，日有食之"这一"天象"未能准确预报而"干先王之诛"，即违背了先王的法度，被砍了头（《尚书·夏书·胤征》）。公元前1732年即"成汤既没，太甲元年""十有二月乙丑朔"（《尚书·商书·伊训》）以及殷商甲骨文对日月食、日珥和新星等异常天象的测算记录，均足以证明：我国先民对日月食等异常天象的测算，至少要比公元前625—前538年的新巴比伦王朝时代的迦勒底人早出1500来年。

我国先民不仅在六七千年以前观测推算出了岁实和月实，即年和朔望月的时间长度，而且还根据地球自转一周，测算出了昼夜一天的时间长度。他们把地球自转一周的周长划分为十二等份，即子丑寅卯等十二个时辰段。并将一天十二时分为平旦、日中、初昏、夜半，即子、午、卯、酉四个时段。因一年四季昼夜长短不同：夏至这天，白天最长（"日永星火"），夜晚最短；冬至这天，夜晚最长，白天最短（"日短星昴"）；春分和秋分这天，白天和夜晚时间一样长（即"日中星鸟"和"宵中星虚"）。我国先民就以春分和秋分这天的时间为标准，将一天划分为四个时段，每段为三个时辰（折合今天的概念，就是6个小时），即平旦为卯时，日中为午时，初昏为酉时，夜半为子时。以"夜半"（子时）为一日的起讫点（齐桓公时宁戚的《饭牛歌》"从昏饭牛到夜半，长夜漫漫何时旦？"说的就是一日的分界点）。在以刻漏（或漏壶）计时的远古时代，"夜半"的时间划分，还可以用刻漏来计算，即连续测出两天的日中之间的时间长度，然后取其半，就得出了准确的"夜半"时刻。而"日中"时刻的测定，古人用圭表（标竿）测量法，早在六七千年以前就掌握了。可见"夜半"这个日的时间起讫点，也早在六七千年以前的炎黄之世就已明确。黄帝"迎日推策"（朔）"考定星历"，所制的"天正甲寅历"和炎帝神农时期所创制的"天元甲子历"，都是以冬至夜半"牵牛初度"，即零时为起点来进行推算的。《隋书·天文志》云："昔黄帝创观漏水制器，取则以分昼夜……"《史记·历书·索隐》亦曰："黄帝调历以前，有上元太初历等……自平明寅至鸡鸣丑，凡十二辰……"

以上事实说明，我国古代天文历法，在世界各文明古国中，处于遥遥领先的地位。有学者认为：公元前四五千年的埃及"杀羊告朔"的阴阳历，以及美洲玛雅人公元前三千余年的太阳崇拜及所使用的象形文字、四分阴阳历、五星特别是金星会合周期（584天）等等，均是由中国传播过去的。"杀羊告朔"是我国西周以前就已流行的习俗。今天美国印第安人易洛魁族所保存的五六千年以前用鹿皮彩绘的《轩辕酉长礼天祈年图》和《蚩尤风后归墟扶桑值夜图》，就是铁证。

人类（主要指原始人类）在群居和长期的集体劳作中，形成了一种合力，一种同大自然进行抗争的社会本能。这种社会本能，是人类从古猿进化为人的一个重要杠杆。劳动在创造物质世界的同时，也创造了人类本身及其精神世界，如语言、文字以及文学艺术类的诗歌等等。

文字是记录语言的符号，是一种跨时空的语言信息载体，是人类社会文明的重要标志。我国是世界上最早创造和使用文字的国家。据历史典籍记载："伏羲画八卦，造书契"（《尚书·序》），"文字与天地并与焉"（《易·系辞》）。八卦就是天地等八个字的"古文"（《易纬·乾凿度》）。黄帝时的史官仓颉造字，并对伏羲以来的"文字"从字形上做了最初的规范和统一（见《荀子·解蔽》）。《尚书·序》还说："伏羲、神农、黄帝之书，谓之'三坟'，少昊、颛顼、高辛、唐虞之书，谓之'五典'。"可见我国七千年以前就已有了文字和书籍矣。据考古发现证实：距今1.1万至7千余年前的澧县彭头山遗址、洪江高庙遗址、甘肃秦安大地湾和河南舞阳贾湖陶制品上的刻画符号；距今六七千年前的河姆渡和西安半坡的文字符号以及良渚、马家窑、大汶口、中原龙山文化、山东龙山文化、石家河文化、齐家文化、山西陶寺等文化遗址中陶器或陶片上发现的文字刻画符号（如1975年前后在西安半坡遗址出土的陶器刻画符号：Ⅰ‖X，马家窑文化遗址出土的陶器刻画符号：Ⅰ－‖#口乐△，良渚文化陶片上的刻画符号：Ⅰ卅NX，等等）它们在形制上都有着一脉相承的"亲缘"关系。特别是山东邹平丁公村出土的龙山陶片上的11个排成三行的成篇文字，从写法架构来看，已经是一种流行的文字系统了。由此可见，我国尚未破译的文字刻画符号即形象表意的文字，比已被破译的埃及六千多年前的象形文字（即"表意文字和表音文字二者的合体"），要早出两千余年！

文学艺术类的诗歌，是人类集体劳作的最先创造。因为集体劳作，本能地需要协调动作（或行动），交流思想，联络感情，于是就发出了"吭唷，吭唷"或"喂""哎呀""噫哟"之类的呼喊。这时的劳作者倘在这出自本能的呼喊中，加进些表情表意的词句，这样，最早的诗歌创作就出现了。正如西周的《礼记·乐记》所云："凡音之起，由人心生也。人心之动，物使之然也。感于物而动，故形于声。声相应，故生变。变成方，谓之音。"诗歌和音乐一样就是这样产生的。

因此，诗歌是最早产生于劳动的一种抒发感情、表达思想、联络情感、陶冶性情的文学样式；是一种具有鲜明的节奏和韵律，富于音乐美的最高语言艺术，是"发于情，止于礼义""正得失，动天地，感鬼神……经夫妇，成孝敬，厚人伦，美教化，移风俗"（《毛诗·序》），既是人类高尚精神的结晶，也是人类文明最优秀、最宝贵的遗产之一。

我国是世界最早的诗歌之国，早在八九千年前的伏羲时代就有《弹歌》："断竹，续竹，飞土，逐宍（肉）。"七千年前的神农时期有《蜡祭歌》："土返其宅，水归其壑。昆虫毋作，草木归其泽。"四五千年前尧帝时期有《击壤歌》："日出而作，日入而息。凿井而饮，耕田而食，帝力何有于我哉！"虞舜时期有《股肱歌》："股肱喜哉！元首起哉，百工熙哉。"《南风歌》："南风之薰兮，可以解吾民之愠兮。南风之时兮，可以阜吾民之财兮。"《卿云歌》："卿云烂兮，纠缦缦兮，日月光华，旦复旦兮。"《八伯歌》："明明上天，灿然星陈，日月光华，弘于一人。"皋陶的《赓载歌》："元首明哉，股肱良哉，庶事康哉。""元首丛脞哉，股肱惰哉，万事堕哉。"夏禹时期有《候人歌》"候人兮猗！"及太康时期有《五子之歌》，如："内作色荒，外作禽荒。甘酒嗜音，峻宇雕墙，有一于此，未或不亡。""惟彼陶唐，有此冀方。今失厥道，乱其纪纲，乃底灭亡。"殷商和西周时期有《诗经》总集，我国真可谓是一个以诗"兴（感发志意）、观（观风俗之盛衰）、群（群居相切磋）、怨（怨刺上政）"，"迩之事父，远之事君"（《论语·阳货》），"以诗补察时政，泄导人情"（白居易《与元九书》），"不学诗，无以言"的文明礼仪之邦。

以往学者大都认为《诗经》是"西周初年至春秋中叶，约五百年间的作品"。近年来不少学者研究指出《诗经》绝不全是西周初年至春秋中叶的作品，其中有不少是殷商时代的作品，如《商颂》五首。除《商颂》外，有专家经研究发现，在《风》诗和《雅》诗中，还有殷商乃至夏末殷初的遗诗，如《豳风·七月》《小雅·采薇》及《大雅·公刘》《洞酌》《绵》和《皇矣》等等。因此，《诗经》应是夏末殷商初期至春秋中叶一千余年间的作品。这就是说早在公元前1600年左右，我国就有了流传至今，并早已编辑成册的诗歌。而埃及和印度最早的诗歌《亡灵诗》与《梨俱吠陀》，至今也不过三千余年的历史。因此《诗经》不仅是我国最早的诗歌总集，也是世界最早的诗歌总集！

我国是世界上最早的农业国，是最早进入农业文明的国家。考古发现证实，早在一两万年以前，我国先民就在长江和黄河流域的中下游广大地区，从事原始农业活动，开始了水稻和粟等粮食作物的种植以及家畜（猪狗牛羊）和家禽（鸡鸭）饲养。八九千年前就已形成了南稻北粟的水旱农作的分区格局。七千年前的河姆渡居民和舞阳贾湖居民，就已过上了稻作农耕、荡舟捕鱼（即"稻饭鱼羹"）、丰衣足食的农家幸福生活。如今世界各国的水稻及其种植技术是三千多年前开始由我国传入的。因此，我国的水稻栽培史，至少要比世界各国早出四五千年。

我国的纺织业，特别是以养蚕缫丝为主的纺织业，考古发现，在距今一万四千年以前（甚至更早）就已出现了。到了公元前五千年左右的河姆渡、马家浜、大溪、庙底沟和大汶口文化时代，随着农业经济，特别是南稻北粟等不同农业经济类型的形成和发展，纺织业同制陶业一样，出现了原始织机和相当规模的手工业工场，形成了用于交易的专业性生产（炎帝时期就出现了"日中而市"的集市交易）。1958年浙江吴兴钱山漾遗址出土的绢片、丝带和丝线证明：在五六千年以前的帝喾高辛和尧舜时代，我国先民的养蚕缫丝和丝绸纺织技术，已经达到了令人叫绝的工艺水平。而公元3世纪我国的丝绸织品传入欧洲各国时，那里的人们还不知"蚕"为何物，他们还认为丝是从"蚕"这个犹如"金龟子"的小动物体内取出的。

农业是人类最重要的生产部门，是人们衣食住行等维系生存的一切生活资料的最最重要的来源（至今仍有"无农不稳，无商不活"之说）。自古受到人们的高度重视。我国目前虽尚未发现世界上最早的农业百科专著，但像公元前160年欧洲古罗马迦图的《农业志》那样的农书内容,我国则早在公元前一两千年间就已散见于《周礼》《周书》《礼记》《大戴礼》和其他史志及春秋战国时期的诸子百家的著作之中。而像古罗马普林尼著述的《自然史》那类包含有天文、地理、生物、化学的"百科全书",我国则早在公元前2100年前就出现了。夏禹和伯益所著的《山海经》(特别是其中的《五臧山经》),是我国古代一部集自然科学知识和社会科学知识于一体的旷世奇书,是一部集古代地理志、天文志、地方志、动物志、植物志、药物志、矿物志以及民族志、神话志、巫术志和人文学、社会学之大成的世界最早的百科全书。

哲学是关于世界观的学说,是自然知识和社会知识的概括和总结,亦是衡量一个国家和民族之文明程度高低的尺度,我国七千年以前,"河出图、洛出书,圣人则之"(《周易·系辞》),"伏羲始造八卦"(《晋书·律历志》),由洛书"二九四、七五三、六一八"之文(即"戴九履一,左三右七,二四为肩,六八为足,五居中宫。中宫者土,火之子,金之母,寄理于西南坤之位……")所构成的九宫八卦坎九、震七、乾六、坤二、巽四、艮八、中(宫)五及四正(二至二分)、四维(二启二闭)、五方、五行(木、火、土、金、水)等等(以上见明代程道生《遁甲演义·遁甲源流》),来推演天地、阴阳、四时、八节,即"太极(亦为太一)生两仪,两仪生四象,四象生八卦"(《易·系辞》),"太一,分而为天地,转而为阴阳,变而为四时,列而为鬼神"(《孔子家语·礼运》)等自然和社会之变化规律。伏羲画八卦,文王作辞,成书于殷周之际的《周易》,是我国和世界第一部执简驭繁、穷究事物之变化的哲学专著。它通过八卦形式,象征天、地、雷、风、水、火、山、泽八种自然现象,以推测自然和社会的变化,揭示"太一生两仪,两仪生阴阳"(《吕氏春秋·大乐》),而阴阳两者的相互作用(即一分为二,合二而一,对立统一,相生相克)是产生万物的根源。提出"刚柔相推,变在其中","穷则变,变则通"和"天地革而四时成"等矛盾的普遍性及其对立统一规律,物质世界是普遍联系和不断运动变化的统一整体以及物质运动变化由量变到质变的唯物辩证观点。肯定事物运动变化永无穷尽和事物发展到一定程度就会"物极必反",就要变为它的反面。它还把发展理解为由矛盾趋向调和和不断往复循环而发展变化的过程。以我国"天人合一"为代表的东方哲学，比公元前7世纪末到公元前6世纪初才开始形成的古希腊哲学，又不知要早出了多少年！

据此我们可以骄傲而自豪地说：我国古代文明是世界文明史上，历史最悠久、成就最辉煌的文明，是世界文明史上的奇葩。

中华文明炎黄肇造七千年

中华文明炎黄肇造，我国历代典籍《山海经》《尚书》《竹书纪年》《礼记注疏》《易·系辞》《周髀算经》《世本》《管子》《庄子》《吕氏春秋》《吴越春秋》《遁甲开山图》《楚帛书》《尔雅翼》《史记》《淮南子》《汉书》《白虎通》《三国志》《晋书》《隋书》《世说新语》《水经注》《通纬河图稽命征》《史纲评要》《元和郡县志》《资治通鉴》《通鉴外纪》《荆州记》《衡湘稽古》《湖广通志》《南岳志》《帝王世纪》《皇王大纪》《华阳国志》《路史》《释名》《太平御览》《诗传名物集览》《玉函山房辑佚书》等等均有记载。如《史记·补三皇本纪》《帝王世纪》和《路史》等言：华胥之国的"华胥氏""游于华胥之渊"——"雷泽"，"履大人迹""感蛇而孕"，"生庖牺（即伏羲）于成纪"。伏羲成年"仰则观象于天，俯则观法于地，旁观鸟兽之文与地之宜，近取诸身，远取诸物，始画八卦"。"造书契""推列三光，建分八节，以爻应气"（《春秋内事》），"以象二十四气"（《晋书·律历志》），"立周天历度"（《周髀算经》）。"以天之七曜二十八星（宿）周于穹圆之度，以丽十二位"（《隋书·律历志》）。"置元日"，"作甲历"，"造书契以代结绳之政"，"获景龙而作龙书"（《尔雅翼》）；"作十言之教，曰乾、坤、震、巽、坎、离、艮、兑、消、息……谓之《易》"（郑玄《易赞》）；"刳木为舟，剡木为楫"（《易·系辞下》），"作三十五弦之琴""以俪皮制嫁娶之礼""以佃以渔"……伏羲"代燧人氏继天而王"，"有龙瑞，以龙纪官，号曰龙师。""居于睢□……娶狙□□（尾氏）之子，曰女娲"（《楚帛书·乙编》），崩于"女娲氏作（立之）元年辛未"，"葬南郡"（《通鉴外纪》《路史》《世说新语》《元和郡县志》）。

晚于伏羲"凡十五代"的炎帝神农，生于"南楚""黔中"（《晋书》）即今怀化会同"连山之石室"（《路史·后纪》），长于"位在南方"之"江水"(《帝王世纪》)。神农少时"悉地力种谷蔬"(《尚书·大传》),"植嘉谷"(《吕览》),"作陶冶斧斤锄耨,以垦草莽"(《逸周书》),"制耒耜,教民耕作","播种百谷,斫木为耜,揉木为耒"(《新语·道基》《资治通鉴》),"作为陶冶,合土范金制金斧、耒耜、枷芟、枪刈、耨鎛、茅蒲、袯襫……兴农桑之业,春种夏耘秋获冬藏,为台榭而居。治其丝麻,为之布帛……作穗书,以颂时令……命天下日中为市,聚天下之货,交易而退……绳丝削桐为五弦之琴,咏丰年之歌"(《皇王大纪》《路史》《礼记》《商子·画策》),"男耕而食,女织而衣"(《庄子》),"尝百草酸咸之味,察水之甘苦",发明医药"作方书以疗民疾"(《诗传名物集览》),"尝味草木,宜药疗疾,著本草四卷"(《帝王世纪》),"弦木为弧,剡木为矢,以威四方"(《吴越春秋》),"令司怪主卜,巫咸、巫阳主筮"(《路史》),"重八卦之教,究八八之体为六十四卦",倡"连山易,其经八卦,以艮为首,别卦六十有四","正节气,审寒暑"(《事物记原》),"正四时之制"(《尸子》),"分八节,以始农功"(《晋书》),创"上元太初历"亦即"天元甲子历"(《汉书·律历志》)。"神农立极,先定乾坤,推五德之运,以火承木,因以纪官"(《皇王大纪》)。"初都于陈,又都于鲁(渌)"(即《南岳志》引王万澍所谓之"都长沙"),"以长沙为连山国"(《衡湘稽古》),"在位百二十年辛巳而崩,葬长沙(之茶乡)。""神农纳奔水氏之女曰听𬥟,为妃,生帝临魁。神农崩临魁继位。帝临魁元年辛巳,在位六十年或云八十年(经考订应为六十年);次帝承元年辛巳,在位六年或云六十年(经考订应为六十六年);帝明元年丁亥,在位四十九年;帝直元年丙子,在位四十五年;帝厘(釐)一曰克,元年辛酉,在位四十八年;帝哀元年己酉,在位四十三年;帝榆罔元年壬辰,在位五十五年。自神农自榆罔四百二十六年(经考订应为四百八十六年)。"(《通鉴外纪》《易·系辞》《史记·本纪集解》)

《史记·五帝本纪》《庄子·天运》《山海经》《大戴礼·帝系》《帝王世纪》和《竹书纪年》等言:"黄帝生于寿丘"(亦名"青丘"),成年后"采首山之铜,铸鼎于荆山之下","张咸池之乐于洞庭之野";"令大挠造甲子,容成造历,令仓颉统一文字。"(《吴越春秋》)"令雷祖西陵氏劝蚕桑"(《路史》),"命宁封子为陶正"(《搜神记》),"立明堂"(《管子》),"作宫室"

(《白虎通》），"考定星历，建五行，起消息，正闰余"，并于"阏逢摄提格仲冬十一月甲子朔旦冬至"继"上元太初历"之后，调制"天正甲寅历"（《汉书·律历志》）。

"黄帝居轩辕之丘，娶西陵氏之子，是谓嫘祖氏，产青阳及昌意。青阳降居泜水，昌意降居若水。""昌意娶于蜀山氏之子谓昌濮氏""生韩流"。韩流"娶淖子曰阿女，生帝颛顼"。"颛顼娶于滕氏（奔之子高娃氏），产重黎及吴回"。

"神农氏世衰……诸侯咸尊轩辕为天子，代神农氏"，"都于有熊"。"在位百年，崩于荆山之阳，葬桥山"，"年一百一十一岁"。其"陵在湘阴县鼎湖"（《历代帝王年表》《湖广通志》等）。

黄帝崩，其子"青阳代之，是为少昊"，"治在云梦之阳"（《汉书·邹阳传》）。"少昊在位八十四年而崩"葬于"茶陵"。

少昊崩，"颛顼乃代少昊而立"，"即位居濮"（《今本竹书纪年》）。颛顼"二十登位，在位七十八年，年九十八"，"岁在鹑火而崩，葬东郡"（《史记索隐》等）。

颛顼去世之后，"玄嚣（青阳）之孙高辛立，是为帝喾"。高辛"年十五而佐颛顼，三十五登位，都亳，在位七十年，年百五岁"，葬"东郡濮阳顿丘城南台阴野中"（《皇览·冢墓记》等）。

以上典籍对炎黄等人的生活年代及其肇造中华文明的伟大贡献，做了简明扼要、画龙点睛的记叙，为我们认知中华文明始于炎黄等人，提供了切实的充分依据，使我们每一个生活在海内外的中华儿女，均为炎黄子孙感到无比的骄傲和自豪！

中华文明肇始何时？人文之祖炎帝神农和黄帝轩辕等人具体是什么时代的历史人物？这个问题虽然在历代典籍中多有明确记载，如：伏羲崩，"女娲氏作，元年辛未"；炎帝神农"年一百二十，辛巳而崩"，其子临魁继位。"帝临魁元年辛巳，在位六十年；次帝承元年辛巳，在位六十六年；帝明元年丁亥，在位四十九年；帝直元年丙子，在位四十五年；帝厘一曰克元年辛酉，在位四十八年；帝哀元年己酉，在位四十三年；帝榆罔元年壬辰，在位五十五年。自神农至榆罔四百八十六年。"炎帝神农于太初之年创"上元太初历"

即"天元甲子历"。黄帝于"阏逢摄提格仲冬十一月甲子朔旦冬至"调制"天正甲寅历","在位百年,年百一十一岁崩";其子少昊继位"在位八十四年"而崩;昌意之孙韩流之子颛顼继位。"颛顼二十登位,在位七十八年,年九十八","岁在鹑火而崩";青阳之孙高辛继位"是为帝喾"。帝喾"年十五而佐颛顼,三十五登位,年百五"而崩……他们的年代顺序和在位年数均历历在目。但苦于"自三代以来"人们对古代天文历算大多懵然无知,尤其是明清以后的人们,不仅不懂古代天文历法,特别是古四分历术的推算,也不懂古人常用的干支纪年法、帝王纪年法、岁星纪年法和太岁纪年法的推算及其与今天通用的公元纪年法之间的衔连关系与相互换算。于是古人关于三皇五帝时期的时历记载,就成了明珠投暗无人知晓的历史遗物!以致产生了炎黄与尧舜禹同属于一个时代的错误认识。因此,在谈到中华文明的起始年代时,人们就依据《汉书·律历志》中的《世经》"殷积年六百二十九,夏积年四百七十一"以及"周朝八百"的传闻,将中华文明定为五千年了。我们根据《史记·五帝本纪·集解》"尧以甲申岁生,甲辰即帝位……辛巳崩……";"舜以尧之二十一年甲子生……壬午即真,百岁癸卯崩";禹生于"甲戌"卒于"丙辰"和"禹立……十年,帝禹东巡守至于会稽而崩";《竹书纪年》"仲康五年秋九月庚戌朔……"与《世经》"成汤方即世,用事十三年十一月甲子朔";《尚书·商书·伊训》"成汤既没,太甲元年……十有二月乙丑朔"和《周书·武成》"武王伐殷……惟一月壬辰旁死魄,越翼日癸巳王朝步自周于征伐商。厥四月哉生明,王起自商至于丰……丁未祀于周庙……越三日庚戌柴望大告武成。既生魄庶邦冢君暨百工受命于周……既戊午师渡孟津,癸亥陈于商郊……甲子昧爽,受(纣王)率其旅若林,会于牧野……";等等记载,推算得知:公元前2174年为夏禹元年;公元前1735年为成汤元年;公元前1106年为周武王元年。即夏代积年为439年,殷商积年为629年;周朝积年(从武王伐纣至周赧王59年乙巳公元前256年为秦所灭)为850年。由于不精古天文历术及其历点的推算,"夏商周断代工程"的专家们也只好把中华文明史"断"为五千年上下!

我的恩师张汝舟先生生前通过破解被人们视之为"天书"的《史记·历书·历术甲子篇》和《汉书·律历志下·次度》等提供的天文历算原理及其

方法和数据，教我们掌握了中国古代天文历法的相关知识及其四分古历的推算。运用这门知识和技能，我精准地推算出了中华文明炎黄肇造七千年的科学结论。

经推算得知（具体推算方法详见拙著《中华传统天文历术》，海南出版社1996年版）：1. 炎帝神农所创制的"上元太初历"，即甲子年甲子（仲冬十一）月甲子日甲子时（合朔并交冬至）的"天元甲子历"，始于公元前5037年甲子。黄帝于"阏逢摄提格仲冬十一月甲子朔旦冬至"起调制的"天正甲寅历"，始于公元前4567年甲寅；2. 据炎帝神农在世"一百二十年辛巳而崩，葬长沙"，则知炎帝去世之年的"辛巳"必是早于炎帝创制"天元甲子历"之"甲子"43年的"辛巳"。如此，炎帝神农生年必是：5037 + 43 = 5080，即公元前5080年辛巳。3. 炎帝神农活了"一百二十岁"，则炎帝去世之年必是：5080 - 120 = 4960，即公元前4960年辛巳。4. 炎帝神农去世，其子"帝临魁继位元年辛巳，在位六十年"。据此则不仅可知"临魁元年辛巳"即是炎帝崩年公元前4960年"辛巳"，亦知临魁去世之年必为：4960 - 60 = 4900，即公元前4900年辛巳；临魁崩"次帝承（继位）元年辛巳，在位六十六年"，则"帝承元年辛巳"即帝临魁之崩年公元前4900年辛巳。帝承去世之年必是：4900 - 66 = 4834，即公元前4834年丁亥；帝承崩，"帝明（继位）元年丁亥，在位四十九年"，如此则知"帝明元年丁亥"即帝承去世之年公元前4834年（丁亥）。帝明去世之年为：4834 - 49 = 4785，即公元前4785年丙子；帝明崩，"帝直（继位）元年丙子，在位四十五年"，如此则知"帝直元年丙子"即帝明去世之年公元前4785年（丙子）。帝直去世之年为：4785 - 45 = 4740，即公元前4740年辛酉；帝直崩，"帝厘一曰克（继位）元年辛酉，在位四十八年"，如此则知"帝厘元年辛酉"即帝直去世之年公元年前4740年（辛酉）。帝厘去世之年为：4740 - 48 = 4692，即公元前4692年（己酉）；帝厘崩，"帝哀（继位）元年己酉，在位四十三年"，如此可知"帝哀元年己酉"即帝厘去世之年公元前4696年（己酉）。帝哀去世之年为：4692 - 43 = 4649，即公元前4649年（壬辰）；帝哀崩，"帝榆罔（继位）元年壬辰，在位五十五年"，如此则知"帝榆罔元年壬辰"即帝哀去世之年公元前4649年（壬辰）。帝榆罔去世（即被黄帝征灭）之年为：4649 - 55 = 4594，即公元前

4594年。"自神农至榆罔"刚好是"四百八十六年"（5080 – 4594 = 486）。至于公元前5080年是不是（炎帝生年）"辛巳"，公元前4567年是不是（黄帝调制"天正甲寅历"的）"甲寅"，公元前4834年是不是（"帝明元年"）"丁亥"，公元前4783年是不是（"帝直元年"）"丙子"，公元前4740年是不是（"帝厘元年"）"辛酉"，公元前4692年是不是（"帝哀元年"）"己酉"，公元前4696年是不是（"帝榆罔元年"）"壬辰"，我们用拙著《中华传统天文历术》"关于干支与公元纪年的相互换算"之法，或万国鼎先生制订的《公元甲子检查表》进行推算、查检便知。由此亦见《通鉴外纪》等史籍所载之精准。

史载"黄帝在位百年，崩于荆山之阳，葬桥山，年一百一十一岁"。生前于"阏逢摄提格仲冬十一月甲子朔旦冬至"继"上元太初历"之后调制"天正甲寅历"。黄帝崩，其子"青阳代立，是为少昊"，"少昊在位八十四年而崩，颛顼乃代少昊而立"。颛顼"二十登位，在位七十八年，年九十八"，"岁在鹑火而崩"。颛顼去世，"青阳之孙高辛立，是为帝喾"。高辛"年十五而佐颛顼，三十五登位，在位七十年，年百五岁"，葬于"东郡濮阳"。

依据以上史载，我们运用岁星纪年法推算得颛顼"岁在鹑火而崩"之年为公元前4393年（推法见上述拙著）。

这样我们即可用颛顼"岁在鹑火而崩"之年——公元前4393年为坐标，上下推算出黄帝轩辕、少昊青阳和帝喾高辛等人的生活年代，即：

1. 颛顼公元前4393年"岁在鹑火而崩"。他"二十登位，在位七十八年，年九十八岁"。如此，则知颛顼生年为：4393 + 98 = 4491，即公元前4491年。颛顼"二十登位"即"代少昊而立"之年为：4491 – 20 = 4471，即公元前4471年（此即颛顼元年）。

2. 颛顼"代少昊而立"之年亦即少昊青阳去世之年，而"少昊在位八十四年而崩"。如此则少昊元年为：4471 + 84 = 4555，即公元前4555年。

3. 少昊代黄帝而立。少昊继位元年即为黄帝去世之年，而黄帝活了"一百一十一岁"，则黄帝生年必是：4555 + 111 = 4666，即公元前4666年。

4. 帝喾高辛"年十五而佐颛顼，三十五登位，在位七十，年百五岁"崩。如此则知颛顼"岁在鹑火而崩"的公元前4393年，就是帝喾高辛继位元年。帝喾高辛"在位七十年",则帝喾高辛去世之年必是:4393－70＝4323,即公元前4323年。高辛去世时"年百五岁",如此则知帝喾高辛生年必是:4323＋105＝4428,即公元前4428年。他继颛顼之位时正好是"三十五(岁)登位"(即4428－4393＝35)。

以上根据历史典籍记载而进行的推算,得出的结论是否符合历史的真实?我们不妨用近几十年来的考古发现、出土文物及相关的天文历象记载来加以验证。

1. 1987年6月在河南濮阳西水坡发现的45号"仰韶文化"墓,墓主头南脚北仰卧,左侧用蚌壳摆塑成一条龙,右侧用蚌壳摆塑成一只虎,脚端北侧用人胫骨和蚌壳摆塑成一座北斗星图案。经碳十四测定和树轮校正,专家们断定那是公元前4200—4400年间的帝喾高辛墓。我从多方面的史料考证论定:那是帝喾高辛时期的天文官昆吾之墓。墓中用蚌壳等摆塑的左苍龙(心宿)、右白虎(参宿)和北斗星图案,是帝喾高辛"授三辰以固民时"的"三辰授时图"。它所显示的时间是公元前4300年的二月春分时节。其时晚于帝喾高辛去世之年(公元前4323年)23年(见拙文《河南濮阳西水坡45号墓葬图像及墓主身份考释》)。此墓虽然不是帝喾高辛墓,但确实是属于帝喾同一年代的昆吾墓。由此证明:既然帝喾高辛和他的天文官昆吾都是公元前4300年以前的历史人物,那么早于帝喾高辛若干年的颛顼、少昊、黄帝和早于黄帝"凡八代,五百余年"(《史记·五帝本纪》)的炎帝神农是七千年以前的历史人物,则绝无疑矣!

2. 2005年5月在湖南怀化洪江高庙发现的距今7800—6400年以前的高庙文化遗址,出土了八角星图(即无字连山八卦)、文字符号和象征王权的长条形精致石斧、玉钺、玉璜、玉玦等精美绝伦的玉器与象牙雕刻以及略呈八字型的双阙式宫殿、楼房建筑、大型祭坛、祭坑、墓葬区和手工业工场。出土了许多晶莹剔透,绘有太阳神鸟(凤凰)、獠牙神兽的白陶器和木板平底风帆船及家畜家禽(如猪牛鸡鸭)等动物遗骸。还发掘出了一座地位显赫而尊贵的夫妻合葬墓。随葬品有一件象征王权的扉牙玉钺、一件长条形的精致石斧、两块玉璜、一块玉玦、一根雕刻有凤凰等精美图案与花纹的象牙和一床精工制作的竹席等随葬品。这些出土文物充分证明:七八千年前高庙遗址是伏羲、女娲和炎帝神农"仰则观象于天，俯则观法于地……""画八卦造书契"的早期"王都"，是中国白陶、八卦（连山易）和龙凤文化的发祥地。考古专家和古文化学者指出：位于洪水辰水之畔的高庙遗址就是《楚帛书·乙编》"古口赢鼋戏（庖牺）出自震，居于睢囗……乃娶狙尾氏之子"的"睢囗"；也就是《易·系辞》和《汉唐地理书抄》所载"伏羲都于陈"的"陈"；同时也是炎帝神农"初都于陈"的"陈"。高庙遗址附近出土的头上刻有三个水文（即"狙尾王"之意）的石头神像，亦是有力证据。"狙尾王"三字正好说明生于洪江高庙附近的水族始祖共工，其祖上女娲伏羲之妻就是以猕猴为图腾的"狙尾氏"之后。

3.1987年在安徽含山凌家滩遗址发现的具有无字连山八卦典型特征的"含山玉版"；在湖南岳阳君山的"轩辕之丘"（即黄帝出生地"寿丘"）发现的距今七千年前刻在岩石上的"星云图"；在怀化会同连山乡（南楚黔中）的龟头坡发现了七八千年前刻有"二十八宿和北斗"等天文图像的"星象石"；在长沙市南郊湘江东岸"渌水之滨"出土的距今6900—7100年，绘有花纹图案和成文文字符号的彩色白陶罐残片："我们在江边聚居，人丁兴旺，禾苗旺盛。是太阳使万物生长，是神鸟口衔谷物撒播大地。神树给我们居住的房屋、花果。为了记住神的恩典，我们把这一切记在彩陶上。"这些都是六七千年以前炎帝神农生于"南楚""黔中"……"初都于陈，又都于鲁（渌）"即"都长沙""以长沙为烈（连）山国"和黄帝生于"寿丘"（因长沙岳阳地处"寿星之次"故君山的轩辕之丘又名寿丘）的有力证据。

4.1989年5月在河南舞阳贾湖遗址发现了距今七八千年以前的40多座房基、300多个窖穴、10多座陶窑、300多座墓葬和数千件陶器、石器、骨器、甲器以及至今尚能完好发声的"五音阶"和"七音阶"骨笛及碳化稻谷遗存；在距今七千年前的浙江余姚河姆渡遗址发现了大面积干栏式榫卯木建构的房屋建筑群、陶器日用品（如陶鼎、陶釜、瓦甑、陶盆、陶碗、陶杯……有的陶鼎中还残存着稻米锅巴和饭粒）和制作精美的各式木、石、骨质工具、乐器、骨哨以及纺织、髹漆等工艺品与木胎漆碗、象牙雕刻小盅（小盅壁上刻绘着四条婉若蠕动的家蚕）、象牙雕刻蝶形器以及总量在120吨以上的稻谷遗存。此外，还发现了猪，牛、羊等家畜骸骨和刻有花纹的精致木桨、柳叶

119

形骨镞和鱼、鳖、鲨、鲸等海洋生物遗骸。充分说明七千年前的河姆渡居民就已出海打鱼，过上了"稻饭鱼羹"的温饱生活。在杭州萧山跨湖桥出土的七千年前的木舟和釜内盛有20多种中药的小陶釜，证明：七千年以前的炎帝神农"剡木为舟，剡木为楫"和"尝味草木，宜药疗疾，著本草""作方书"等均非妄言。

5. 近年在常德武陵地区普遍发现了距今一万年以前至夏朝前期，相当密集的年代相续不断的彭头山城背溪文化（距今11000—7600年）；高庙、皂市下层文化（距今7800—6800年）；汤家岗文化（距今6800—6300年）；大溪文化（距今6300—5300年）；屈家岭文化（距今5500—4800年）以及石家河文化（距今5000—4300年）与后石家河文化（距今4300—4200年）的近千个文化遗址。其中包括居民聚落、窖穴、房屋、城池、壕沟、灰坑、墓葬、文字刻画符号以及各种磨光石器（如石锛、石斧、石刀、石锄、石铲、石磨盘、石网坠……）、象牙雕刻与玉璜、玉钺、玉玦、玉环、玉管、玉簪、玉珠、玉镯等精美玉制品以及各式木制、骨制、蚌制乃至金属制作的各种生产与生活工具；出土了用夹砂红褐陶、泥质褐陶、灰陶、黑皮陶、白衣红陶、夹细砂白陶，白陶绘有绳纹、带状纹、波纹、戳印纹、篦点绞、鸟纹和双线或单线刻划纹，带状方格纹或菱纹等各种纹饰，包括各种器形的手工或轮制的陶罐、陶盆、陶钵、陶碟、陶杯、陶碗、陶壶、陶盉、陶盂、陶缸、陶鼎、陶瓶、陶甑、陶豆、陶鬶、陶斝、陶簋、陶屋、陶擂钵等精美陶器以及陶猪、泥塑狗等儿童玩具。特别是城头山等大溪文化遗址中出土的蛋壳黑陶、蛋壳彩陶器物和用金刚石钻加工的玉与玉石器堪称一绝。此外，还出土了大量保存完好的稻谷、米粒等人工栽培稻的稻作遗存、植物种子和猪、牛、羊、狗、鸡、鸭等家禽家畜遗骸以及耒、犁、刀、锄、镰、铲等农具和船桨、船橹和平底木板风帆船等水上交通工具。并在常德临澧竹马村发现了1.8万年前的高台式木建构房屋；在道县玉蟾岩遗址发现了距今1.5万年至2.1万年的人工栽培水稻和烧制陶器及原始编织物；在常德澧县彭头山、李家岗、曹家湾和八十垱等地发现了八九千年以前的大量碳化稻谷、陶器等炊煮食物的用具以及修筑有围墙和壕沟的村民聚落遗址（其中有两座房屋的建筑式样和布局为后世，如明清故宫所继承）、文字符号以及绘有绳纹、刻划纹等的各种形制的木制、石制、骨制的生产与生活用具及手工制品（如麻绳、竹索、芦席、箩筐，等等）。此外还发现了许多猪、水牛等家畜遗骸和世界最早的人造稻田。在梦溪镇三元宫等地发现的居民聚落遗址，还出土了各种玉器、陶器（如轮制薄胎黑陶蛋壳杯、朱绘和蓝纹彩陶等器具）、酒器、木器、骨器、陶纺轮和麻绳、芦席、竹筐等千余件，以及1.2万棵人工栽培稻、47种植物种子与动物遗骸。在澧县宋家台遗址还发现了红烧土房基、烧土墙和排水沟。在距今6000多年前的澧县城头山遗址，发现了有护城河，城区面积达22万平方米，城垣内面积达9万平方米的大型城市；发现了大型祭坛和用陶砖铺路并用烧砖做地基，由正殿、前殿、胁殿组成的神殿建筑群与寓意诡谲、形同浮雕图案的艺术神器。出土了玉钺、玉璜、玉环、玉镯等精美玉制品和陶碗、陶杯，陶钵、陶罐、陶盉、陶缸、陶釜、陶鼎等白陶、磨光红陶、彩陶器物以及刀、锄、斧、铲、耒、耜等木、石、骨制乃至金属劳动工具和船舫、木桨、船橹等水上交通工具。此外，还发现了人造稻田、水塘、水渠等近乎现代的农业灌溉设施。在距今5300年前的湖北和湖南交界处发现的石家河古城及其周边的十余座卫星城，主城面积达120万平方米，城墙南北长1200米，东西宽1000米，城墙底宽50米，顶宽8—10米，墙高5—6米。在有城壕防护的中心城发现了大型祭坛、石钺和大型筒形祭祀器"陶祖"和刻有太阳神鸟（凤凰）、獠牙神兽、八角星图（即连山八卦）及文字符号的套缸等祖神象征物和面部长有獠牙、双耳附有长尾鸟（凤凰）、头戴着刻有平行纹和水波纹帽的玉神人。发现了玉器作坊、红陶杯生产基地和陶器、陶纺轮等专门生产工场及墓葬区等等。出土了数以万计的陶杯、陶缸、陶鬲、陶鼎、陶鬶、陶斝、陶罐、陶擂钵等日常生活用具以及铜器、铜刀具和石灰、水泥质样的建筑材料与用于砌墙、铺地的长方形火烧红砖；出土了璜、玦、管、斧、刀、凿、锛等大量精美玉器以及玉虎、玉龙、玉凤、玉鹰、玉蝉等动物玉饰制品和玉神人、玉牙璋等玉礼器。

此外，在距今6300—4800年以前的湖北枣阳雕龙碑遗址，不仅出土了3000余件木制、石制、骨制、蚌制的生产劳动工具，还出土了大量的水稻谷粒和大型陶瓮、陶罐以及彩陶器具，包括炊具、食具、葬具、贮藏容器等等。最引人注目的是在房屋建筑中，发现了用大量石灰和水泥性质的混凝土材料建筑的，面积达 100 多平方米的推拉门套间住房建筑。特别是地面和墙体使用火烧使之坚固耐用、防水防潮的赤色"砖房"建筑，历经 5000 多年的风雨与自然侵蚀，至今仍可视其原貌，这实在是世界和中国建筑史上令人惊叹的奇迹。

距今六七千年前的浙江嘉兴马家浜遗址发现了螺纹编织物；在五六千年以前的山西夏县西阴村遗址、浙江吴兴钱山漾等良渚文化遗址，分别发现了蚕茧、苎麻丝织品和纺织工艺水平很高的绢片（经纬平直而均匀，密度每厘米达 40 根）、丝带与丝线；在五六千年以前的陕西西安半坡遗址、甘肃永登蒋家坪马家窑遗址、青海贵南尕台和陕西姜寨遗址、山西源涡、山东大汶口等遗址，分别出土了黄铜片、青铜小刀、铜镜、铜斧、铜凿、铜锥、铜刀、铜矛、铜钻头、铜匕首、铜指环和铜渣、残铜片；在齐家文化遗址出土了刀、凿、锥、带鋬釜和铜镜等 50 多件铜器；在湖南澧县城头山和石门皂市镇遗址分别出土了熔铜炉、铜块、青铜提渠卣、父乙簋和欢兜铁鼎、铁锄及金甲；等等。在距今 5300 年以前的江苏新沂花厅遗址出土了制作精美、色泽光润，由玉环、玉璜等组成的头饰和绿松石，软白玉制作的耳坠、玉镯、玉柄，饰以白色小玉珠、半圆形大玉珮、琮形管、冠状玉珮、弹头形玉管和白色软玉或淡绿、淡黄色软玉精雕细琢的玉串饰等可与现代玉饰佩媲美的艺术珍品。在湖南道县鬼崽岭（即离九嶷山舜陵 35 公里的地方）发现了数量巨大、工艺独特，距今五千来年的石像群以及白象庙和禹王庙等世界建筑奇迹。

我们还从水族民间传承的史诗《鲤鱼歌》"咱鲤鱼，本住长江……庚午年，水府打仗……一家人，逃往四方……到乌江更遇豪强……一家人死去大半……夫妻俩抹干眼泪，都柳江安下家乡……"所载其始祖共工为父辈重黎复仇，于庚午年"与帝喾高辛争为帝"失败而亡的悲惨历史，运用古天文历术推算知识，得知"庚午"为公元前 4371 年即帝喾高辛五十七年之庚午。

以上无数考古发现、出土文物和古天文历术及其历点推算，相互印证，远在七八千年乃至万年以前，人类文化文明的若干要素和标志性特征，如：家庭与居民聚落、房屋建筑与稻作农耕、陶器制作与手工业工场的专门化、货物（即商品）交易之发端、城池建筑与城邦国家的出现、文化艺术（音乐、舞蹈、图画、美术、雕刻）的产生、原始信仰与宗教祭祀、礼仪的滥觞、贫富差别与社会等级的出现、金属冶炼及其金属加工与使用……在我国均已基本具备；而到了七八千年左右的伏羲和炎黄时代（特别是六七千年前的炎黄时代），人类文明的一切要素和标志性特征，在我国则已完全成熟。中华文明的历史业已超过七千年，它是人类历史上最悠久、最光辉灿烂的伟大文明。

肇造中华文明七千年的人文始祖之一的炎帝神农，生于公元前5080年辛巳。我们推算得出的这个结果，是否准确？可用"自神农至榆罔凡八代486年"，于公元前4594年被黄帝所灭和黄帝崩于公元前4555年（黄帝从灭榆罔到去世，在位39年），其继承者依次为："少昊在位84年"，颛顼"在位78年"，帝喾高辛"在位70年"，崩于公元前4323年，来加以计算：

4323＋70＋78＋84＋（4594－4555）＋486＝5080（年）

我们推算所得结果完全正确：炎帝神农生于公元前5080年辛巳，他是肇造中华文明七千年最具代表性的伟大始祖。

蒋南华2014年7月1日完稿于贵阳颐年斋

梵净武陵——中华文明之源述略

一

雄跨湘、鄂、川、渝、黔等省以梵净山为主峰的武陵山脉及其周边地区是世界最早的生物基因库和人类最重要的起源地之一，是中华文明极其重要的源头。

20世纪60年代以来，我国考古工作者和古生物学家在武陵山脉的主峰梵净山及其周边地区发现了5.2亿年前早、中寒武纪时期的三叶虫、史海百合、盘水母、拉氏螺、蠕虫类、菌藻类、苔藓类及海绵、腔肠动物等古生物化石群和1亿—2亿年前的大量恐龙化石以及250万—200万年前的"建始人"、200万年前的"巫山人"、100万年前的"郧县人"、80万年前的"郧西人"和20万年前的"长阳人"与"古封村人"化石，以及50万年前至几千年前的千百个古人类文化遗址[①]。并在俗称武陵源的常德临澧竹马村发现了18000年前的高台木结构房屋；在永州道县发现了距今15000年至21000年的水稻遗存、烧制陶器和原始编织物；在澧县彭头山八十垱等地发现了9000年前的大量人工栽培稻及其米粒和稻田、灌溉渠、猪、牛、羊、鸡、鸭等家畜家禽遗骸和居民村落遗址、墓葬公地及陶器、石器、木器、竹器、骨器等各种生产工具与生活用具（如罐、钵、盘、盆、杯、碟和小口扁壶等等）[②]。

在怀化洪江发现了7800—6400年前的"双阙"式宫殿和楼房建筑、大型祭坛、地位显赫的夫妻合葬墓和晶莹剔透、精美绝伦的玉器和象牙雕刻制品、白陶、八角星图、文字符号以及平底木板风帆船等水上交通工具[③]。

在澧县城头山发现了6000年前的具有护城河、城墙、城门、街道和排水系统等设施齐备、功能完善、面积达22万平方米的大型城市遗址，还有陶器、玉器和金属工具等加工制作的手工业工场，出土了大量的白陶和彩陶器物，以及艺术神器和船橹、木桨等水上交通运输工具④。

在湖北天门石家河发现了5300年前，继洪江高庙和澧县城头山古城之后的又一座设施完备、城区面积达120万平方米的史前最大古城及其周边县市的10多个卫星城和玉器、陶器、铜器等专门作坊与红陶杯生产基地⑤。

在50万至几千年前的数以千百计的古人类文化遗址中还出土了大量的砍砸器、尖状器、刮削器（如石刀、石铲、蚌刀）以及骨针、骨刀、骨铲、骨耜、陶纺轮、木耒耜，等等。随着时代的推移，与时俱进的陶器、骨器、玉石器、金器等各类生产和生活器具的制作则更加精美（在白陶器物上用朱红或黑色矿物颜料填绘戳印纹、篦点纹、鸟纹、獠牙兽面纹、太阳纹、八角星图纹等彩绘艺术图案是高庙文化最突出的特色；在陶器上绘以寓意诡谲，形同浮雕的图案是汤家岗、城头山文化最突出的时代景观；而制作精致、色彩鲜艳的薄胎蛋壳彩陶和高足杯则是屈家岭文化的陶器艺术珍品）⑥。

此外，通过大量的历史典籍，出土文物和天文历法历点与星宿分野以及民俗、民间传说和牒谱的研究与考证证明：以五溪为中心的广大武陵地区是古代传说中的中华人文始祖和古帝，如有巢氏、伏羲氏、女娲氏、炎帝神农氏、黄帝轩辕氏、蚕神嫘祖、战神蚩尤、少昊青阳、颛顼高阳、帝喾高辛和重黎、吴回、共工、陆终、昆吾、刑天、夸父等等的故里，也是中华多民族（如苗族、水族、瑶族、土家族、彝族、侗族、壮族、布依族、仡佬族……）的最早家园⑦。

（一）世界最早的生物基因库

位于贵州印江、江口和松桃三县交界处的梵净山是武陵山脉的主峰，海拔2572米。它横空出世，亘绵于黔东、湘西、渝东、川东、鄂西南和桂西北之广袤地区，可谓是千山一脉万类同宗。这里地处北纬26度至34度，气候温暖湿润、雨量充沛、四季分明，既无酷暑也无严冬，具有人类和动植物生存繁衍的极佳地理生态环境。20世纪60年代以来，我国考古工作者和古生物学家，在紧邻武陵山脉主峰梵净山山麓的黔东台江和剑河等地发现了5.2亿年前早、中寒武纪地质年代的三叶虫、史海百合、盘水母、拉氏螺、蠕虫类、菌藻类以及苔藓类和海绵、腔肠动物等古生物化石群；在黔东的清水江及其下游的湘西沅水流域和渝东酉水上游的黔江县官渡河西岸的山阳岭等地，发现了距今一亿至两亿年前的大量恐龙化石，"其数量之多，为国内所罕见"[8]。这些古生物化石群的发现，不仅为地球早期生命的产生和演化提供了"重要证据"；而且，还以铁的事实说明武陵山脉及其紧邻地区的黔东剑河、台江、渝东黔江和湘西的沅水流域，是"世界古生物的摇篮"和世界最早的生物基因库[9]。

（二）人类起源的摇篮

源于武陵山麓的舞水和沅水、清水江等水流所汇注的沅水及其支流诸流域，即洞庭湖西及其西南广大地区是武陵的中心地区，即人们贯称的"五溪"及其周边地区，是人类起源的摇篮。最令人注目的是考古学家们在"古沅水流域"的鄂西建始县龙骨洞发现了距今250万至200万年前的"建始人"化石；在渝东巫山县庙宇镇龙骨坡发现了距今200万年前的"巫山人"化石；在鄂西清江流域的郧县梅铺龙骨洞和神雾岭白龙洞发现了距今100万年前的"郧县人"化石及80万年前的"郧西人"化石；在长阳县下钟家湾村和鄂西的"古封村"，发现了距今20万年前的"长阳人"和"古封村人"化石[10]。在津市虎爪山（50万年）、新晃大桥头（35万年）、靖州二砾石（25万年）、澧县鸡公档（25万年）、石门王家山（15万年）、长阳伴峡洞（13万年）、会同坛子墙（10万年）、石门燕儿洞（5万年）、沅陵丑溪口（3万年）、辰溪仙人湾（2万年）、洪江黔城倒水湾以及贵州沿河和平镇、天柱白市、江东、远口镇和锦屏茅坪镇等地，分别发现了距今50万年至一万年以前的数百处古人类文化遗址。出土了大量的砍砸器、尖状器、刮削器和石片、石核、石球、石刀、石铲、石钻等石器以及蚌刀、蚌挂饰和骨针、骨刀、骨铲、骨耜、骨镞等骨器及木棒、木耒耜和夹砂陶、泥质陶等烧制陶器，如杯、盘、碗、钵、罐以及竹类编织品，等等[11]。

此外，在这一地区，还普遍发现了距今一万年左右到夏朝（四千余年）以前的相当密集，其年代相续不断的彭头山、城背溪文化（距今11000—7600年），高庙、皂市下层文化（距今7800—6800年）、汤家岗文化（距今6800—6300年）、大溪文化（距今6300—5300年）、屈家岭文化（距今

5500—4800年）以及石家河文化（距今5000—4300年）与后石家河文化（距今4300—4200年）的数百个文化遗址及其居民聚落、窖穴、灰坑、房屋、城池、壕沟、祭坛、手工业工场、红陶杯生产基地、墓葬、猪牛、鸡鸭等家畜家禽遗骸、稻田、水塘、灌渠、稻作遗存和磨光石器、象牙雕刻、玉器、骨质器、陶器、铜铁器等生产和生活用品以及文字、八卦与船橹等水上交通工具。许多陶器、玉器和象牙雕刻制品，其精美程度令人称绝[12]。

（三）人文始祖和中华古帝的故里

从《山海经》《吕氏春秋》《遁甲开山图》《楚帛书》《史记》《淮南子》《帝王世纪》《路史》《华阳国志》《太平御览》等等历史典籍、出土文物和古代天文历法及其历点推算得知：距今5000年至7800年前，正是我们中华民族人文之祖太暤伏羲、女娲、炎帝神农、黄帝轩辕、战神蚩尤、少暤青阳、颛顼高阳、帝喾高辛、水师共工和尧舜禹的生活年代。而天上、地下和书上的无数"三证"材料说明：以"五溪"为中心的武陵地区是上述中华人文之祖和重黎、吴回、陆终、昆吾、刑天、夸父等人的生息地和最早家园[13]。

如：太暤伏羲（一曰庖牺、宓羲），公元前5800年前生于"成纪"，今湖南怀化洪江市辰水之滨的高庙[14]。伏羲之母，"华胥之国"（"五溪"地区）的"华胥氏"游于"华胥之渊"的"雷泽"（今西洞庭湖之滨），"履大人迹"（或"感蛇而孕"）"生庖牺于成纪"（即洪江高庙）（《史记·补三皇本纪》《帝王世纪》《元和郡县志》等）。伏羲居于辰水之滨的高庙，"继天而王，受河图则而画之八卦"（《汉书·五行志》），"推列三光，建分八节，以爻应气"（《春秋内事》），"立周天历度"（《周髀算经》），"以龙纪官"，"置元日""作甲历""以俪皮制嫁娶之礼""作结绳为网罟，以佃以渔"（《世本》《楚帛书·乙篇》《易·系辞》）。

女娲：伏羲"娶狙尾氏之子"女娲为妻（《楚帛书》）。以猕猴为图腾的苴（狙）族，原是生活栖息在湘西辰州、沅陵、澧州和黔东、渝东之武陵五溪地区的古代民族。伏羲去世后，女娲于公元前7810年辛未继之为王，她是中国也是世界的第一位女皇[15]。

炎帝神农：公元前5080年辛巳生于"南楚""黔中"（《晋书·伏滔传》

《世说新语》），即今沅水流域会同县境内的连山盆地[16]。早年时期他在此筑"兰台"，以观天象，创制了"连山八卦"和天元甲子历（亦名上元太初历）。中期移居洪江高庙，后期迁都于长沙的渌（鲁）水之畔（《帝王世纪》："初都于陈，后都于鲁"），建立了连山国，即"以长沙为都城的历山国"（《衡湘稽古》）。公元前4960年辛巳炎帝神农崩于长沙，葬于"茶陵之南，茶乡之尾"，即今之株洲市炎陵县（《后汉书·郡国志》）。如《太平御览》引皇甫谧《帝王世纪》所云："神农氏姜姓也，母曰任姒，有蟜氏之女名登，为少典妃。游华阳，有神龙首感女登于常羊（会同连山盆地有常羊山）。炎帝人身牛首，长于姜（江）水，有圣德，以火承木，位在南方，主夏，故谓之炎帝。都于陈（洪江高庙），作五弦之琴。凡八世。""在位百二十年而崩，葬长沙"（茶陵旧属长沙郡）。

黄帝轩辕公元前4666年生于湖南岳阳君山的"轩辕之丘"（亦称"寿丘"）。二十岁后在家乡娶了长江三峡湖北江夏安陆间的"西陵氏之子"嫘祖为妻（《述异志》《湖南风物志》《史记·封禅书》《路史·国名纪》）。夫妻二人在此后的创业生涯中，于怀化芷江县生了少昊青阳；在怀化会同的若水镇生了昌意。后来昌意娶了"蜀山氏女曰昌濮"（今湖南沅陵人），生了韩流。韩流成年后娶了"蜀山氏"淖子之"阿女"为妻，于公元前4491年生了颛顼高阳。颛顼成年后娶"滕氏奔之女禄"为妻，生了"老童"；老童长大后，娶"竭水氏之女"高蛙氏为妻，生了"重黎"和"吴回"（《大戴礼·帝系》《史记·五帝本纪》《世本》）。重黎和吴回在颛顼和帝喾高辛时期相继为"火正"，主司心宿大火，"光融天下"被命为"祝融"（《史记·楚世家》）。黄帝公元前4555年崩于"荆山之阳"（今湘阴），葬桥山（今湘阴县鼎湖之黄陵。《历代帝王年表》《山海经·中山经》《湖广通志》）[17]。

战神蚩尤公元前4600年左右生于湖南新化县北部与安化县接壤的大熊山山麓。至今这里的人们仍奉蚩尤为祖为尊。如民间保存的经文《志心皈命礼》云："奉请始祖蚩尤帝，震天动地大将军。身披金甲耀日月，手执钺斧映乾坤。祈晴祷雨刹时间，附体圆光通事意。三界大魔皆拱手，十万邪道尽皈依。兵随令转将随行，百万雄兵前后卫，屡经百战立奇功，今古相传供战神。我今启请望来临，大赐神功加拥护。"蚩尤发明了冶金术，他以"葛卢、雍弧之金"铸造兵器（《路史·蚩尤传》），并同黄帝进行了长达三年之久的"蚩黄之战"，是中国第一战神[18]。

帝喾高辛，公元前4428年生于黔中的武陵沅陵。他继颛顼高阳"载时以象天，依鬼神以制义，治气以教化"（《史记·五帝本纪》），"命南正重司天以属神，命火正黎司地以属民"（《国语·周语》），以重黎为"火正"主司心宿大火，命"共工步十日四时"（《楚帛书·乙编》）。除先后命重黎和吴回为"火正"，主司心宿大火外（《史记·楚世家》），还令其儿子实沉主司参宿三星，并将参宿三星、心宿大火和北斗三者拴系在一起，建立了我国独特而科学的"序三辰以固民时"的"三辰"授时历[19]。

水师共工公元前4300年左右生于湖南怀化洪江的高庙[20]。他在颛顼和帝喾高辛时期曾任"水正"并"步十日四时"，"霸九州""平九土"，负责治理南方的朝廷天文历法大师和水利大臣。后因其父重黎被高辛诛杀，而起兵与帝喾高辛一决雌雄。复仇之战失败后，共工于公元前4371年怒触不周山（今湖南桃江县之浮丘山）而死。而后他的子孙及其部族集团的成员如陆终等人，退到武陵的五溪地区，并在那里建造城头山城，兴修水利，发展稻作农耕[21]。

尧帝放勋公元前2317年"甲申"生"于丹陵"（今湖南攸县皇图岭）。其母庆都梦"足履翼宿"（湖南分野），而生尧，故人们称尧为"翼星之精"（《竹书纪年》《史记集解》《帝王世纪》）。其兄"挚得登帝位，封放勋为唐侯"。公元前2297年甲辰，"挚在位九年"后禅位于尧。尧继帝位之后，他通过"和万国"的和平外交政策结束了长达千年的分裂局面，统一了中国[22]。尧于公元前2200年辛巳"北教乎八狄（鄂西南边境的少数民族），道死"，"葬之于蛩山之阴"（《墨子·节葬》），即今常德"澧州南七十里"的崇山（《荆州记》《太平寰宇记》）。

舜帝重华公元前2277年"甲子"生于湖南江华县（古为"冀州冯乘"），其母握登"见大虹意感而生舜"，（舜）目重瞳子，故曰"重华"（《史记·五帝本纪》）。舜二十岁时曾"耕（于）历山（今长沙地区），渔（于）雷泽（洞庭湖），陶（于）河滨，作什器于寿丘（今岳阳君山）"，"居于沩汭"（即今宁乡与益阳交界的大沩山麓之沩水之滨重华镇）时，纳尧帝二女娥皇女英为妻。三十岁后，以孝闻天下，由四岳长推荐，"年五十摄行天子事"，"年六十一代尧践帝位"(《史记·五帝本纪·集解》)。国家出现了"百兽率舞""萧诏九成,凤凰来仪"的祥和、安定、团结、繁荣的大好局面。公元前2178年癸卯,舜南巡,道死苍梧,葬于鸣条的"苍梧之野"九嶷(《竹书纪年》《孟子》《山海经·大荒南经》《史记》)。近年,人们在离九嶷山帝舜陵25公里的道县鬼崽岭发现了五千年前的巨大古代石像群及其两侧的白象庙和禹王庙以及不远处的娥皇山、女英山等等,这些堪称世界的又一特大奇迹,充分证明:舜生于冯,死葬于九嶷之说,完全信实可靠[23]。

夏禹文命,公元前2257年生于四川广柔县之"石钮"。其父鲧,其母修己"见流星贯昴,梦接意感,又吞神珠薏苡,胸坼而生禹"。尧舜时期,禹先后被任命为司空,负责掌管土地、人口、平治水土。尧在位时,天下发生了空前的大水灾。禹父鲧听命治水"九岁功用不就",被舜流放于羽山,并"举鲧子禹而使续鲧之业"(《史记·夏本纪》)。禹治水凡十三年,三过家门而不入。他在长江三峡的巫山一带治水时,认识了附近的涂山氏之女,并与之成婚。婚后第四天,即经"辛壬癸甲"而去,后来生了儿子"启"(《华阳国志·巴志》)。禹"破岐山九处而疏通黄河,开凿三峡使长江与众支流沟通,疏导五湖之水,使之东注于海"(《说苑·君道》),使中国又出现了"九州攸同,四隩既居,九山刊旅,九川涤原,九泽既陂,四海会同,六府甚修,众土交正,致慎财赋,咸则三壤城赋"以及"声教讫于四海"的兴旺景象(《史记·夏本纪》)[24]。

(四)稻作农耕、房屋城池建筑、白陶龙凤、桑蚕、冶金、文字、八卦和巫傩等物质文化和精神文化的发源地

1. 近年考古工作者们在武陵中心地域湖南常德临澧县的竹马村发现了18000年前中国和世界最早的高台式木楼建筑;在常德澧县彭头山和梦溪八十档等地发现了距今9000年的大规模的筑有围墙和壕沟的村落遗址;在怀化洪江高庙发现了7800年前的略呈八字型的"双阙"式宫殿和二排和三排的楼房建筑[25]。

2. 在永州道县发现了15000年前至21000年前的水稻和陶器烧制及原始编织物,在常德澧县彭头山和梦溪八十档等地发现了9000年前的世界最早人工稻田和大面积的栽培稻作遗存及数以万斤计保存完好的稻谷和米粒；在梦溪三元宫等地还发现了6500—8000年前的大量人工栽培稻的遗存和47种植物种子，说明武陵黔中是世界水稻的故乡，七千年的"炎帝之世，天降嘉禾，帝拾之以教民耕"（《衡湘稽古》）之说并非妄言[26]。

3. 在怀化洪江高庙，发现了7800年前的白陶器物和用朱红色或黑色矿物颜料绘制在白陶器物上的八角星图（即连山八卦与天文图像）、太阳神鸟（凤凰）及獠牙神兽图案。它有力证明武陵黔中地区（包括黔东天柱等地）是我国白陶的原产地，是中华龙凤文化的故乡[27]。

4. 在怀化洪江高庙和会同连山乡等地发现了距今7000年至7800年的八角星图（即连山无字先天八卦）和刻有文字符号（如水文"马猴王"三字）的"狙尾氏之子"女娲的石头神像和大型祭坛遗址。在5300年前的石家河古城发现了与高庙文化一脉相承的刻有太阳神鸟（凤凰）、獠牙神兽、八角星图（连山先天八卦）和文字符号的套缸等"陶祖"象征物以及以共工为崇拜对象的"玉神人"。从《山海经·大荒西经》："大荒之中有灵（巫）山、巫咸、巫即、巫盼、巫彭、巫姑、巫真、巫礼、巫抵、巫谢、巫罗十巫；从此升降，百药爰在"证之，武陵黔中（如会同、城步等县）确系"中国神秘巫傩文化的重要起源地"。

从洪江高庙等地发现的八角星图（即先天无字八卦）和会同连山兰台坡发现的罐底刻绘有阴阳太极图的小陶罐及遗存于连山龟坡，标有"二十八宿和北斗"等天文星象的"星象石"证实：七八千年前的中华人文始祖伏羲和神农，于洪江高庙和会同连山之"兰台"（即今兰台坡之古经庵）"坐观天象"，"仰则观象于天，俯则观法于地。观鸟兽之文与地之宜，近取诸身，远取诸物，始画八卦"（《周易·系辞》），造文字，创制"九宫八卦定四方"的"连山易经"之说完全信实可靠[28]。

5. 武陵黔中地区，矿产资源十分丰富，四五千年前的禹益之书《山海经·中山经》就有"出铜之山467（座），出铁之山3690（座）"和黄帝"采首山之铜，铸三鼎于荆山之阴"（《通鉴外纪》）；"楚人宛钜铁铦，惨如蜂虿"（《管子·议兵》）的记载。这里不仅盛产铜、铁，还盛产锑、锡和黄金、白银。是我国古代金银铜铁锡等矿产资源的富集地。被誉为"世界锑都"的冷

131

水江市锡矿山,至今仍是我国最大的优质矿产地。距今4500年前的蚩尤和他的部族兄弟,就以"葛卢、雍弧之金,启九冶,作兵刑剑揆"(《路史》)以及"剑、铠、矛、戟""杖刀""芮戈"、"大弩"等各式兵器(《龙鱼河图》《管子·地数》),最早发明了冶金术,成了最先制造金属兵器和使用兵器的中华兵主和第一战神。考古工作者和民俗学家们发现,在武陵黔中的古梅山峒区的"九岭十八坡"遍布古代炼铁厂、木炭窑遗址:如"枫神山西路的黄柏岭"就有一处"宽约80米,长约300米,总面积约36亩,分铁渣坪、炼铁炉、锻矿窑、选矿坪、水塘、炒铁炉、炒铁渣七个部分"的"炼铁厂遗址",史籍记载和矿产储藏及其冶炼遗迹,说明武陵黔中是中国冶金术、冷兵器和铜、铁文化的发源地[29]。

6. 桑蚕种养和丝、麻纺织,在武陵黔中地区已有上万年的历史。近几十年来,我国考古工作者在永州道县,发现了15000年前至21000年前的原始编织物;在7800年前的洪江高庙遗址,发现了"结绳而为网罟,以佃以渔"(《易·系辞》)的精细手工编制物和"伏羲化蚕桑为穗帛""伏羲作布"(《路史》)与神农之世"男耕而食,女织而衣"(《商君书》),"治其丝麻,以为布帛"(《路史》)的记载;而6600年前,黄帝轩辕氏之妻"西陵氏之子"嫘祖就是一位教民种桑养蚕,以为丝帛的桑蚕纺织能手,以致嫘祖去世葬于衡山岣嵝峰后,人们尊"雷(嫘)祖之墓,谓之先蚕冢"。并将岣嵝峰下的路,命名为"西陵路",还祀嫘祖为蚕神(《衡湘稽古》)。《路史》等载,嫘祖的娘家"西陵(国)……今江夏、安陆间",古属荆楚黔中武陵的五溪地域,是我国桑蚕织纺文化极其重要的原产地[30]。

(五)都市文明的肇光

公元前5800年间的洪江高庙遗址,公元前4000余年前的澧县城头山古城遗址和公元前3300年前的石家河城遗址,经考古发掘和勘察研究证实:它们是中国和世界最早、城市建筑设施最为完备的史前古城。

1. 洪江高庙,不仅是7800年前太暤伏羲的出生地,而且是他成就大业,观测天象,始作八画,造书契,以龙纪官,"代燧人氏继天而王"的我国最早王都;也是炎帝神农继伏羲之后,创制连山八卦,创造天元甲子历(公元前

5037年甲子），"刑政不用而治，甲兵不起而王"（《商君书》）的"初都"（《帝王世纪》）。炎帝神农"初都"于陈（高庙），后都于鲁（长沙市郊之"渌"），同时还是水族始祖共工的诞生地和最早家园。从高庙遗址出土的晶莹剔透、精美绝伦的各种玉器，特别是象征王权的玉璜和玉钺以及略呈八字形的"双阙"式宫殿和"用于观察日月星辰等天象变化，进行测定年月与祭祀天地神灵先祖的大型祭坛，以及八角星图、太阳神鸟（凤凰）、獠牙神兽图案、文字符号和平底木板风帆船等水上交通工具及白陶彩绘、象牙雕刻、竹席编织等手工业工场等等说明高庙是一座很有文化品位的远古都城"[31]。

2. 澧县城头山遗址，是公元6000年前的一座最早具有护城河的城池，城墙、城门、街道和排水系统等城市辅助设施齐备，修建规范科学（如利用城周的自然河流与人工沟渠衔接，以为防卫、水利和航行之用），功能完善，城区面积达22万平方米，城垣内面积超过9万平方米。从其祭坛和寓意诡谲、形同浮雕图案的艺术神器以及玉璜、玉钺、玉环、玉镯等精美玉制品和陶碗、陶杯、陶钵、陶罐、陶盘、陶釜、陶鼎等白陶、磨光红陶、彩陶器物与刀、锄、斧、铲、耒、耜等木、石、骨制乃至金属劳动工具和"乘势以致天下"的船艄、木桨船橹等水上交通工具及其周边的人造稻田、水塘，灌渠等近乎现代农村农业设施来分析，它是共工子裔的伟大创造，是我国史前的第二个都城[32]。

3. 天门石家河古城是公元前5300年间继洪江高庙"王都"和澧县城头山古城之后又一座设施完备规模巨大的史前古城。城区面积达120万平方米，一级城址的城墙南北长约1200米，东西长约1000米，城墙底宽50米，顶宽8—10米，墙高5—6米，二级城址的城濠宽35—50米[33]。

在石家河古城及其周边的十余座卫星城（如荆州的阴湘城、澧县的鸡叫城等），还发现了专业的玉器作坊，红陶杯生产基地和陶器、陶纺轮等专门生产场所及墓葬区，等等，出土了数以万计的陶杯和陶缸、陶鬲、陶鬶、陶斝、陶罐、陶擂钵等生活日常用品以及铜器和石灰、水泥质样的建筑材料及璜、玦、管、斧、刀、钻、凿、锛等大量的精美玉器与玉虎、玉龙、玉凤、玉鹰、玉蝉等动物玉饰制品和玉神人、玉牙璋等玉礼器，在中心古城址还发现了大型祭坛、石钺和大型筒形祀器"陶祖"以及同高庙文化一脉相承的太阳神鸟

（凤凰）、獠牙神兽、八角星图和刻有文字符号的套缸等"陶祖"象征物以及头戴刻着平行条纹与回旋水波纹帽的玉神人——共工。同6000年前的澧县城头山古城一样，石家河古城亦是共工之裔的伟大创造。据刘俊男考证：石家河古城，还是舜帝重华后期"迁都于负夏"的"夏"都㉞。

（六）中华苗、瑶族、水族、土家族、侗族、壮族、布依族、仡佬族、彝族等的最早家园

《华阳国志》所叙的巴、蜀之国为"华阳之壤"的"囿中之国"，是星宿"舆鬼、东井"的分野。其地就是湘西的辰州、沅陵、澧州和黔东、渝东交界的武陵地区。因其地域为星宿舆鬼和东井的分野，故殷商以前被称为"鬼方"，而这里又是伏羲之妻女娲的娘家"狙（苴）尾氏国"，故其"鬼方"又称"苴方"。"自商朝武丁讨伐苴方之后"，生活在这里的"濮、賨、苴、共、奴、獽、夷、蜒之蛮"（《华阳国志》），"大多融合于汉人之中"，部分则"融于布依、水、壮等族"中㉟。今天生活在湘鄂川渝和贵州铜仁、黔东南等地的苗族、侗族、土家族、水族、瑶族和布依族等兄弟民族，他们的始祖蚩尤和共工等先人原本就生活在以五溪为中心的武陵地区。《溪蛮丛笑》云："五溪之蛮……沅其故壤，环四封而居者有五：曰猫（苗）、曰猺（瑶）、曰獠（僚，侗族）、曰㺞（壮）、曰仡狫（仡佬）。"源于"黔中"梅山地区的苗族和瑶族，直到公元3世纪以前仍"劳动生息在洞庭湖和沅水流域，称为五溪蛮"。沅陵县丑溪口半山腰的"盘瓠洞""近万年的"人居遗迹，其后裔就是后来的"长沙武陵蛮"。侗族先民在秦代属"黔中蛮"，汉代称"武陵蛮""五溪蛮"，魏晋至唐代又统称"乌浒僚"（"乌"指沅水，"浒"为水边）。这就是说侗族的最早家园亦是沅水江边。而源于"华阳"一囿的巴国之民，"楚子灭巴（后），巴子兄弟五人流入黔中……各为（五溪）一溪之长，号为溪蛮"（《十道志》），这说明今天生活在铜仁黔东武陵地区的土家族就是巴人的后裔，源于"黔中"洪江高庙的水族（共工之裔）"是古代沅水蛮的直接后裔"。阳国胜《华夏共连山》云：今天生活在云贵川三省之交的彝族"是东汉和三国时期，从湘西迁徙过去的"。据《彝族流源夜郎根源》所云："黑水（即沅水）是武僰（濮）的根基"彝族和夜郎部族（濮人）均源自黔中五溪之地。从贵州威宁彝族的"撮太吉"和湘西永顺土家族的"毛古斯"所表现内容的完全一致，以及共同的"白虎崇拜"等等不仅证明，今天云贵川三省之交的彝族源于湖南常德武陵的五溪地域，而且还能说明彝族和土家族同为"五溪蛮"，都是伏羲、女娲和炎帝神农的后裔[36]。

二

以梵净山为主峰的武陵山脉及其周边地区，物华天宝，人杰地灵。它不仅是中国农耕文化文明的最早发祥地，是中国铜铁、白陶和龙凤文化的最早故乡，同时也是中国文化艺术与文人诗歌创作的最早家园，是中国历代思想家、政治家、军事家和革命家的摇篮和大本营。从18000年前开始，这里的人们建造了中国最早的房屋和宫殿；修建了中国最早的城池和街道；发明和烧制了中国最早的陶器，尤其是绘有太阳神鸟（凤凰）、八角星图（无字八卦）和獠牙神兽图案的白陶器；种植了世界最早的水稻；开造了世界最早的稻田、水渠、水塘和拦河坝等水利灌溉设施；最早发明文字和桑蚕养殖与纺织技术及船、橹等水上交通工具。

武陵是中国傩文化的发源地，亦是中国文化艺术和文人诗歌创作的最早家园。从公元前500余年前修山隐士陆接舆的《接舆歌》（"凤兮凤兮，何德之衰"），到公元前300年前武陵隐士渔父的《沧浪歌》（"沧浪之水清兮，可以濯我缨"）和伟大爱国诗人屈原除《国殇》以外的全部《楚辞》及诗人宋玉的全部诗歌创作，都出自武陵之地。武陵地区信鬼好巫的独特民风民俗酿就了屈、宋诗歌"叙情怨则郁伊而伤感；述离居则怆怏而难怀；论山水则循声而得貌；言节候则披文而见时"的独特风格和艺术基本特征。继屈宋之后，汉赋四派之一的派首陆贾，晋代"词宗"潘京，通儒伍朝，南北朝诗词大家阴铿，宋咸淳进士、通儒奇才丁易东，唐代"正书第一"的书法大师欧阳询、欧阳通和中国草书第一高手怀素及与李白齐名的诗僧齐己，元代的传记体散文第一高手欧阳玄，明清时代的文化艺术名家和诗人刘三吾、李东阳、何孟春、文征明、袁宏道、钟惺、谭元春、曾之忠、杨应源、王夫之、杨嗣昌、曾静、易佩绅、易顺鼎、易君左、易征、袁申儒、史赞舜、陈一揆、宁调元、邓显鹤、欧阳络辂、黄虎痴、陶汝鼎、姚定益、邹汉勋以及民俗文学家严如煜、楹联大家、"风流太守"汪炳璈和"天仙化人"的书法大师何绍基及其兄弟何绍业、何绍祺、何绍宗与黄自元、钱南园、严寅亮、吴道安；精通乐律，擅长书法的曾国藩、曾纪泽、左宗棠、李元度、郭嵩涛、罗绕典、王闿运、谭延闿、谭泽闿、熊希龄、杨度、曾熙；"横空出世""一笔擎天"的大诗人和草书大师毛泽东与取法经典，烂漫率真，有"如千里布阵，巨浪拍空之势"，开一代新风的书画篆刻大师齐白石以及周扬、周立波、田汉、欧阳予倩、阳翰笙、丁玲、贺绿汀、沈从文、白杨、毛大满……都是出自武陵的文化艺术大家。而1939年在宁乡出土的举世闻名的殷商时期的青铜重器、国之重宝四羊方尊和近年在龙山里耶和长沙走马楼出土的秦简和吴简，不仅是中国两千余年前的书法经典，而且是迄今发现的中国最早的地方官府的文书档案。《里耶秦简》还记载了中国最早的乘法口诀，为中国是世界数学的发源国提供了有力的佐证。1999年在沅陵虎溪山1号汉墓出土的中国最早的美食谱（《美食方》），为武陵地区人民好吃"一滚三鲜，不辣不成菜"的饮食文化提供了历史佐证。

武陵人创造了中国和世界最早的建筑文化。在这里不仅发现了18000年前的高台式木楼和7800年的略呈八字形的宫殿和排楼式房屋建筑，及6000年前的城头山古城和四五千年前的石家河古城等史前建筑，而且还有千年学府"岳麓书院"、镇远青龙洞三教合一建群和株洲炎帝陵、九嶷山舜帝陵、道县鬼崽岭堪称世界最大奇迹之一的巨大石像群及其白象庙与禹王庙；君山湘妃寺、汨罗屈子祠、衡山南岳庙、祝融殿、朱陵宫、五岳殿、辞圣殿、圣帝殿和芷江受降坊等等雄居于世的古代艺术建筑群。

武陵还有中国最美丽的凤凰古城、神话般的张家界、武陵源、桃花源、铜仁九龙洞和包括施秉云岩山黄平飞云崖、镇远青龙洞在内的舞阳河国家级重点风景名胜区、三都瑶人山国家公园以及誉为"武陵之源，名岳之宗"的梵净山与雷公山国家级自然保护区和福泉洒金谷、龙里猴子沟、黎平天生桥、黎平八舟河、岑巩龙鳌河、瓮安江界河、石阡温泉、凯里香炉山、黄平飞云崖、施秉云台山等省级风景名胜区和文物保护区；有中华古帝炎帝神农、黄帝轩辕、帝喾高辛、舜帝重华和太阳神、火神祝融、重黎、吴回、共工家族的重要生活栖息地或死葬之地。如：南岳衡山、九嶷山、常羊山、连山、大熊山、修山、浮邱山、金龙山、崇山、九龙山、君山以及名岳之宗，弥勒道场，梵净山等文化圣地。

　　劲剽、决烈、尚勇、好争的武陵人，最负使命感和一往无前、开拓进取、见义勇为的牺牲精神。其代表人物，有7000年前生于会同，身为帝王却坚持上山采药，尝百草之滋味，一日而遇七十毒，为天下百姓的健康，冒死创建中医药物学，最后中毒身亡而葬于株洲茶陵的人文始祖炎帝神农；有6400年前"征风召雨，吹烟喷雾"并于长沙建立"三苗国"，励精图治，率先以"葛卢山、雍狐山之金"制造"五兵"，敢与黄帝轩辕战于涿鹿，曾"九战九胜"，最后亡于凶黎之谷的战神蚩尤；有6300年前曾以"四神降，奠三天""乃步以为岁""光融天下"的"火正"，重黎、吴回及其"霸九州""平九土"，曾为帝喾高辛"水正"，"步十日四时"，最后为重黎复仇，敢于起兵反抗帝喾高辛，最后"怒触不周山"（今桃江浮丘山）而死的共工；有四五千年前才高德盛被尧帝放勋延聘为师的武陵高士善卷；有3100年前"子事文王"为周文王筹谋兴国，功勋卓著而成为文王之师的鬻熊及其后人，随武王伐纣有功而被周成王封功于楚，即毛泽东主席所说"呜呼湖南，鬻熊开国，稍启其封"，建都长沙的熊绎；有敢与东周王朝分庭抗礼，提出"我有敝甲，欲以观中国之政，请王室尊吾号"并自称"武王"的熊通；有2500年前"不鸣则已，一鸣惊人"曾叱咤风云，"观兵周郊，问鼎中原，欲逼周王而取天下"遂成中原霸主的楚庄王芈旅；有置个人生死于不顾，两次受刑，被砍去双脚，仍"泣之以血"再三向楚王献荐荆山之玉的卞和；有2500年前奉楚王之命前往秦国搬兵"鹄立秦廷，痛哭七天七夜，勺饮不入口"而感动秦王"出兵五百乘，援楚复国"的申包胥和苦谏吴王夫差免遭越王勾践"卧薪尝胆"之计，却被吴王处死，临刑时提出"抉吾眼置吴东门上，以观越之灭吴"的楚客伍子胥；有"哀民生之多艰"，竭力主张"举贤授能"，富国强民，坚持改革"虽九死其犹未悔"的爱国诗人屈原；有三国时扶佐刘备父子"匡复汉室"的蜀国宰相蒋琬和大臣董允；有助吴国周瑜图强的中郎将黄盖；明代有整饬吏治、加强边备，改革漕运，实行"一条鞭法"使朝政为之一新的神宗宰相张居正；有关心人民疾苦，为救民于水火，冒死为民请愿，自缢于金銮殿，被朱元璋诏封青惠烈公，享庙食五百年的龙阳典史青文胜；有扶佐南明王朝，总督湖广、四川、云贵、广西军务，坚持抗清，至死不屈的何腾蛟；有举兵抗清，反对君主专制和地主豪强兼并土地，兵败后，筑室于石船山，发愤著述凡四十年的思想家和大学者王夫之；清代有最先提出"师夷之长技以制夷"和"睁开眼睛看世界"的思想政治家魏源；有最先提出派遣学生出国留学学习西方各国的"军政、船政、步算……""使西人擅长之技，中国皆能谙习，然后可以渐图自强"的大学者和湘军主帅曾国藩；有最先提倡洋务运动并身体力行的湘军将帅曾国藩、胡林翼、左宗棠、郭嵩焘、曾国荃……有在近代中国第一个开创海运，改革盐政的清末"第一人才"，中国近代经济改革先驱陶澍；有第一个创办马尾船政局、创建中国海军的左宗棠；有第一个出使英法等国的中国外交使节郭嵩焘；有创办中国第一家民营公司并卓有成效的老板曾国藩、左宗棠、彭玉麟、胡林翼及中国第一个"下海"经商的教授王先谦；有第一个用书生带兵，以孔孟之道治军，不用职业军人为官，却成功地缔造了一支闻名于世，最强大、最能打仗的地方武装力量，并创造了"无湘不成军"这一佳话的儒学大家曾国藩；有第一个不惧外侮，不怕牺牲，为维护祖国统一，反对民族分裂，敢于抬着棺材进军新疆平叛，绝不向沙俄侵略者退让寸分的爱国将领左宗棠；有"戊戌变法"失败后，第一个敢以头颅溅血，唤醒中华民族并在就义前英勇赋诗"我自横刀向天笑，去留肝胆两昆仑"的维新革命家谭嗣同和唐才常、傅慈祥、沈荩……；有在近代资产阶级革命中，不顾生死，敢以军事手段，矢志推翻满清帝制，建立共和的民主革命家黄兴、宋教仁、蒋翊武和陈天华、姚洪业、刘道一、刘复基、谭人凤以及在武昌起义中打响第一枪的民主志士熊秉坤；有在中华民国遭遇袁世凯复辟帝制时，第一个敢凭三千弱兵，揭竿而起反对袁世凯称帝并迫使其取消帝制的铁血将军蔡锷和在反袁斗争中遇害的安、襄、郧、荆招讨使季雨霖、吕大森以及戴戡、张芝萌……有在新民主主义革命时期，第一个提出"以农村包围城市"和"枪杆子里面出政权"的无产阶级革命家毛泽东和第一次国内革命战争失败后，敢于面对敌人带血的屠刀，相继发动南昌起义、秋收起义、平江起义和湘南暴动的无产阶级革命家和军事家毛泽东、贺龙、彭德怀、罗荣桓、滕代远、黄公略、粟裕和祖籍为武陵新宁的陈毅……

此外，在中国历史上，武陵地区还出现过不少反剥削压迫、求平等均贫富的农民起义领袖（如：南宋时的钟相、杨太、夏诚、赖文政；元末的熊天瑞；明代的吴勉、顾君恩；清代的吴八月、石三保、石柳邓、唐正财、朱洪英、李沅发、张秀眉〔苗族〕、姜映芳〔侗族〕、贺金声……）和抗击外国侵略，维护祖国尊严，勇于流血牺牲的爱国志士和民族英雄（如：1840年的鸦片战争中，率兵增援定海，抗击英军，坚守城西南要地，血战六天六夜英勇殉国的浙江处州镇总兵郑国鸿和第二次鸦片战争中英勇抗击英军的民族脊梁石赞清〔苗族〕；1839年在广东水师提督关天培指挥下，大破英军于官迪，升为三江协副将，调守沙角炮台，率子长鹏及六百士兵坚决抵抗英军，毙敌数百，终因援兵不至，与其儿子英勇血战，同殉国难的陈连陞；1876年支援刘永福援越抗清的云贵总督、湘军将领刘长佑；1884年中法战争爆发，受命会办福建军务，1890年率军援台湾抗法的陕甘总督，湘军将领杨岳斌；1884年中法战争时调赴广西，募勇建立边军，并配合冯子材等在广西边境打败法军，收复凉山的湘军将领、贵州布政使王德榜；中法战争中率军防守镇海，督师抵抗法军，击沉法舰，并击伤法军海军统帅孤拔座船，致孤拔受伤而死的浙江提督、湘军将领欧阳利见；1894年中日甲午战争时，驻守旅顺，率孤军与日军奋战，因后援不继而败，旋即病故的清军提督徐邦道；1990年率军驻守大沽炮台与八军联军激战六小时，击沉击伤敌舰六艘，打死打伤敌军一百三十多人，后用弹药库被毁，力战身亡的湘军将领，天津总兵罗荣光等等）。

武陵地区是中国历代军政人才和思想家、政治家、军事家、革命家的摇篮与大本营，其代表人物除了六七千年前的伏羲、女娲、神农、黄帝、少昊、颛顼、帝喾和蚩尤、重黎、吴回、共工、昆吾、陆终和四五千年前的尧、舜、禹及两三千年前的鬻熊、熊绎、熊通、芈旅、屈瑕、屈重、屈到、屈建、屈荡、屈申、屈生、屈完、屈匄、申包胥、伍员、伍奢、伍子胥、屈原等等外，秦汉之后有蜀国丞相蒋琬，太子舍人、洗马、虎贲中郎将董允；吴国武锋中郎将黄盖和军政要员潘濬；西晋"良史"、朝议大夫潘京；十六国时的成汉丞相、天地太师范长生；北宋大理寺丞、太子中舍签书、中华理学创始人周敦颐；南宋淳祐右丞相兼枢密使赵葵，谭州守将奋勇抗击元军、三月城破而命全家和自己一起自尽的知州兼湖广安抚使李芾；元世祖太保、参领申书省事刘秉忠；明朝大臣左赞迁、翰林学士刘三吾，户部尚书夏元吉，太子少保、礼部尚书兼文渊阁大学士李东阳，弘治进士吏部、工部侍郎何孟春，兵部右侍郎、陕西三边军务总督杨鹤，兵部尚书、礼部尚书兼东阁大学士杨嗣昌，广东布政使田秋，名臣"王门三学士"孙应鳌；李渭及教育家艾茂，弘治进士、南京太仆寺卿杨褫革，成化进士、南京刑部主事文澎，南京户部郎中龙翔霄，太常博士冷子谦；南明兵部右侍郎，湖广、四川、云贵、广西军务总督何腾蛟，天启进士、国子祭酒、礼部尚书、东阁大学士文安之，进士兵部侍郎印司奇；清代封果勇侯、甘肃、直隶、湖南、固原提督杨芳，贵州巡抚云贵总督贺长龄，两江总督李星元，贵州按察使李象鹍；江南、陕西提督邓绍良，两广、云贵总督劳崇光，湘军悍将罗泽南，两江直隶总督、湘军主帅曾国藩，湖北按察使、江西巡抚江忠源，湖北巡抚、湘军将领胡林翼，安徽浙江巡抚、闽浙陕甘总督左宗棠，湘军将领四川布政使、陕西巡抚刘蓉，湘军将领水师提督、兵部尚书彭玉麟，湘军将领李续宾，直隶、云贵总督刘长佑，外交家、首任出使英国大臣并使法国、广东巡抚、兵部侍郎郭嵩涛，湘军将领、陕甘总督杨岳斌，陕西山西巡抚、两广两江总督曾国荃，湘军将领、浙江提督欧阳利见，湘军将领、贵州按察使席宝田，湘军将领、江西巡抚、两广两江总督兼南洋通商大臣刘坤一，湘军将领刘松山，湘军将领、贵州布政使王德榜，外交家、出使英法、驻俄公使、总理各国事务衙门行走，户、刑、吏等部侍郎曾纪泽，四川布政使、山西安徽巡抚王之春，工部、吏部、户部、邮传部尚书张百熙；广西巡抚沈秉堃，清将、湖南提督、学者黄忠浩，清将郭人漳，戊戌变法的维新派中坚"戊戌六君子"谭嗣同和唐才常、沈荩、樊维、林圭；辛亥革命运动前后的资产阶级革命家黄兴、谭人风、宋教仁、禹之谟、陈天华、章士钊以及资产阶级民主革命者马福益、姚洪业、刘道一、刘复基、杨守仁、宁调元、刘贞一、仇亮、吴禄贞、欧阳振声、白逾桓、柳大任、刘揆一、瞿方书、蒋翊武、熊秉坤、杨卓霖、焦达峰、陈作新、龚春台、冯一、季雨霖、吕大森、彭述文和在讨伐袁世凯运动中曾任湖南讨袁第一军司令，抗日时期力主抗战，后被日军俘虏，自缢殉国的民主革命家程子楷。

　　五四运动至抗日战争时期，武陵地区涌现出来的党政领导、高级将领和无产阶级政治家、军事家、革命家，有毛泽东、刘少奇、任弼时、彭德怀、贺龙、罗荣桓、蔡和森、黄公略、粟裕、陈赓、黄克诚、许光达、张宗逊、谭政林、蔡申熙、何叔衡、段德昌、左权、李富春、陶铸、滕代远、谢觉哉、徐特立、陈士渠、李天佑、杨勇、杨得志、林伯渠、张际春、李立三、李维汉、何长工、谭政、王尔琢、曾中生、周逸群、旷继勋、刘亚楼、肃克、肃劲光、廖汉生、邓中夏、夏曦、向警予、蔡畅、杨开慧、帅孟奇、唐群英、郭亮、罗学瓒、柳直荀、王炳南、贺锦斋、王震、宋任穷、胡耀邦、苏振华、钟赤兵、傅秋涛、钟期光、甘泗淇、李涛、李聚奎、朱良才、周小舟、陈光、唐亮、张震、王首道、王开湘、李德生、李志民、邓华、宋时轮、彭绍辉、龙大道、周达文、杨至成与中共一大代表李达、何叔衡等等。有国民党和民主党派及其他旧军队中的高级将领与行政官员如唐生智、李济深、谭延闿、程潜、陈明仁、王耀武、赵恒锡、邱行桐、宋希濂、刘建绪、刘斐、陈树湘、李品仙、鲁涤平、黄杰、霍揆新、何健、薛岳、陶峙岳、何耀祖、王天培、陈泰运、罗启疆、宋思一、王天锡、欧百川等。

　　此外还有北洋军阀政府总理、红十字会中华总工会会长熊希龄；教育家教育总长、中华书局总编辑部部长、中华教育文化基金会董事长范源濂以及胡长新、周步英和贵州省首届教育厅厅长周恭涛；学者、中国第一个女教授陈衡哲；近代妇女活动家、教育家张默君；早期中国现代企业家、华昌炼铁股份有限公司董事长梁焕奎；民族化学工业的开拓者，亚洲首屈一指的碱业大王范旭东；永利红三角牌纯碱创始人，美国费城万国博览会金奖获主，新中国国家食品工业部和轻工业部部长李烛尘（永顺人）等等。

　　今天，铜仁云林仙境旅游文化有限公司斥巨资在中华文明之源的"名岳之宗"梵净山武陵核心区，建造中华民族英烈城，以供奉七千余年来为缔造中华伟业，传承、发展、创新中华文明，抗击外侮，捍卫祖国尊严，维护国家统一和民族团结，谋求社会进步和人民自由幸福而建功立业，流血牺牲的所有英烈的忠魂；并以英烈的"聪明睿智、光被遐荒"的不朽功绩昭示后人继承遗志，"剑履俱奋，万里崎岖，为国效命"，为中华民族的崛起和复兴贡献一切力量。这是一件功德无量、光耀千秋的大事。

注释与主要参考文献

①李新吾、段志东：《沅湘开化与梅山峒成型之逻辑因果——神农氏族兴衰史链图疏》，冷水江市政协文史委《梅山蚩尤文化研究（三）》，2007年；蒋南华：《武陵黔东——中华及其贵州文明的发祥地》，《贵州师范学院学报》2011年第8期；蒋南华：《中华文明源流新探·中华文明源流概述》，贵州人民出版社2013年版。

②刘博：《梅山文化：长江流域古老文明的遗存》，冷水江市政协文史委《梅山蚩尤文化研究（三）》，2007年；何介钧：《湖南考古的世纪回眸》，《考古》2001年第4期；《长江中游新石器时代文化》，湖北教育出版社2004年版；湖南省文物考古研究所《彭头山与八十垱》，科学出版社2006年版。

③贺刚：《洪江高庙遗址古文化与炎帝关系详解》，《湖南日报》2007年3月20日；湖南省文物考古研究所：《湖南洪江市高庙新石器时代遗址》，《考古》2006年第7期。

④湖南省文物考古研究所：《澧县城头山——新石器时代遗址发掘报告》，文物出版社2007年版；

⑤石家河考古队：《天门石家河考古报告之一——肖家屋脊》，文物出版社1999年版；《天门石家河考古报告之一——邓家湾》，文物出版社2003年版。

⑥阳国胜：《炎帝故里会同新说》，冷水江市政协文史委《梅山蚩尤文化研究（三）》2007年；李新吾、段志东：《沅湘开化与梅山峒成型之逻辑因果——神农氏族兴衰史链图疏》，冷水江市政协文史委《梅山蚩尤文化研究（三）》，2007年；湖南省文物考古研究所：《湖南省考古工作五十年》，载《新中国考古五十年》，文物出版社1999年版。

⑦蒋南华：《中华文明源流新探》，贵族人民出版社2013年版；陈久金等：《贵州少数民族天文学史研究》贵州科技出版社1999年版。

⑧重庆门户网站：《重庆在线·山阳岭恐龙化石遗址》。

⑨赵元龙、袁金良：《贵州台江早寒武世生物群》，《古生物学报》1999年第1期。

⑩蒋南华：《中华文明源流新探》，贵州人民出版社2013年版。

⑪阳国胜：《炎帝故里会同新说》，冷水江市政协文史委《梅山蚩尤文化研究（三）》2007年；王红光：《贵州考古的新发现和新认识》，《考古》2006年第8期。

⑫李新吾、段志东：《沅湘开化与梅山峒成型之逻辑因果——神农氏族兴衰史链图疏》，冷水江市政协文史委《梅山蚩尤文化研究（三）》，2007年；蒋南华：《中华文明源流新探》贵州人民出版社2013年版。

⑬蒋南华：《中华古帝与文明研究》，贵州人民出版社2009年版；刘俊男：《上古华夏文化研究》，延边大学出版社2000年版。

⑭蒋南华：《中华文明源流新探》，贵州人民出版社 2013 年版；蒋南华：《伏羲炎黄生平事略考》，《重庆文理学院学报》2012 年第 5 期。阎朝科：《炎帝故里会同九铁证》，冷水江市政协文史委《梅山蚩尤文化研究（三）》，2007 年。

⑮蒋南华：《论炎黄等人文之祖的生活年代》，《贵州社会科学》2009 年第 2 期。

⑯阳国胜：《华夏共连山》，湖南人民出版社 2012 年版。

⑰蒋南华：《中华文源流新探》，贵州人民出版社 2013 年版。

⑱李新吾等：《梅山蚩尤》，湖南文艺出版社 2012 年版；蒋南华：《试论战神和梅山始祖蚩尤》，邓光华主编：《走向世界大潮的艰苦历程（论文集）》，中央文献出版社 2010 年版；周探科：《揭开史前"黑天鹅"的神秘面纱——铁定平〈蚩尤猜想〉推介》，湖南人文科技学院：《梅山视界》2011 年第 1 期；陈子艾、李新吾：《古梅山峒区域是蚩尤部族的世居地之一》，冷水江市政协文史委《梅山蚩尤文化研究（一）》，2004 年；李新吾：《初祖蚩尤其人》冷水江市政协文史委《梅山蚩尤文化研究（二）》，2006 年。

⑲蒋南华：《中华古帝与文明研究》，贵州人民出版社 2009 年版。

⑳蒋南华：《水族始祖共工及其族源新考》，《贵州社会科学》2012 年第 1 期。

㉑蒋南华：《水族族源新考》，邓光华主编：《走向世界大潮的艰苦历程（论文集）》，中央文献出版社，2010 年版。

㉒刘俊男：《尧迹与尧文化地理分布与疏证》，湖南省社科院基金项目"环洞庭湖历史前聚落及文明化进程研究"，阶段性成果之一（编号 2006ZC161）。

㉓蒋南华：《中华古帝与文明研究》，贵州人民出版社 2009 年版；《中华文源流新探》，贵州人民出版社 2013 年版；张闻玉：《辛卯文集·湖南道县石像群之解读》，华夏艺文出版社 2011 年版。

㉔袁珂：《山海经校注·西山经注》，上海古籍出版社 1980 年版；蒋南华：《武陵黔东——中华及其贵州文明的发祥地》，《贵州师范学院学报》2011 年第 8 期。

㉕蒋南华：《武陵黔东——中华及其贵州文明的发祥地》《贵州师范学院学报》2011 年第 8 期；贺刚：《洪江高庙遗址古文化与炎帝关系详解》《湖南日报》2007 年 3 月 20 日；何介钧：《湖南考古的世纪回眸》，《考古》2001 年第 4 期；湖南省文物考古研究所《湖南洪江市高庙新石器时代遗址》，《考古》2006 年第 7 期。

㉖何介钧：《长沙中游新石器时代文化》，湖北教育出版社 2004 年版；刘俊男：《长江中游地区史前农业发展水平研究》，《农业考古》2009 年第 1 期；严文明：《史前稻作农业遗存的新发现》，《江汉考古》1990 年第 3 期。

㉗湖南省文物考古研究所：《湖南洪江市高庙新石器时代遗址》，《考古》2006 年第

7 期。

㉘蒋南华:《中华文明源流新探》,贵州人民出版社 2013 年版;阳国胜:《湖南城步巫山与中国巫文化起源》,《湖南人文科技学院学报》2012 年第 6 期。

㉙李新吾等:《梅山蚩尤》湖南文艺出版社 2012 年版;蒋南华:《试论战神和梅山始祖蚩尤》,邓光华主编:《走向世界大潮的艰苦历程(论文集)》,中央文献出版社 2010 年版;刘国忠、唐豪初:《湘中金属加工工匠信仰习俗调查》,冷水江市政协文史委《梅山蚩尤文化研究(二)》,2006 年;湖南省旅游局、娄底市人民政府:《湖南首届大梅山文化旅游协作学术研讨会(论文集)》,2012 年 9 月。

㉚蒋南华:《武陵黔东——中华及其贵州文明的发祥地》,《贵州师范学院学报》2011 年第 8 期;《中华文明源流新探》,贵州人民出版社 2013 年版;贺刚:《洪江高庙遗址古文化与炎帝关系详解》,《湖南日报》2007 年 3 月 20 日。

㉜湖南省文物考古研究所:《澧县城头山——新石器时代遗址发掘报告》,文物出版社 2007 年版;蒋南华:《中华文明源流新探》,贵州人民出版社 2013 年版。

㉝石家河考古队:《天门石家河考古报告之一——肖家屋脊》,文物出版社 1999 年版;《天门石家河考古报告之一——邓家湾》,文物出版社 2003 年版;北京大学考古系等:《石家河遗址群调查报告》;《南方民族考古》第 5 辑,四川科技出版社 1992 年版。

㉞蒋南华:《水族始祖共工及其族源新考》,《贵州社会科学》2012 年第 1 期;刘俊男:《长江中游地区文明进程研究·马克思主义国家起源理论及最新发展》,科学出版社 2014 年版。

㉟陈久金等:《贵州少数民族天文学史研究》,贵州科技出版社 1999 年版。

㊱陈久全:《贵州少数民族天文学史研究》,贵州科技出版社 1999 年版;施宣国主编:《千年之谜——中国文化 500 疑案》;刘怀堂:《湘黔傩戏之比较》,中国社科院世界宗教研究所、台湾中华宗教哲学研究社、湖南省社科院哲学所:《海峡两岸宗教与区域文化暨梅山宗教文化研讨会论文集》,2010 年 7 月。

三星堆文化源流稽探

四川广汉市西郊三星堆文化遗址,是距今四千年至三千年间的古蜀国都城遗址。据《山海经》《华阳国志》《后汉书》等古代历史、地理和方志记载以及出土文物证实:这个蜀国是由原生活在长江三峡大巫山地区的巴族鱼凫部迁来此地后所建的方国。这个鱼凫部同巴族弓鱼部、白虎部和巴蛇部一样,原是一个以捕鱼和制盐为其主要生计的民族,其先人后照是伏羲太昊的重孙[①]。他们凭借巫溪宝源山盐泉、彭水伏牛山盐泉和长阳县西盐水提供的盐源进行制盐和腌制鱼干,并与外界交易,很快兴盛起来。早在唐尧之世,他们就以巫溪登葆山为中心建立了巫咸国[②]。其首领巫咸为"巫即、巫朌、巫彭、巫姑、巫真、巫礼"等灵山十巫之首(《大荒西经》)。炎黄之时,"神农使巫咸主筮",巫咸便成了大巫山地区诸巫氏族部落的首领(《路史·后纪三》)。据《巫溪县志》"巫咸国名考"云:巫咸之"咸"与"盐"有关,《说文》"盐,鹻也。""鹻"古原作"咸"。《舆地广记》载:"故北井县(今巫溪)有巫溪咸泉。"鹻泉即盐泉,"咸"就是"盐",同音异字。巫咸国原是一个以制盐为业的部落酋长国。到了太昊重孙后照之时始称巴人。除制盐外,捕鱼是他们的主要职业和根本生计[③]。大约在尧舜之时,后照得鱼盐之利,在巫咸国的基础上统一了巫朌之民所立的巫䍒等国,建立了第一个巴族人的国家——巴国[④]。夏启八年帝启"命孟涂主巴"。自此巴国成为夏王朝在西南的一个重要属国(见《竹书纪年》和《海内南经》)。以后其势力不断发展壮大,其内部形成了巴族弓鱼部、白虎部、巴蛇部和鱼凫部等互相依存并独立分头向外拓展的四大支系。到了夏商时期,以弓矢箭翎射鱼的弓鱼部沿河进入汉水,然后溯流而上,到了汉中盆地,随后进入关中宝鸡地区,并于西周初期建立了弓鱼国(亦称渔国)[⑤]。

出自巫诞的燧人氏和伏羲之后的廪君务相即巴族白虎部,初以巫溪、恩施为基地,都夷城(见《水经注·夷水》),渐谋向外发展。后来成了川东、鄂西、黔北最大的一支政治、经济和军事力量。它以枳邑(涪陵)为中心,相继占有了丰都、忠县、万县及今重庆市区和渝西地方,并在江州县(即今重庆之小什字、望龙门、朝天门、千斯门之间)依山筑土为城,建立了巴国(见《世本·世系篇》和《氏姓篇》《后汉书·南蛮西南夷列传》《左传·桓公九年》《舆地广记·恭州》)。

巴族巴蛇部最先走出巫山进入洞庭湖地区的水乡泽国,成为长江中游苗蛮集团的重要成员,于商代中期在江汉平原北部建立了可与商王朝抗衡的方国——巴方。后来在与武丁之妻妇好的几次战争中失败了。从此巴蛇部的大部翻越大巴山进入四川盆地,散居于川北大地,成了后来人们所称的板楯蛮(见《诗经·商颂·殷武》及甲骨《殷契粹编》1230、《殷墟文字乙编》2948、《丙编》313),其余分散在湘鄂边境的巴人便成了后人所称的江夏蛮和武陵蛮等等。今天生活在湘鄂川黔的土家族就是巴族白虎等各部的后裔。

以豢养鱼凫捕鱼著称的巴族鱼凫部则沿江而上,由奉节、合江、南溪、宜宾、乐山、彭山、温江逐渐西迁,最后由岷江进入川西成都平原,在今天广汉市的三星堆建立了一个强盛的鱼凫蜀国,直到春秋时期即公元前7世纪中叶为杜宇王朝所替代。三星堆疑是鱼凫蜀国遗留下来的一个祭祀心宿大火三星的祭祀坑(《左传·襄公九年》:陶唐氏之火正阏伯……祀大火,而(以)火纪时焉)。[6]

从三星堆及成都金沙村出土的文物证实:古蜀国为巴族鱼凫部所建。他们的祖先则是伏羲、神农和少昊,他们与氐羌、东夷及三苗九黎等有着十分密切的亲缘关系。

一、金权杖是三星堆出土文物中最引人注目的稀世珍宝。这支用金箔包卷灵寿木的权杖,长1.42米,直径2.3厘米,净重约500克。金权杖的上端刻有三组图案:一组靠近端头,是两个前后对称、头戴五齿高冠、耳垂三角形耳坠、面带微笑的人头像;另两组图案完全相同:它们的上方是两只两头相对的鱼凫,下方是两条两背相对的鱼,鱼的颈部直插着一支箭翎。金权杖这个由鱼凫和鱼及箭翎组成的图案,显然是巴族鱼凫部和弓鱼部的族徽。而靠近端头的两个人头像连同整个权杖一起所构成的则是"人首蛇身""左右有首"的延维神图腾。《山海经·海内经》云："有人曰苗民，有神焉：人首蛇身，长如辕，左右有首，衣紫衣，冠旃冠，名曰延维，人主得而飨之，伯天下。"很清楚，三星堆出土的这支金杖，当是古蜀国君王权力至高无上、势欲统伯（霸）天下的象征。三星堆人以苗民所推崇的"人首蛇身""左右有首"的延维神为自己崇拜的图腾，这也足以说明古蜀国原是苗蛮集团的重要成员，同是伏羲女娲的后裔。清初陆次云《峒溪纤志》云："苗人腊祭曰报草，祭用巫，设女娲伏羲位。"青桥《苗俗记》也说："苗妇有子祀圣母，圣母者女娲氏也。"陈久金等在《贵州少数民族天文学史研究》一书中写道："伏羲是古羌民所推崇的远祖，故许多出自古羌系的西南少数民族至今仍承认伏羲是自己的远祖。""巴人更是强调自己是伏羲女娲的后裔。"[7]晋代张华《博物志》曰："（炎黄之世）黎苗处南服。颛顼之前曰九黎，颛顼之后曰三苗。""上古之时，江汉之区皆为黎境。"逐鹿中原失败后，三苗九黎退出中原，大部分回到南方与各地土著民族融合，形成苗、壮、黎、彝等族，所以"彝族是古羌民的直接后裔"[8]，"楚民族（亦）带有古羌人的血统"[9]。"伏羲鳞身，女娲蛇躯"（《文选·鲁灵光殿赋》），晋人皇甫谧《帝王世纪》和司马贞《补三皇本纪》均云："太皞帝庖牺氏……蛇身人首，有圣德"。今天三苗九黎之后的苗族人民过芦笙节时，他们在芦笙场上立一根高一丈五尺左右的杆子，杆子有一龙盘绕，杆顶立着一只鸟。《南山经》记其神为"龙身鸟首"或"鸟身人首"或"龙身人面"（亦即"蛇身人首"）。在三星堆出土的文物中除金权杖外，还有造型为"人面蛇身、直目"的青铜面具等等。由此证明：三星堆人同三苗九黎和羌人一样，都是崇蛇、崇龙，并以"人首蛇身"为其图腾的伏羲太昊的后裔，其血亲始祖则是巴人后照。

二、青铜神树是三星堆出土文物中除金权杖之外的又一件引人注目的稀世之物。这是一株高近4米，由建木、离朱和两条苍龙组成的图腾柱，是神巫和"众帝所自上下"的天梯（《淮南子·地形训》："建木在都广，众帝所自上下"）。《山海经·海内经》云："西南黑水之间，有都广之野，后稷葬焉。（其城方三百里，盖天地之中。）爰有膏菽、膏稻、膏黍、膏稷，百谷自生，冬夏播琴（种）。鸾鸟自歌，凤鸟自舞。灵寿实华，草木所聚。爰有百兽，相群爰处。"据杨慎《山海经补注》和袁珂《山海经校注》云，这个

"都广之野"就是今天的成都地区。在这富饶美丽的乐土,生长着一种"青叶紫茎,玄华黄实……百仞无枝,(上)有九欘,下有九枸,其实如麻,其叶如芒,大皞爰过,黄帝所为"的建木(《海内经》)。据说它是唯一"可以缘之以登天"的"天梯"[⑩]。"在建木西"生活着"人面而鱼身"的"氐人"和"蛇乃化为鱼"的"鱼妇",即崇鱼并以美人鱼为图腾的民族,他们乃是"炎帝之孙名曰灵恝"的后人。氐人还凭借建木"是能上下于天"(《大荒西经》)。另从神树的其他构件离朱鸟和苍龙来看,亦足可证明古蜀国人是太昊、神农和少昊的后裔。崇蛇、崇鱼、崇龙、崇鸟,正是伏羲太昊、炎帝神农和少昊及其后人所崇图腾的重要特征。《左传·昭公十七年》:"太皞氏以龙纪,故为龙师而龙名。"司马贞《补三皇本纪》:"太皞庖牺氏有龙瑞,以龙纪官,号曰龙师。"《汉书·百官公卿表·序》亦云:"宓羲龙师名官。"颜师古注引应劭语:"师者长也。以龙纪其官,故为龙师。春官为青龙,夏官为赤龙,秋官为白龙,冬官为黑龙,中官为黄龙。"又皇甫谧《帝王世纪》云:"大皞帝庖牺氏风姓也。母曰华胥,燧人之世,有大人迹出于雷泽之中,华胥履之生庖牺于成纪,蛇身人首,有圣德。"生活在大巫山地区的太昊后裔巴人崇蛇、崇鸟。《山海经·海内经》在"灵山,有赤蛇在木上,名曰蝡蛇,木食"之后紧记:"有盐长之国,有人焉鸟首,名曰鸟氏。"王念孙云:"《书抄·地部一》两引鸟氏,下有'四蛇相缭'四字"。可见"长盐之国"就是"巫咸国"。它与后来由后照始建的巴国都是崇鸟、崇蛇的民族。故《海内经》云:"西南有巴国。太皞生咸鸟,咸鸟生乘厘,乘厘生后照,后照是始为巴人。""咸鸟"就是"人焉鸟首"的"鸟氏"。同太昊伏羲一样,炎帝神农及其后裔亦崇龙、崇蛇、崇鱼、崇鸟,还崇牛。《史记·五帝本纪》正义:"《帝王世纪》云'神农氏姜姓也。母曰任姒,有蟜氏女(名)登为少典妃,游华阳,有神龙首感生炎帝。人身牛首,长于姜水,有圣德。'"炎帝既为神龙之子,又是"人身牛首"的异人,其母任姒又出自以虫蛇为图腾的有蟜氏族,因此他的后裔祝融、共工、夸父及巫咸、三苗九黎和鲧、启……均崇龙、崇蛇。《海外南经》:"南方祝融,兽身人面,乘两龙。"《海内经》:炎帝"生炎居,炎居生节并,节并生戏器,戏器生祝融,祝融降处江水生共工,共工生术器……(又)生后土"。后土号"勾龙氏"。内蒙红山文化遗址中出土的玉勾龙就是他的族徽。《神异经》："西北方有人焉。人面朱发，蛇身人手足……名曰共工。"《大荒北经》云："大荒之中，有山名曰成都载天。有人珥两黄蛇，把两黄蛇，名曰夸父……"《海外西经》云："巫咸国（民），在女丑北，右手操青蛇，左手操赤蛇，在登葆山，群巫所从上下也。"《归藏·启筮》云："鲧死三岁……化为黄龙。"《海外西经》云："大乐之野，夏后启于此舞九代，乘两龙。"《大荒西经》云："西南海之外，赤水之南，流沙之西，有人珥两青蛇，乘两龙，名曰夏后开（启）。"炎帝神农氏族同时也崇牛、崇鸟。《北山经》云："（发鸠之山）有鸟焉，其状如乌，白喙、文首、赤足，名曰精卫。是炎帝少女，名女娃。女娃游于东海，溺而不返，故为精卫。"班固《白虎通义·五行篇》曰："祝融者属渎也。其精朱鸟、离为鸾。"祝融氏及其后裔以日中神鸟即离朱（又名朱雀、阳鸟、金乌、鹒、鸾、凤凰……）为本民族的图腾。《神异经》也云："南方荒中有人焉，人面鸟喙而有翼……名曰驩兜。"而神农又是"人身牛首"的异人，他的后人三苗九黎之君蚩尤亦"人身牛蹄"，"头上有角"（《述异记》），因此神农氏族系的人们又崇以"身如牛，人面"，"人面目手足皆人形而肋下有翼"的神兽（即饕餮）为图腾（《神异经》）。同太昊伏羲和炎帝神农有密切亲缘关系的少昊氏东夷集团亦崇龙、崇蛇、崇鸟、崇牛等等。《山海经·海外东经》云："东方句芒，鸟身人面，乘两龙。"《海外西经》："西方蓐收，左耳有蛇，乘两龙。"《海外北经》："北方禺强，人面鸟身，珥两青蛇，践两青蛇。"郭璞注："禺强字玄冥，水神也。"句芒、蓐收和禺强（即玄冥）他们不仅是少昊东夷集团的重要成员，是"少皞之佐"，而且还是少皞的叔父。《左传·昭公二十九年》云："少皞氏有四叔，曰重、曰该、曰修、曰熙。实能金木及水。（少皞）使重为句芒，该为蓐收，修及熙为玄冥。世不失职，遂济穷桑。"他们既崇龙、崇蛇，也崇鸟、崇牛等等。王嘉《拾遗记》卷一云："少皞以金德王"，是"白帝之子即太白之精"的儿子。其父与母亲"皇娥泛于海上，以桂枝为表，结薰茅为旌，刻玉为鸠，置于表端"。这大概就是少昊东夷集团崇鸟并以鸟为图腾的由来。从此少昊之后便以鸟名官。《左传·昭公十七年》记郯子曰："我高祖少皞挚之立也。凤鸟适至，故纪于鸟，为鸟师而鸟名。凤鸟氏，历正也；玄鸟氏，司分者也；伯赵氏，司至者也；青鸟氏，司启者也；丹鸟氏，司闭者也；祝鸠氏，司空也；爽鸠氏，司寇也；鹘鸠氏，司事也；五鸠，鸠民者也；五雉，为五工匠……九扈，为九农正。"又《左传·文公十八年》云："少皞氏有不才子，天下之民谓之穷奇。"穷奇"其状如牛"（《西山经》），或云其"状如虎，有翼"（《海内北经》）。《神异经·西北荒经》云："西北有兽焉状似虎，有翼能飞……名曰穷奇。"注引别本云："穷奇似牛而狸尾，尾长曳地，其声似狗，狗头人形，钩爪锯牙……"《后汉书·礼仪志》曰："穷奇、腾根共食蛊。"在此穷奇被列为大傩逐疫"追恶凶"的十二神之一。郭璞《图赞》亦曰："穷奇之兽，厥形甚丑，驰逐妖邪，莫不奔走，是以一名，号曰神狗。"这也大概是神农、少昊东夷集团除盘瓠传说外，崇犬的又一由来。另据《史记》和《山海经》，炎帝之裔，楚之宗祖，帝喾之时执掌天文历法的著名天文官昆吾（亦即陆吾），是一支以"虎身人面"之物为其图腾的氏族集团。《海内西经》云："西南四百里曰昆仑之丘。是实惟帝之下都，神陆吾司之。其神状虎身而九尾，人面而虎爪。是神也司天之九都及帝之囿时。"太昊重孙后照之裔"巴氏子务相"，"廪君死，魂魄化为白虎"。这大概是伏羲、神农和少昊东夷集团之民族至今崇龙、崇蛇、崇鸟，同时也崇牛、崇犬、崇虎等等的缘由。

　　三星堆文化遗址中不仅出土了金权杖、青铜神树、铜虎，还出土了造型别致、艺术精湛的"鸟身人面"的青铜艺术品以及与良渚文化风格相似的玉琮和玉凿，等等。这些铁的事实雄辩说明：古蜀国的缔造者同氐羌、苗楚一样，都是太昊、神农、少昊后裔，是崇龙、崇蛇、崇虎、崇鱼、崇鸟等的巴族鱼凫部。《山海经》的记载和三星堆出土的文物证实：古蜀国即三星堆文化的主人，他们原本生活在长江三峡的大巫山地区，以捕鱼和制盐为业。鱼凫和弓矢箭翎是他们捕鱼的独特工具，也是他们谋生的重要手段。即使他们后来迁徙到了川西成都地区和别的地方（如汉中和关中地区），不再从事捕鱼的生计了，但他们仍不忘其祖先留传下来的习俗，同七千年前生活在长江下游地区的河姆渡三苗居民一样，把自己谋生的工具（鱼凫和箭翎）及鱼类等重要生活资源，当成了自己崇拜的图腾，并作为族徽塑在了金权杖等器物之上。陈久金等人在其《贵州少数民族天文学史研究》一书中也说："禹曾娶涂山氏女为妻，生启……涂山氏以涂为姓，以蛇为图腾。《山海经·海内南经》说：

'夏后启之臣曰孟涂,是司神于巴……在丹山西。'据研究,这个巴地即现今秭归县,丹山即巫山。这个孟涂应出自涂山氏,其所司巴地,也应是涂山氏的居地……巴史中被称为望帝的杜宇就是出自这个支系(杜即涂)。"⑪古蜀国为巴族鱼凫部所建应是无疑了。

　　此外,近年在成都市青羊区的金沙遗址还出土了铜牛头和蛙形金饰、石蛇、石虎以及玉琮、玉锥等等年代大约与三星堆文化遗址相同,且属于三星堆同一文化类型的文物1000多件。这些玉器、金器、青铜器和石器文物,如金面罩、青铜立人像、跪坐人像、人形金箔上的镂花,其造型风格和艺术手法与三星堆十分相近,有的如出一辙,完全一致。专家们一致认为:精美无比的国宝级玉琮和玉锥(特别是玉琮上令人叫绝的微雕),其风格与良渚文化和石家河文化遗址出土的文物完全一致。这一事实有力说明良渚、石家河(即东夷和《逸周书·尝麦》"宇于少昊"的蚩尤三苗)文化,与蜀国文化有着一脉相承的承传关系。蜀国居民和河姆渡居民一样,他们同是太昊、神农和少昊的后裔。另据《史记·五帝本纪》所载:帝喾"高辛于颛顼为族子","年十五而佐颛顼"。则高辛是颛顼的族侄。又《山海经·大荒东经》云:"东海之外大壑,(有)少皞之国,少皞孺帝颛顼于此。"则颛顼乃是少昊之子侄。又据《海内经》,颛顼为昌意之孙,韩流之子。(《海内经》曰:"黄帝妻雷祖生昌意,昌意降处若水生韩流。韩流擢首、谨耳人面、豕喙麟身、渠股豚止,取淖子曰阿女,生帝颛顼。")《史记·五帝本纪》又载:"少皞氏有不才子……天下谓之穷奇";"颛顼氏有不才子……天下谓之梼杌";"缙云氏有不才子……天下谓之饕餮"。《正义》和《集解》引贾逵等注:"梼杌……谓鲧","饕餮,谓三苗","缙云氏姜姓也,炎帝之苗裔,当黄帝时任缙云之官"。而《国语·周语》还说:"少皞、昌意,方雷氏之甥也。"方雷氏即炎帝之裔雷神吴回。如此则炎帝神农、少昊和韩流、颛顼、帝喾高辛及穷奇、梼杌、饕餮等等,他们彼此还有着十分密切的亲缘关系。又据《山海经》、刘向《新序》和《汉书》记载:氏羌的先人伯夷父还是颛顼的老师。《海内经》云:"伯夷父生西岳,西岳生先龙,先龙生氏羌。"郭璞注:"伯夷父颛顼师,今氏羌其苗裔也。"《新序·杂事五》曰:"颛顼学伯夷父。"(《汉书·古今人表》曰:"柏夷亮父,颛顼师。")因此,他们有着共同的图腾,都崇龙、崇蛇、崇虎、崇鸟，还崇牛、崇鱼、崇犬、崇蛙。"伏羲鳞身，女娲蛇躯。"他（她）们不仅"蛇身人首"，而且女娲还是"蛙图腾氏族的女氏族长"[12]。据《楚帛书》载，女娲是狙人之女。狙人以猕猴为图腾。因此他们的后裔（如党项羌等）亦有崇蛙、崇猕猴者。据何星亮《中国图腾文化》一书所载，今天生活在云南境内的珞巴族、普米族、怒族、白族、纳西族、傣族以及云贵川省的古羌族、彝族，生活在贵州、湖南、广西等省区的苗族、壮族、布依族、土家家、侗族、黎族、瑶族、仡佬族，他们崇龙、崇蛇、崇虎、崇牛、崇鸟、崇蛙、崇熊、崇犬、崇猴、崇鱼……有着许多共同的图腾崇拜[13]。如出自伏羲女娲、炎帝祝融（重黎）之后，精通星历的彝族，亦即"古羌民的直接后裔"，传说他们的始祖是黑虎，并自称为虎族。"哀牢山上段的彝族男人自称为'罗罗颇'（雄虎），女人自称为'罗罗摩'（雌虎），每家各供有一幅由巫师绘制的被称为'涅罗摩'（母虎神灵或母虎祖先）的画像作为祖先灵位。"[14] 彝族所用历法同建寅为正的夏历和楚历完全一样，纪历十二兽以虎为首，以虎月为正月。择吉日亦与楚国风俗一样，以虎日为上吉。此外，他们都曾使用过由共工和帝喾等创制的"十日四时"历（《楚帛书》）。彝族还以龙、蛇、虎、羊、牛、鸟、猪、猴、熊、蛙、犬等为图腾。传说彝族的始祖母"感龙"（即"有神龙首感……"）而生下了他们的祖先。今天的彝族就分有蛙氏族、蛇氏族、龙氏族、牛氏族、羊氏族、虎氏族以及鸟氏族、龙氏族、猴氏族、熊氏族等等支系。珞巴族的虎氏族把虎称之为"阿邦""阿巴""阿洛"，即叔叔、伯伯和爷爷。普米族称青蛙为"波底阿扣"，即"蛙舅"之意。土家族是古巴人的直接后裔。他们以虎为图腾，过去土家族居住的地方大都设有白虎堂、白虎庙等，他们把"白虎"奉祀为家神。明清时代鄂西土家族还有以人祭白虎的习俗。[15]

  这些情况生动说明古蜀国的巴人同古彝族、土家族、布依族、苗族等族都是同宗共祖的兄弟。这也正是三星堆和成都金沙出土文物与我省彝族和古夜郎文化，如《夜郎祭祖祭王做彩色大经书图谱》等典籍所描绘的文物（如青铜神树和权杖等等的艺术风格、规格及形状）几乎完全相同、相近，一脉相承的真正原因。三星堆文物中许多难以解释的所谓"千古之谜"，如"三星堆文化来自何方"？"三星堆遗址居民的族属"？三星堆文明"突然从成都平原消失"？三星堆文化"受何方文化的影响"？……这些只要结合古彝和夜郎文物进行比照研究就可疑云顿释。例如三星堆遗址出土的金权杖，它并非来源于西亚或埃及法老，更非什么"星外来客"，我国不仅远在距今五六千年前的江浙良渚文化大墓中出土了显示墓主人生前身份和地位的权杖（即以"秘"相连，长68厘米，由玉质附件玉戚、玉冒、玉墩等构成的有柄首饰和柄尾的完整玉质仪杖），不仅以猕猴为图腾的古羌人狙氏族后裔西藏古格王朝曾使用过"权杖"；而且在彝族和古夜郎文物中还有与三星堆金权杖的形状、规格和风格完全相同的"权杖"图谱。甚至今天我们还可以看到纳西族大东巴进行巫事活动时使用的"灵柱"——一种杖头分节刻有神像、佛像、神兽及花卉和图形符号的法器，以及畲族和瑶族（他们都是古羌和三苗九黎的后裔）的"龙犬祖杖"[16]，等等。

1956—1957年人们在云南晋宁石寨山的滇国古墓群中，发现了一些贮贝器。有的贮贝器盖上雕刻着杀人祭祀的场面：广场上立着一根柱子，柱子上盘着一条巨蛇（这与苗族的芦笙节所立杆子完全一样），巨蛇正在吞食一人。其人上半截尚露在蛇口之外。盖子两边各放置着一面大铜鼓。周围则是参加祭祀的人们。这大概就是"权杖"最初功能和权威的显示，也是"权杖"象征权力和威严的由来。

注释：

①《山海经·海内经》云："西南有巴国。太皞生咸鸟，咸鸟生乘厘，乘厘生后照，后照是始为巴人。"

②《山海经·海外西经》："巫咸国……在登葆山，群巫所从上下也。"珂案："《路史·后纪三》乃谓神农使巫咸主筮，则巫咸神农时人也……《御览》七九零引《归藏》：'昔黄神与炎神争斗涿鹿之野，将战，筮于巫咸……'则巫咸黄帝时人也；《御览》卷七二一引《世本》宋注云：'巫咸，尧臣也，以鸿术为帝尧医。'是巫咸又尧时人也……《御览》七九引《外国图》云：'……巫咸居于此，是为巫咸民'。"

③据说巴就是鱼，鱼就是巴。至今重庆、川东、湘北靠洞庭湖一带的人民仍称鲢鱼为"鲢巴躴"，装鱼的鱼篓为"巴篓"。古代百粤民族的《狼歌》："巴吞巴，度了笼洪力。"其意就是：鱼同鱼，一齐到了深水里。

④《山海经·大荒南经》："有蔵民之国……巫蔵民盼姓，食谷，不绩不经，服也；不

稼不穑,食也。"《海内经》:"西南有巴国。大皞生咸鸟,咸鸟生乘厘,乘厘生后照,后照是始为巴人。"珂案:"《世本·氏姓篇》(秦嘉谟辑补本)云:'廪君之先,故出巫诞……'"。

⑤见《巴文化与巴族的迁徙》,巴蜀书社1991年版。

⑥⑦⑧:陈久金等《贵州少数民族天文史研究》,贵州科技出版社1999年版,第49页。

⑨何光岳:《楚源流史·前言》,湖南人民出版社1988年版。

⑩袁珂:《山海经校注》,上海古籍出版社1980年版,第450—452页。

⑩《山海经·海内西经》。

⑪《贵州少数民族天文学史研究》,第70页。

⑫杨堃:《女娲考》,《民间文学论坛》1986年第6期。

⑬⑭何星亮:《中国图腾文化》,中国社会科学出版社1992年版;《左传·昭公七年》:"昔尧殛鲧于羽山,其神化为黄熊。"《国语·晋语》:"昔者鲧违帝命,殛之于羽山,其神化为黄熊。"《汉书·武帝纪》颜师古注引《淮南子》云:"禹治鸿水,通轩辕山,化为熊。"彝族既以熊为图腾,可见其族源与鲧、启有关。

⑮陈久金等:《贵州少数民族天文学史研究》。

⑯见《云南青铜器论丛》,文物出版社1981年版。

从布依族的历史、经济与风情习俗探其族源

今天生活在贵州、云南、四川等省的布依族同胞,是壮族、侗族、水族和毛南族、仡佬族等同宗共祖的兄弟,是中华 56 个兄弟民族中的重要一员。在族别没有正式区分以前,他们统属"百濮"和夏代之后的"百越"。远在夏商以前,他们就生活在以江淮为中心的荆楚大地和长江中下游地区。后来,相继向西向南迁移。夏代以后"百越"遍布于长江以南,特别是东南沿海的广大地区。犹如《汉书·地理志》颜师古注所云:"自交趾至会稽七八千里,百越杂处,各有种姓。"其中分布在广西中北部和贵州南部一带垦食"雒田"(即以山间谷地种植水稻为生)的越人,被称为"雒越"。今天的布依族主体则是这"雒越"中的一支。

秦汉时期布依族先民主要生活在红水河、都柳江和南、北盘江流域,被称为"蛮越""夷濮"或"夷僚"。汉代以后至唐代以前,被称为"僚""俚"。其中居住在今都匀、惠水和盘江流域的则被称为"都匀蛮"和"谢蛮"。宋元时期,生活在今黔南地区的布依族大姓黄、王、吴、岑、韦则被称为"八番"。明清时期的布依同胞被称为"仲家""夷家""土家""土人""土边"等。解放前贵州布依族的大姓如黄、王、吴、岑、韦等在其族谱和家谱中说自己的祖先是北宋仁宗时随名将狄青讨伐侬智高,战后留守广西时迁来贵州的。雍正乾隆时,靖道谟等纂修的《贵州通志》和清道光年间罗绕典所著的《黔南职方纪略》均说:"仲家者(即布依族)……五代时,楚王马殷自邕管迁来。"《安顺府志》也说:"仲家……亦传奉调而来,身穿重甲,因名仲家。"因此布依族在当时亦被称为"守官僚""夷子""羿子""沙兔""仲家"。从这些称谓中亦可窥知:今日贵州各地的布依族居民,既有"外来户",如"越人""濮人""夷家"和"仲家"等,也有长期生活在此的"原居民",如"土人""土边"和"僚人"等。

我们分析:"布依"当是"濮夷"的谐音。而"濮"是我国历史上人数最多、支系纷繁、分布地域辽阔的古老民族群体,故称"百濮"。它同夏代之后的"百越"都是古苗蛮集团中的重要成员。据《逸周书·王会》"伊尹四方献令"载:早在殷商初期就有"卜(即濮)人以丹砂""犀象、翠羽、短狗"向殷商王朝进贡。公元前1106年周武王兴师讨伐商纣王时,八百诸侯影从武王会师牧野,其中就有"濮人称尔戈,比尔干,立尔矛,予其誓",参加了武王伐纣的大会战(《尚书·牧誓》《史记·周本纪》和《后汉书·西羌传》均有记载)。春秋战国时期,濮人曾长期活跃在东起江汉平原,西迄川、黔、滇、桂交界之地的广大地区。楚国西南的黔中地区则是他们的中心势力范围。《史记·楚世家》云:熊霜六年(公元前822年)去世时,"三弟争立,仲雪死,叔堪亡,避难于濮"。《正义》引刘伯庄语曰:此濮在"楚西南"。

另据《史记·西南夷传·正义》和《汉书·地理志》载:秦汉之际,濮人在"北临大江"的"益州、南戎州"(即今宜宾、川南一带)建有僰(即濮)侯国,西汉初期西南地区的夜郎及其旁诸小邑:僰、鳖、头兰、且兰、勾町、漏卧、同并都是"濮僚"为主体所建立的侯国。他们原居荆楚,中徙巴蜀,后落脚于川黔滇之交的广大地区。其中"鳖"国则是楚人鳖灵"为蜀国望帝(杜宇)之相"时,"因凿山治水有功,望帝以国禅让"于他所建(《风俗通》)。何光岳等人还说夜郎及其旁诸小邑居民"濮僚"中的僚人原称娄,为夏人大禹之后,少康的后裔。曾居于杞地,后因受到商人的打击,迁居于江汉一带……周代时因楚人的征讨,再次向西南迁徙。故黔、滇、四川、两广均有分布(陈久金等:《贵州少数民族天文学史研究》)且都是炎帝神农及重黎、吴回的后裔。《史记·楚世家》曰:楚之先祖出自高阳(颛顼),"高阳生称,称生卷章,卷章生重黎(和吴回)……""吴回生陆终,陆终生子六人,拆剖而产焉。其长一曰昆吾,二曰参胡,三曰彭祖,四曰会人,五曰曹姓,六曰季连,芈姓,楚其后也……其后中微,或在中国,或在蛮夷。"《大戴礼·帝系》亦曰:高阳"产老童(谯周曰:'老童'即卷章),老童产重黎及吴回,吴回产陆终。陆终氏娶鬼方氏之妹谓之女嬇氏产六子……其一曰樊,是为昆吾;其二曰惠连,是为参胡;其三曰籛,是为彭祖。其四曰莱言，是为云邹人；其五曰安，是为曹姓；其六曰季连，是为楚姓……昆吾者卫氏也，参胡者韩氏也，彭祖者彭氏也，云邹人者郑氏也，曹姓者邾氏也，季连者楚氏也"（"鬼方氏"即"狙方氏"或"狙尾氏"，是伏羲之妻，女娲氏的娘家）。

《山海经·海内经》曰炎帝神农之裔"祝融（即重黎、吴回）降处江水生共工，共工生术器（和后土）……"，并曰黄帝之孙韩流"取淖子曰阿女（即濮人之女昌濮），生帝颛顼"。而据《史记·楚世家》和《大戴礼·帝系》以上所云：重黎和吴回乃颛顼高阳之孙。由此可证颛顼、共工、重黎、吴回等均系炎神农和黄帝轩辕的后裔，彼此有着血脉相连的亲缘关系。

在尧舜禹之前的千百年间，布依族先民，"步十日四时""霸九州""平九土"，曾为帝喾高辛"水正"的共工之裔后土等人，子承父业为民治山治水，建立了不朽功勋。被人们遵奉为"社神"和"四岳长"。唐尧之世，全国出现了空前的大水灾"洪水滔天""无所止极"。"四岳长"一齐举荐大禹之父伯鲧治水。鲧治水未能取得成功而被舜"殛之于羽山，副之以吴刀"之后（《吕氏春秋》），鲧仍不忘被洪水所困扰的天下百姓，为了完成其治水大业，竟"鲧腹"生禹。迫使虞舜之权威不得不为之敛息，"卒命禹（承父业）布土以定九州"（《山海经·海内经》）。大禹治水时，"共工之从孙'四岳'佐之，高高下下，疏川导滞，钟水丰物……"，其功甚伟。因此，夏王朝建立后，"四岳"得到了夏代君王的册封和重用："祚四岳国，命以侯伯，赐姓曰'姜'，氏曰'有吕'"，"使绍炎帝之后"（《国语·周语下》）。宋邓名世《古今姓氏书辩证》亦曰："（炎帝）裔孙佐禹治水，为尧四岳之官。以其主山岳之祭，尊之太岳，命为侯伯，复赐祖姓，以绍炎帝之后。"此时共工陆终之后彭祖一支的彭氏族长彭寿与夏代君王的关系尤为密切。他曾以一方诸侯的身份参加了大禹的"涂山之会"而被"封于豕韦，世伯夏商"。夏启十一年（公元前2154年），彭寿又奉命率彭国军队，平定了夏启长子武观在河西的反叛，因功高而晋爵为"彭伯"。其后彭伯又出兵助少康夺回王位，立下大功。少康复位后论功行赏时，彭寿的庶孙元哲被封回"豕韦"。这就是《中国韦氏通书》所载的"夏少康以古帝王号'豨韦氏'，赐封予大彭，别孙元哲于豕韦"之史实。元代梁益《诗传旁通》亦曰："颛顼孙（应为重孙）陆终之子曰篯，篯之子曰铿，封于彭，是为大彭。彭祖以雉斟养性，事放勋（尧）。夏之（少康）中兴，别封其孙元哲于韦，是为豕韦，迭为夏伯。"其后元哲之"苗裔"遂以（韦）国为姓。（张为纲：《水族来源试探》）这便是今日布依族和水族大姓"韦"氏的由来。鲜活的历史和现实告诉我们：以共工为始祖的布依族，原是一个居于水乡泽国，且以水稻种植和治水捕鱼为业的古老民族，素有"水稻民族"之称。至今流传在布依族民间的谚语："二月动犁，三月播种，八月收割"，"动作稍迟则苗子不盛，夏初无雨则收必歉"（《黔南识略》）和"三月时节宜下种，四月天气好插秧。披星戴月把活干，秋来五谷才满仓"（布依《祭歌·嘱咐男儿》）以及"女婿打鱼，家族撒网""早晚去撒网，逮鱼放船上"（布依古歌《超存经》）等等即是布依同胞重视水稻种植和捕鱼为生的有力印证。再从布依同胞的生活习俗：依山傍水而居，爱糯食、喜酸辣、嗜鱼虾、好饮酒……其服饰图案多为水波纹、漩涡纹、鱼骨纹和源于鱼图腾的三角纹、菱形纹以及源于龙（蛇）崇拜的龙蛇纹等证明：布依族与同宗共祖的水族等同胞一样是一支最早生活在江南水乡，以"稻饭鱼羹"为生的民族。从其承传于民间的神话故事和古歌《力戛撑天》《勒戛射日与芦葫救人》等分析，故事的主人公"力戛"和"勒戛"就是重黎和吴回（"力"是"黎"的谐音；"勒"是"雷"和"回"的谐音，吴回亦名吴雷）。力戛撑天和勒戛射日折射了"重黎为帝喾高辛居火正，甚有功，能光融天下"和"吴回为重黎后，复居火正，为祝融"及其子侄共工，在父辈重黎被帝喾高辛诛杀之后，起兵反抗，誓与"帝喾"一决雌雄的斗争故事（《史记·楚世家》）。与同宗共祖的壮族、水族和侗族等一样，布依族同胞至今仍保持着吴回、共工、后土及其百越集团长期居处江南水乡温热、潮湿气候所养成的生活习俗及其社会文化特征，诸如：一、文身断发或编发椎髻；二、嗜食水产，善于烹调；三、依山傍水，好为楼居；四、习于水斗，善于行舟；五、水田稻作，男耕女织；六、贵铸铜鼓，节日婚娶以击鼓吹笙为乐；等等。男耕女织，男主外，女主内，是布依族同胞在家庭经济生产过程中的传统自然分工。男性户主承担田间的重体力劳动，如犁田、打耙和砍伐、运输，等等；而妇女在家庭中除从事做饭、缝洗衣服、抚育孩子和饲养猪、牛、鸡、鸭等烦琐家务劳动外，还要纺纱织布，从事蜡染、刺绣等家庭手工劳作。在布依人家，几乎每家每户都有竹木制作的纺纱车和织布机。

布依族同胞的服饰，具有"男朴女繁"，且以宽松的身、袖、腿为特征。男性穿着一般为青色对襟衣，大裤脚，青、白或花格头帕。妇女服饰则多变化而多样，以裙为主。其衣裙皆用蜡染、刺绣、织锦图案作装饰。但不论男女，都以"宽松"为特征。因为宽松的衣服，不仅在炎热的气候条件下能通风解热，便于纳凉；而且便于过河涉水和水田劳作。

布依同胞好饮酒，好糯食，好食狗肉和酸辣食物，"三天不吃酸，走路打偏偏"。酸汤鱼、酸辣椒、酸菜、酸萝卜、酸黄瓜，是他们几乎每天不离的食品。酸菜、狗肉以及甜酒和白酒，具有消积化食、滋补益气和祛风除湿的作用。这些饮食习惯显然同长年在温热、潮湿的气候条件下，从事水稻生产活动，如打田、栽秧、薅秧等等常在水中浸泡有关。种水稻，住干栏屋，是古代百越民族最基本的文化特征。《魏书·系传》云："依树积木，以居其上，名曰干栏。"六七千年前的浙江余姚河姆渡居民，住的就是这种"干栏"屋。水乡居民住此"干栏"屋，既可以防潮，还可防范虫蛇和猛兽的侵袭。今天的布依同胞沿袭了百越先民的住房习俗，仍"依山傍水，好为楼居"，并在村寨周围，环以茂密的树木、竹林或芭蕉林。

此外，布依族同胞的宗教信仰及其竹崇拜、龙蛇崇拜和节日、婚丧礼仪，不仅承传了夏禹之父"以龟为图腾，修己以蛇为图腾"（陈久金等《贵州少数民族天文学史研究》）和"闽、东南越蛇种"（许慎《说文》）以蛇为图腾的古老习俗，且其"一般风俗中的婚嫁、丧葬等"均"与汉人极相近似"（贵州民研所：《民族研究参考资料》第15集）。

布依族民间的许多节日，如春节初一，妇女抢早争挑"金银水"，节日期间玩龙灯，耍狮子，唱地戏……三月三祭土地，四月八牛王节，喂牛甜酒和糯米饭；五月端午节吃粽子、喝雄黄酒、门楣上挂艾蒲；六月六祭祖，河中洗澡去不祥；七月半祭祀亡灵，烧纸放冥船；八月中秋节，打糯米粑，偷南瓜、葵花、花生为人祈子；九月重阳登高，祓不祥……均与汉族和其他兄弟民族的节日"极相近似"，只不过随着时间的推移和地域环境的改变，某些节日的活动内容有所增加或删减罢了。如农历五月初五的端午节，布依族同胞淡化了划龙舟纪念屈原的内容，而增加了纪念本民族起义领袖杨元保于清代咸丰四年（1854年）率众起义，击败八寨游击和独山州牧，威震黔南，后因清军增兵，义军寡不敌众，不幸兵败南丹，被俘后遇害贵阳的内容。

凡此种种充分说明：布依族同壮族、水族、侗族、毛南族、仡佬族等兄弟民族一样，都是炎帝神农、黄帝轩辕、战神蚩尤及其重黎、吴回、共工的后裔，亦是汉族同胞同宗共祖的兄弟。

郑州商城非成汤亳都考

　　1955年我国考古工作者在河南省郑州市发现的3600年前的古都城遗址，近半个世纪来，一直为人们所关注，特别是历史和考古学界的学者们，无不为之怡然，经碳14等科学手段测定，这是公元前1600年左右的商代都城遗址。它由宫城、内城、外郭城和护城壕等组成，是一座拥有完整的防御体系和规划布局的都城遗址。其面积约13平方千米。从它所拥有的城墙（中城城垣周长6960米，面积约300万平方米）、宫殿（在几十个宫殿基址中，最大的面积达2000平方米）、手工作坊（其中有铸铜作坊基址2个，制骨作坊基址和制陶作坊基址各1个）、祭祀窖藏（贮藏有青铜器、玉器、原始瓷器等大批商代遗物）、青铜礼器（已出土精美青铜礼器200余件，其中最高者达1米）、防御设施和配套的供排蓄水系统来看，完全可以肯定：它是我国迄今所发现的商代最大的一座王都！因此，有不少学者惊呼："它是我国迄今发现的第一座具有一定规划布局的都城遗址。""其规模之大，不仅在中国早期都城中名列榜首，而且在世界同期的都城中，也是鹤立鸡群。""两河流域的巴比伦城（前1894—前1595）、亚述城（前2500—前1500），印度河流域的摩亨佐·达罗和哈罗巴城等，其规模和建置都比不上郑州商城。"在郑州商城发现的大量文物精品中，"还发现了一批王室重器——青铜礼器。可以说享誉世界的商周文化，或者说青铜文明，就是从这里开端"；它"是中国建都史承前启后的里程碑"；"是以安阳殷墟为代表的殷商文化的源头"；"是研究先商文化和夏文化最有权威的基点"；"是中国文明探源工程一个耀眼的光环"；"是河南省会郑州一个永远闪光的品牌"（《郑州商城原为商初亳都——郑州商都3600年学术座谈专家发言摘要》，《光明日报》2003年12月11日）。史学和考古学家们几乎异口同声地肯定说："郑州商城是商王朝第一个国都。""从建筑形制规模、青铜时代的象征——青铜器以及手工业作坊、贵族墓地的规格等主要文化特征将三者比较（即从地望、文化内涵、出土文字等方面将其同偃师'汤亳'、山西'垣亳'加以比较——引者注），郑州商城应为商王朝建立后第一位商王成汤的首都，偃师商城为镇抚夏遗民而建立的具有战略意义的城邑（或陪都），垣曲商城为具有军事意义的城邑（或方国都邑）"（《郑州商城原为商初亳都——郑州商都3600年学术座谈专家发言摘要》，《光明日报》2003年12月11日）。

诚然，郑州商城在迄今发现的商代城市遗址中，确实是一座最具规划布局和防御体系的都城遗址。从其形制规模和城墙、宫殿、手工业作坊、墓葬窖藏与祭祀遗址及其出土的大量精美并富于都城文化内涵的青铜礼器等等来考察，它无疑是当时商朝的政治、经济、军事和文化中心，是商代最雄伟的一座王都。但它是否是商代最早的一个王都，是否就是商朝的开国之君成汤伐桀灭夏之初所居的第一个商王都城，即历史上所说的"汤亳"？商周文化或青铜文化是否从这里开端？这就需要做进一步的研究和考证了。

要肯定或者否定郑州商城是成汤开国"始居"的亳都，最关键的问题是要看成汤伐桀灭夏的具体时间是不是公元前1600年。如果成汤伐桀，夏代灭亡的具体年代是"夏商周断代工程"组所推定的公元前1600年；而碳14测定的郑州商城的建城年代也正好是公元前1600年左右，那么我们就可以肯定郑州商城就是成汤所建的亳都了。如果成汤伐桀灭夏的时间不是公元前1600年，那么商城为"汤亳"之说就值得考虑了。

如此则成汤伐桀，夏代灭亡究竟是哪一年呢？我们通过对商周两代已知历史典籍和出土文物、青铜铭器（如商末西周的数十件青铜铭器）所载纪历天象的推算和分析论证，得出了与"夏商周断代工程"组不太一致的结论，即成汤伐桀夏亡为公元前1735年（详细材料可阅拙著《中华文明七千年初探》，人民出版社2002年版，第292—331页）。如《汉书·律历志·世经》载："成汤方即世用事十三年十一月甲子朔。"并曰："成汤方即世崩没之时，为天子用事十三年矣。……《书·序》曰：成汤既没太甲元年……惟太甲元年十有二月乙丑朔伊尹祀于先王。"这些记载与《尚书·商书·伊训》所载"成汤既没太甲元年，伊尹作伊训"及"惟元祀（太甲元年）十有二月乙丑朔，伊尹祠于先王"完全一致，只是《世经》"成汤用事十三年十一月甲子朔"《尚书》改记成了"太甲元年十有二月乙丑朔"。这是因为太甲即位改了建正，即将成汤"十一月甲子朔"改成了太甲"十二月乙丑朔"，仅在时间上晚了五个多小时。经推算，"成汤方即世用事十三年十一月甲子朔"为公元前1723年。是年前子月（冬至月）朔己巳430分，即子正一月朔己巳；二月朔戊戌929分；三月朔戊辰488分；四月朔戊戌47分；五月朔丁卯546分；六月朔丁酉105分；七月朔丙寅604分；八月朔丙申163分；九月朔乙丑662分；十月朔乙未221分；十一月朔甲子720分……从"甲子"日720分至"乙丑"日，仅差220分，即五时三十七分（940－720）÷940＝X÷24；X＝5.617（小时）。

既然"成汤方即世崩没之时，为天子用事十三年"亦即"太甲元年"是公元前1723年，则成汤伐桀夏亡（即成汤方即世）之年自然便是公元前1735年了（1723＋13－1＝1735）。

用同样的方法，我们还可以通过《世经》等典籍所载"自（成汤）伐桀至武王伐纣六百二十九岁"和武王伐纣的确切年代的推算，得出与上述推算结果完全相同，即成汤伐桀为公元前1735年的结论。这就是说商朝从成汤伐桀灭夏，建国，到周武王伐纣，商代灭亡，商之积年凡629年。倘若我们知道武王伐纣的具体年代，那么成汤伐桀（即成汤元年）为公元前何年自然就清楚了。因此，武王伐纣的具体年代，亦成了郑州商城是否为成汤"亳都"的关键。

关于武王伐纣克商的具体年代，除了"夏商周断代工程"组所推定的公元前1046年外，我们根据《史记》《尚书》《逸周书》《竹书纪年》以及殷末、西周时期的青铜铭器的纪历天象等百十起资料，用太岁纪年法和四分历术，已准确推得武王伐纣克商的具体时间为公元前1106年的殷历二月初五甲子日（详见拙著《中华文明七千年初探》）。例如，据《竹书纪年》记载："帝辛（纣王）四十一年春三月，西伯（文王）昌薨。"武王即位。"（帝辛）五十二年周始伐殷。"即知"周始伐殷"为武王十一年；而《尚书·泰誓上》等明确载云："惟十有一年武王伐殷，一月戊午师渡孟津。"《尚书·周书·武成》云："武王伐殷……惟一月壬辰旁死魄，越翼日癸巳，王朝自周于征伐商……戊午师渡孟津，癸亥陈于商郊……甲子昧爽受（纣王）率其旅若林，会于牧野。"《史记·周本纪》云："（武王）十一年……戊午师渡盟（孟）津……二月甲子昧爽，武王朝至于商郊牧野……帝纣闻武王来亦发兵七十万人拒武王……武王驰之，纣兵皆崩畔纣。纣走……自燔于火而死。"《逸周书·世俘》亦云："惟一月丙午旁生霸（魄），若翼日丁未，王乃步自周，征伐商王纣。越若来二月既死魄，越五日甲子朝至于商，则刘（刹）商王，执矢恶臣百人。"这些记载不仅一致说明了武王伐纣的年代是武王十一年（亦即帝辛纣王五十二年），而且还将武王伐纣的具体日期和经过作了比较翔实的记载。我们将这些记载略加梳理，即为：武王十一年"一月壬辰旁死魄，越翼日癸巳，王朝自周于征伐商"，"一月丙午旁生魄，若翼日丁未，王乃步自周"，"一月戊午师渡孟津"，"二月既死魄"，"癸亥陈（师）于商郊"，"甲子昧爽，受率其旅若林，会于牧野""纣兵皆崩畔纣""纣走……自燔于火而死"。

依据这些记载，我们用中华传统历术进行推算，得该年为公元前1106年。是年建丑，前子月（冬至之月）朔辛酉557分；一月朔为辛卯116分，"旁死魄"是"壬辰"为一月初二，"癸巳"为一月初三，"旁生魄"是"丙午"为一月十六，"丁未"为一月十七，"戊午"为一月二十八，"二月既死魄"即二月朔日为庚申（615分合朔），"癸亥"为二月初四，"甲子"为二月初五。这就是说：武王伐纣是公元前1106年。其详细经过是：一月初二壬辰（旁死魄），第二天初三癸巳，武王的军队从国都出发去讨伐商纣王（越翼日癸巳，王朝自周于征伐商），一月十六日丙午（旁生魄），第二天十七日丁未，周武王从周之都城来到了周军营地（一月丙午旁生魄，若翼日丁未，王乃步自周），一月二十八日戊午周军渡过孟津（一月戊午师渡孟津），二月初一庚申为月朔（二月既死魄），二月初四癸亥，周军陈兵于商都朝歌城郊（癸亥陈于商郊），二月初五，甲子清晨，周军与商纣王之军会战于牧野，商军崩畔，纣王败走，自焚而死（甲子昧爽，受率其旅若林，会于牧野。纣兵皆崩畔纣。纣走……自燔于火而死）。

武王伐纣既为公元前1106年，则成汤伐桀之年自然就是公元前1735年了（1106＋629＝1735）！我们用多种方法推算得知成汤伐桀（即"成汤方即世"）的具体年代是公元前1735年，这比郑州商城的建城年代公元前1600年，早出了130余年。倘若我们用"夏商周断代工程"组所说的武王伐纣之年为公元前 1046 年来计算，则汤王元年（即成汤伐桀之年亦应为公元前 1675 年（1046＋629＝1675）），也比用碳 14 测定的郑州商城的建城年代（公元前 1600 年），早出了 75 年。这就是说，建城于公元前 1600 年左右的郑州商城，绝不是成汤伐桀灭夏之初所居的"商王朝第一国都"，即历史上所称的成汤"亳都"；而是成汤即世 130 余年后的某一位商王所建的都城。

那么郑州商城究竟是商代哪位国王所建的都城呢？我们先看看《史记·殷本纪》的有关记载："汤始居亳，从先王居……汤既胜夏……诸侯毕服，汤乃践天子位。""汤崩，太子太丁未立而卒，于是乃立太丁之弟外丙，是为帝外丙。帝外丙即位三年，崩。立外丙之弟中壬，是为帝中壬。帝中壬即位四年，崩。伊尹乃立太丁之子太甲。太甲成汤适（嫡）长孙也，是为帝太甲，太甲元年，伊尹作《伊训》……太宗（即太甲）崩，子沃丁立。帝沃丁时，伊尹卒，既葬伊尹于亳……沃丁崩，弟太庚立，是为帝太庚。帝太庚崩，子帝小甲立。帝小甲崩，弟雍己立，是为帝雍己。殷道衰，诸侯或不至。帝雍己崩，弟太戊立，是为帝太戊。帝太戊立，伊陟为相……殷复兴，诸侯归之，故称中宗。中宗崩，子帝中丁立。帝中丁迁于隞。……帝中丁崩，弟外壬立，是为帝外壬……帝外壬崩，弟河亶甲立，是为帝河亶甲。河亶甲时，殷复衰。河亶甲崩，子帝祖乙立，殷复兴，巫贤任职。祖乙崩，子帝祖辛立。帝祖辛崩，弟沃甲立，是为帝沃甲。帝沃甲崩，立沃甲兄祖辛之子祖丁，是为帝祖丁。帝祖丁崩，立弟沃甲之子南庚，是为帝南庚。帝南庚崩，立帝祖之子阳甲，是为帝阳甲。帝阳甲之时，殷衰。自中丁以来，废适（嫡）而更立诸弟子，弟子或争相代立，比九世乱，于是诸侯莫朝。帝阳甲崩，弟盘庚立，是为帝盘庚。帝盘庚之时，殷已都河北，盘庚渡河南，复居成汤之故居，乃五迁无定处……乃遂涉河南治亳……殷道复兴。诸侯来朝，以其遵成汤之德也。"

从以上这段记载，我们得知：1. 从成汤始亳到盘庚迁殷，这中间商朝曾经历三度兴衰：一是帝雍己时"殷道衰，诸侯或不至"，而帝太戊时"伊陟为相，殷复兴，诸侯归之"；二是帝河亶甲时"殷复衰"，而帝祖乙时"殷复兴，巫贤任职"；三是帝阳甲时"殷衰"、"诸侯莫朝"，而帝盘庚之时"殷道复兴，诸侯来朝，以其遵成汤之德也"。2. 从成汤始居亳都到第十九代商王盘庚时，殷商曾经历过两次或多次迁都：一次是第九代商王帝太戊"殷复兴"，即"中宗"复兴之后，"中宗崩，子帝中丁立。帝中丁迁（都）于隞"；另一次是帝"盘庚之时"从"已都河北……遂涉河南治亳"，即从黄河以北迁回黄河以南的"成汤之故居"。尽管在帝盘庚之前，曾发生过"殷已都河北"以及帝中丁以后曾出现过"子弟或争相代立，比九世乱"等动荡情况，这中间也很可能发生过迁都问题。但从信史《史记》等的记载来看，商代盘庚以前不论是两次还是多次迁都，总而言之，发生在黄河以南地域的仅只两次。一次就是"帝中丁迁于隞"；一次就是帝盘庚从"已都河北"迁回河南"复居成汤之故居"。除此，即使有过迁都之事，其地址也是在黄河以北。而郑州商城却位于黄河以南。由此可知：郑州商城只可能是帝中丁时所迁的隞都或帝盘庚"遂涉河南（所）治（之）亳"了。

它会不会是盘庚所治之"亳"呢？结论应该是否定的。因为盘庚迁殷的年代，我们用《竹书纪年》所载："自盘庚徙殷至纣灭二百五十三年"来推算，当为公元前1359年，即武王伐纣公元前1106（年）+253＝1359（年），那它比郑州商城的年代（公元前1600年）则已晚去301年！若按"夏商周断代工程"组武王伐纣为公元前1046年的说法，则盘庚迁殷应为公元前1299年（1046＋253＝1299），这显然也晚于郑州商城241年矣！所以我们认定这郑州商城既不可能是成汤伐桀之年所居的亳都，也不可能是盘庚迁殷后所治之"亳"，而只能是商王"中丁"所迁之隞都了。

这个结论是否可靠呢？我们可从以下几个方面来加以分析确定。1.从成汤伐桀"践天子位"到中丁为帝，商王朝共经历了"成汤——外丙、中壬——太甲——沃丁、太庚——小甲、雍己、太戊——中丁"5代和9位商王。在这9位商王中，有的在位13年（如成汤），有的在位3年（如外丙），有的在位4年（如中壬），有的在位几十年（如太甲。据《史记》载："帝太甲既立三年，不明，暴虐，不遵汤法，乱德。于是伊尹放之于桐宫。三年，伊尹摄行政当国，以朝诸侯。帝太甲居桐宫三年，悔过自责，反善，于是伊尹迎帝太甲而授之政。帝太甲修德；诸侯咸归殷，百姓以宁。伊尹嘉之，乃作《太甲训》三篇，褒帝太甲，称太宗。"《帝王世纪》载："伊尹名挚，为汤相号阿衡，百岁卒，天雾三日……"可知太甲在位年数不短）。如果以平均在位年数为 15 计，则 9 位商王，从成汤到中丁即位之前，其在位年数共约 135—180 年的样子。这与成汤伐桀灭夏建立商朝即公元前 1735 年到郑州商城的年代公元前 1600 年相距 135 年，刚好相吻合！2. 建都迁都，尤其像郑州商城这样规模宏伟的城建工程，非有十分强大的国力和财力是绝不可能进行的。这在国运衰微、"乱德""复衰"的年代是根本无法想象的。它只有在国家经过了较长时期的稳定发展，国力比较强盛，人民安居乐业的中兴之世才有可能。从上述《史记·殷本纪》提到的商王朝几度兴衰的情况来看，也只有第 9 位商王，"太戊当政""伊陟为相……帝从伊陟之言，大修其德""殷复兴，诸侯归之，故称中宗"即太戊中兴之后的帝中丁时期，才具备了这种条件。因此，《史记》所载：帝太戊"中宗崩，子帝中丁立。帝中丁迁（都）于隞"是完全信实的。3. 隞在何处？《史记正义》引《括地志》云："（隞位于）荥阳，故城在郑州荥泽县西南十七里，殷时敖地也。"说得明明白白、清清楚楚："隞"之"故城"就在今天的郑州！

再说，商丘为南亳，即成汤始都；偃师为西亳；宋州（商丘）北五十里的大蒙城为景亳，即汤王盟地，在古籍中已有明确交代。如《史记·殷本纪·正义》引《括地志》云："宋州（即商丘）谷熟县西南三十五里（为）南亳故城，南亳，汤都也。宋州北五十里大蒙城为景亳，汤所盟地，因景山名。河南偃师为西亳，帝喾及汤所（徙之）都，盘庚亦从都之。"《集解》皇甫谧亦曰："梁国谷熟为南亳，即都也。"《正义》还说："（西）亳，偃师城也……故城在洛州偃师县西十四里。本帝喾之墟，商汤之都也。"《集解》皇甫谧云：成汤"为天子十三年，百岁而崩"。其葬地在"洛州偃师县东六里"之"桐宫"附近（《括地志》）。这大概就是成汤去世之后，其长孙"太甲既立三年，不明，暴虐，不遵汤法，乱德"，伊尹其所以"放之（太甲）于桐宫"，令其在桐宫（即成汤灵寝前）而不是别的地方，进行"悔过自责，返善"的真正原因。此外，《正义》对商王中丁所迁之"隞"，其地并非汤之南亳或西亳，也有明确交代："汤自南亳迁西亳，中丁迁隞。"三者并非一地。而盘庚"遂涉河南（所）治（之）亳"，亦非隞而为"今偃师是也"。

基于以上的分析和推算论证，我们完全可以肯定：郑州商城绝非成汤伐桀灭夏之初所居的亳都。由此亦可以说明：商王朝的建立和初兴其年代也比人们所说的公元前1600年早出了130余年（即公元前1735年）。从成汤建国开始的殷代文明，发展到130余年后的中丁时期，以郑州商城为代表性标志的殷商物质文明和精神文明，已经进入了一个辉煌的时代。郑州商城200余件精美青铜礼器的出土，为商代的青铜文化史写下了光辉灿烂的一页！

《红楼梦》为曹雪芹自传性小说考

1921至1922年间,胡适和俞平伯先生相继提出了:《红楼梦》为曹雪芹自传性小说,曹雪芹就是贾宝玉的见解(见胡适《红楼梦考证》、俞平伯《红楼梦辨》)。后来,这种观点遭到了好些红学专家的反对。他们认为:《红楼梦》是一部反映当时现实阶级斗争的书,是封建社会的百科全书。把这一部破石惊天,具有强烈的思想锋芒的作品,说成是自传性的小说,似乎就贬低了《红楼梦》的思想与艺术价值,就"完全抹杀了《红楼梦》所反映的阶级和阶级斗争的社会内容,取消了这部小说的暴露和批判封建制度的历史价值,否定了它的艺术典型的概括意义"(李希凡:《红楼梦·前言》,人民文学出版社1974年版)。

今天,我们尽管可以找出许多事实来说明:"自传性"的小说,甚至是纯自传的纪实文学,也未必就不具有强烈的思想锋芒和文学、艺术价值。我们只想指出即使那些反对《红楼梦》为自传性小说的专家和学者们,却也在苦心寻找《红楼梦》中的荣宁二府和大观园的"旧址",并且也不能不承认这些事实:

一、《红楼梦》中的贾府家世同曹府家世有着许多惊人的相似之处。

《红楼梦》中四大家族贾、史、王、薛的衰亡败落,既是清代王朝贵族生活的缩影,也是曹雪芹家"赫赫扬扬"数十年宦海浮沉的缩影。曹雪芹的先人原是汉人,后来入了满洲旗籍,成了正白旗包衣,并由奴才升成了清代皇家的亲信官僚。从曹雪芹的曾祖父曹玺、祖父曹寅到其父辈曹颙、曹頫等祖孙三代,连任江宁织造六十余年。曹玺曾于顺治五年(1648年)"因随王师征山右建绩"被"世祖章皇帝拔入内延二等侍卫。管銮仪事,升内工部(即内务部工部)郎中"之职,康熙二年(1663年)出任江宁织造,丁巳(1667年)、戊午(1678年)两次陛见"赐御宴、蟒服、加正一品,更赐御书('敬慎')匾额手卷"（见康熙二十三年未刊稿本《江宁府志》卷十七"宦迹·曹玺传"）。其妻孙氏是康熙帝玄烨的奶母。孙氏之侄孙文成亦为杭州织造。曹寅不仅是康熙帝的奶兄弟，且少年时代还做过康熙玄烨的伴读，交情甚厚。曹寅任江宁织造时，曾四次接驾康熙。公元1699年己卯四月，康熙第三次南巡就"驻跸于江宁织造之署。曹世受国恩，与亲臣世臣之列，爰奉母孙氏朝谒。上见之色喜，且劳之曰：'此吾家老人也。'赏赉甚渥。会庭中萱花盛开，遂御书'萱瑞堂'三字以赐"（见陈康祺《壬癸藏札记·郎潜三笔》）。曹寅的长女康熙四十五年（1706年）嫁多罗平郡王，为纳尔苏王妃。其子福彭于雍正四年（1726年）七月袭爵为罗平敏郡王。曹寅的妻子李氏，是苏州织造李煦的堂妹。李煦亦是正白旗包衣，同曹寅一样受到康熙的宠信，除任苏州织造外，还兼任巡视两淮盐课监察御史等职，是曹家的一门主要亲戚。曹寅之子曹颙亦是一位办事谨慎"拿起笔来也能写作，是个文武全才之人"，很受康熙赏识（见《关于江宁织造曹家档案史料》，中华书局1975年版）。曹颙之妻马氏娘家同是江南望族，亦是正白旗包衣。其父辈马桑格亦曾任江宁织造和湖广、山东等地巡抚、漕运总督、吏部尚书。就是后来被革职抄家的曹頫，也是一个"好古嗜学，绍闻衣德"，似是忠厚老实而有学问的人（见冯其庸《梦边集·曹雪芹家世史料的新发现》，陕西人民出版社1982年版）。曹府及其亲戚孙、李、马三家，因属正白旗包衣出身，在顺治、康熙年间，同为江南织造，是"连络有亲"的朝官，亦同于雍正年间走向衰亡败落。曹、孙、李、马同《红楼梦》中的贾、史、王、薛一样，都是"四家皆连络有亲，一损俱损，一荣俱荣"的亲戚关系。

曹雪芹青少年时代，就生活在这样一个"所赖天恩祖德""锦衣纨裤""饫甘餍肥"（《红楼梦》开卷第一回作者自云）的望族之家。后来由于家庭的祸变与衰败，世态炎凉、人间冷暖，他养成了"接䍦倒著""白眼向人""抑塞不拔"的"傲骨"和"奇气"（见敦诚、敦敏诗句）。乾隆八年（1743年）曹雪芹经亲戚介绍，以贡生科名，进入右翼宗学任助教。乾隆十五年（1750年）他却辞去宗学教职"偕妻迁出岳家，暂时寄居于卧佛寺边院"并自号为芹溪居士（见徐恭时：《新愁旧恨知多少》，载《我读红楼梦》，天津人民出版社）。约在乾隆十六至二十一年（1751—1756年）间，曹雪芹偕同长得很漂亮的妻子，移居北京西山。其后爱妻亡去……这些情节与《红楼梦》中的贾宝玉少年得意、后来堕入空门的情景何其相似！

二、曹府及其亲朋的遭遇、经历与变迁大都可以从《红楼梦》中找到相同或相似的影子。

远的不说，曹寅的学问、人品、官职，几乎可同《红楼梦》中"自幼酷喜读书，为人端方正直""谦恭厚道""现任工部员外郎"（见《红楼梦》第二、三回）的贾政画等号。曹寅长女纳尔苏王妃亦可与《红楼梦》中的贾政长女元春（贤德妃）画等号。曹寅长女康熙四十五年（1706年）嫁罗平郡王，不幸"先逝太早"（见《红楼梦》甲戌脂批本子元妃省亲与宝玉相会时的旁批），而《红楼梦》中的贾元春被圣上"封为凤藻宫尚书""贤德妃"，亦于甲寅（1734年）年十二月十九日去世，享年仅四十三岁（见《红楼梦》第九十五回），确实是一朵凋谢太早的芳葩。曹寅之妻李氏的堂兄李煦，与《红楼梦》中的林如海类似。李煦为苏州织造，并兼任巡视两淮盐课监察御史等职，而林如海亦是苏州织造，乃"前科的探花，今已升兰台寺大夫""钦点为巡盐御史"（见《红楼梦》第二回）。只是在《红楼梦》中林如海不是贾政的内兄而是妹夫罢了（在小说中作为贾政之妻王夫人的兄长出的是京营节度使，九省统制王子腾）。

雍正五年（1727年）曹府被抄家时，得到怡亲王胤祥的"照看"与"照拂"。雍正在曹頫请安折上的批语云："你是奉旨交与怡亲王传奏你的事的。诸事听王子教导而行……除怡亲王外，竟不可用再求一人托累自己……若有人恐吓诈你，不妨你就求问怡亲王，况王子甚疼怜你，所以朕将你交与王子。主意要拿定，少乱一点。坏朕声名，朕就要重重处分，王子也救你不下了。特谕。"被抄的只是曹雪芹他叔叔（曹頫）家（见吴恩裕：《曹雪芹丛考》，上海古籍出版社）。这同贾府被抄家时贾政一房获北静王照拂"主上甚至怜悯""不忍加罪"仍保留了他家"工部员外之职，所封家产，只将贾赦的入官，余俱给还"（见《红楼梦》一〇七回）的情形是一致的。

曹家祖孙三代连任江宁织造六十余年。康熙六次南巡。其中曹寅接驾四次。公元1699年己卯四月康熙第三次南巡时，驻跸于曹寅之府，曹寅接驾"金钱滥用比泥沙"（张符骧诗），连康熙也觉太奢华了。故第四次南巡（康熙四十二年）前，康熙还再三叮嘱："千万不可如前岁伺候"。而《红楼梦》中的甄家即托名"假"（贾）府的"真"家，亦是接驾四次，其中一次"把银子花的象淌海水似的"（《红楼梦》第十六回），连贾元妃省亲也点头叹道："太奢华过费了"！

《红楼梦》中描写的许多人物和故事情节大多取材于曹家亲友及其生活与经历。即是甄（真）贾府中的几个"少有的"好姐妹，也为曹家所"必有"（见《红楼梦》甲戌本第二回脂批）。

贾府未被抄家时是在江宁（即今天的南京）。曹雪芹直至晚年仍对江南金陵的生活十分怀恋。敦敏《瓶湖懋斋记盛》引曹雪芹的话说："我谓江南好，恐难尽信……他日若有江南之行，遍尝名馔，则今日之鱼何啻小巫见大巫矣！"曹雪芹对其友人敦敏，曾不止一次感叹"江南风光好，我爱秦淮水"。敦敏在《赠芹圃（即雪芹）》的诗中亦曾多次提到"秦淮风月忆繁华"。而《红楼梦》描写的贾府亦正好是在金陵。（《红楼梦》第二回：雨村道："去岁我到金陵时，因欲游览六朝遗迹，那日进了石头城，从他（贾府）宅门前经过．街东是宁国府，街西是荣国府，二宅相连，竟将大半条街占了。"）据黄之隽《游金陵城西北记》及裕瑞《红楼梦书后》所云：《红楼梦》中的大观园就是袁枚的随园，原为"曹家故址"后入官为随赫德所有，故曰"随园"。此有随赫德于雍正六年（1728年）二月给皇上的奏折："曹頫所有田产房屋人口等项，荷蒙皇上浩荡天恩，特加赏赉，宠荣已极"可证。康熙三十八年（1699年）第三次南巡"驻跸于江宁织造曹寅之署"，他四月十五日为明陵的亲笔题词："治隆唐宋"，即由曹寅制匾勒石的御书碑至今尚在金陵。此外，作者曾将《红楼梦》书名，题为《金陵十二钗》或《石头记》。书中也多处提到"南边老家""金陵原籍"及"石头城"等等。《红楼梦》第四回的"贾不假，白玉为堂，金作马。阿房宫，三百里，住不下金陵一个史。东海缺少白玉床，龙王来请金陵王。丰年好大'雪'，珍珠如土，金如铁"也分明道出了这"连络有亲，一损俱损，一荣俱荣"的贾、史、王、薛四家，都是江南金陵的望族。甚至书中一些方言土语（如把"摆架子"叫作"拿款"；把长条凳叫作"春凳"；把向有钱人打主意、要东西叫作"打秋风"；把揩油沾光吃茶叫作"撒茶吃"；把小产叫作"坐小月"；把女人叫作"堂客"；把

"照看"叫作"照拂"等等）也都是很典型的江南方言。即便是秦可卿去世时，贾珍活动大明宫掌宫内监戴权，拿银子为贾蓉捐的前程，也是"江南应天府江宁县监生"（《红楼梦》第十三回）。

《红楼梦》中的贾府与曹府抄家之前同在江宁（南京），则是毋庸置疑的了。

三、曹雪芹的生活年代与《红楼梦》中的贾宝玉的生活年代颇为一致。

贾宝玉的生活年代，《红楼梦》虽然未做具体交代，但我们可以从以下几件事，推出其大概。《红楼梦》第二十七回写了黛玉葬花、宝钗扑蝶的故事。那天"乃是四月二十六日。原来这日未时交芒种节。尚古风俗：凡交芒种节的这日，都要设摆各色礼物祭饯花神——言芒种一过，便是夏至了，众花皆卸，花神退位须要饯行。"因此才有黛玉葬花之举。林黛玉比贾宝玉小一两岁（故宝玉叫她"林妹妹"）。黛玉葬花是哪一年呢？我用四分历术推算，是公元1736年（丙辰四月二十六日）。除这年的四月二十六日是芒种节外，其前后若干年的四月二十六日都不交芒种节（推算方法见拙著《中华传统天文历术·二十四节气及其推算》）。黛玉葬花时的年纪，大约只是十四五岁，宝玉也不过十六七岁，而不可能达二十岁，因为贾宝玉的年纪，比贾蓉之妻秦可卿小约两岁。我们知道贾宝玉同秦可卿的弟弟秦钟是同年生的（见《红楼梦》第五回），而《红楼梦》第八回写到秦可卿的父亲时，则云："他父亲秦邦业现任营缮司郎中，年近七旬，夫人早亡，因年至五旬时尚无儿女，便向养生堂抱了一个儿子和一个女儿。谁知儿子又死了……"又说："秦邦业于五十三岁上得了秦钟。"可见秦钟比秦可卿要小两岁左右。秦钟死时秦邦业已年近七旬，他是五十三岁上得的秦钟，可见秦钟死时年约十七岁左右。我们从《红楼梦》第十五、六回得知，秦钟是秦可卿病逝后的第二年头几月去世的，而《红楼梦》第十一回写秦可卿病逝那年"正是十一月三十日冬至"。哪一年的冬至是十一月三十日呢？我用四分历术推算是公元1737年（即丁巳十一月三十日）。而1737年底秦可卿死时，贾蓉为二十岁。这是《红楼梦》第十三回明写着的："江南应天府江宁县监生，贾蓉年二十岁。"由此可见，与秦钟同年，而比秦可卿小约两岁的贾宝玉，约生于公元1720年左右。这个年龄大致与曹雪芹相当。

《红楼梦》是曹雪芹的自传性小说,我们还可以从《红楼梦》第一回作者的一段自叙得到证实:"当此日,欲将已往所赖天恩祖德,锦衣纨袴之时,饫甘餍肥之日,背父兄教育之恩,负师友规训之德,以致今日一技无成,半生潦倒之罪,编述一集,以告天下:知我之负罪固多,然闺阁中历历有人。万不可因我之不肖,自护己短,一并使其泯灭也。"这段自叙,同康熙五十二年(1713年)十一月十三日《江宁织造主事曹頫奏李煦代任监差补完亏欠情形摺》的情形大体相似:"自奴才父故后,奴才母子孤苦伶仃,孑然无倚,且钱粮亏欠,粉身莫赎,乃蒙万岁破格天恩,俾钱粮得以清补全完,不特奴才母子身家性命得荷矜全。"

　　(1715年)三月初七日《曹頫奏为继任江宁织造谢恩摺》:"奴才包衣下贱,黄口无知,伏蒙万岁天高地厚洪恩,特命奴才承袭父兄职衔,管理江宁织造……"后因"得过赵世显银八千两一案"以及"骚扰驿站""多索夫马、程仪、骡价等项银两"等侵贪需索之罪而被抄家革职,"曹頫之京城家产人口及江省家产人口,俱奉旨给随赫德"的情形相一致。

　　又如《红楼梦》第十六回写到贾元妃省亲与家人初见时,甲戌脂批本眉批云:"非经历过如何写得出?"第十七、十八回写太监初来贾府时情景,旁批:"难得他写的出,是经过之人也。"《红楼梦》靖本第十三回还有这样的一条批语:"《秦可卿淫丧天香楼》作者用史笔也,老朽因有魂托凤姐贾家后事二件,嫡(岂)是安富尊荣坐享人能想得到者?其言意令人悲彻感服,姑赦之!因命芹删去'遗簪''更衣'诸文。是以此回只十页,因删去'天香楼'一节,少去四五页也。"

　　除此之外,甚至秦可卿逝世,由薛蟠介绍选用的那副"帮底皆厚八寸,纹若槟榔,味若檀麝,以手扣之,声如玉石。大家称奇","原系忠义亲王老千岁要的,因他坏了事,就不曾用"的棺材,也并非作者凭空杜撰。雍正"御极"之后,不是毒死了反对过他的胤祀亲王吗?(我认为"忠义"就是"胤祀"的谐音)胤祀受诛,连带胤祀的岳父安亲王马尔汉的封爵也被革除了。

　　以上事实足以说明:《红楼梦》写的确实是曹府家世,是曹雪芹的自传小说。正如茅盾《红楼梦新评》(上海文艺出版社)所云:"贾宝玉爱红、爱胭脂、爱花，号'绛洞花主'千方百计地帮助她们，以赢得她们的'眼泪'作为自己的'一生事业'；曹雪芹在一事无成，半生潦倒的无可如何之际，念念不忘那'行止见识皆出于我之上'的'当日所有之女子'，并'编述一集'使闺阁中的'历历有人'不致'泯灭'并题回首《风尘怀闺秀》……"无怪有人说："宝玉曰怡红，雪芹曰悼红，是有红则怡，无红则悼。（宝玉与雪芹）实为作者一人而已。"

四、《红楼梦》的作者，为了避免清代文字狱的迫害，往往"将真事隐去，而借'通灵'说此《石头记》一书也。故曰'甄士隐'云云……"他在描写具体人物和事件时，有意将人物甲的事写在人物乙的身上，将后面发生的事提到前面，从时间顺序上加以颠倒。本来贾家的荣、宁二府和大观园是在金陵（南京），但小说却往往给人在北京的印象。作者这样做的用意，正如脂砚斋在《红楼梦》第一回中所批："不直云前，而云后者，是讳知者。"

因此，《红楼梦》虽为曹雪芹的自传性小说，但贾府的某人并不完全等于曹雪芹家族中的某人。如《红楼梦》中，作者将曹雪芹的姑姑，曹寅的长女，写成了贾政之女，宝玉的姐姐，而贾宝玉其人，也并不是雪芹一人的影子，而是曹雪芹和他叔叔曹頫的化身。

曹寅之长女，康熙四十五年（1706年）嫁给多罗平郡王为纳尔苏王妃，不幸"先逝太早"（甲戌本元妃省亲一回批语）。而《红楼梦》第十六回写元春入选，九十五回写元妃去世，死时为甲寅"十二月十九日……存年四十三岁"。甲寅是公元1734年。这时元春才四十三岁，确实"先逝太早"！由此可以推知"元春"生年应为1691年（辛未）。这个年龄正好与曹寅长女的生活年代相吻合。她1706年嫁多罗平郡王时，年为十五六岁，正是古代女子婚嫁（即"于归"）之年。她婚后生了四个儿子，活到1734年即四十三岁时就死了。很明显，为"讳知者"作者有意将曹寅之女"元春"嫁平郡王，改为被皇上入选；将其省亲的事，有意记在1737年，即1734年甲寅元妃逝世之后。

另外《红楼梦》第十四回"贾宝玉品茶栊翠庵"，写到"那妙玉把宝钗、黛玉的衣襟一拉，二人随她出去。宝玉悄悄的随后跟了来，只见妙玉让她二人在耳房内，宝钗便坐在榻上，黛玉便坐在妙玉的蒲团上。妙玉自向风炉上煽滚了水，另泡了一壶茶。宝玉便轻轻走进来，笑道：'你们吃体己茶呢！'

二人都笑道：'你又赶了来撤茶吃！这里并没有你吃的。'"等情形时，靖本畸笏叟在旁批云："尚记丁巳春日，谢园送茶乎？展眼二十年矣！丁丑仲春畸笏"。丁巳是1737年，丁丑是1757年，中间相隔确实是二十年。当时（1737年二月）在妙玉处品茶的是宝玉、黛玉和宝钗。除此并无他人。而畸笏叟批点说这次品茶是"丁巳"即1737年。可见这批语者畸笏叟应是"贾宝玉"。但这个贾宝玉是否就是曹雪芹呢？我们从其他许多材料证实：曹雪芹刚写完《红楼梦》就死了，他并未给自己写作的《红楼梦》做过评点。那么这个畸笏叟是谁呢？我们从以下的材料可以证实：他是曹雪芹的叔叔，即被抄家革职成为"废人"的曹頫（有人说曹頫是曹雪芹的父亲，这是不对的）。

1. 曹雪芹本房并未被抄家，"被抄家的是他的叔叔"。这不仅有张永海的回忆（见《〈红楼梦〉研究集刊》第十一辑，卞岐《曹雪芹生年及其父亲新考》）可资佐证，而且有清廷部雍正七年（1729年）七月二十九日致内务府的移会为据："前任职造之子曹頫已经带罪在京，所有家人奉旨赏给本府（随赫德）。""查曹頫因骚扰驿站获罪，现今枷号。曹頫之京城家产人口及江省家产人口，俱奉旨赏给随赫德。后因随赫德见曹寅之妻孀妇无力，不能度日，将赏伊之家产人口，于京城崇文门外菜市口地方房十七间半、家仆三对，给与曹寅之妻孀妇度命。"

2. 曹雪芹的父亲曹颙死于康熙五十四年（1715年）。因曹颙的父亲曹寅康熙五十一年（1712年）死于江宁任所，曹颙袭父之职，三年在京染疾而逝，生前无子。关于这个问题，有曹颙之弟曹頫于康熙五十四年给皇上的《代母陈情摺》为证："奴才之嫂马氏，因现怀妊孕已及七月，恐长途劳顿，未得北上奔丧。将来倘幸而生男，则奴才之兄嗣有在矣！"可见曹颙生前确实无子，曹雪芹是他的遗腹子，大约生于公元1715或1716年（有人根据《五庆堂重修曹氏宗谱》中有"曹颙生曹天佑"的话，而否定曹雪芹为遗腹子。这是不能令人信服的。焉知曹天佑不是曹雪芹呢?）。

3. 《红楼梦》第十八回写元妃省亲，元妃与家人初见时，甲戌本眉批云："非经历过如何写得出？壬午春"。壬午是1762年。小说在叙述贾元妃与贾宝玉从小的关系时，庚辰本十八回的夹批云："批书人领过此教。故批至此竟放声大哭，俺先姐先逝太早，不然余何得为废人耶?！"元妃死于甲寅1734年十二月十九日，离"批书人"批书之年壬午（1762）年，已28年矣！接着小说写到元妃"携手揽（宝玉）于怀内，又抚其头颈，笑道：'比先长了好些——'一语未终，泪如雨下"时，庚辰本又夹批云："作书人将批书人哭坏了！"这些足以说明：这个批书的不是作书的宝玉。也就是说，批书的"贾宝玉"不是曹雪芹。从曹雪芹的家史来看，曹雪芹没有一个先逝太早的姐姐，而只有一个先逝的（即嫁平郡王纳尔苏为妃的）姑姑。可见这个感叹"俺先姐先逝太早，不然余何得为废人耶?!"的贾宝玉不是曹雪芹本人，而是曹雪芹的叔叔曹頫。倘为妃的"先姐"健在，曹頫何至被抄家革职，成为"废人"呢！"作书人将批书人哭坏了"可见这里元妃"携手揽于怀内"的宝玉，不是作书人曹雪芹，而是批书人即曹雪芹的叔叔曹頫。从前面说到的《秦可卿淫丧天香楼》一段批语："老朽因有魂托凤姐贾家后事二件……其言其意令人悲彻感服，姑赦之，因命芹溪删去……"来看，批书人的身份和口吻，必是曹雪芹的叔父无疑。

正是由于贾宝玉这个人物的经历和遭遇，不仅仅是曹雪芹本人的经历和遭遇，其中也有他叔叔曹頫的经历和遭遇。因此当畸笏叟——曹頫读到《红楼梦》第十八回时（庚辰本有条夹）批云："不肖子弟来看形容，余初见之不觉怒焉，谓作者形容余幼年往事，因思彼亦自写其照，何独余哉！"可见《红楼梦》中的贾宝玉，既有曹雪芹本人的影子，也有他叔叔曹頫的影子。

贾宝玉即是曹頫，那么活了"不到二十岁，一病就死了"的贾珠（见《红楼梦》第二回）就应当是曹颙了。不错，曹颙确实是"夭亡"的。他1712年继任其父曹寅江宁织造之职时，年纪尚幼，不到二十岁（见康熙五十一年七月二十三日李煦因"曹寅身故请代管盐差一年"奏及康熙五十二年十一月十三日曹颙奏），任职三年，到1715年"赴都染疾"，就一命呜呼了。从宝玉是曹頫来说，那曹寅自当是宝玉之父贾政了。夏历以寅月为正，政同正，可见贾政就是曹寅。

综上所述，贾宝玉既有曹雪芹的影子，又有其叔父曹頫的影子，因此我们可以断定：贾宝玉就是曹雪芹和曹頫的化身。《红楼梦》为曹雪芹的自传性小说，严格地说是指从第一回到八十回来说的。第八十回以后，当是曹雪芹的朋友鄂比之继子高鹗的补续本。关于这个问题，我们在推算贾元春去世的年月时，找到了依据。《红楼梦》第九十五回写到元妃薨逝"甲寅年十二月十八日立春；元妃薨日是十二月十九日，已交卯年寅月存年四十三岁"。前面说过，元妃薨逝的"甲寅"当是1734年（即不可能是早此年六十的1674年，也不可能是晚于此年六十的1794年）。可是经推算：1734年虽然十二月小，只29天，但这年十一月冬至之后连续的三个节气（小寒、大寒、立春），没有一个是交于十二月十八日的（推算的结果是：这年的小寒是十二月十一，大寒是十二月二十六，立春是正月初二）；同样1794年十一月冬至以后的小寒、大寒、立春这三个节气中，也没有一个是十二月十八日的，且十二月为大月，有30天（经推算这年小寒是十二月十四，大寒是十二月三十，立春是正月十五）。而只有1794年这个甲寅年的前一年，即1793年癸丑的十二月节，才是十八日为大寒。其具体推算如下：

(1794 + 427) ÷ 7 = 29……17

是年入（16 + 29 − 20 × 2 = 5）庚子蔀第17年

查《二十蔀蔀余表》："5"庚子蔀蔀余为36

查《甲子篇子月朔气余表》：第17年

大余57　　小余543

大余24　　小余0

(17943 − 427) × 3.06 ÷ 940 = 7 又 216/940

(1794 + 427) × 0.24 ÷ 32 = 16 又 21/32

是年后天，当减

36 + 57 又 543/940 − 7 又 216/94 = 86 又 327/940　满一甲减60：

86 又 327/940 − 60 = 26 又 327/940　，

36 + 24 − 16 又 21/32 = 43 又 11/32

查《一甲数次表》："26"为庚寅；"43"为丁未　即公元前1793年十一月庚寅327分合朔，丁未11分冬至。

据此可推该冬至至立春几个节气的交节（气时）刻如下：

子月26·327分合朔　43·11分交冬至

43·11 + 15·7 = 58·18 小寒．

丑月55·826分合朔

58·18+15·7=73·25　满一甲减60,

为 73·25-60=13·25　大寒

寅月 25·385 分合朔　13·25+15·7=29·0　立春

43 又 21/32 - 26 又 327/940 + 1 = 17·99　即十一月十八日冬至

13 又 35/32 - 55 又 826/940 + 1 = 18·9　即十二月十八日大寒

29 - 25 又 356/940 + 1 = 4·9　即正月初四　立春

从以上推算我们可以肯定：高鹗是以他所在的甲寅即1794年的时令作为元妃薨逝之年的时令的，并在继补《红楼梦》第九十五回时，误把这甲寅（1794）年的先一年癸丑（1793）年的十二月节，当成了甲寅（1794）年的十二月节。在传抄中，人们又误把该年的癸丑十二月十八日大寒，误写成为"十二月十八日立春"；把元妃的薨日十二月二十九，误写成"十二月十九"。于是便出现了"是年甲寅年十二月十八日立春，元妃薨日，是十二月十九日，已交卯年寅月"的记载。倘元妃薨日不是十二月二十九日，而是"十二月十九日"（像小说中所说的那样），那么这天离下一个月（即寅月）还有整整十天（月小）或十一天（月大），怎么能说是"已交卯年寅月"呢?! 只有"甲寅"年的十二月是小月为29天时，这月的"十二月二十九"才交（乙）卯年的寅月。由此可见高鹗只知元妃薨日是1734年"甲寅"十二月二十九日，已交卯年寅月，而不知道该年的具体时令节气因此他写元妃薨逝的时令节气时就以他本人所在年代的甲寅（1794年）时令为依据了。而这时的"甲寅"离元妃薨逝的"甲寅"（1734年）已六十年了! 离曹雪芹去世之年（1763年）也已整整三十年了! 这时正值高鹗鼎盛之年。张永海说："（雪芹）一死，他的续妻只管哭……幸亏同院的街坊老太太来帮些忙……就找把剪子拿起桌上整叠的字纸剪了许多纸钱给烧了……送葬回来后鄂比看到沿路的纸钱，一面有字，拾起来一看，是《红楼梦》的底稿。鄂比就连忙沿路捡，捡起一大堆纸钱，包了一包。回到曹雪芹家一看，原来是《红楼梦》后四十回的稿子。又在桌屉里发现包好了的前八十回的原稿和一百二十回的目录。后来鄂比想给补，因为他熟悉后四十回的事儿。可是他的文才不够，好几年没有完成。又过了些年，他过继的儿子高鹗长大了，才给续成了后四十回。"（见吴恩裕：《曹雪芹丛考》，上海古籍出版社）看来这话是很可信的。

中华传统典籍篇

中华文化的重要源头和瑰宝
——《连山》《归藏》和《周易》

　　距今七千余年前的炎帝神农，在伏羲原创无字"八卦"的基础上，"仰则观象于天，俯则观法于地"（《周易·系辞》），通过长期的天象、物象和气象的观测与实践，发明、创制了文字和《连山》八卦及天元甲子历。继此400余年之后的黄帝轩辕氏，在神农《连山易》和天元甲子历的基础上，于公元前4567年甲寅，调制出了天正甲寅历和《归藏易》以及建立在阴阳、五行、八卦等易学思想基础上的《黄帝内经》。继之如公元前1100余年前的周文王姬昌、姜子牙和后来的孔子等人又在炎黄《连山》《归藏》及其易学原理之基础上，演绎、成就了被称为《五经》之首，具有"天人合一"和阴阳、五行刚柔消长、相生相克以及矛盾对立统一（即一分为二，合二为一）等辩证思维规则，并对天地宇宙和万事万物的本质及其运动变化与发展规律，作出深刻阐述而充满朴素唯物辩证法哲学思想的《周易》。《连山》《归藏》和《周易》是古贤对宇宙自然规律的科学概括，是先民认识宇宙基本知识的浓缩，特别是通过孔子潜心研究重新整理、编撰的《易经》及其《易传》，即我们今天通称的《周易》（或《易学》），是中华文化及其重要的源头和思想宝库。它博大精深、包罗万象，上承炎黄之《连山》《归藏》，下启西周以开中华百代文化和科学技术之先河。它不仅深刻地影响了发祥于岐山和渭水之滨的整个周代的思想意识形态、国家政治与管理体制、民风民俗、宗教礼仪和各项社会制度，深刻地影响了先秦诸子百家的形成和各家各派学术思想的萌兴和发展，还深刻而广泛地影响了中华文化和科学技术的各个领域，如中华文字、古代天文历法和"天人合一"的思辨哲学以及数学、美学、化学、物理学、生物学、地理学、堪舆学、环境生态学、伦理学、中医病理学、中国药物学、养生学、气功学、军事学及文学艺术（包括音乐、美术、舞蹈和体育）等社会科学和自然科学的方方面面。现代科技中普适遗传的64个密码和电子计算机的二进制等等，都是《易经》影响下所产生的高科技成果。此外，它还深刻地影响了中国人民注重从整体和直观看事物，喜欢宽松、融和、共存，以小变求不变，以不变求大局稳定和"求同存异"的思维模式以及"推天道以明人事"的独特思路和文化心态。

距今七八千年前的伏羲和神农"仰则观象于天，俯则观法于地……"（《易·系辞上》），他们所观之"象"与"法"，就是日月星辰——太阳、月亮、北斗和二十八宿在天上的运行规律（即天象）和动植物顺应节气而发生变化的现象规律（即物象）以及风雨雷电等气候变化所显示的规律（即气象）。他们通过对这"三象"的长期观测和实践，理性地认识到：天地宇宙和世间万物都是由阴阳两部分组成的。阴阳是一切事物的根本属性。天地万物及其时序、季节的变化，原是阴阳相生相克、刚柔消长、此消彼长、此进彼退、相互依存、对立，并在一定条件下相互转化所保持的动态平衡与流转轮回。因此他们以"—"代表阳，以"--"代表阴，根据宇宙万物的这种阴阳刚柔消长、相互依存、对立转化的动态平衡演化规律，"始作八卦"，简明、扼要地画出了"以通神明之德，以类万物之情"，即"太极生两仪，两仪生四象，四象生八卦"（《易·系辞上》）之宇宙运动演化的基本规律图像。继之又进一步绘制了更为科学化的宇宙图解，即用黑白圈点、数字和图案所构成的先天本体宇宙图——《河图》和只用九个数字按一定规则组成方形以表示宇宙阴阳变化之规律的《洛书》。

伏羲、神农以"—"为阳,以"--"为阴,以三画为一卦而画的八卦及其方位图:"☰"(乾)为天,位居正南方;"☷"(坤)为地,位居正北方;"☳"(震)为雷,位居东北;"☶"(艮)为山,位居西北;"☲"(离)为火,位居正东方;"☵"(坎)为水,位居正西方;"☱"(兑)为泽,位居东南方;"☴"(巽)为风,位居西南方(其中乾、震、坎、艮为阳卦,坤、巽、离、兑为阴卦)。(图示一:伏羲八卦图)。

这些八卦图像形象辩证地描述了天地万物阴阳相生相克、相互依存,刚柔消长、对立统一,相互转化的演变规律:"太极生两仪,两仪生四象……"太极即太一,指天地未分之前混而为一的元气。这种元气,清者"—"(阳)上浮为天,浊者"--"(阴),下沉为地。天地阴阳("--""—")是为"两仪"。两仪各加一阴(--)或一阳(—),就成了能代指东西南北和春夏秋冬的"四象"。四象各加一阴(--)或一阳(—),就成八卦。如三个阳(—)相加是纯阳,为乾(☰)卦,代表天,位置南方;三个阴(--)相加是纯阴,为坤(☷)卦,代表地,位置北方。其他分别为震、巽、坎、离、艮、兑,代表雷、风、水、火、山、泽。它们也都是一一相对应(乾对坤,坎对离,震对巽,艮对兑,均是阴阳对应),并都置于相应的方位(乾南坤北、离东坎西)。这就是《礼记·乐记》所云:"地气上齐,天气下降,阴阳相摩,天地相荡,鼓之以雷霆,奋之以风雨,动之以四时,暖之以日月而百化兴焉"的客观事象,亦即《易·序卦》所谓"有天地然后有万物,有万物然后有男女,有男女然后有夫妇,有夫妇然后有父母,有父母然后有君臣,有君臣然后有上下,有上下然后有礼仪,有礼仪然后有所措"的流动、变化、运动发展、生生不息的永恒变化规律(即事物发展的客观规律)。

羲农所画八卦不仅是一幅"设刚柔二画(以)象(阴阳)二气,布以三位(即三爻)(以)象(天地人)三才……"(《周易正义》)以演示宇宙万物阴阳对立统一的动态平衡规律及其变化状态的科学图表,同时也是一幅中国和世界最早、最简约、最科学的观象授时仪:从坤、震、离、兑、乾、巽、坎、艮的八个卦象及其卦序和每卦三爻所构成的三个层次,可以看出年节、时日和月亮的朔望周期。即第一层表示年节:从位于正北方(子位)的坤(☷)卦(纯阴)表示冬天(冬至)一过,万物开始生成,阳气开始上升。

· 182 ·

过正北之后的第一卦震（☳）至第四卦乾（☰），都象征生气"—"（阳），过了正南方（午位）的乾（☰）卦（纯阳）表示夏至之后，阳气开始下降，阴气开始上升。从乾卦之后的第一卦巽（☴）至第四卦坤（☷），都象征成熟的"--"（阴）。从坤卦经震卦、离卦……艮卦回到坤卦，按顺时针方向运行一周经冬至、立春、春分、立夏、夏至、立秋、秋分、立冬回到冬至就是一年。八卦的八个方位即为一年八气的交节时刻。而东方离（☲）卦所居之位是太阳从地平线升起的地方。太阳一出是一天的开始；而西方坎（☵）卦所居之位是太阳开始进入地平线（即落山）的地方，从此进入夜晚。我们从八卦图像上看，第一层从坤卦之后的第一卦震（☳）到第四卦乾（☰），其初爻都是阳爻（"—"），即是阳光普照的白天；而从乾卦之后的第一卦巽（☴）到第四卦坤（☷），其初爻都是阴（--），即是夜雾笼罩的晚上。

八卦图像的第二层表示时日，即自太阳从东方"离"位升起后经过的第一卦兑（☱）至第四卦巽（☴），其二爻均为阳爻（—）。为白天；而西方"坎"位以下的第一卦艮（☶）至第四卦离（☲），其二爻均为阴（--），为夜晚。

八卦图像的第三层代表月亮。月亮由亏（坤卦）到盈（乾卦）；再由盈（乾卦）到亏（坤卦），正好为一周即一个月。而从盈（望日）到亏（晦朔）或由亏（晦朔）到盈（望日）为半圆，正好是半个月。故月亮从亏（即坤卦所在的方位）运行到盈（即乾卦所在的方位）时，这天就是望日十五；再运行到坤卦所在的方位时，这时就是晦日（大月为三十，小月为二十九）。（图2：羲农八卦表时空）

羲农八卦作为演示宇宙变化规律的科学图像和天文历象图，除了能描述和解说日月运行的规律及气节变化，如"四正""八气"以外，还能凭"羲农之世卦虽未重而六十四卦已在炉锤之中"（杨时《语录·京师所闻》）的"因习"，将八卦作为宇宙的缩影，用六十四卦解说一年节气的变化。除以后天八卦坎、震、离、兑四正卦配以四方位代表四季外，还以十二辟卦代表一年的十二个月，并将四正卦以外的六十卦分排到各月之中，每月配以五卦，每卦掌管六日又七分（一日按八十分计）。这就是《易经》所谓"八卦成列，象在其中"之意，亦是汉代学者孟喜、京房等所创"卦气说"之本源。

《河图》是由黑白两种圆点组成的十个数字及水木火金土五行所构成的四方形先天本体宇宙图和天文历象图。其白圆点组成的单数数字一三五七九，代表阳；黑圆点组成的双数数字二四六八十，代表阴。这个四方形图的北方，用一个白圆点和六个黑圆点表示二十八宿"四象"之一的"玄武"七宿，并代表五行中的水；东方用三个白点和八个黑点表示"青龙"，代表五行中的木；南方用两个黑点和七个白点表示"朱雀"，代表五行中的火；西方用四个黑点和九个白点表示"白虎"，代表五行中的金；中央用五个白点和十个黑点表示时空寄点，代表五行中的土。（图3：河图）

由黑白单双数圆点和五行所构成的四方形图，其居北方的一、六水，居东方的三、八木，居南方的二、七火，居西方的四、九金，居中（宫）的五、十土，若按顺时针方向旋转，则其五行相生：即水生木，木生火，火生土，土生金，金生水；若按逆时针方向旋转，则五行相克，即：金克木，木克土，土克水，水克火等。（图4：河图五行相生相克图）

由一二三四五等九个自然数，按照"六"为老阴，"九"为老阳，老阴可以转化为少阳，老阳可以转化为少阴的《易》理规则组成的方形图案，即"戴九履一，左三右七，二四为肩，六八为足，五居中宫。中宫者土，火之子，金之母，寄理于西南坤之位"（明代程道生《遁甲演义·遁甲源流》）的《洛书》，其象征阳（—）性的单数一三五七九分置于四方形之四边的正方位，称为"四正"，代表冬至、春分、夏至、秋分和春夏秋冬四季；其象征阴（--）性的双数二四六八分置于方形图的四角，即东北、东南、西南、西北之位，称之为"四隅"（即"四立"），代表了立春、立夏、立秋、立冬四个节气。它所组成的数字图形又可以视之为圆，以表示一年之中的四时八气的流转轮回（图5：《洛书》）。河图、洛书是羲农等先哲在天象观测和所创太极、八卦的基础上对宇宙及其天文历象所作的更为理性的图像描绘。所谓"河出图，洛出书，圣人则之"是后人对此二图奥秘的神话化。

先哲们根据《河图》《洛书》即天文历象图和地理方位图的构图规则，所构成的"九宫八卦"：坎一，离九，震三，兑七，乾六，坤二，巽四，艮八，中（宫）五及"四正"（二至二分：冬至、春分、夏至、秋分）"四维"（二启二闭，亦即四立：立春、立夏、立秋、立冬）和五方五行与十天干（东方甲乙木，南方丙丁火，西方庚申金，北方壬癸水，中央〔宫〕戊己土），并由此推演出四时八气（一卦一气凡四十五日）及一节三元，一元五日和一日十二辰（子丑寅卯辰巳午未申酉戌亥）与一卦三节，一节三候，一候五日，一年为二十四节气，七十二候，计三百六十日的观象授时法则，做了极其简约而科学的概述和描绘。九宫八卦图中的"一八三四九二七六"这八个数字，代表各具阴阳属性的物质元素。它们相互生克，按照一三九七的流转顺序，保持事物的动态平衡。八卦之震卦所在的方位为正东方，代表一年四季之一"春分"的交气时刻。按顺时针方向，离卦所在的位置为正南方，代表一年四季之一"夏至"的交气时刻；兑卦所在的位置为正西方，代表一年四季之一"秋分"的交气时刻……这样从震卦开始按顺时针方向排列的八个卦象则分别代表了由春到冬的一年。每一个卦象代表三个节气（即一个中气，两个初节）。八个卦象就代表了二十四节气。这样，八卦就成了一个不断轮回的年历表（图6：九宫八卦图）。

《河图》《洛书》的观象授时法则同八卦之六十四的成卦揲算程序，即"大衍之数五十，其用四十有九，分而为二以象两（即天地、阴阳），挂一以象三（天地人三才或天象、气象和物象），揲之四以象四时（春夏秋冬或冬至、春分、夏至、秋分），归奇于扐以象闰（即三年一闰），五岁再闰。故再扐而后卦。《乾》之策二百一十有六，《坤》之策百四十有四，凡三百六十，当期之日（即满一年之天数)"（《易·系辞上》)，即按"一年为四时和360日及三年一闰，五年再闰"之规则，创造了中国和世界最早的神农太初历。炎帝神农公元前5037年之甲子年甲子月甲子日甲子时所创制的这个"太初历"即"天元甲子历"，于公元前4567年甲寅经黄帝轩辕氏"迎日推策""考定星历，建五行，察发敛，起消息，正余闰"，调制成"天正甲寅历"后，便一直沿用到了今天（《史记·五帝本纪》《汉书·律历志》）。

我国历史上曾经出现过的所谓颛顼历、夏历、殷历和周历等等，都是天元甲子历和天正甲寅历，亦即建寅为正的夏历的传承，只是建正不同而已。如颛顼历建亥（以夏历十月为正月）；殷历建丑（以夏历十二月为正月）；周历建子（以夏历十一月为正月）。今天水族同胞所使用的建戌为正（即以夏历九月为正月）的"水历"，亦是炎黄历法的传承。

六千余年前颛顼、帝喾以重黎和吴回为"火正","察辰心而出火"(《路史·前纪》),以心宿大火为主要观测对象,"序三辰以固民",创立了以心宿大火、参宿三星和北斗星为观象对象的"三辰授时历"。他们通过对二十八宿(重点为心宿大火和参宿三星)之"中、流、伏、内"运行规律的观测,为一年四季十二个月和二十四节气的交节(气)时刻提供了科学准则,建立了更为精准的观象授时历(参阅拙著《中华传统天文历术》)。

到了唐尧之时的夏代,我国的天象观测更加制度化和科学化了。仲康五年九月庚戌日食,星历官羲和预测失误而被正典,处以死刑就是铁证。公元前2200年成书的《尧典》"日短星昴""日中星鸟""日永星火"和"宵中星虚"即"四仲中星"中、流、伏、内规律和"期三百六旬有六日以闰月定四时成岁"的记载以及禹益之书《山海经》对"日月星辰之行次"的观测记述充分说明四千二百余年前我国的天文历术就已从观象授时时代,进入了"明于推步"的"四分历术"时代。

《连山》《归藏》和《周易》以"一"为阳,以"--"为阴所组成的八卦图象,生动形象、简明精辟地揭示了天地万物阴阳、五行及其相生相克,相互依存,一分为二,合二而一的相互对立、矛盾统一和相互转化,生生不息的发展变化规律以及"太一(即太极)生两仪(天地、阴阳),两仪生四象(少阴、太阴、少阳、太阳;四时),四象生八卦(八气、八方)"和"一生二(阴阳、天地),二生三(天地人),三生万物"的"天人合一"观念,即人与自然和谐共处的辩证哲学思想。特别是其卦爻辞的辩证思维构成了现代唯物主义哲学和自然辩证法最本质、最核心的基本观点,即事物内部和事物与事物之间矛盾的普遍性、特殊性及其对立统一规律。早在六七千年前出现的太极图像(如六千年前西安半坡出现的阴阳双鱼陶器、五千年前湖北京山和辽西红山出现的阴阳双鱼太极图、六千五百年前安徽含山出现的含山玉版、七千余年前湖南洪江高庙出现的八角星图和会同坛子墙发现的刻有阴阳文太极图的小陶罐以及连山龟头坡的"星象石"等)所展示的阳克阴、刚克柔,阳刚为天、阴柔为地和阴克阳、柔克刚的左旋右转规律,体现了阳刚克阴柔的顺向思维和阴柔克阳刚的逆向思维以及阴阳双向旋转、势均力敌而形成共和态势的双向思维。它们分别成了先秦诸子百家,即法家、道家和儒家等学说的思想基础。"法家重阳刚,道家重阴柔,儒家则刚柔并济,阴阳兼重,均本于《易》"之太极（张启成《五十载自选文集》）。由八卦演绎而成的三易（不论是"象山之云出,连连不绝"的《连山易》,还是"万物莫不归藏其中"的《归藏易》,或是"言《易》道周普,无所不备"的《周易》）阴"--"、阳"—"是其核心和根基。由阴"--"和阳"—"组合而成的八卦符号以及凭其八种符号两两相叠而形成的四百五十四爻,生动地展示了宇宙万物的发生、发展、变化和对立统一规律及其相互间的因果关系。八卦两两相叠组成的六十四卦,从头到尾遵循着前卦为因、后卦为果的排列原则。极富辩证思想的卦爻辞,其思辨内容的宽泛性（凡天文、地理、战争、农事、贸易、婚嫁、家庭及为人处世原则,等等,在卦爻辞中都有反映）,又有对卦爻辞阐释折中调和的模糊性。如《易·履》爻辞九四："履虎尾,愬愬,终吉。"意思是说：如果踩到老虎的尾巴,虽然是很危险的事；但只要临危不惧,想方设法去认真对待,就可以逢凶化吉,坏事变成好事。再如《易·蒙》："《彖》曰：蒙,山下有险,险而止,蒙。蒙,亨,以亨行时中也。"意思是说：山下有危险,但如果把握好时机,采取恰当措施,就可以化险为夷。再如《易·夬》爻辞九五："中行,无咎。"意思是说：处理问题要坚守"中道",即不左不右,不偏不倚,无过无不及,注意把握好其中的度。这样就不会出问题。《易经》开创了"中行观"（即中庸之道）的先河。后来老子的"知足常乐",孔子的"过犹不及",朱熹的"不偏不倚",都是这种中行观的延续。

八卦与阴阳对应,与天地万物对应（"远取诸物"）,与人体各部对应（"近取诸身"）以及由此而形成的对应思维（如《中华绝学》第22页"天有三百六十度,人有三百六十节……天有日月,人有耳目……天有各种气象变化,人则有喜怒哀乐情感的变化……"）和天地人合一为"三才"的思想所包容的无穷时空观念及其全息思维,不仅体现了八卦的主次性和层次性,而且还体现了它的方位性和季节（时令）性。

八卦图像不仅指明了八个方向,而且还标明了四时八气。其乾对坤,震对巽,坎对离,艮对兑均为阴阳相对。其乾南坤北,震东兑西等方位与季节（四时八气）也形成了对应关系。它所显示的方位性与季节性也都具有严密的整体性、科学性与系统性。八卦及六十四卦的卦爻辞除了反映自然的天道外，在人道即伦理道德方面也有指导作用。它能帮助人们分清是非对错，指导人们弃恶扬善，实现和谐共处。

由八卦演绎成的《易经》是我国古代文化的思想宝库，是世界最早、最精密的辩证思维科学，是中国科学之母，亦是世界历史上最先进的灿烂文化。它内容"广大，无所不包，旁及天文、地理、乐律、兵法、韵学、算术"（《四库全书总目·经部·易类》），其卦爻辞广泛记载了文明社会生活中的政治、经济、军事、商贸、营造、行旅、婚嫁、丧葬、祭扫、教育、仪礼等诸多方面的活动及其预测、决策等等内容。《易传》则从"观乎人文以化天下""开物成务"以"致中和"的多重意义、多种角度、多个层面上对其内容进行了理论性的总结和概括。凝聚了中华民族及其先哲对自然、社会及人类生存发展规律的艰苦探索之经验与成果。易学不仅启蒙了中国古代生命哲学，还广泛而深刻地影响了中国文化的各个领域，上至天文，下至地理，从自然科学到社会科学，它博大精深、包罗万象，是一座充满人类智慧的思想大宝库。

《易经》的象数思维模式向来为科学家们所信奉。《淮南子》曰："清明条达，《易》之义也。"《易》的象数思辨方式能帮助人们将杂乱无序的感知与经验变得条理化、图式化和理论化。《易经》的阴阳、五行观和动态平衡的整体观，是中医理论的核心基础。《易经》的阴阳学说被广泛地用来阐释人体的结构、功能以及病理的变化。"人有形不离阴阳"，故"善诊者察色按脉、先别阴阳"（《黄帝内经·素问》）。《黄帝内经》和《神农本草经》的"四气"（指药性的寒、热、温、凉）、"五味"（指药物的酸、苦、甘、辛、咸）以及升降浮沉的中药学理论均源于《易》学。汉代医家张仲景的《伤寒杂病论》所阐述的"六经传变""六经辨证"学说，是《易经》卦象六爻三阴三阳辩证思维观的传承与发挥。隋唐药圣孙思邈《千金方》中的"六壬"观、王冰《黄帝内经·素问注》中的阴阳论，宋元时期刘完素的火热论、张从正的攻邪论、李杲的脾胃论、朱震亨的相火论等等，都是《易经》阴阳、五行、八卦等辩证思想的产物。正如《类经图翼·医易》所云："易者，易也，具阴阳动静之妙；医者，意也，合阴阳消长之机。"《易》学阐述的是宇宙万事万物阴阳动静变化的道理，中医研究的是人体内部的阴阳盛衰消长之机制。

《周易》生生不息的生命哲学给中国画界以无限生机与活力。从审美价值来说，生命是画道的不二法门。生机、生趣、生动、活泼是画家们执意追求的灵动与神异的自然之美。画人画物既求形似更求神似，追求气韵生动活泼、形神兼备和阴阳刚柔、虚实相生、和谐圆融的最高境界。"《周易》的生命意识和生命情调构成了中国绘画的内在特质和永恒魅力"（陈玄机：《周易图文大百科》，中国画报出版社2010年版）。

在管理理念上，与西方冷漠无情、呆板、缺乏人性、一味追求效率和利润的功利主义之程序化、模式化的管理理论相反，《周易》通过"彰往而察来""微显（而）阐幽"的道德教化和示范来实现人与人、人与社会、人与自然之间的和谐共处，并以全体社会人群的根本福祉为出发点以实现其"体之用"的管理目的。

太极的运动模式同电子波由中心向外之四周呈波浪形放射的运动模式一样。太极一生二，二生四，四生八的变化形态，与原子反应的核裂变连锁反应现象极为相似。《易经》中的阴阳被分为少阴、老阴、少阳、老阳及其所形成的"阴升阳退，阳升阴退"相互依存，相互转化的太极现象，同物理现象的四种作用力原理也完全相似。此外，物质粒子的三易性、阴阳能元、测不准定律、S矩阵理论、物质与反物质等物理学的内容，也同《易经》有着极为相似与相通之处（陈玄机《周易图文大百科》）。

瑞士学者戈林达在其《易经的内部结构》一书中指出：斯洪贝尔克于20世纪60年代发现的生命遗传密码，同《易经》有着十分密切的关系。他明确说：遗传学上的64个普适遗传密码，是由《易》之卦爻组成的64个字码（如坤卦为000000；乾卦为111111，屯卦为010001；蒙卦为100010……）。这64个遗传密码与氨基酸的对应关系能适应一切生物的普适性原则，并能写成核糖核酸（DNA）分子长链（同上）。《易》是古贤哲对自然规律的科学归纳，是一部充满了数学思辨的书。"太极生两仪，两仪生四象，四象生八卦"八卦两两相叠成六十四卦，就是一个数学幂的算式系统。它由阴"--"、阳"—"符号通过数学的方式构建出宇宙模型，以阐述天地造化万事万物生生不息的形成原则及其变化规律。

《河图》《洛书》展示了最基本的自然数之间的和差关系，具有很强的数学性。它们不仅由数字组成，而且彼此之间有一定的顺序关系，并能从中获得奇妙的算式结果。《洛书》："戴九履一，左三右七，二四为肩，六八为足，以五居中。"各纵、横、对角线的三个数字相加之和均等于15。其总数（即从1加到9）之和为45，即古人所谓的"万物生死存亡之数"。

　　《河图》由黑白两种圆点组成的10个数字和水木火金土五行构成四方形的先天本体宇宙图图式的圆圈为阳，为天，为奇数；黑点为阴，为地，为偶数。奇数相加之和为25；偶数相加之和为30；奇数和偶数（即10个数）相加之和为55。这个代表天地总数的五十五，古贤哲亦称之为"大衍之数"，意思是从这个数中可以衍化出天地万物之数。《易·系辞上》云："天一，地二，天三，地四，天五，地六，天七，地八，天九，地十。天数五、地数五，五位相得而各有合：天数二十五；地数三十，凡天地之数五十有五。此所以成变化而行鬼神也。大衍之数五十，其用四十有九：分而为二，以象两；挂一以象三；揲之以四，以象四时。归奇于扐以象闰，五岁再闰。故再扐而后挂。《乾》之策二百一十有六；《坤》之策百四十有四，凡三百有六十，当朞之日（即为一年之日数）。二篇之策万有一千五百二十，当万物之数也。是故四营而成易，十有八变而成卦。八卦而小成，引而伸之，触类而长之，天下之事毕矣！"八卦和六十四卦的成卦揲算过程及其揲算方法，不仅涉及数学和天文学方面的许多基本知识，形成了数学思维及其典型的举全论证法，而且还成就了我国乃至世界最为古老的程序化的专用算法设计（张图云《周易的数学——揲扐算法研究》）。卦象揲算程序化的实用算法设计思想及其以经验归纳为主的数学方法以及实用筹策算具和阴（"--"）阳（"—"）二爻的重复排列组合的数学思想及其计算方法，不仅创造发明了世界数学记数的10进位制，同时还奠定了现代电子计算机二进制算术的理论基础。公元1646—1716年德国著名数学家莱布尼茨受到羲农八卦和六十四卦卦象构成规律的启迪，发明了二进制算术，为电子计算机的研制，从数学计算原理上铺平了道路。不少学者指出，羲农"八卦图本身就是二进制"。

　　卦象揲算技术的十进位计算法，不仅可以用来点数、计数，其计数单位从零到个十百千万，乃至无穷。荆州王家台秦墓《归藏竹简》《周礼·保氏》

《吕氏春秋·审分览》《史记·楚世家》《九章算术》和《晋书·律历志》等证实：十进位制的数学计算法从七千余年前的伏羲、神农时代就开始了。伏羲"作九九之术"，黄帝命"隶首作算数"，颛顼、帝喾令"巫咸作筮"……从羲农"作九九之术"开始到殷商之际，这个从"0"到个十百千万的计数单位，不仅用来点数和记录十万以内的正整数的任何数值；而且还可以完成十万以内正整数的加法运算、减法运算和乘法运算以及正整数范围内的除法运算。从西安半坡和马家窑等遗址出土的陶制等器物纹饰证实：早在六七千年前我国的先民就已掌握了不少几何学方面的知识。而举世闻名的"勾三股四弦五"即"勾股定律"的发现，也源于殷商之前的八卦和六十四卦卦象揲算的算筹记数和四则运算。当代学者朱伯崑在他主编的《周易知识通鉴》一书中说："易传说的是纯粹的数与数的关系，包括10以内的奇数、偶数之和以及10以内的自然数总和，50以下某些数除以4的余数、倍数以及某几个数与9、6的乘积等等。"并说夏商周的"数学已能乘方、开方，能算勾股、面积及各种比例问题。还能完成许多方圆问题的计算。"华裔学者沈宜中在其《科学天玄的周易》的序言中说："根据古人原理，我已觅出代数公式数十，周期律数百，表格一百余个，计算万千"和不少"《易经》之数理基本公式"。

八卦和六十四卦及其卦象揲算，开世界数学之先河。它所创造的十进位制和二进制算术为世界数学和科学技术的发展及其现代化做出了不可估量的贡献。

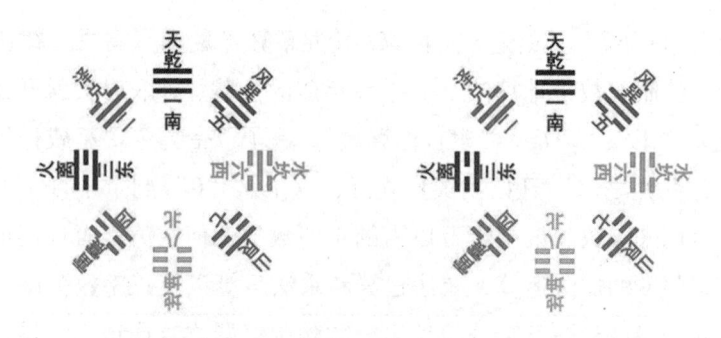

第一层年节，第二层时日，第三层月朔

图1：羲农八卦图　　图2：羲农八卦时空图

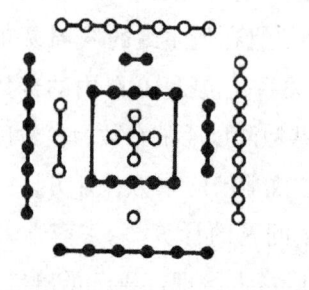

图3：河图 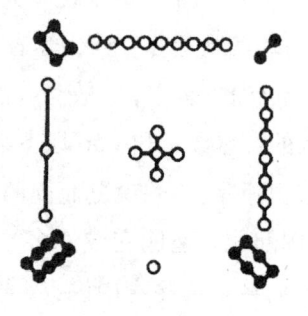　　　　　图5：洛书

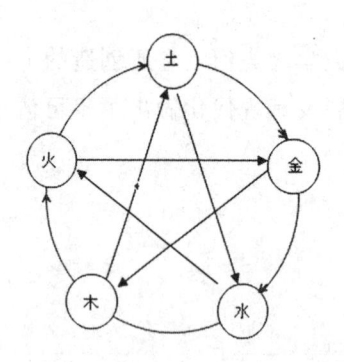

图4：河图之五行相生相克图 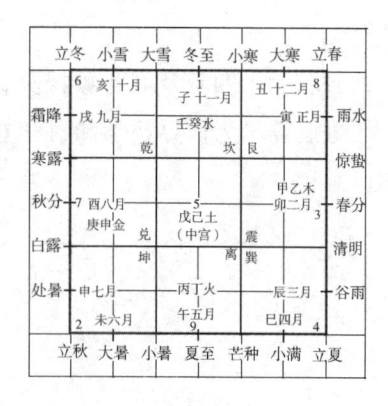　　图6：九宫八卦图

水文是一种比甲骨文更早的远古文字

水族是中华56个民族中历史最为悠久的民族之一。它是六千三百多年前"奠三天""步十日四时"(《楚帛书·乙编》),"霸九州""平九土"(《国语·鲁语》),创制天干纪日的天文历法大师共工的后裔。共工在颛顼时期,不仅是一位掌管天文历法和祭祀的天文官,同时也是一位主治江南水患的政府要员。他和他的父辈及其子裔长期生活在荆楚江南水乡,而以洞庭为中心的水乡泽国则是他们的世居之地。

公元前4393年颛顼"岁在鹑火而崩"(《史记·五帝本纪·索隐》)后,其继位者帝喾高辛为了树立自己的权威,巩固自己的统治,竟以治水不力为借口,责令共工的父辈重黎引兵征伐时任江南"水正"的共工。而后又以征之不力,于庚寅日诛杀了"能光融天下"的"火正"重黎(《史记·楚世家》)。此事便更加激起了共工及其部族的愤怒。于是一场"振滔洪水,以薄空桑"(《淮南子·本经训》)、"天地折,地维绝"(《淮南子·天文训》)的殊死战争就爆发了。在这场一决雌雄的战争中,共工战败而亡后,他的子裔及其族人就从以洞庭为中心的荆楚江南水乡分期分批,逐年逐代,节节撤退到了五岭以南的闽浙、两粤地区,后来(如秦始皇统一六国兴师征伐岭南之时)又从岭南辗转迁徙到了云桂黔三省交界之地,即今日贵州的三都、荔波、榕江、都匀、独山、丹寨、雷山、从江、福泉、麻江、黎平、凯里及广西的南丹、环江、河池、宜山、百色、南宁、邕宁、大新和滇东的富源等地。其中50%左右的水族同胞则聚居在贵州的三都。这就是水族民谣《鲤鱼歌》:"咱鲤鱼本住长江……庚午年水府打仗……一家人逃往四方……到乌江更遇豪强……一家人死去大半……夫妻俩抹干眼泪,都柳江安下家乡……"所描述的情景。"庚午年水府打仗"指的就是共工与帝喾高辛的那场决战,我们推算其具体时间是公元前4371年,即高辛五十七年庚午。

今天保存并流传在水族民间的，用以占卜、择吉、避凶、驱鬼、求神、祭祀和放鬼、收鬼等而被水家称之为"易经"的奇书，是水族先民用古朴奇特的象形文字和图画符号及汉字"反书"（即汉字倒写、斜写和反写）等写成的"水书"。经初步研究发现：水书中那些我们称为"水文"的古朴奇特的象形文字和图画符号，是一种比殷商甲骨文更早的远古文字。

一、水文与甲骨、金文的字形大多惊人地相同或相似，都是一种表意的方块字，如：

九，甲骨文：九　　水文：九
十，甲骨文：｜　　水文：十
草，甲骨文：艸 屮　　水文：艸 屮
木，甲骨文：木 木　　水文：木 木
虫，甲骨文：　　水文：
鱼，甲骨文：　　水文：
川，甲骨文：　　水文：
泉，甲骨文：　　水文：
云，甲骨文：　　水文：
雨，甲骨文：　　水文：
火，甲骨文：　　水文：火
鸟，甲骨文：　　水文：
己，甲骨文：己　　水文：己
酉，甲骨文：酉 酉　　水文：酉 酉
辛，甲骨文：　　水文：
巳，甲骨文：　　水文：巳
壬，甲骨文：工　　水文：壬
　　金　文：壬
癸，甲骨文：癸 癸　　水文：癸
　　金　文：
午，甲骨文：　　水文：
未，甲骨文：米 未　　水文：未 未
中，甲骨文：中　　水文：
门，甲骨文：門 門　　水文：
窗，甲骨文：　　水文：
卜，甲骨文：卜　　水文：卜
　　金　文：
吉，甲骨文：吉 吉　　水文：吉
田，甲骨文：田 田　　水文：田
土，甲骨文：　　水文：
耳，甲骨文：　　水文：
目，甲骨文：　　水文：
口，甲骨文：口 口　　水文：口 口
手，金　文：　　水文：
明，甲骨文：　　水文：
旦，甲骨文：　　水文：　等等。

· 195 ·

专家们还研究发现：水文的造字法同殷商的甲骨文、金文及后来人们称为汉字的造字法，即《说文解字·叙》所说的指事、象形、会意、假借、形声等完全一致。水文的指事也是"视而可识，察而见意"，如"凵"（上）、"冂"（下）、"乂"（左）、"ㄣ"（右）、"川"（雨）、"个"或"木"（伞）等是也。水文的象形也是"画成其物，随体诘诎"，如"⊙"（日）、"）"（月）、"ㄟ"（虫）、"鱼"（鱼）、"鸟"（鸟）、"兽"（兽）、"山"（山）、"川"（水）、"个"（屋）、"囧"（窗）、"ㄋ"（镰）、"ㄑ"（锤）、"ㄔ"（弓）、"←"（箭）、"砅"（耙）、"ㄍ"（帚）、"大"（人）、"☺"（脸）、"ㄖ"（耳）、"◎"（目）、"艹"（草）、"屮"、"土"（木），等等是也。水文的会意也是"比类合谊，以见指㧑"，如"星"（星）、"门"（祭）、"田"、"血"、"门"（门）、"↑"（进）、"↓"（退）、"匚"（棺）、"凵"（坑）、"ㄨ"（阴）、"ㄗ"（年）、"酉"（酒）等是也。水文的假借也是"本无其事，依声托事"，如"男"（南、男通用）、"世"（地、第通用）、"大"（六、禄通用）等等是也。另外，水文的书写方式，也与三四千年前的甲骨文、金文及古籀文、小篆、楷书等"汉字"完全一致，都是从上到下，从左到右，都是点、横、竖、撇、捺、折、钩，如：

汉字：	甲	辛	月	日	冬	云
水文：	甲	辛	月	日	冬	云
汉字：	草	木	雨	酒	泉	田
水文：	艹	木	川	酉	泉	田
汉字：	人	鬼	吉	凶	卯	酉
水文：	大	鬼	吉	凶	卯	酉

以上这些充分说明：水文同殷商甲骨文、金文及后来的"汉字"有着十分密切的亲缘关系。

二、从水文与甲骨文、金文的字形及其结构分析发现：水文不仅与殷商甲骨文、金文同根同源，而且是一种比甲骨文、金文更早的远古文字。例如：汉字的"人"，甲骨文和金文均写作"ㄟ"或"人"，而水文写作"大"或"大"。从字形来分析，水文的"大"字比甲骨文、金文更近乎表形（即人的图画形象）；而甲骨文、金文的"乙"字则更重在表意。虽然它们同是象形文字，但甲骨文、金文的"乙"字却比水文的"兇"字则简化、意化（也可说是抽象化）了很多。可以说，甲骨文、金文的"乙"字是水文的"兇"字，在书写方式上的一种改进。

又如汉字的"草"字，甲骨文、金文写作"艸"或"屮"；汉字的"木"字，甲骨文、金文写作"木"或"木"；汉字的"泉"字，甲骨文、金文写作"泉"或"泉"；汉字的"牛"字，甲骨文、金文写作"牛"或"牛"；汉字的"印"字，甲骨文、金文写作"印"或"印"；汉字的"屋"字，金文和篆文写作"屋"；汉字的"箭"字，金文、篆文写作"箭"或"箭"；汉字的"脸"字，金文、篆文写作"脸"；汉字字义为男女生殖器的"阴"字，金文、篆文写作"阴"或"阴" "阴"；汉字的"锤"字，金文、篆文写作"锤"；汉字的"锯"字，金文、篆文写作"锯"；汉字的"镰"字，金文、篆文写作"镰"；汉字的"花"字，金文、篆文写作"花"、"花"；汉字的"祭"字，甲骨文、金文写作"祭"或"祭"；汉字的"埋"和"葬"，甲骨文、金文写作"埋"和"葬"（或"葬"、"葬"）。甲骨文、金文中的这些字，它们均晚起于水文。从字形上看，水文的"屮"（草）、"木"（木）、"泉"或"泉"（泉）、"牛"（牛）、"印"（印）、"屋"（屋）、"箭"（箭）、"脸"（脸）、"阴"（阴）以及"锤"（锤）、"锯"（锯）、"镰"（镰）、"花"（花）、"祭"（祭）、"埋"（埋葬），等等，它们同甲骨文、金文一样，都是一种象形或既象形又会意的文字，然而水文的这些字都比甲骨文、金文更近乎事物的原生态形象。如水文的"阴"（阴）字显然是男根"丨"和女阴"∨"的写征。它比金文的"阴"或"阴"、"阴"，自然是直观多了。甲骨文、金文的"祭"或"祭"（祭）字，是以手（又）持肉（肉）放桌上表示祭祀，而水文的"祭"（祭）字，则是直接把"祭"（祭品）放在"几"（桌）上以祭祀神灵。水文的这种造字法显然要比甲骨文更加直观，更加原始。水文的"箭"（箭）字、"脸"（脸）字、"锤"（锤）字、"锯"（锯）字、"镰"（镰）字和"花"（花）字更是对客观事物（如锤子、锯子、镰刀和植物花朵）的形象描绘，它不像甲骨文、金文那样采用会意和形声结合的方法来造字——水文的"❀"（花）字，是象形字；金文、篆文的"🌼"（花）字，是形声字，它的产生显然比水文的花字要晚多了。甲骨文、金文把"錘"（锤）、"鋸"（锯）和"鐮"（镰）字写成"金"（金）旁，可见它们的出现是在金属冶炼（即青铜）时代，而不像水文那样早在石器时代就出现了。

又如汉字的"时"字，甲骨文写作"㞢"或"㞢"（《说文》："古文'时'，从之，从日。"徐锴系传："古文从日，之声"），而水文则将"时"写作"ヺ"或"ヺ"。我们如果把"十"与"ヺ"分开，然后把"ヺ"旋转九十度，它就成了"〜ノ"或"∨"。这样它就成了远古时代人们表（标）杆测影的形象描绘："｜"是立在地上的竿子，斜着的一笔"／"则是太阳光在地面上的投影，而其中的"ⅲ"则表示在不同时期太阳投影的长度（即刻度），而"十"字则是"时"字的读音。由此可见水文的"ヺ"、"ヺ"（时）字产生的年代，正是立竿测影的观象授时年代，其时远在距殷商两千余年的帝喾高辛之时，最晚也不会晚于唐尧之世。

再如汉字的"祖"字，甲骨文写作"且"或"且"，它是男性生殖器的写征，是男性生殖崇拜在文字上的反映。而水文中的"祖"则写作"叆"或"叆"。其中的"厶"即"〇"，是"日"的象形字。它是太阳，代表阳性，即父性的写征。而"叆"或"叆"中的"夭"或"大"则代表阴性，是母性的写征。水文中作为"阳"的反义词的"阴"字，一般都写作"𣎴"或"𣎴"。前者是女性阴部的写征，后者是月亮（"𖠛"）出现在山头上（"⛰"），代表夜晚，阴性。水文的"叆"或"叆"，明显地反映了水族先民创造此字的文化时代，那是一个父性和母性并存的祖先崇拜时期，即母系氏族社会向父性氏族社会的过渡时期。因而证实，水族文字的起源远远早于殷商的甲骨文时代。

再说汉字的"卯"，甲骨文和水文均写作"ɔc"或"ɔc"（"ɔc"）。这不仅可以说明水文与甲骨文同根同源，其书写形式完全一致；而且还能证明甲骨文的"ɔc"是对水文的"ɔc"的承袭。《说文解字》注引《律书》云："卯之为言茂也，言万物茂也。"《淮南子·天文训》亦曰："卯则茂茂然。"而水族的水书先生则称卯节是"绿色生命最旺盛的时节"。两者的意思十分一致。但水文的"◁▷"("⬚")还有"开发、开启"之义。在卯节期间,禁区打开,未婚青年可上卯坡尽情对歌,两心相悦者还可相率成婚,而双方父母长辈很少干涉。故"卯节"亦被人们称之为"情人节"。从其文化背景审视"◁▷"字,可以有两种解释:其一,它是女性生殖器的写征("⬚");其二,它是男女两相对应的抽象表现("⬚"),或二者之义兼而有之。此外,汉字的"姑""姐""妹"等字,水文写作"⬚""⬚""⬚"等,此亦可说明:"◁▷"("⬚")是性情开启的"⬚";而"⬚"是情窦未开的"◁▷"。而甲骨文以后的"卯"("◁▷")则已失去性情开发、开启之义,而仅存万物"茂茂然"一义了。由此可见,水文早于殷商甲骨文之年代久矣。

另外,我们还发现水文与六七千年前的西安半坡文化遗址中的陶器刻划符号:丨、丨丨、丨丨丨、Ⅹ、↑、⬚、⬚、⬚、⬚、人、十、↑……,马家窑文化遗址中的陶器刻划符号:丨、一、#、口、⬚、十、⊗、⬚、△、▽……,良渚文化遗址中的刻划符号:、一、⬚、Ⅹ、⬚……也非常接近。以上这些刻划符号与水族文字、一、二、三、十、↑、▽、△、口、⬚、↑、▽、⬚、⬚,等等,有着十分直接的承传关系。2003年12月,荔波县档案局与水家学会组织专家学者和水书先生,通过查阅近千册馆藏水书,对江苏民间收藏家凌先生收藏的一个绘有10个文字符号:"十、↑、△、⬚、⬚、V、W、W、⬚、⬚"的北宋早期河南临汝窑八莲瓣陶瓷碗和河南偃师二里头遗址出土的24个夏陶符号:"⬚⬚⬚⬚⬚⬚⬚⬚⬚⬚⬚⬚⬚⬚⬚⬚⬚⬚⬚⬚⬚⬚⬚⬚"进行了查对、辨识和释读。结果发现北宋八莲瓣陶瓷注碗上的10个文字符号竟是道地的水族文字,其水书译文是:"七一 金方未乙 子甲 大旺时"意即:"甲子年金秋夏历九月乙未日大旺(丑)时"置。而河南偃师二里头遗址出土的24个夏陶符号,竟查对辨认出其中近20个是承传至今的水族文字。(蒙熙林《水书破译夏陶神秘符号》,见《水族百年实录》)。据此种种,我们肯定"水书"是一种与殷商甲骨文和金文等同源的古老文字,其创制年代却远比甲骨文、金文要早很多,大概在距今六千多年以前的颛顼帝喾时代,这种文字就已经为祝融共工氏家族及其后裔所掌握。

另从水书的内容可分为吉书、凶书和黑书来看:吉书为婚嫁、营造、丧葬、出行等择吉所宜者；凶书是为择日所宜忌者；黑书则是一种"不为外人言"的秘书，讲的尽是放鬼、收鬼的事。它是一种充满忌恨和复仇意识的书。黑书的产生显然与水族同胞的祖先重黎被诛、共工战败而亡，水族人民所遭遇的种种苦难和经历有关。

再从水书内容多鬼和重祭祀来看，也显然与水族人民"信鬼而好祠"的祖先原本生活在"好巫、重淫祀"的江南水乡有关。据曹辰阶等先生研究，共工战败而亡之地即今湖南益阳境地的浮邱山；而重黎被诛后的葬地在湖南衡山祝融峰旁。（见其著《南楚美人窝》，气象出版社1995年版。宋人罗泌《路史·前纪八》曾云："祝融氏以火施化，……葬衡山之阳，是以谓祝融峰也。"）今天的水族同胞尽管经过几千年的流离迁徙，早从属于长江水系的江南、湖泊等"多鬼"水乡，来到了属于珠江水系的地区生活，但他们却始终没有丢弃本民族的"文化行囊"，始终顽强地保存、承传和坚守着自己民族几千年前的文化和生活习俗，哪怕是反映天气和物候变化的农事谚语，如："太阳打伞长江水，月亮打伞草头枯"，"夏至昼暖夜来寒，虽是江湖也防旱"等等，也仍然以水族先民千百年前在江南水乡生活时的观察实践所获得的知识和经验为依凭。

还应提请人们注意的是：水书虽被人们称为水族的"易经"，但它除了有反映阴阳变化之规律的卦（卦象）及占卜、择吉凶等手法之外，并无用以解释卦象以告吉凶的卦爻辞；中国古代传说和典籍告诉我们：伏羲和神农等所创制的《连山易》和黄帝时的《归藏易》亦无卦爻辞；而卦爻辞的出现正是文王所演绎之《周易》的最大特色。由此可以证实：以占卜为主要内容的水书是一种早于殷商末年（即周文王演绎《周易》时代）的奇书。水书中那些奇特、古朴的水文，必是一种早于殷商甲骨文、金文的古老文字，其年代可溯到公元前四千余年的帝喾高辛之时。

文字初创不易。它是一种属于非物质文化层面的东西。它的传承和发展完全取决于社会文明与经济发展的程度。水文和汉字同是几千年前中华民族共同祖先的伟大创造和智慧的结晶。但由于各种复杂的历史原因，掌握了"水文"的祝融共工氏集团成员，在重黎被诛、共工起来造反而失败之后，被迫离开故土开始了漫长的迁徙和逃亡。几经周折和颠沛流离，最后当他们中最核心的一支——即今天的水族，迁徙到滇桂黔边山区后，因为日月的更替、时间的推移、人世的沧桑变化以及兵祸水火等自然灾害和人为的破坏，懂得它的人们越来越少了。而大多数水族同胞则由于阶级和民族的压迫以及社会经济和自然环境的制约（同阶级社会中的大多数汉族同胞一样），成了目不识丁的文盲。年长日久，地处边陲，经济落后，交通闭塞，几乎与外界断绝了交往的水族同胞对水文的使用，不仅范围和空间越来越小，而且许多字词也因长期搁置不用而渐渐淡忘了。这大概就是今天的水书字数存世量较少的主要原因。

由于水文存世的数量少了，单独用它交际则不足以表达思想感情，于是水族中的一些先进分子和文化人，就在原有的水文的基础上借用一些汉字并加以处理，创造了一种人们所称的"反书"。为了与汉字加以区别，他们就把这些"借用"的汉字故意反写、横写、斜写或倒写，如"丆"（丁）、"ㄥ"（午）、"乇"（子）、"ナ"（七），等等。这便是今天有人亦称水书为"反书"的由来。

综上所述，水文是一种比殷商甲骨文、金文更早的远古文字。它始创于公元前四千余年的帝喾高辛时代，发展、流播于唐虞夏商之初，它在中国文字的发展史上曾经起到过上承"三坟"，中通"五典"，下启"甲骨"的伟大作用。中国历史传说和古代典籍（如《尚书》《易经》《韩诗外传》等等）所载的"少昊、颛顼、高辛、唐虞之书"即"五典"，我们推测其中许多"言常道"的文字，一定是用"水文"。

古文《尚书》真伪考

《尚书》是上古之书,它记录了"上自尧舜,下至东周""距今四千(二百)年至二千六百多年间虞夏、商、周的典、训、诰、誓、命",其内容涉及政治、思想、宗教、哲学、法律、地理、历法、军事等各个领域,"是我国最早的政事史料汇编"(江灏、钱宗武译注《今古文尚书全译·前言》)。

据先秦经史诸子的引述和汉代《纬书》记载:《尚书》原有三千二百四十篇,经孔子删定为一百二十篇,除去《中候》十八篇,实为一百零二篇。《汉书·艺文志》亦曰:"凡百篇"。公元前212年秦始皇"焚书坑儒"后,《尚书》存亡成了一大疑案。直到秦朝灭亡,汉代初兴,惠帝废除焚书令,始有秦博士伏生献出私家所藏《尚书》29篇(若将《顾命》和《康王之诰》合并,则仅为28篇)。因伏生所献《尚书》是其学生用当时通行的隶书抄写,故被称为今文《尚书》,也叫"伏生本"。另据《汉书·艺文志》:汉武帝末年,鲁恭公为扩建宫室,欲毁孔子故居时,在其墙壁的夹缝中发现了用蝌蚪文书写的《尚书》一部,计45篇,除其中有29篇与"伏生本"即今文《尚书》基本相同外,多出16篇,被称为古文《尚书》,也叫"孔壁本"。

今古文《尚书》传至公元311年西晋永嘉之乱后相继散失。但到东晋初年时,豫章内史梅赜向朝廷献出了一部由孔安国纂注的《孔传古文尚书》46卷,计58篇。除去与今文《尚书》即"伏生本"内容相同的33篇外,多出25篇,也称为"晚书"。

这些被称为"晚书"的《孔传古文尚书》和"孔壁本"(除去与伏生本相同的篇什后)的16篇古文《尚书》,共计41篇,从宋代开始就有吴棫、朱熹从古今《尚书》词句深浅、难易之不同立论,说是"孔壁所出《尚书》如《禹谟》《五子之歌》《胤征》《泰誓》《武成》《冏命》《微子之命》《蔡仲之命》《君牙》等篇皆平易;伏生所传皆难读。如何伏生偏记得难的,至于易记的全不记得？"（《朱子语类》卷七十八）因而怀疑古文《尚书》是伪作。明代的梅鷟、清代的阎若璩等人采取同样的词句、文体比对研究法，肯定了吴棫、朱熹等人的看法，并将《孔传》和《书序》也认定为"伪作"。最近清华大学出土文献研究与保护中心的刘国忠教授也说：他们通过对清华大学所藏竹简中的《尹诰》与传世古文《尚书》中的《咸有一德》篇进行比对后发现："清华简《尹诰》属于秦始皇焚书之前真正的《尹诰》写本，而古文《尚书》中《咸有一德》篇与之没有任何共同之处"。另外清华简中的《傅说之命》（即通常所说的《说命》），"与古文《尚书》中《说命》篇也完全不同，证明是后人编造"。"清华简证实：古文《尚书》确系伪书"（见2012年1月12日《文摘报·学林漫步》，摘载《新华每日电讯》1月5日张建松文）。我们研究问题，尤其是研究古代文化、历史与文献，必须有严谨的科学精神，必须求真务实，多方求证，深入分析，忌带主观、片面性。古文《尚书》是否是伪书？我们想说点肤浅看法，以就教于海内外方家。

一、用文体和词句深浅、难易之同异与否来比对研究同一个时代的同一个作者的作品之真伪也许可以；倘若用它来比对研究其时间跨度远逾千年，所处朝代、国度、地域各不相同，其题材内容也不一样，且其地位、官职、经历各异而文化素养和文风自是不同的作者之作品，并断其真伪则恐不妥。何况伏生所传今文《尚书》篇什，也并非如朱熹所言之"皆难读"者，其中也有《微子》等被公认为"文辞较为浅易"者（江灏、钱宗武《今古文尚书全译》之《微子题解》）。

再说即便是同一个人，也会因其年龄变化，心情、处境、阅历不同，题材内容不同，其表现出的文风和采用的文学样式也绝不会完全一样。一个一贯爱写新词、白话诗的人，偶尔写作旧体诗、格律诗。你能通过比对，说他写的旧体诗是伪作吗？

二、若要判断一部作品是否为伪作，首先必须从作品本身找内证，特别要看作品内容的历史真实性；其次要广泛搜寻旁证，"覃思博考"，以印证作品的真伪与否。如要判定《书序》和《孔传》是否是后人伪作，首先必须分析论证孔子作《序》和孔安国作《传》的可能性与否。

《汉书·艺文志》曰："《书》之所起远矣，至孔子纂焉。上断于尧，下讫于秦，凡百篇而为之序，言其作意。"同书《儒林传》还记载了汉成帝时，张霸所献《尚书》"一百零两篇"，其中就有"采左氏《书序》"一篇。此外，东汉灵帝熹平四年（公元175年）由蔡邕等人用隶书一体写成，立于太学前的"石经"，其《尚书》残碑就有《书序》之文。联系到《纬书》所云孔子删定《尚书》为"一百零二篇"和张霸等所献《尚书》亦为"一百零两篇"的记载，可证在汉武帝以前，确实早有孔子删定并作序的古文《尚书》行之于世了。而从江灏、钱宗武译注的《今古文尚书全译》中的古文《尚书》篇什（尤其是仅存篇目而无正文者）"言其作意"之序，所涉及的历史事件和历史人物的真实与否，亦可判断《书序》的真伪。如仅存篇目而无正文的《胤征》之序："羲和湎淫，废时乱日，胤往征之，作《胤征》。"不仅可从《史记·五帝本纪》"乃命羲和敬顺昊天，数法日月星辰敬授民时"以及《夏本纪》"帝中康时，羲和湎淫，废时乱日，胤往征之，作《胤征》"得到印证，还可从《竹书纪年》"（夏中康）五年，秋九月庚戌朔，日有食之，（帝）命胤侯帅师征羲和"得到证实。这就是说经推算公元前2139年的农历九月初一庚戌这天发生了"日有食之"的天象，而当时的天文官羲和"颠覆厥德，沉乱于酒，畔官离次，俶扰天纪，遐弃厥司，乃季秋月朔，辰弗集于房。瞽奏鼓，啬夫驰，庶人走。羲和尸厥官，罔闻知，昏迷于天象，以干先王之诛（《夏书·胤征》）"，因而遭致了胤侯的兴师诛杀。由此可证古文《尚书·胤征》及其序所载绝对信实。"仲康五年秋九月庚戌朔""辰弗集于房"发生"日食"，这是当时的实际天象，绝非后人所能伪造的。

又如，仅存篇目的《仲丁》《河亶甲》和《祖乙》，其序："仲丁迁于嚣，作《仲丁》"；"河亶甲居相，作《河亶甲》"；"祖乙圯于耿，作《祖乙》"。这不仅可从《殷本纪》"中宗崩，子帝中丁立。帝中丁迁于傲（同嚣），河亶甲居相，祖乙迁于邢（音同耿）"得到印证，还可从《竹书纪年》："仲丁自亳迁于嚣，河亶甲自嚣迁于相，祖乙居庇。南庚自庇迁于奄，盘庚自奄迁于北蒙，曰殷"得以证实。又如《贿肃慎之命》序："成王既伐东夷，肃慎来贺，王俾荣伯作《贿肃慎之命》。"亦有《国语·鲁语下》："昔武王克商通道于九夷百蛮，使各以其方贿来贡，使无忘其职业。于是肃慎氏贡楛矢石砮，其长尺有咫。先王欲昭其令德之致远也，以示后人，使永监焉。故铭其栝曰：

'肃慎氏之贡矢，以分大姬，配虞胡公而封诸陈。'"可以肯定所有古文《尚书》篇什之序（今文《尚书》亦是）都可以从"其史信其事核"的《史记》中找到内容完全相同或相似的例证，如：今文《尚书·甘誓》序"启与有扈战于甘之野，作《甘誓》"，而《史记·夏本纪》亦曰："有扈氏不服，启伐之，大战于甘。将战，作《甘誓》"。古文《尚书》仅存篇目的《五子之歌》序："太康失邦，昆弟五人须于洛汭，作《五子之歌》"。而《史记·夏本纪》亦曰："帝太康失国，昆弟五人须于洛汭，作《五子之歌》。"（此序内容的历史真实性，还有《夏本纪》"（太康）盘于游田，不恤民事，为羿所逐不得反国"可证。）《帝告》《釐沃》序："自契至于成汤八迁，汤始居亳，从先王居，作《帝告》《釐沃》。"而《史记·殷本纪》亦曰："成汤，自契至汤八迁，汤始居亳，从先王居，作《帝告》。"《汝鸠》《汝方》序："伊尹去亳适夏，既丑有夏，复归于亳，入自北门，乃遇汝鸠、汝方，作《汝鸠》《汝方》。"而《史记·殷本纪》亦曰："伊尹去汤适夏，既丑有夏，复归于亳，入自北门，遇女鸠、女房，作《女鸠》《女房》。"《夏社》《疑至》和《臣扈》序："汤既胜夏，欲迁其社，不可。作《夏社》《疑至》《臣扈》。"而《史记·殷本纪》亦曰："汤既胜夏，欲迁其社，不可，作《夏社》。"《典宝》序："夏师败绩，汤遂从之，遂伐三朡，俘厥宝玉，谊伯、仲伯作《典宝》。"而《史记·殷本纪》亦曰："桀奔于鸣条，夏师败绩。汤遂伐三朡，俘厥宝玉，义伯、仲伯作《典宝》。"《仲虺之诰》序："汤归自夏至于大坰，仲虺作诰。"而《史记·殷本纪》亦曰："汤归至于泰卷（亦作坰），中䘡（亦作虺）作诰。"《汤诰》序："汤既黜夏，复归于亳，作《汤诰》"，而《史记·殷本纪》亦曰："既绌夏命，还亳作《汤诰》。"其文字完全相同。

再如古文《尚书·伊训》序："成汤既没，太甲元年，伊尹作《伊训》《肆命》《徂后》。"而《史记·殷本纪》亦曰："太甲元年，伊尹作《伊训》，作《肆命》，作《徂后》。"古文《尚书·太甲》序："太甲既立，不明，伊尹放诸桐，三年复归于亳，思庸。伊尹作《太甲》三篇。"而《史记·殷本纪》亦曰："帝太甲既立三年，不明，暴虐，不遵汤法……伊尹放之于桐宫，三年……反善。于是伊尹乃迎帝太甲而授之以政。帝太甲修德，诸侯咸归殷，百姓以宁。伊尹嘉之，乃作《太甲》三篇。"仅存篇目而无正文的《沃丁》

其序:"沃丁既葬伊尹于亳,咎单遂训伊尹事,作《沃丁》。"而《史记·殷本纪》亦曰:"帝沃丁之时伊尹卒。既葬伊尹于亳,咎单遂训伊尹事,作《沃丁》。"《咸乂》四篇序:"伊陟相大戊,亳有祥桑谷共生于朝,伊陟赞于巫咸,作《咸乂》四篇。"而《史记·殷本纪》亦曰:"帝雍已崩……帝太戊立伊陟为相。亳有祥桑谷共生于朝……帝太戊惧,伊陟曰:'臣闻妖不胜德,帝之政其有缺与?帝其修德。'太戊从之,而祥桑枯死而去。伊陟赞言于巫咸。巫咸……作《咸乂》。"又如古文尚书《归禾》序:"唐叔得禾,异亩同颖,献诸天子。王命唐淑归周公于东,作《归禾》。"《嘉禾》序:"周公既得命禾,旅天子之命,作《嘉禾》。"而《史记·周本纪》亦曰:"晋唐叔得嘉谷,献之成王,成王以归周公于兵所。周公受禾东土,鲁天子之命。初,管蔡畔周,周公讨之,三年而毕定。故初作《大诰》,次作《微子之命》,次《归禾》,次《嘉禾》,次《康诰》《酒诰》《梓材》。"其文亦相同或相似,如此等等,可见,孔子所作的"书序",在汉武帝以前世上早已有之。否则,以实录著称的信史专家司马迁就不会在《史记》中大量引用了。

《孔传》是否为伪作,亦可从以下的分析探究中做出结论:

一、孔安国是汉代著名的经学家,孔子的后裔,汉武帝时任谏大夫。

《孔传》末尾,作者自述"承诏为(古文《尚书》)59篇作传","于是遂研精覃思,博考经籍,采摭群言","定(为)58篇"。写完传注时适逢"国有巫蛊事"。而据《汉书·武帝纪》记载:汉武帝末年崇信巫术,江充与太子有嫌隙,用骗术陷害太子。武帝听信江充说太子宫中有蛊气,"征和二年(公元前93年)秋七月按道侯韩说使者江充等掘太子宫。壬午太子与皇后谋斩(江)充。"武帝命令丞相发兵讨伐太子,"大战长安,死者数万人。庚寅太子亡,皇后自杀……八月辛亥太子自杀于湖(关)"。"国中"(长安城中)确实发生了"巫蛊事"。由此可证,孔安国在汉武帝末年为古文《尚书》传注不谬。倘若《孔传》为后人伪作,则《传》中断然不会出现"巫蛊事"等真实的历史细节;作者也不会(也无必要)将"承诏为59篇","定(为)58篇"写入《传》中。

二、晋代学者郭璞于永嘉之乱(公元311年)之前成书的《尔雅注》,其《释鸟》"鸟鼠同穴,其鸟为鵌,其鼠为鼵"条,注曰:"孔氏《尚书》传云:

共为雌雄。"其《释畜》"狗四尺为獒"条，注曰："《尚书》孔传曰：犬高四尺曰獒。"而梅赜献《晚书》的时间是公元317—318年的晋元帝时期。可见郭璞在梅赜献书之前早已见到世间存传的孔安国传注的古文《尚书》了。由此可知梅赜所献"晚书"则是"古文《尚书》的西晋辑佚本"，"《孔传》更是开启《尚书》的管钥"（江灏、钱宗武《今古文尚书全译·前言》）。以上事实足以证明：早在汉武帝征和以前《书序》和《孔传》就已刊行于世，它们绝不可能是西晋永嘉之乱以后的伪作。孔子为《尚书》作《序》，孔安国为《尚书》作《传》断无疑矣！

再说，其年代"上断于尧，下讫于秦"，远逾千年；其内容广泛涉及政治、思想、宗教、哲学、法律、地理、天文、历法、军事等各个领域的今古文《尚书》；其作者乃是各个历史时期，各朝各代及其诸侯国的史官或君王、宰辅、王公和臣、卿、大夫，虽其权势大小、地位尊卑不同，如位高权重的，有商朝君王：太戊、仲丁、河亶甲、祖乙、武丁和宰辅伊尹、仲虺、伊陟，有周代的君王：成王、康王、穆王和宰辅周公、大保召公，也有权位相对较低鲜为常人所知的公卿大夫，如谊伯、仲伯、咎单、芮伯、荣伯，等等。但他们都是当时各国有史可考的真实历史人物。因此，即使有人想伪造，哪怕他本事再大、学识再渊博，也没有那么大的能量去广求博搜上下远逾千年的众多历史人物和浩如烟海的真实历史政事来伪造这古文《尚书》。更何况古文《尚书》在"先秦书籍（的）引《书》（中），具体提到篇名的"恰好就有四十多篇（江灏、钱宗武《今古文尚书·前言》）。而梅赜所献《晚书》其篇目与内容也大多可从先秦经史诸子的《尚书》引文中得到证实。江灏、钱宗武《今古文尚书全译·前言》指出："现在已经考知出处的约有一百二十条。阎若璩《尚书古文疏证》、惠栋的《古文尚书考》以及程廷祚的《晚书订疑》等论著，罗列周务，例证翔实。"由此可证：古文《尚书》绝非伪作明矣！

有先生以清华竹简《伊诰》（即《伊训》）与世传古文《尚书·咸有一德》"没有任何共同之处"而认定《咸有一德》为"后人编造"。其实《伊训》和《咸有一德》原本就不是一回事。《伊训》作于太甲元年（公元前1732年），而《咸有一德》却作于伊尹从桐宫迎回太甲，交还权力，回封地退隐终老之时。两者时间相去数十年。前者是伊尹通过祭祀大典，申述成汤功绩并教导太甲汲取夏桀"灭德作威"荼毒百姓的亡国教训;而后者是告诫太甲要日行新德、任用贤才,坚持纯美的操守。我们怎能因两者"没有任何共同之处"而认定它是"后人编造"呢?!

这位先生又以清华竹简《傅说之命》与古文《尚书》中的《说命》篇"也完全不同"而"证明是后人编造"。古文《尚书·说命》三篇主要讲殷高宗武丁继位后,三年不言,静心思考,求贤治国之道。一天晚上梦见天帝赐他一位"良弼"。"乃审厥象,俾以形旁求于天下"。最后按图索骥在傅岩找到了傅说。武丁于是就命傅说为相,并把治理国家的重任交给了他。傅说为相后向武丁进言,提出为政要选贤任能,奉行天道,学习古训,借鉴旧法,清明政治,国家才能长治久安。《史记·殷本纪》载:"帝武丁即位,思复兴殷而未得其佐。三年不言,政事决定于冢宰,以观国风,武丁夜梦得圣人,名曰说。以梦所见视群臣百吏,皆非也。于是乃使百工营求之野。得说于傅险(一作'岩')中。是时说为胥靡,筑于傅险。见武丁,武丁曰:'是也。'得而与之语,果圣人。举以为相,殷国大治。"《说命》三篇的这些内容同它完全一致。《说命》又云:"王宅忧,亮阴三祀,既免丧,其惟弗言。"亦与《礼记·丧服四制》"高宗谅阴,三年不言"完全一致。因此我们不能因清华竹简的《傅说之命》与之"完全不同"就证明它"是后人编造"。我们认为:殷高宗武丁任用传奇式的傅说为相使殷由衰走向复兴,这在先秦历史上是一件为人称道的事。因此在武丁之世出现一两篇不同版本的《说命》是不足为奇的,不能因此而否定说它是后人编造。

再如古文《汤诰》,这是成汤率领诸侯于安邑西之鸣条大败夏桀,并乘胜一举消灭三朡,班师回亳登天子位,朝见各诸侯时昭告天下的一篇诰文。有人以《史记·殷本纪》所载《汤诰》内容不同,而否认古文《汤诰》的真实性。其实,只要认真辨析两者的内容,就会发现:古文《汤诰》是古本《汤诰》的前半部分,《史记》所载是古本《汤诰》的后半部分。前者主要申述成汤伐桀的重要意义;后者则重在告诫各诸侯要敬德修业有功于民。两者实为一篇,不存在谁真谁伪。

又如古文《仲虺之诰》,这是成汤左相仲虺针对成汤用武力征败夏桀取得帝位后,感到有愧于古贤的"禅让"制度,而采用对偶、比喻等修辞手法所作的一篇劝勉之词。因是臣子对君主的劝勉,故行文比较考究,不能因此而怀疑是后人的伪托。本篇除有孔子的《书序》可证外,诰文中还有"乃葛伯仇饷"之事为《孟子·滕文公下》所印证:"汤居亳,与葛伯为邻。葛伯放而不祀,汤使人问之,曰:'为何不祀?'曰:'无以供牺牲也。'汤使遗之牛羊,葛伯食之,又不以祀。汤又使人问之,曰:'为何不祀?'曰:'无以供粢盛也。'汤使亳众往为之耕,老弱馈食。葛伯率其民要其酒食、黍稻者夺之,不授者杀之。有童子以黍肉饷,(葛伯)杀而夺之。《书》曰:'葛伯仇饷',此之谓也。"这就是说古文《仲虺之诰》早在公元前372—前289年的孟子之前就已行之于世了。否则孟子就不可能引用"《书》曰:'葛伯仇饷。'"之原文了。

为了澄清古文《尚书》的真伪,我们还将通过对古文《尚书》中《泰誓》《牧誓》《武成》《太甲》以及今文《尚书》之《召诰》《洛诰》《顾命》《毕命》和《逸周书·世俘》等篇所反映的历史事件的具体年代之天象历点的推算与考证来加以辨析。因为后代的人们对前代某一时期发生的历史事件的具体时间,特别是对当时的天象历点,绝对不可能主观臆造。若非亲身经历者是断然反映不出当时的历史,特别是其天象历点的真实情况的。

其一,古文尚书《武成》:"武王伐殷……惟一月壬辰旁死魄,越翼日癸巳王朝步自周于征伐商……既戊午师逾孟津,癸亥陈于商郊……(二月既死魄,粤五日)甲子昧爽,受(纣王)率其旅若林,会于牧野……"经推算,得知:此年为公元前1106年。是年建子,一月朔辛卯,"壬辰旁死魄"为一月初二,"越翼日癸巳"是一月初三,"戊午"为一月二十八,"癸亥"为二月初四,"甲子"为二月初五。这就是说古文《尚书》之《武成》篇不仅告诉了我们武王率师伐纣的具体行动日期,还告诉了我们武王克商灭纣的确切时间是公元前1106年的二月初五甲子日的早上。这不仅与《竹书纪年》帝辛(纣王)"五十二年(即公元前1106年),周始伐殷"所载相符,而且与《史记·周本纪》"(武王)十一年(公元前1106年)……戊午师毕渡盟(即孟)津……二月甲子昧爽,武王朝至于商郊牧野……"所载完全吻合。又如《泰誓》:"惟十有一年,武王伐殷,一月戊午师渡孟津……王次于河朔(即黄河北岸)……时厥明(即二月甲子昧爽)王乃大巡六师恭行天罚"同《牧誓》

"武王戎车三百两,虎贲三千人","甲子昧爽,王朝至于商郊牧野……"等等所载,不仅均与《史记·周本纪》等的记载相一致,而且与《逸周书·世俘》所载亦完全相符。《世俘》载:"惟一月丙午旁生霸,若翼日丁未,王乃步自于周,征伐商王纣。越若来二月既死魄,越五日甲子朝至于商,则刘商王纣,执矢恶臣百人……"经推算得知:此年为公元前1106年。是年建子,一月朔为辛卯;"丙午旁生霸"为一月十六;"翼日丁未"为一月十七;"二月既死魄"为二月朔日庚申;"越五日甲子"为二月初五。此外,1976年陕西临潼出土的《利簋》"武王征商在甲子朝"亦与以上诸篇关于武王克商时间的记载也完全一致。

再说《泰誓》三篇,其文"商王受……惟宫室、台榭、陂池、侈服,以残害于尔万姓,焚炙忠良,刳剔孕妇……""剥丧元良,贼虐谏辅……崇信奸回,放黜师保,屏弃典刑,囚奴正士……"《史记·殷本纪》:"百姓怨望而诸侯有畔者,于是纣乃重刑辟,有炮烙之法。"《列女传》:"膏铜柱,下加之以炭,令有罪行焉,辄堕炭中,妲己笑。名曰炮烙之刑。"《殷本纪》还说:"微子数谏不听,乃与太师、少师谋,遂去。""(比干)乃强谏纣,纣怒曰:'吾闻圣人,心有七窍'。剖比干,观其心。箕子惧,乃详狂为奴,纣又囚之……"这些可以作为《泰誓》所言不虚的佐证;《武成》曰:"(纣王)受率其旅若林,会于牧野。罔有敌于我师,前途倒戈,攻于后以北","(武王)式商容闾,散鹿台之财",有《史记·殷本纪》"商容贤者,百姓爱之,纣废之"和商纣王"厚赋税以实鹿台之钱"为佐证;《牧誓》其文"武王戎车三百两,虎贲三千人"有《孟子·尽心篇》"武王之伐殷也,革车三百辆,虎贲三千人"为佐证。由此足证古文《尚书》之《泰誓》三篇和《牧誓》《武成》绝非伪作。

其二,古文《尚书·伊训》:"成汤既没,太甲元年,伊尹作《伊训》……惟元祀十有二月乙丑朔,伊尹祠于先王。"而《太甲》三篇又载:"太甲既立,不明,伊尹放诸桐,三年复归于亳,作《太甲》三篇……惟三祀十有二月朔,伊尹以冕服奉嗣王归于亳。"经推算得知:太甲元年为公元前1732年。是年十二月初一正是"朔日乙丑"。太甲三年是公元前1721年。再说《伊训》和《太甲》之文"成汤既没","太甲既立,不明。伊尹放诸桐……"又有

《史记·殷本纪》"汤崩……伊尹乃立太丁之子太甲……是为帝太甲"和"帝太甲既立三年，不明，暴虐，不遵汤法，乱德。于是伊尹放之于桐宫……帝太甲居桐宫三年，悔过自新，反善，于是伊尹乃迎帝太甲而授之政。帝太甲修德，诸侯咸归殷，百姓以宁，伊尹嘉之，乃作《太甲》三篇"可证。由此可见古文《尚书》之《伊训》和《太甲》上中下三篇均非伪作亦断然无疑！

其三，古文《尚书·毕命》："惟十有二年，六月庚午朏，越三日壬申王朝步自宗周，至于丰，以成周之众，命毕公保釐东郊。"经推算得知：此为康王十二年即公元前1056年。是年建子，巳（六）月戊辰640分合朔。"朏日"庚午，为六月初三，"越三日壬申"为六月初五。这天康王从镐京至丰，册令毕公安抚治理王都东郊。此事有《史记·周本纪》"康王命作策毕公分居里，成周郊，作《毕命》"为佐证。

此外我们还可从今文《尚书》之《召诰》："成王在丰，欲宅洛邑……惟二月既望，六日乙未，王朝步自周则至于丰……三月惟丙午朏，越三日戊申，太保朝至于洛卜宅……越三日庚戌，太保乃以庶殷攻位于洛汭。越五日甲寅位成。若翼日乙卯，周公朝至于洛……越三日丁巳，用牲于郊，牛二，越翼日戊午乃社于新邑……越七日甲子，周公乃朝用事。"推得此为成王七年即公元前1098年。是年建子，一月朔（即初一）乙丑，二月朔甲戌，"既望"为二月十六，越"六日乙未"为二十二，三月朔甲辰，"丙午朏"为三月初三；"越三日戊申"为三月初五；"越三日庚戌"为三月初七；"越五日甲寅"为三月十一；"若翼日乙卯"为三月十二；"越三日丁巳"为三月十四；"越翼日戊午"为三月十五；"越七日甲子"为三月二十一；从今文《洛诰》"戊辰王在新邑祭岁……在十月二月；惟周公诞保文武受命惟七年"推得此年周公归政成王（周公摄政七年），即成王七年，为公元前1098年。是年建子，一月朔乙巳，二月朔甲戌，三月朔甲辰……十二月朔己亥。"戊辰""祭岁"为晦日，即十二月三十日。

今文《顾命》云："成王将崩……惟四月哉生魄，王不怿……甲子王乃洮颒水相被冕服凭玉几……越翼日乙丑，王崩。"由此推得此年为成王三十七年即公元前1068年。是年建子，卯（四）月朔乙酉（527分合朔）。哉生魄为四月初三，"甲子"为四月十六，"乙丑"为四月十七。

以上三篇今文《尚书》有《史记·周本纪》"成王少，周初定天下，周公恐诸侯畔周，公乃摄行政当国。……周公行政七年，成王长，周公反政成王，北面就群臣之位。成王在丰，使召公復营洛邑……作《召诰》《洛诰》……成王既崩，二公率诸侯以太子钊见于先王庙，申告以文王、武王之所以为王业之不易，务在节俭，毋多欲，以笃信临之，作《顾命》"为佐证。

以上推算和考证说明，古文和今文《尚书》均非伪作。像《武成》和《召诰》所述武王灭商、凯旋、偃武修文、接见四方诸侯和召公助成王营洛、治事，周公至洛视察、祭祀及召公望成王倚重周公敬德、保民等一系列历史事件之经过而依据当时天象实际（即月相的晦、朔、朏、哉生魄、旁生霸，既生魄、既死魄等等）所列出的具体时间，如若不是事情的亲身经历者或见证者，即使有天大本领，也是绝对编造不出来的！

综上所述，古文《尚书》及其《序》《传》均非伪作，明于皓日。古文《尚书》同今文《尚书》一样具有极高的史料价值，它对于我们研究中国古代语言、文学、天文、历法、历史、地理、考古、伦理、哲学以及宗教、法律、政治、思想等方面的重要作用是不能低估的。

《尚书·尧典》《夏小正》和《月令》论析

  《尚书·尧典·羲和》《大戴礼·夏小正》和《礼记·月令》是迄今为止，我国有文字记载的言之确确的三部最早的古代历法专著。三历的年代虽然不同：《尧典》出自公元前2200年以前的唐尧时代[①]。这是一部建寅为正的夏历；《夏小正》出自殷商前期，是商王成汤灭夏改正朔、颁行建丑为正的殷历之后，由当时的天文历法学家（如相土、巫咸等人）在总结前代历法知识的基础上，通过观测天象、物象和气象（即"三象"）实践而编制的一部冠以夏历之名，实为建丑为正（即以夏历十二月为岁首）的殷商历法，时间为公元前1725年左右；《月令》则出自春秋战国时期的大学者儒家学派鼻祖孔子之手。它是一部建寅为正（即以寅月为正月）的夏历，时间约在公元前552—前479年。周武王姬昌在公元前1106年推翻殷纣王的统治，建立周朝之后曾改正朔颁行了建子为正（即以夏历十一月为岁首）的周历，并一直使用到了春秋时期。后由于孔子提倡"行夏之时"，便废止了周历而改用了建寅为正的夏历。

  三历时间跨度虽逾千年以上，但纪历却具有高度的稳定性、延续性、精准性和科学性，是世界上最早、最全面的系统周密的科学历法。

  科学是人们对自然界和社会界一切事象（包括人类本身）的形成、发展、变化及其规律的认知；是人类社会实践经验的总结与升华。三历在七八千年前伏羲、神农"仰则观象于天、俯则观法于地……始画八卦"的基础上，经过长时期的天象、物象和气象（即"三象"）观测和社会实践而形成的。

  古人所观之象，首先是天象。所谓天象就是指太阳、月亮、星辰（北斗、金木水火土五星和二十八宿）的运行变化规律；所谓物象和气象，就是指动植物和风云、雨雪、雷电、气温等变化所显示的周期性规律。

  《尚书·尧典·羲和》是6400年前的颛顼、帝喾高辛时代世掌天地四时的重黎后代——羲氏和和氏兄弟在公元前 2200 年前的夏代陶唐之际,受命于帝尧观测天象、推测日月星辰运行规律、制定历法"敬授民时"的择要记载。它概略地记载了羲仲、羲叔、和仲、和叔分别居住于旸谷、南交、昧谷、幽都,即东南西北四方,通过对太阳东升("寅宾出日")西落("寅饯纳日")和(夏至后)太阳向南回归("平秩南讹");(冬至后)向北回归("平在朔易")的运行规律以及二十八宿,特别是鸟宿、心宿大火、虚宿和昴宿"四仲中星"的"中、流、伏、内"等天象与物象,即鸟兽皮毛顺应季节而变化("鸟兽孳尾""鸟兽希革""鸟兽毛毨""鸟兽氄毛")之规律的观测,精准地确定了"日中星鸟""日永星火""宵中星虚"和"日短星昴",即春分、夏至、秋分、冬至四时(二至二分)八气等时间概念及其所在的固定月份(如:春分在夏历二月,夏至在夏历五月,秋分在夏历八月,冬至在夏历十一月)。一年四季每季三个月中的中间一个月即为"仲月"。如:当南方朱雀七宿中的鸟宿(七星),黄昏时候(酉时)出现在头顶正上空时,这天为夏历二月春分,此日昼夜平分,白天和夜晚的时间一样长,故曰"日中星鸟"("中"者半也);当东方苍龙七宿中的心宿大火,黄昏时候出现在头顶的正上空时,这天为夏历五月夏至。此日,白天时间最长,夜晚最短,故曰"日永星火"("永"者长也);当北方玄武七宿中的虚宿,黄昏时候出现在头顶的正上空时,这天为夏历八月秋分。此日晚上的时间同白天一样长,故曰"宵中星虚";当西方白虎七宿中的昴宿,黄昏时候出现在头顶的正上空时,这天为夏历十一月冬至。此日,白天的时间最短,夜晚的时间最长,故曰"日短星昴"。

《尧典·羲和》不仅根据天象(日月星辰)和物象的运动变化规律,精准地确定了一年四季和四时八气(二至二分和二启二闭)等时间概念,还根据太阳和月亮的运行规律以及太阳的投影长短和月相变化的规律等等的观测,确定了岁实(即回归年的时间长度 365 又 4 分之 1 日)"期三百有六旬有六日"以及月亮的运行周期(即朔实 29 又 940 分之 499 日),大月为 30 天,小月为 29 天。从而制定了"以闰月定四时成岁"的世界上最早最科学的四分阴阳历。它就是传承至今的中国农家历。纯阴历大月 30 天,小月 29 天,一年十二个月共 354 天。而纯阳历的岁实为 365 又 4 分之 1 天,纯阴历和纯阳历一年相差11又4分之1天。为了使纯阴历和纯阳历相谐合，以便顺应二十四节气来安排农牧业生产，我国先民至迟在距今4300年以前就已通过设置闰月即三年一闰，或五年两闰，或十九年七闰的方法，使纯阴阳二历实现了完美的谐合，这一伟大发明，不能不令我们今天的人们感到惊叹和骄傲！

《夏小正》，《竹书纪年》曰："颂小正"。它是殷商早期的星历家（如相土、巫咸等人），根据流传于朝野的历代积淀的天象、物象和气象知识以及当时的观象记录，编辑整理而成的一部观象授时专著。因其时间久远，"盖大戴以其书最古，特题曰'夏'也"。其实，《小正》有关于天象的描述："正月……初昏参中"，"三月，参则伏"，"六月，初昏斗柄正在上"，"七月……斗柄悬在下则旦"，"八月……辰则伏"，"九月内火"，"十月……南门（亢宿）见"。有关于物象的描述："正月……雁北乡"，"鱼陟负冰"，"獭兽祭鱼"；"二月……荣堇（芹）"，"有鸣仓庚"，"荣芸（紫目蓿）"；"三月……摄桑"，"委杨"，"鸣鸠（布谷鸟）"；"四月……囿有见杏"，"鸣蜩（虾蟆）"，"秀幽（蒌）"；"五月……鴂（百劳）则鸣，唐蜩（蝉）鸣"；"六月……鹰始挚"，"煮桃"；"七月，秀雚苇"，"爽（夏枯草）死"，"寒蝉鸣"；"八月，剥（腌）瓜"，"剥（敲击）枣"，"栗零（落）"；"九月……荣菊"；"十月，豺祭兽"，"黑鸟浴（反哺）"；"十一月陨麋角"；"十二月，鸣弋（鸢）"。也有关于气象的描述："正月……时有俊（条）风"，"冻涂"；"三月……颁冰"，"越有小旱"；"四月……越有大旱"等等。《小正》中的天象、物象与气象同《诗经·豳风·七月》的天象、物象与气象完全吻合，"三之日（殷历一月）纳冰于阴"；"蚕月条桑"，"有鸣仓庚"，"以伐远杨"；"四月秀蒌"；"五月鸣蜩"；"七月食瓜"；"八月剥枣"。这些说明这是一部建丑为正（即以夏历十二月为岁首）的殷商历法。但由于这部建丑为正的观象授时历产生在殷商早期，虽然当时的商王成汤已换朝改朔，颁行了建丑为正的殷历，但在民间因行用夏历的积习太久，仍在袭用建寅为正（即以寅月为岁首）的夏历。因此《小正》中就有将夏历纪历误为殷历纪历的现象，如《小正》"正月，启蛰（惊蛰）"显然是将夏历正月（即寅月）的物象"惊蛰""桃始华"误记为"建丑为正"（即以夏历十二月为岁首）的殷历正月之物象了。又如"三月……拂桐（打桐花）"原本是建寅为正的夏历三月的物象，《小正》也误记成了殷历三月的物象。

《小正》对于天象的观测和记载，如："正月……初昏参中，斗柄悬在下"；"三月参则伏"；"六月初昏斗柄正在上"；"八月……辰则伏"；"九月内火"等等，即对二十八宿（特别是参宿、心宿大火）之"中、流、伏、内"及北斗柄运行规律的观测和记载是非常精准的。它们正是《小正》建丑为正（即以夏历十二月为岁首）的殷历的铁证。正如吾师张汝舟先生《二毋室古代天文历法论丛》中《（夏）小正校释》一篇所云："《小正》记昏中者一，正月'初昏参中'；言伏者二，三月'参则伏'，'八月辰则伏'；言入者一，'九月内火'；言流者，见《诗·七月》'七月流火'，孔《疏》言西流，是也。《小正》之为殷正，所记星位，一无乖牾，正合殷正（历）……'斗柄正在上'，为夏至建午之月（即夏历五月），千古不易也。建午为六月，则建丑为正月，《小正》之为殷历无疑。"②

公元前1106年武王克商，推翻殷纣王的统治后，姬发改正朔，颁行了建子为正（即以夏历十一月为岁首）的周历。这个周历从西周前期一直行用到春秋时期，直到春秋战国时期的政治家、思想家、教育家和儒家学派的创始人孔子（公元前552—前479年）提倡"行夏之时"才开始废止而采用了"建寅为正"的夏历。《礼记·月令》就是孔子等人，根据当时朝野，特别是民间广泛流行的观象授时知识以及当时的天文官对三象（特别是天象）的观测而编辑整理的又一部以"建寅为正"的"授时历"。这部"授时历"较之《小正》则更系统更精密，因而也更科学了。直至今天，我们仍然可以根据《月令》所载天象、物象和气象，特别是天象，如："孟春之月，日在营室，昏参中，旦尾中"，"东风解冻，蛰虫始振，鱼上冰，獭祭鱼，鸿雁来，立春"，"是月也，天气下降，地气上腾，天地和同，草木萌动"；"仲春之月，日在奎，昏弧中，旦建星中"，"始雨水，桃始华，仓庚鸣"，"玄鸟至""日夜分"（即春分），"雷始发声，始电，蛰虫咸动，启户始出"；"季春之月，日在胃，昏七星（鸟宿）中，旦牵牛中"，"桐始华"，"虹始见，萍始生"，"时雨将降，下水上腾"，"蚕事既登，分茧称丝"。"孟夏之月，日在毕，昏翼中，旦婺女中"；"蝼蝈鸣，蚯蚓出，王瓜生，苦菜秀"。"立夏"，"靡草死，麦秋至"，"蚕事毕"；"仲夏之月，日在东井，昏亢中，旦危中"，"小暑至，螳螂生，鹖始鸣"，"日长至"（即夏至）、"鹿角解，蝉始鸣，半夏生，木堇荣"；"夏季之月，日在柳，昏火中，旦奎中"，"温风始至，蟋蟀居壁，鹰乃学习，腐草为萤"，"树木方盛"，"土润溽暑，大雨时行"。"孟秋之月，日在翼，昏建星中，旦毕中，""凉风至，白露降，寒蝉鸣，鹰乃祭鸟"，"农乃登谷"；"仲秋之月，日在角，昏牵牛中，旦觜觿中"，"鸿雁来，玄鸟归"，"日夜分"（即秋分），"雷始收声"，"水始涸"；"季秋之月，日在房，昏虚中，旦柳中"，"鸿雁来宾""菊有黄花，豺乃祭鱼"，"霜始降"，"草木黄落"。"孟冬之月，日在尾，昏危中，旦七星中，""水始冰，地始冻"，"虹藏不见"，"立冬"，"天气上降，地气下降"；"仲冬之月，日在斗，昏东壁中，旦轸中"，"冰益壮，地始坼"，"日短至"（即冬至），"芸始生，荔挺出，蚯蚓结，麋角解"；"季冬之月，日在婺女，昏娄中，旦氐中"，"雁北乡，鹊始巢"，"冰方盛，水降腹坚"。根据这些天象的观测和推算，就可以明确得知一年四季和四时八气等二十四节气的时间概念。值得注意的是，《月令》所载天象，如"孟春之月（即夏历正月）……昏参中"（参宿黄昏时在头顶上方出现）；"季春之月（夏历三月）……昏七星（鸟宿）中"（鸟宿黄昏时在头顶上方出现）；"季夏之月（夏历六月）……昏火中"（心宿大火黄昏时在头顶上方出现）；"季秋之月（夏历九月）……昏虚中"（虚宿黄昏时在头顶上方出现），均要比《尚书·尧典》所载天象"五月（夏历）……日永星火"（白天最长的夏至这天，黄昏时心宿大心在头顶上出现），"八月……宵中星虚"（夜晚与白昼时间一样长的秋分这天，黄昏时虚宿在头顶上方出现）和《小正》"正月（夏历十二月）初昏参中"（黄昏时参宿在头顶正上方出现）等等整整晚了一个月。同样是建寅为正的夏正，《尧典》将"日永星火"记在五月夏至这天，而《月令》却记在六月（的"大暑"）了；《尧典》将"宵中星虚"记在八月秋分这天，而《月令》却记在九月（霜降这天）了……这是什么原因呢？回答是岁差所致。古人原以为：恒星的位置是永久固定不动的，故名恒星，但实际上恒星也在动，只是动得很慢。星历家们发现二十八宿（即二十八个恒星座中的每一颗恒星）每七十一年零八个月则向东移动一度（即冬至点西移一度）。这样，从公元前2200年以前的《尧典》的观象时代（即公元前2317—前2200年的帝尧时期）到春秋战国时期，二十八宿中的每颗恒星均已向东移动了三十来度（即冬至点西移了三十来度），时间刚好为一个月左右。因此，《尚书·尧典》羲和之时的"五月日永星火"（亦即五月火中），到了春秋时期的《礼记·月令》就当是"季夏之月（即夏历六月）……火中"。

夏代的《尚书·尧典》、殷商早期的《小正》及周代春秋时期的《月令》是世界有文字记载以来最早、最精准的观象授时历。由于所观之象，主要是天象，即日月星辰（北斗、五星和二十八宿）的运行规律；而北斗柄所指方向的周期性变化，如同钟表计时一样，十分准确（详见拙著《中华传统天文历术·观北斗》）；二十八宿的"中、流、伏、内"运行规律，也同钟表一样，计时精准。如以心宿大火为例：当黄昏（酉时）心宿大火在头顶正上方出现（即与地平面垂直，其交角为90度）时，则为夏历五月"夏至"（即《尧典》所云"日永星火"）；当黄昏（酉时）心宿大火出现在头顶偏西30度（即与地平面交角为60度）时，则为夏历六月大暑（即《诗经·豳风·七月》所说"七月流火"）；当黄昏（酉时）心宿大火在头顶偏西60度（即与地平面交角为30度）时，则为夏历七月处暑（即《小正》所云："八月辰则伏"）；当黄昏（酉时）心宿大火在头顶偏西90度（即与地平面交角为0度，已进入地平线）时，则为夏历八月"秋分"（即《小正》所云"九月内火"）。此时，亦是《尚书·尧典》所说的"宵中星虚"之月了。这时虚宿已升到了头顶的正上方，与地平面垂直，其交角为90度；而当昴宿黄昏（酉时）出现在头顶的正上方，即与地平面垂直，其交角为90度时，则为夏历十一月冬至（即《尧典》所载的"日短星昴"）。

公元前5037年的前子月（即夏历的十一月）的朔日这天正好是"日短星昴"的冬至日，而这天的合朔日刻又正好是深夜零时。这时牵牛星又刚好出现在头顶的正上方（与地平面垂直，成90度的交角）。于是当时"仰则观象于天"的炎帝神农就将牵牛初度定为二十八宿中的"冬至点"，也就是二十八宿周天拒度（365又4分之1度）和一个回归年（岁实为365又4分之1日）的起讫点，并据此创制了观象与推算相结合的即起于甲子年甲子月甲子日甲子时的"天元甲子历"（亦名"上元太初历"）。继炎帝神农之后的黄帝轩辕氏又在"天元甲子历"的基础上，通过进一步的观测和推算，于公元前4567

年（甲寅）调制了"天正甲寅历"。从此，中国的历法就走上了一条科学推算与观象授时相结合，并在实践中不断发展的科学道路。

注释

①吴国桢著，陈博译《中国的传统》（东方出版社 2000 年版）.认为，美国培养的加拿大天体物理学家易博士运用现代岁差公式，通过对尧时的春分、夏至、秋分和冬至点的研究分析，断定"《尧典》记叙的时代确实是公元前 2200 年前后的时代"。

②张汝舟：《二毋室古代天文历法论丛》，浙江古籍出版社 1987 年版。

《诗经·小雅·十月之交》释疑

《诗经·小雅·十月之交》："十月之交，朔月辛卯，日有食之。"这是我国早期的一次日食月记载。诗中所记"十月"日月交会，即月朔之后，辛卯这天又发生了"月为日所食"的现象。这种日食月现象，从地球、月亮的运行规律来说，它只发生在"晦朔交会"的时候（即阴历大月三十、小月二十九的深夜或初一这天），并且一月之内，只出现一次，否则就反常了。周幽王六年（公元前776年）"十月"就出现了"彼月而微，此日而微"。即每月一次的"日月交会"（即正常的月朔）之后，辛卯那天又出现了"日有食之"的"反常现象"。诗人对这一现象，感到非常怪异，乃赋诗曰："十月之交，朔月辛卯，日有食之，亦孔之丑"，认为这是一件很不吉利的事情。

这种日月"示警""亦孔之丑"的不吉之象，是怎么出现的呢？诗人不知道这是推算上的"浮差"所造成的错觉，而认为这是人君不行德政而产生的"示警"，是老天爷发出的一个警告。

周幽王宠信艳妻，荒于政事，迷于酒色，致使天下不宁，百姓哀怨，这是事实。但把月食、干旱、地震（《国语·周语》："幽王二年，西周三川皆震……是岁也，三川竭，岐山崩"）等自然灾害归之于老天爷对周幽王的警惩，这是一种缺乏科学依据的附会，自可不信。然而，怎么会出现"日有食之"（即月又为日所食）的情形呢？

公元前427年普遍施行的"四分历"（人称天正甲寅元），是一部以29又499/940日为朔实，以365又1/4为岁实，以19年7闰为一章，4章（即76年）为一蔀，20蔀（1520年）为一纪，3纪（即4560年）为一元，并以干支纪年，即六十甲子一轮回的阴阳历（这个"四分历"的推算依据和全部数据，司马迁完整地保存在他的《史记·天官书·历术甲子篇》里）。用这个历术推出的朔是平朔，推出的气，也是平气。平朔、平气同实朔、实气在起始

·220·

之时是一致的。但时间一久，它们之间就会出现误差。具体地说，经计算，平朔与实朔307年相差一天（即每年相差3.06分）；平气与实气128年相差一天（即每年相差0.25分）。而元代郭守敬制定的《授时历》及当今国际通用的格里历则是133年相差一天（即每年相差0.24分）。

如果我们不考虑平朔与实朔之间的误差（历法术语称之为"浮分"），用"四分历"来推算周幽王六年（公元前776年）"十月"的朔，则为：

(776 – 427) ÷76……45

76 – 45 = 31（算外加1，为32）

是年进入：16 – （4 + 1）= 11 即第 11 甲午蔀的第 32 年。

查《二十蔀蔀余表》第 11 甲午蔀的蔀余为 30（见附表二）

查（历术甲子篇朔闰表）第 32 年的前大余为 30；前小余为 297（见附表一）

30 + 30 – 60 = 0

查《一甲数次表》：0 是甲子的干支数次（见附表三）。

以上推算得知周幽王六年（即公元前776年）前一年（即公元前777年）子月（即夏历十一月）的经朔是甲子297分合朔。

据此可推出幽王六年（公元前776年）各月的合朔州时刻：

子月甲子　　　297 分合朔

丑月癸巳　　　796 分合朔

寅月癸巳　　　355 分合朔

卯月壬辰　　　854 分合朔

辰月壬戌　　　413 分合朔

巳月辛酉　　　912 分合朔

巳月辛卯　　　471 分合朔

未月辛酉　　　30 分合朔

申月庚寅　　　529 分合朔

酉月庚寅　　　88 分合朔

戌月己丑　　　587 分合朔

亥月己未　　　146 分合朔

子月戊子　　　595 分合朔

丑月戊午　　　154 分合朔

西周建子为正，以上推出的结果表明：周幽王六年（公元前776年）"十月"（即酉月）的"朔日"是庚寅（88分合朔）。但是，我们推出的这个"朔"是平朔。它同实朔（即实际天象）是有差别的。以每年的差数（即浮分）3.06分计：

(776 − 427) × 3.06 ÷ 940 = 1068 ÷ 940 = 1……余 128（分）

这就是说，我们推出的经朔同实朔相差一天多。我们把这个差数加在经朔"酉月庚寅88分"上，则实朔为：

26·88 + 1·128 = 27·216（26为庚寅的干支数次）

查《一甲数次表》：27为辛卯的干支数次。

这就是说，按实际天象，周幽王六年"十月"是辛卯216分合朔。这天出现"日食月"本是正常现象，并不反常。可是，当时的星历家们（包括此诗的作者），只知推经朔，不懂推实朔。也就是说，他们不知道经朔与实朔之间还有浮差。因此他们把经朔当成了实朔，认为"十月之交"即"酉月庚寅"日既已经出现过"日月交会"（即合朔现象），那么，第二天辛卯又一次出现"日月交会"即"月为日所食"的现象，就是"反常"，（实则，"庚寅"日，从实际天象来说，还是申月的晦日，这天的88分即2点14分8秒根本不可能出现"日月交会"的事。"辛卯"月食原本是正常现象。但由于诗人只知有经朔，不知有实朔，误认为实朔是反常现象）。所以诗人感到特别惊异，他不仅认为这是一件很不吉利的事（"亦孔之丑"），而且认为这种"彼月而微，此日而微"（昨日月已隐匿不见，今日又隐匿不见）即接连两天出现日食月现象，对天下百姓来说，亦是一件十分令人可悲的事（"今此下民，亦孔之哀"）。诗人还反复感叹道："彼月而食，则维其常。此日而食，于何不臧"（昨日月被日食，则是正常规律。今天月被日食，这是多么不吉利啊）！

周幽王时期为什么会发生日食月以及"烨烨震电"和"百川沸腾，山冢萃崩。高岸为谷，深谷为陵"等灾异呢？诗人认为这完全是由于"四国无政，不用其良"，皇父专权、奸臣弄事、艳妻方处所致。

这是一首斥幽王无道，不用贤良，致使小人得势、怙恶为非、陷民于水火的叙事诗。诗人斥责、诅咒的主要对象是"皇父"及其权臣如家伯、仲允、番、聚、蹶、楀等人。诗人斥责他们违背农时，滥施劳役，强迫百姓，弃田毁舍，"作都于向"，给老百姓无端带来灾孽的罪行。

对这首诗的阐释，历代注家虽然不乏高见，然而值得商榷的地方似仍有之：

一、"十月之交，朔月辛卯，日有食之。"这"日有（又）食之"究竟是指"日食"还是指"月食"？

北京大学中国文学史教研室选注的《先秦文学史参考资料》（中华书局1963年版）是主"日食"的。该书《（六十）十月之交（小雅）》注云：据我国古代天文家推算的结果，周幽王六年（公元前776年）十月初一（这一天是"辛卯"日）的辰时（早晨五至九时），曾经有过日食的事情发生，正与此诗相合。"该书还对"彼月而微"二句注云："'微'指昏暗不明。此言月有时是不明亮的（月有盈亏，故云），现在连太阳也昏暗起来了。"

高亨《诗经今注》（上海古籍出版社1980年版）亦主"日食"。其《十月之交》注云："十月之交，犹言十月之际，十月之间。""据古历学家推算，周幽王六年十月初一日日食（周历十月，等于夏历八月。这次日食发生在公元前776年9月6日）。"

其实这些说法是不正确的。其一，在古代，人们说"日食"，指的是"日食月"。请注意《十月之交》说的是"日有（又）食之"，"食"的后面有一个宾语代词"之"。这个"之"代指的是"月"。"日有食之"意思是"日又食月"（在古代，人们纪月食，往往记为"日有食之"。如《汉书·五行志》："高帝三年十月甲戌晦，日有食之"，"鲁僖公五年九月戊申朔日有食之"，"成公十六年六月丙寅朔日有食之"，"定公五年三月辛亥朔日有食之"，汉"惠帝七年正月辛丑朔日有食之"，"文帝七年正月辛未朔日有食之"，"武帝建元二年二月丙戌朔日有食之"。《汉书·武帝本纪》："元朔二年三月己亥晦，日之食之。等等"）经我们推算：周幽王六年（公元前776年）十月辛卯（即夏历八月初一）这天是216分合朔，即早晨5点30分9秒发生月食（算式是：940：216＝24：X）。北京大学中国文学史教研室说这天"日食"发生在"早晨七至九时"，不知何据。

223

其二，"十月之交"的"交"是"日月交会"之义，并不是"之际，之间"的意思。"日月交会"亦称"晦朔交会"，就是我们天文学界常称的合朔。什么是合朔呢？我们知道，月球是地球的卫星，地球是太阳的卫星，月亮绕着地球转，地球绕着太阳转。当月亮、地球、太阳三者处在一条直线上，太阳照射到月球上的光线正好全被地球遮住时，这时即为合朔（亦即"日月交会"）。合朔时刻用分数计。合朔这天称作朔日（即阴历的每月初一）。"朔"是"背"的意思（古人称北方为朔方），也就是说这时月亮对地球上的人们来说是背光的，人们看不到月亮。合朔这个概念本身就已说明：阴历每月初一，只出现"月被食"（即地球全遮住太阳照射到月亮上的光线）的情况，亦即《春秋公羊传·隐公三年》所云："日有食之者，食正朔也。"而绝不可能出现"日食"（即月亮遮住太阳照射到地球上的光线）的情况。"日食"只能出现在阴历的"望"日或其前后（即每月的中旬左右）。高亨先生说"十月之交"这次日食发生在9月6日亦不知何据。

其三，"朔月"，朱熹《诗集传》和汲古阁毛氏本改作"朔日"。高亨《诗经今注》亦云"当作朔日"。其实"朔月"即月朔，指阴历的每月初一，同朔日是一个意思。如《尚书·胤征》："季秋月朔，辰弗集于房。"（意思是说阴历九月初一，日月未合宿于房，出现了"日食"不在"朔"的情况。）又如《论语·八佾》："子贡欲去告朔之饩羊。"朱熹《集注》云："古者天子常以季冬颁来岁十二月之朔于诸侯，诸侯受而藏之祖庙。月朔，则以特羊告庙，请而行之……"唐代王昌龄《放歌行》："明堂坐天子，月朔朝诸侯。"其"月朔"均指朔日即阴历每月初一。"十月之交，朔月辛卯，日有食之"其句读本应为"十月之交，朔月；辛卯，日有（又）食之。"因是诗歌，诵读时按四言诗句式要求，点读成了现在的样子。否则，"朔月辛卯，日有（又）食之"，即朔日发生日食月现象，本是正常规律，有什么不吉利的呢！

二、"抑此皇父，岂曰不时，胡为我作，不即我谋"这四句，北大本的解释是："'不时'指不是农闲之时。此言'皇父哪里管目前是不是农闲的时候'。"并说："'我'当是诗人自谓。""'作'指服劳役。此言'为什么不问问我是否愿意就强迫我给你服役！'"。高亨先生的解释是："对，善也，此句言：难道皇父不是好人？""作，借为诈，欺也；或借为迮，逼迫。"

我们认为这两种解释，均有违此诗原意。"不时"当是孟子所云"不违农时"或"力不失时"之义。我国古代十分重视审时度节，安排农事活动，从而做到"春耕、夏耘、秋收、冬藏四时不失"，"五谷不绝"而民"不可胜食"；"力不失时，则食不困"（《农书》）。而诗中的皇父却违反这养民以时的客观规律，强令百姓弃田毁宅（"撤我墙屋，田卒汙莱"），从事"作都于向"的劳役。因此诗人用反诘的语气愤怒斥责："这个皇父，有谁说他不违农时，我们百姓为何会诅咒他？就是因他专横霸道，不同我们商议，就强令百姓们弃田毁宅……"诗中的"我"不应仅仅看成"诗人自谓"，除诗的末尾一节外，均应看成是"我们"（百姓）的复称。"作"亦不应释为"劳作"即"服劳役"，而应释为"诅咒""怨谤"之义。作，通"诅"。《诗经·大雅·荡》："侯作侯祝，靡届靡究。"朱熹《集传》："作读为诅"。高亨先生释"时"为"善"，说"此句言：难道皇父不是好人"恐失之远矣！

另外，诗中的"煽"（"艳妻煽方处"）、"慭"（"不慭遗一老"）和"敢"（"我独不敢休"）三字，并无深义，读之十分别扭，有碍于四言诗的节奏与句式，我们疑是衍文，似宜删去。

附：《历术甲子篇朔闰表》《二十蔀蔀余表》及《一甲数次表》如下：

表一 《历术甲子篇朔闰表》

年次	日数	朔大余	小余	气大余	小余	闰	年次	日数	朔大余	小余	气大余	小余	闰
1	354	0	0	0	0		13	354	五十	532	三	0	
2	354	五十四	348	五	8		14	384	四十四	880	八	8	五大
3	384	四十八	696	十	16	六大	15	355	八	787	十三	16	
4	355	十二	608	十五	24		16	354	三	195	十八	24	
5	354	七	11	二十一	0		17	384	五十七	543	二十四	0	一小
6	384	一	359	二十六	8	三小	18	354	二十一	450	二十九	8	
7	354	二十五	266	三十一	16		19	384	十五	798	三十四	16	十小
8	355	十九	614	三十六	24		20	355	三十九	705	三十九	24	
9	383	十四	22	四十二	0	十二小	21	354	三十四	113	四十五	0	
10	355	三十七	869	四十七	8		22	384	二十八	461	五十	8	七小
11	384	三十二	277	五十二	16	九小	23	354	五十二	368	五十五	16	
12	354	五十六	184	五十七	24		24	355	四十六	716	0	24	

续表

年次	日数	朔大余	小余	气大余	小余	闰	年次	日数	朔大余	小余	气大余	小余	闰
25	384	四十一	124	六	0	三大	52	384	四	410	二十七	24	五小
26	354	五	3	十一	8		53	354	二十八	317	三十三	0	
27	354	五十九	379	十六	16		54	355	二十二	665	三十八	8	
28	384	五十三	727	二十一	24	十一小	55	383	十七	73	四十三	16	二小
29	355	十七	634	二十七	0		56	355	四十	920	四十八	24	
30	383	十二	42	三十二	8	八小	57	384	三十五	328	十四	0	九大
31	355	三十五	889	三十七	16		58	354	五十九	235	五十九	8	
32	354	三十	397	四十二	24		59	354	五十三	583	四	16	
33	384	二十四	645	四十八	0	五小	60	384	四十七	931	九	24	六小
34	354	四十八	552	五十三	8		61	355	十一	838	十一	0	
35	355	四十八	900	五十八	16		62	354	六	246	二十	8	三小
36	384	三十七	308	三	24	一大	63	384	0	594	二十五	16	
37	354	一	215	九	0		64	354	二十四	501	三十	24	
38	384	五十五	563	十四	8	九小	65	355	十八	849	三十六	0	
39	354	十九	470	十九	16		66	384	十三	257	四十一	8	十二小
40	355	十三	818	二十四	24		67	354	三十七	164	四十六	16	
41	384	八	226	三十	0	七小	68	384	三十一	512	五十一	24	八大
42	354	三十二	133	三十五	8		69	354	五十五	419	五十七	0	
43	354	二十六	481	四十	16		70	355	四十九	767	二	8	
44	384	二十	829	四十五	24	四小	71	384	四十四	175	七	16	四小
45	355	四十四	736	五十一	0		72	354	八	82	十二	24	
46	354	三十九	144	五十六	8		73	354	二	430	十八	0	
47	384	三十三	492	一	16	十二大	74	384	五十六	778	二十三	8	一小
48	354	五十七	399	六	24		75	355	二十	685	二十八	16	
49	384	五十一	747	十二	0	八小	76	384	十五	93	二十三	24	十大
50	355	十五	65	十七	8		77		三十九	0	三十九	0	
51	354	十	62	二十二	16								

表二 二十蔀蔀余表

一 甲子蔀 0	六 己卯蔀 15	十一 甲午蔀 30	十六 己酉蔀 56
二 癸卯蔀 39	七 戊午蔀 54	十二 癸酉蔀 9	十七 戊子蔀 24
三 壬午蔀 18	八 丁酉蔀 33	十三 壬子蔀 48	十八 丁卯蔀 3
四 辛酉蔀 57	九 丙子蔀 12	十四 辛卯蔀 27	十九 丙午蔀 42
五 庚子蔀 36	十 乙卯蔀 51	十五 庚午蔀 6	二十 乙酉蔀 51

表三 一甲数次表

0 甲子	10 甲戌	20 甲申	30 甲午	40 甲辰	50 甲寅	5 己巳	15 己卯	25 己丑	35 己亥	45 己酉	55 己未
1 乙丑	11 乙亥	21 乙酉	31 乙未	41 乙巳	51 乙卯	6 庚午	16 庚辰	26 庚寅	36 庚子	46 庚戌	56 庚申
2 丙寅	12 丙子	22 丙戌	32 丙申	42 丙午	52 丙辰	7 辛未	17 辛巳	27 辛卯	37 辛丑	47 辛亥	57 辛酉
3 丁卯	13 丁丑	23 丁亥	33 丁酉	43 丁未	53 丁巳	8 壬申	18 壬午	28 壬辰	38 壬寅	48 壬子	48 壬戌
4 戊辰	14 戊寅	24 戊子	34 戊戌	44 戊申	54 戊午	9 癸酉	19 癸未	29 癸巳	39 癸卯	49 癸丑	49 癸亥

《诗经·豳风·七月》释疑

《豳风·七月》是我国古代劳动人民一年四季农事生活的真实写照，是一幅男耕女织的农乐图。它反映了我国奴隶制社会末期到封建社会初期的农业生产关系及其社会形态，是一首取材广泛、内容丰富、表现形式奇特别致、妙趣横生的生活和劳动的赞歌。过去不少注家由于受"以阶级斗争为纲"的思想影响，或者对《诗经》的用历不甚了了，因而搞不清楚这首诗所描写的时令季节以及它们同农业生产与社会生活的关系，以致把这首诗说成是"反映奴隶受贵族的压迫剥削，虽终岁勤劳，仍不免饥寒交迫，是一幅奴隶受压迫剥削的悲惨图画"[1]。

其实，世界上的一切事物都是形形色色、千差万别、无限多样的。人类的社会生活及人们相互之间的关系也是极其广泛、极其丰富和无限多样的。它们并不都是对立和斗争的关系。任何社会、任何事物之间或事物内部诸要素之间，如果只有矛盾的斗争性而无矛盾的同一性；或者说只有对立的一面，而无统一的一面，那么，就不成其为社会，任何事物也就不复存在了。

《豳风·七月》开头一句："七月流火"，是见物起兴。作者从大火（心宿）西流而联想到天气将开始转凉了，于是便想到了缝制寒衣的事："九月授衣"（犹同现在的农谚："八月秋风渐渐凉，裁缝进屋做衣裳"）；由缝制寒衣又联想到天气严寒的情景（"一之日觱发，二之日栗烈"）；在那严寒的天气，没有御冷的衣服是难以过冬的（"无衣无褐，何以卒岁？"）。寒冬一过春耕大忙就要开始了（"三之日于耜，四之日举趾"），于是诗人又想到了春耕大忙季节"同我妇子，馌彼南亩，田畯至喜"的欢乐情景。

这首诗共分八段，除第一段概括全诗，总言农耕之事外，其余七段均以赋（即叙事）的手法，采用重叠咏唱的形式，分章描述了农女采桑、缫丝绩麻、"为公子裳"的欢乐情景，以及农桑既毕，农民们"载缵武功"，整理过冬住室、打枣子、拾麻子（"剥枣""叔苴"），酿造"春酒"和忙于室内劳动、修房补屋等情形。诗的最后一段还写了年终"朋酒斯飨，曰杀羔羊"的聚会宴饮情况。这种自由自在、自给自足的封闭式的小农经济生活，在中国延续了几千年，直到今天仍有很大影响：农民们的生活即使过得再苦，再困难，逢年过节或是庄稼收获之后，他们总要打点粑粑、煮点米酒（"为此春酒，以介眉寿"），与亲友聚会宴饮一番（"朋酒斯飨"）。他们安于现状，也比较容易得到满足。因此，"织而衣，耕而食"，风调雨顺，丰衣足食，便是他们的最高生活理想（"跻彼公堂，称彼兕觥，万寿无疆"）！

不少注家把《七月》这首诗中出现的某些诗句，诸如"无衣无褐，何以卒岁""女心伤悲，殆及公子同归""我朱孔阳，为公子裳""取彼狐狸，为公子裘"以及"九月叔苴，采荼薪樗，食我农夫"等等作为依据，说这首诗是"一幅奴隶受压迫剥削的悲惨图画"。这种看法不仅存在着一定的片面性，有"断章取义"之嫌，而且在理解这些诗句的原义上，也不无问题。

"褐"是一种粗毛或粗麻织的短衣。在手工纺织业尚不发达的奴隶制社会末期或封建社会初期，穿这种比较粗糙的衣服，并不就是阶级地位低下的表现。战国时期的许行等农家学派之流，"其徒数十，皆衣褐，捆屦、织席以为食"就是例证（见《孟子·滕文公上》）。"无衣无褐，何以卒岁"犹言没有御寒的衣服，怎么过冬。这是紧接"九月授衣"而来的，意在强调：缝制寒衣的工作十分重要，并且一定要抓紧，否则天气寒冷了，没有御寒的衣服，叫人怎么过冬呢！并非是说天寒地冻了，穷苦人民连过冬的粗麻布衣服也没有。

诗中的"公子"并非指贵族阔少爷，而是指青春年少的男子，即采桑姑娘的情侣。在古代，"公子"是对人的一种爱称或尊称，男女均可称之为"公子"。如《左传·庄公三十二年》："女公子观之"。《公羊传·庄公元年》："群公子之舍，则以卑矣"。何休注："谓女公子也"。此诗中的"公子"与《九歌·湘夫人》"沅有茝兮醴有兰，思公子兮未敢言"以及《山鬼》"采三秀兮于山间，石磊磊兮葛蔓蔓。怨公子兮怅忘归，君思我兮不得闲""风飒飒兮木萧萧，思公子兮徒离忧"中的"公子"同义，均指女性思恋的情侣或丈夫。"我朱孔阳，为公子裳"，"朱"是红色，"阳"是色泽鲜明之意，"孔"

是副词，作"很、非常"讲。此句意思是：我（采桑女）把丝织品中染色最好、最鲜明漂亮的挑出来，给心上人做衣服。这句诗十分生动地反映出了桑蚕女们内心的喜悦和对自己劳动技能的夸耀，字里行间流露出了对情侣的爱恋之情。下句的"一之日于貉，取彼狐狸，为公子裘"也是如此。它反映了初婚女子对自己年轻丈夫的关心和爱护。"一之日"即夏历的十月，还是小阳春天气，为妻的就开始给丈夫做皮袄了。由此可见，夫妻恩爱之情多深！它不是像某些注家所说的"（这是农民）出外射猎，以取狐貉"，"把狐狸皮取来给贵族公子做皮衣"[④]。其实，稍微有点生活常识的人都知道，"一之日"才夏历十月，这时打来的狐狸皮是不能制作皮衣的，更不要说做给"贵族公子"们了。《夏小正》云："十有一月王狩，陈筋革，啬人不从。""十有一月"即"一之日"，"啬人"是庄稼汉（《夏小正》同《诗经》一样用的都是建丑为正的殷历，即以夏历十二月为岁首）。《夏小正》的十一月就是夏历的十月（详见拙文《"诗经"用历说》，《贵州教育学院学报》1987年第1期）。这就是说：夏历十月只是国王为了游乐才开始打猎，还根本轮不到一般庄稼汉。庄稼汉要把"穹窒熏鼠、塞向墐户"等整理过冬房室之类的活路忙完之后，即"曰为改岁"（过了冬至）之后，才能"载缵武功"，外出打猎。因此，把"于貉"解释为农民"外出射猎，以取狐貉"[⑤]云云是不妥的。"貉"或作"貊"，《五经文字》："貉经典相承作蛮貊"，《唐韵》《广韵》《集韵》《韵会》《正韵》均为莫白切，读"陌"（mò），指古代居住在北方的少数民族或国名。《山海经·海内西经》："貊国在汉水东北，地近于燕。"郭璞注："今扶余国即涉貊故地，在长城北，去玄菟千里，出名马、赤玉、貂皮、大珠如酸枣也。"《书·武成》："华夏蛮貊。"《周礼·夏官·职方氏》："掌天下之国，以掌天下之地，辨其邦国、都鄙、四夷、八蛮、七闽、九貉、五戎、六狄之人民"，注引郑司农云："北方曰貉狄"。《诗经·大雅·韩奕》："王锡韩侯，其追其貊，奄受北国"。朱熹《诗经集注》云："追、貊，夷狄之国也"。《礼记·中庸》："溥博如天，渊泉如渊，见而民莫不敬，言而民莫不信，行而民莫不说，是以声名洋溢于中国，施及蛮貊。"《孟子·告子》："欲轻之于尧舜之道者，大貉小貉也。欲重之于尧舜之道者，大桀小桀也。"又孟子曰："子之道，貉道也。"注：貉，夷貉之人，在荒服者也。貉之税二十而取一。

· 230 ·

《公羊传·宣公十五年》："寡乎什一，大貉小貉也。"又《说文》："貉，豹属，出貉国。"段氏注："貉国，北方国也。"班固《汉书·晁错传》云："夫胡貉之地，其人密理，鸟兽毳毛，其性能寒。"北方地寒，所产皮毛质量最好。"于貉"就是往貉，到貉国去，到北方少数民族地区去（于，往也，去也）。因此，"一之日于貉，取彼狐狸，为公子裘"应释为：夏历十月去北方少数民族地区，以物换取狐皮来给"心上人"（即"公子"）做皮大衣。我这样解释，一定有人会问：那么"女心伤悲，殆及公子同归"该怎么说呢？我们解释这句诗时，一定要把它同前面的部分联系起来。"春日载阳，有鸣仓庚，遵彼微行，爰求柔桑"（风和日暖的春天，黄莺在吱吱啼叫，沿着那桑间的小道，去采摘嫩绿的桑叶），这就是采桑女所处的环境和耳闻目睹的景物。你想，在这种春光明媚的典型环境里，采桑姑娘怎会不触景生情，想到自己结识的相知和终身之事呢？美好的春光是容易流逝的啊！（不是由"春日载阳"很快就"春日迟迟"，由"爰求女桑"已到"采蘩祁祁"了吗?!）真是韶光日日催人老，可我的嫁期和与"公子"会合之日，究竟要到哪一天才能实现呢？这怎能不令采桑姑娘心中暗生忧愁呢？采桑女子暗自悲伤，不知何时才能够同"公子"相会结良缘。这就是我的解释。正因如此，也才会有下边"为公子裳""为公子裘"等情形出现。

过去注家们都把这句诗释为："农村少女怕贵族公子胁迫她们与之同行，以为妾媵"，所以"伤悲"。[6]这种解释是值得商榷的。"殆及公子同归"（与下面将要说到的"上入执宫功"应为"上入宫执功"一样）是"殆归及公子同"的一种变句形式。其目的是为了与："迟""祁""悲"押韵。"殆"，毛传："始也。""归"，《说文》："女嫁也。"《礼记·大同》说："男有分，女有归。"《诗·周南·桃夭》"之子于归"用的就是这个意思。"殆归"是何时才出嫁的意思。"同"与"二之日其同""我稼既同"的"同"字同义，即《说文》所云："同，会合也"。因此，"殆及公子同归"这句诗，应释为：采桑女子什么时候才出嫁与郎君聚合呢？采桑女因为对此胸中无数，所以忧伤感叹（"女心伤悲"了）！

"九月叔苴，采荼薪樗，食我农夫。"这在农业生产并不发达的社会，乃是一般中等农家所常有的事，何况拾麻子、采苦菜这事并不是发生在青黄不接的季节，而是发生在五谷成熟的夏历八月，对于一个能在夏历五月吃上新鲜水果（六月食郁及薁），六月吃上瓜豆等新鲜蔬菜（"七月烹葵及菽""七月食瓜"），七月收了枣子（八月剥枣），九月就要收完稻谷（十月获稻）并能"为此春酒，以介眉寿"的农家户，八月去拾点麻子、采些苦菜，想来也断然不是生活贫困，聊以充饥所致吧！至于砍伐些不能成材的杂树（"薪樗"）来当柴烧，则更不能说是贫穷和富裕与否的表现。这些都恰恰反映了中国人民自古有之的一种节衣缩食、勤俭持家的美好品德。

说《豳风·七月》是反映奴隶受压迫剥削的诗的另一个根据是诗中有"言私其豵、献豜于公"和"我稼既同，上入执宫功"这样的诗句。

我们知道，西周王朝在土地问题上实行的是"井田制"。这种土地制较之于商代的奴隶主贵族国家的所有制，虽然在性质上并无什么根本不同，但耕种在这种土地上的农民，较之于商代的奴隶则要自由得多。他们耕种着贵族（诸侯百官）的土地，可以以贡税的形式向其贵族主子提供农副产品。这就是诗中所说的"献豜于公"了。这当然是一种租税剥削。不过从这首诗的整体来看，它只不过是客观地反映了当时的生产关系和社会形态罢了，并无意于揭露其剥削的性质及其严重程度。从《诗经·大雅》的《公刘》和《绵》等所反映的史实来看：公刘从邰迁到豳地之后，西周开始走向新兴向上的发展时期，统治阶级与劳动人民之间，尚处在一种相安图存，"既庶既繁，既顺乃宜，而无永叹"和"京师之（至）野，于时处处，于时庐旅，于时言言，于时语语"，上下和睦一致，勤劳、团结的兴旺发展阶段，阶级矛盾和对立并不尖锐。

"豵"是生长不满一年的猪，"豜"是生长三年的猪（毛传：豕，一岁曰豵，三岁曰豜）。我们知道猪的生长成熟期是很短的，一年不能言其小，三年不能言其大。因此"言私其豵，献豜于公"，并不能说明租税剥削的轻重。从"鸡要吃仔鸡，肉要吃嫩肉"的美食角度来说，我们甚至可以理解成农民把质量好的农副产品（如"豵"）留给自己，而把质量孬的（如"豜"）拿来上交给公家。当然，我们也不主张做此解释。但应该说："豵"和"豜"既然都是指猪（可代指其他兽类），那就不可拘泥哪是生长一年的猪，哪是生长三年的猪（如果是猎取来的，而不是家庭饲养的话，恐怕还没有那样的专家，一看就能分清哪是一年的，哪是三年的）。诗人之所以对同一事物用不同的名称来入诗，仅仅是出于艺术技巧（如诗的节奏的音乐美）的考虑。倘把"言私其豵，献豜于公"写成"言私其猪、献猪于公"，这样不仅显得死板难听，而且简直会使人不知所云了。

"上入执宫功"应是"上入宫执功"的一种句式变化。其所以变也还是为了节奏美感上的需要（或是古人的一种语言习惯）。"上"是"尚"的通假，作"还要"解。北大《先秦文学史参考资料·诗经七月》注释亦云："'上'同'尚'，犹言'还得'。""宫"在古代原指普通住室。《说文》："宫，室也。"如《诗经·鄘风》的《桑中》："美孟姜矣，期我乎桑中，要我乎上宫"；《定之方中》："定之方中，作于楚宫。揆之以日，作于楚室"。其"宫"均作内室或室解，并无宫殿或"统治者住宅"之义。"执"，从事。"功"，荣任，犹言工事。因此，"我稼既同，上入执宫功"，是指农民忙完地里的庄稼活路之后，（天气变得寒冷起来了）还得进入室内从事劳作，如诗中紧接着所说的"昼尔于茅，宵尔索陶"（白天理茅草，晚上搓绳子）之类的冬季室内劳动。把它解释为收完庄稼还要"到贵族奴隶主家去服劳役"[7]，是毫无根据的。

综合上述，《豳风·七月》并不是暴露文学，而是一篇写实文学。它运用古人"观象授时"的历术成果，以建丑为正（即以夏历十二月为岁首）的殷历，真实形象地反映了西周豳地劳动人民一年四季十二个月的农事生活及其生产状况和社会形态，是一首思想性和艺术性高度结合的歌咏劳动和生活的优秀史诗。

注：①③⑦引自《诗经全译》，贵州人民出版社1991年版。
④⑤⑥引自北京大学《先秦文学史参考资料》。

《竹书纪年》真伪考

《竹书纪年》为汲冢《竹书》亦即《汲冢古文》或谓《汲冢书》中的一种，分今本与古本。它是晋武帝时汲郡一个名叫不准的人，从战国时期一位魏王的坟墓里盗掘出土的。据说当时出土蝌蚪文竹简有"数十车"之多。关于这批竹简的出土年代人们说法不一：一说为"太康二年"即公元281年（《晋书·束皙传》）；一说为"咸宁五年"即公元279年（《晋书·武帝纪》）；一说为"太康元年"即公元280年（杜预《春秋经传集解后序》）。竹简出自哪位魏王之墓，亦有两种说法：一说是"魏襄王墓"；一说是"魏安釐王冢"。再加之"数十车"竹简后世不见其传存，因此有人怀疑它的真实性，并斥之为"汉后人伪作"（姚际恒《古今伪书考》）。雷学琪在其《竹书纪年考证》中云："言咸宁五年者，或取盗掘之岁；言太康元年者，或取收书之年；言太康二年者，或指校理之秋。"其实这只不过是一种分析和猜测，也是不足为据的。《晋书·束皙传》将竹简不传于后世之原因，归于"初发冢者烧策照取宝物，及官收之，多烬简断机，文既残缺，不复诠次"更不可信。张闻玉《逸周书全译·前言》认为："汲冢出土的《竹书纪年》有'今王终，二十年'之语，知所葬不得早于周赧王二十年，汲冢当为魏襄王冢。"古今学者大都持"魏襄王冢"之说。

《竹书纪年》究竟伪与不伪？我们分析问题不能从表面的现象出发，而应从事物的实质出发，并从中找出其问题核心是否真实可靠，是否符合客观实际或历史的真实性。《竹书纪年》顾名思义，它记载的是历代王年及其所发生的历史事件。因此，我们要评判《竹书纪年》的真伪，只需对它所记的有关王年及其历史事件的真实性，进行一番考证（即与其他历史典籍或出土文物及天象记载相对照），就能辨别其真伪。这就是说，凡其所载，经考证如果符合历史真实，那它就是真的，否则就是假的，就是伪书。

据《晋书·束晳传》所述，《竹书纪年》记载了从"夏初以来至周幽王为犬戎所灭"即自公元前2174年到公元前771年，共1400余年的历史。我们考求《竹书纪年》之真伪，只需从它所记述的若干年代及历史事件中，抽出一些有代表性的，或已为我们所熟悉的，或为其他信史或出土文物所载的典型事件来加以推算、论证和分析对照，如果所反映的历史之年代及其历史事件或推出的结果、结论与其他典籍或出土文物所载相一致，就说明它是真实可信的；否则，就是后人的杜撰，就是不真实的了。

例一，《竹年纪年》载："（夏代中康）五年，秋九月庚戌朔，日有食之。（帝）命胤侯帅师征羲和。"经推算：夏中康五年为公元前2139年。是年建丑，（前）子冬至月朔乙卯70分；丑正月朔甲申569分；二月朔甲寅128分……九月朔庚戌260分。这年"九月庚戌朔"发生"日有食之"的现象，与《史记·夏本纪》和《尚书·夏书·胤征》所载完全吻合。《史记·夏本纪》云："帝中康时，羲和湎淫，废时乱日，胤往征之，作《胤征》。"《本纪》虽对这次"日食"发生的具体时间未作交代，但不仅记载了中康之时发生日食和"羲和湎淫"，沉迷于酒，未能予以预报的事，而且还记载了中康帝命"胤往征之"，即对羲和大加杀伐的事。而这些记载又与《尚书·夏书·胤征》"惟时羲和颠覆厥德，沉乱于酒，畔宫离次，俶扰天纪，遐弃厥司，乃季秋月朔，辰弗集于房。瞽奏鼓，啬夫驰，庶人走。羲和尸厥官，罔闻知，昏迷于天象，以干先王之诛。政典曰：先时者杀无赦；不及时者杀无赦"的记载完全一致。只是《尚书·夏书·胤征》不仅记载了"日有食之"时的详细情形和中康帝命胤侯帅师诛杀羲和的情由，还明确记载了"日有食之"的时间"乃季秋月朔"。"季秋月朔"就是《竹书纪年》所说的"秋九月庚戌朔"。两相比较，《竹书纪年》纪历则更为具体精细。它不仅记载了发生日食这天的月朔，而且还记载了这天的朔日干支。而受中康之命去征伐羲和的恰是胤侯。由此可见，《竹书纪年》的记载完全属实，绝对可信。

例二，《竹书纪年》载："（帝辛）三十三年，密人降于周师，遂迁程。""三十四年，周师取耆及邘，遂伐崇，崇人降。""三十五年，周大饥，西伯自程迁于丰。"从这些记载我们得知：西伯（文王）于帝辛三十三年迁到了程，以后又于帝辛三十五年从程迁到了丰，在程住了三年。在这三年之中，帝辛三十四年曾讨伐崇侯虎，迫使崇国投降。这一段历史与《史记·周本纪》"（文王）伐崇侯虎，而作丰邑"及《逸周书·大匡》"惟周王宅程三年，遭天之大荒，作《大匡》以诏牧其方"所载是一致的，并且还可以看出文王"作丰邑"是"遂伐崇，崇人降"即帝辛三十四年进行的。帝辛三十四年建了丰邑，帝辛三十五年文王才由程迁到了丰邑。据此，《竹书纪年》之所载，与《史记·周本纪》和《逸周书·大匡》所载史实吻合，可见《竹书纪年》此载不伪。

例三，《竹书纪年》载："（帝辛）三十六年春正月，诸侯朝于周，逐昆夷。"帝辛（即商纣王）三十六年为公元何年？这年是否发生过周文王"逐昆夷"的事？这是决定《竹书纪年》真伪的关键。据张汝舟师和张闻玉教授对殷末铭器《弋其卣》甲"丙辰，在正月，隹王二祀"和《弋其卣》乙"乙巳，己酉在四月，隹王四祀"以及《弋其卣》丙"乙亥在六月，隹王六祀"的推算，帝辛元年为公元前1157年，帝辛三十六年为公元前1122年（见拙著《中华文明七千年初探》，人民出版社2002年版）。帝辛三十六年是否发生过文王"逐昆夷"的事？据《尚书·大传》载："（文王受命）四年伐畎夷。""伐畎夷"就是"逐昆夷"。现在的问题是："文王受命四年"是否就是帝辛三十六年即公元前1122年？如果是，则《竹书纪年》所载就落实了，否则就是有问题。文王受命始于何年？《帝王世纪》云："文王即位四十二年……文王更为受命之元年，始称王矣！"文王"受命元年"即为"文王即位四十二年"，那么文王即位元年又是帝辛或公元何年呢？我们根据《逸周书·小开》"维（文王）三十有五祀……正月丙子望"推得：文王即位三十五年为公元前1132年（是年正月朔壬辰，望日十五为丙子）。如此，则知文王即位元年为公元前1166年（1132＋35－1＝1166）。文王即位元年既为公元前1166年，那么"文王即位四十二年"亦即"文王受命元年"，定是公元前1125年（1166－42＋1＝1125），即帝辛三十三年。而文王受命四年定是公元前1122年（1125－4＋1＝1122），亦帝辛三十六年矣（1157－1122＋1＝36），从以上分析、推算得知《竹书纪年》所载不谬。

例四，《竹书纪年》载："帝辛四十一年春三月，西伯昌薨。"从例三得知帝辛元年是公元前1157年，则帝辛四十一年是公元前1117年（1157－41

+1 = 1117）。周文王（西伯昌）是否于是年"春三月"去世？我们可用《逸周书·文传》"文王受命之九年，时维暮春三月，在鄗召太子发，曰：'呜呼！我身老矣……'"和《毛诗疏》"文王……终时受命九年"来加以验证。从例三，我们用《逸周书·小开》及《弋其卣》等的历日推得文王受命元年（亦即文王即位四十二年）为公元前1125年，那么文王受命九年，自然就是公元前1117年（即帝辛四十一年）了（1125 – 9 + 1 = 1117）。而文王又是在"受命九年"的"暮春三月"去世的，《竹书纪年》所载确凿无误。

例五，《竹书纪年》载："（帝辛）五十二年，周始伐殷。"从例三推算得知：帝辛五十二年为公元前1106年（1157 – 52 + 1 = 1106）。武王伐纣是否在这一年？我们可以通过对《尚书·周书·武成》"武王伐殷……惟一月壬辰旁死魄，越翼日癸巳王朝步自周于征伐商……既戊午师逾孟津，癸亥陈于商郊……（二月既死魄，粤五日）甲子昧爽，受（纣王）率其旅若林，会于牧野"的推算得知：此年为公元前1106年。是年建子，一月辛卯朔，壬辰"旁死魄"为一月初二，"越翼日癸巳"是一月初三。戊午为一月二十八，癸亥为二月初四，甲子为二月初五。这就是说《尚书·周书·武成》告诉我们：武王克商灭纣的时间是公元前1106年的二月初五甲子日。此与《竹书纪年》所载相符。又据《史记·周本纪》"（武王）十一年……戊午师渡盟（即孟）津……二月甲子昧爽，武王朝至于商郊牧野……帝纣闻武王来，亦发兵七十万人拒武王……武王驰之，纣兵皆崩畔纣，纣走……自燔于火而死"，《尚书·泰誓上》"惟十有一年，武王伐殷，一月戊午师渡孟津"和《逸周书·世俘》"惟一月丙午旁生霸，若翼日丁未，王乃步自于周，征伐商王纣。越若来二月既死魄，越五日甲子朝至于商，则刘商王纣，执矢恶臣百人"，推得：武王十一年一月戊午为公元前1106年一月二十八日（是年建子，一月朔辛卯，戊午为一月二十八日）；《世俘》所说的"一月丙午旁生霸"为一月十六日，"若翼日丁未"为一月十七日；"二月既死魄"即二月朔日是庚申，"越五日甲子"正是二月初五。而武王十一年正是帝辛五十二年。因帝辛四十一年（即公元前1117年）三月西伯昌文王薨，武王即位，为武王元年，则武王十一年自然是公元前1106年，即帝辛五十二年矣！此外，近年出土的铭器《利簋》亦云："武王征商在甲子朝。"由此可见《竹书纪年》与《尚书·周书·

武成》《尚书·泰誓上》《史记·周本纪》及《逸周书·世俘》和《利簋》所载完全一致,足证《竹书纪年》确实不谬。

例六,《竹书纪年》载:"(成王)元年正月庚午,周公诰诸侯于皇门。"此与《逸周书·皇门》"成王元年……维正月庚午,周公格于左闳门,会群臣……"(格,至也。闳门,即皇门)及《逸周书·周书序》"武王既没,成王元年……周公会群臣于闳门,以辅主之格言,作《皇门》"所载完全一致。据铭器《周师旦鼎》"隹元年八月丁亥"推知:周成王元年为公元前1104年(是年正月朔己酉365分,庚午是正月二十二日)。足证《竹书纪年》所载真实不谬。

例七,《竹书纪年》载:"(康王)二十六年秋九月乙未,王陟。"要证实这个记载是否真实,需弄清两个问题:一是康王二十六年为公元何年?二是康王是否于该年逝世?根据张汝舟师和张闻玉教授对周代铭器《庚嬴鼎》"隹廿又三年四月既望己酉"的考订,此为康王二十三年即公元前1045年之物(是年辰月〔四月〕朔乙未291分;定朔甲午,既望十六为己酉);则"康王二十六年"为公元前1042年(1045+23-1-26+1=1042)。据《太平御览》引《帝王世纪》云:"(康王)在位二十六年崩。"由此可证,《竹书纪年》载康王死于在位二十六年,即公元前1042年不误。

康王逝世于公元前1042年,我们还可以通过《虢季氏子缦盘》"隹十又一年正月初吉乙亥"的推算加以证实:此器为昭王十一年即公元前1031年之物(是年丑正月定朔乙亥。初吉即朔日初一)。昭王十一年即为公元前1031年,则昭王元年必是公元前1041年(1031+11-1=1041)。而《史记·周本纪》云:"康王卒,子昭王瑕立。"据此,则知康王卒年必是公元前1042年。

例八,《竹书纪年》载:"(昭王)十九年天大曀,雉兔皆震。"大曀,就是黑天了,即发生了日食。昭王十九年,我们根据周代铭器《虢季氏子缦盘》推知昭王十一年为公元前1031年,则昭王十九年当是公元前1023年(1031+11-1-19+1=1023)。公元前1023年是否发生过日食?据天文学家的推算,"是年建丑,七月丙戌朔。儒略历6月10日发生日食,食分为0.43。我国洛阳一带中午1时之后可以看到日食现象"(见张培瑜《中国先秦史历表》和张闻玉《逸周书全译·附录》,贵州人民出版社2000年版,第

359 页)。足见《竹书纪年》所载昭王十九年出现日食天象完全正确。

例九,《竹书纪年》载:"周昭王末年,夜有五色光贯紫微。其年,王南巡不返。"周昭王南巡不返,这一史实我们可以从《左传·僖公四年》"昭王南征而不复"及《史记·周本纪》得到印证。《周本纪》云:"昭王之时,王道微缺,昭王南巡狩不返,卒于江上……立昭之子满,是为穆王。"可见《竹书纪年》所载当可凭信。其"夜有五色光贯紫微"之说,亦是古代占星家(即观天师)对"王道微缺",从星象占卜角度的一种诠释。关于周昭王的末年(即昭王逝年),我们根据铭器《吴彝》"隹二月初吉丁亥……隹(穆)王二祀"推知穆王二年为公元前 1005 年(是年二月朔甲戌 778 分,定朔 16h57m,失朔 07h03m。初吉乙亥,铭器记为丁亥,用"丁亥为亥日吉日"例),则穆王元年为公元前 1006 年,昭王末年为公元前 1007 年(亦即昭王三十五年)。

例十,《竹书纪年》载:"周自受命至穆王,百年。"要分清此记载的真实与否,需要解决以下三个问题:一是周受命(即始)于何年(此即武王克商之年)?二是穆王元年是哪一年?三是从武王克商之年到周穆王元年是否是 100 年?从例五得知:武王克商之年为公元前 1106 年(详细考证可阅拙文《武王克商之年再讨论》,《贵州社会科学》2002 年第 1 期)。周穆王元年为公元何年?我们据《吴彝》历日已推知是公元前 1006 年;此外,我们还可从铭器《牧簋》《走簋》《望》《伯克壶》《此鼎》和《善夫山鼎》等铭器的历日推得穆王元年为 1006 年的确凿证据(见拙著《中华文明七千年初探》)。据此,确证自武王克商公元前 1106 年至穆王元年公元前 1006 年,刚好为 100 年,《竹书纪年》所载不谬。

另外,我们从周代铭器历日推得西周各王的在位年数,如下:
武王克商公元前 1106 年,在位 2 年(公元前 1106 年—前 1105 年);
成王在位 37 年(公元前 1104 年—前 1068 年);
康王在位 26 年(公元前 1067 年—前 1042 年);
昭王在位 35 年(公元前 1041 年—前 1007 年);
穆王在位 55 年(公元前 1006 年—前 952 年)
……

（以上见《中华文明七千年初探》）。

我们从武王在位2年+成王在位37年+康王在位26年+昭王在位35年（到穆王元年前止）刚好=100年。据此，亦可证明《竹书纪年》"周自受命至穆王百年"，完全属实。

例十一，《竹书纪年》载："（穆王十年）夏四月，王畋于军丘"，"五月作范宫"，"秋九月翟人侵毕"，"冬蒐于萍泽，作虎牢"。而《穆天子传》卷五亦曰："夏庚午……天子次于军丘，以畋于薮泽。甲寅，天子作居范宫，以观桑者，乃饮于桑中……仲夏甲申，天子于所。庚寅天子西游……丁酉天子作台，以为西居……甲辰浮于荥水，乃奏广乐。季夏庚戌，休于范宫。""季秋……毕人告戎曰：'陵翟来侵。'天子使孟余毕讨戎。""季冬甲戌，天子东游，丙辰，天子筮猎苹泽。""有虎在葭中，天子将至，七萃之士高奔戎请生捕虎，必全之。乃生捕虎而献之。天子命为柙，而畜之东虞，是为虎牢。"（"夏庚午"即夏历四月的一天。"仲夏甲申"即夏历五月的一天。"季夏庚戌"即夏历六月的一天。"季秋"即夏历九月。"季冬"即夏历十二月）这些均与《竹书纪年》所载之事及其时令正合，可见《纪年》所载不谬。

例十二，《竹书纪年》载："（穆王）二十年毛公班、井公利、逢公固帅师从王伐犬戎。冬十月王北巡狩，遂征犬戎。"此与《穆天子传》卷一"（乙酉）天子北征于犬戎……甲辰，天子猎于渗泽，于是得白狐、玄貉焉，以于河宗。丙午，天子饮于河水之阿。天子属六师之人于邦之南渗泽之上……癸丑，天子大朝于燕（然）之山，河水之阿。乃命井利、梁固、聿将六师……河伯栢夭逆天子燕然之山，劳用束帛加璧，先白（圭），天子使祭父受之"内容大体一致。井利，即井公利。梁固，即梁大夫逢公固。祭父即祭公谋父。郭璞注引《国语》曰："穆王将征犬戎，祭公谋父谏不从，遂征之，得四白鹿、四白狼以归，自是荒服不至……"白虎、白狼与白狐、玄貉同类。据此，《竹书纪年》所载亦可凭信。

例十三，《竹书纪年》载："穆王十五年作重璧台。"《穆天子传》卷六亦云："甲戌，天子西北（之盛），姬姓也，盛栢（伯）之子也。天子赐之上姬之长，是曰盛门。天子乃为之台，是曰重璧台。"由此可见穆王建重璧台，金屋藏娇，是专为盛姬。《穆天子传》记载穆天子宠爱盛姬之事十分详细。足见

《竹书纪年》所载完全可信。

例十四,《竹书纪年》载:"穆王十六年,霍侯旧薨。"《穆天子传》卷五亦曰:"季秋(天子)乃宿于助……霍侯旧告薨。天子临于军丘,狩于薮。"(临,哭吊)可见《竹书纪年》所载不谬。

例十五,《竹书纪年》载:"穆王十七年,王西征,至昆仑丘,见西王母。其年,西王母来朝,宾于昭宫。"《穆天子传》卷三亦曰:"吉日甲子,天子宾于西王母。乃执白圭、玄璧,以见西王母,好献锦组百纯,(素)组三百纯。西王母再拜受之。乙丑,天子觞西王母于瑶池之上……"在酒宴上,穆天子与西王母彼此酬唱甚欢,其情难分难舍。由此可见《竹书纪年》所载绝非杜撰。

例十六,《竹书纪年》载:"穆王二十四年,王命左史戎夫作《纪》。"(纪,即《史纪》)根据《逸周书·周书序》:"穆王思保位惟难,恐贻世羞,欲自警悟,作《史记》。"及《逸周书·史记》:"维正月,王在成周,昧爽召三公、左史戎夫,曰:'今夕朕寤,遂事惊予。'乃取遂事之要戒,俾戎夫主之,朔望以闻。"(遂事,往事,即指史事。要戒,指重要而又可鉴戒的史事)所载穆王命左史据"遂事之要戒"以"主之"(即主持修辑《史记》)的事实,说明《竹书纪年》所载亦非杜撰。

例十七,《竹书纪年》载:"穆王三十九年,王会诸侯于涂山……"《穆天子传》卷五:"天子梦羿射于涂山,祭公占之,疏(梦)之(由),乃宿于曲山。壬申,天子西升于曲山……"丁谦云:"《左传·昭四年》言:'穆王有涂山之会。'《竹书纪年》言穆王三十九年,王会诸侯于涂山,未必非先因是梦,后见诸实事?"如此,《竹书纪年》所载自是不谬。

例十八,《竹书纪年》载:"五十五年,(穆)王陟于祗宫。"陟,专指帝王之死。此载与《史记·周本纪》所载"昭王之时,王道微缺,昭王南巡狩不返,卒于江上……立昭王子满,是为穆王……穆王立五十五年崩,子共王繄扈立"完全吻合,证明《竹书纪年》记周穆王即位五十五年(即公元前952年)而崩不误。

另外,我们从铭器《吴彝》历日推得穆王元年为公元前1006年;从《师虎簋》"隹元年六月既望甲戌",推知周共王元年为公元前951年。是年建丑,午（六）月朔戊午419分，铭器记为己未。故既望（六月十六）为甲戌。据此，亦可证穆王在位实是55年（1006－951＝55）。《竹书纪年》所载完全正确。

例十九，《竹书纪年》载："懿王元年（据张闻玉教授考订当为十八年），天再旦于郑。"周懿王十八年，我们从铭器《鼎》"佳王元年六月既望乙亥……佳王四月既生霸，辰在丁酉"和《王臣簋》"佳王二年三月初吉庚寅"及《柞钟》"佳王三年四月初吉甲寅"等考证、推算，得知周懿王元年为公元前916年，懿王二年为公元前915年，懿王三年为公元前914年（见《中华文明七千年初探·关于中国历史纪年与武王克商之年再讨论》）。如此，则周懿王十八年为公元前899年。这年是否发生过"天再旦于郑"（即在郑地发生日食）的现象？

据贵州工业大学葛真教授推算，得知"公元前899年，儒略历4月21日，丑正四月丁亥朔，上午4点30分，天已大亮。太阳升起时发生日全食天象。最大食分0.97，天黑下来，至5点30分，天又亮了（再旦）"（见葛真：《用日食、月相来研究西周的年代学》，《贵州工业大学学报》1980年第2期）。1987年美国彭瓞钧、周鸿翔等的推算结果与葛真相同，即周懿王十八年（公元前899年）四月确实发生过"天再旦于郑"的日食天象。证明《竹书纪年》所载懿王十八年发生日食，完全可靠。

以上所引《竹书纪年》十数例，其所载王年及其历史事件，均与相关历史典籍和出土文物及青铜铭器所载完全一致。朱右曾在《逸周书集训校释序》中说："圣人之法，以参为验，以稽为证。"《竹书纪年》所载各代所发生的历史事件，其时间、地点、场景、天象（朔、望等月相与日月之食）及事件之详情等，经参验、稽证，无一不与历史之真实相吻合，并无失实。特别是天象记载，绝非后来的任何圣贤明哲所能杜撰得了的。《竹书纪年》不伪，这是根据客观的历史事实所得出的正确结论。

《山海经》的年代与文献价值

《山海经》是我国古代集天文、地理、人事于一体的旷世奇书；是一部集古代地理学、方志学、动物学、植物学、天文学、药物学、社会学、人文学、民族学、神话学和巫术学之大成的百科全书。它文字简洁、内容丰富、整体有序、结构严谨。从整体结构上可分为山经、海经和大荒经三大类。

山经（即《南山经》《西山经》《北山经》《东山经》和《中山经》五篇——古称《五藏山经》）多记山水名物。它从南、西、北、东、中五个方位和区划，记载了我国古代各大小山川（其中山名347座，即《南山经》40座、《西山经》77座、《北山经》87座、《东山经》46座、《中山经》97座）的名字、地理位置、山势走向及它们彼此之间的距离，并对其中的出产及其性质、用途和神话传闻等等，一一作了介绍。如《山海经第一·南山经》开头便云："南山经之首曰鹊山。其首曰招摇之山，临于西海之上，多桂，多金玉。有草焉，其状如韭而青华，其名曰祝余，食之不饥。有木焉，其状如谷而黑理，其华四照，其名曰迷谷，佩之不迷。有兽焉，其状如禺而白耳，伏行人走，其名曰狌狌，食之善走。丽麔之水出焉，而西流注于海，其中多育沛，佩之无瘕疾。""又东三百里，曰棠庭之山，多棪木，多白猿，多水玉，多黄金……"又如《中山经》："又东南一百二十里，曰洞庭之山，其上多黄金，其下多银铁。其木多柤梨橘櫾，其草多葌蘪芜、芍药、芎藭。帝之二女居之。是常游于江渊。澧沅之风，交潇湘之渊，是在九江之间，出入必以飘风暴雨……"其中山水名称及其地理走向、矿物及动植物出产、神话传说均有记叙。

经粗略统计：山经所载动物约260种，其中可以入药者有近80种，如：

《南山经》：鹿蜀，佩之宜子孙。旋龟，佩之不聋，可以为底（通胝，治足茧）。鲑鱼，食之无肿疾。类，食者不妒。猾褫，佩之不畏。鹕鹕，食之无卧。灌灌，佩之不惑。九尾狐，食者不蛊。赤鱬，食之不疥。虎蛟，食者不肿，可以已痔。

《西山经》：㸲羊，其脂可以已腊（治体疲）。䳚渠，其状如山鸡，黑身赤足，可以已爆。肥遗，食之已疠，可以杀虫。橐𩇯，冬见夏蛰，服之不畏雷。谷边，席其皮者不蛊。䧿，服之已瘅。当扈，食之不眴目，栎（鸟类），食之已痔。冉遗之鱼，食之使人不眯。数斯，食之已瘿。文鳐鱼，食之已狂。

《北山经》：滑鱼，食之已疣。鹘鹎，食之不疽。何罗鱼，食之已痈。儵鱼，食之可以已忧。鳛鳛之鱼，食之不瘅。耳鼠，食之不眯，又可以御百毒。鴸，食之已风。鮆鱼，食之不骄。白鵺，食之嗌痛，可以已痢。领胡，食之已狂。鰼父鱼，食之已呕。䱱鱼食已疣。鮨鱼，食之已狂。䴅鹃，食之不喝。嚣，食之已腹痛，可以止痛。人鱼，食之无癡疾。䴔鵖，食之不饥，可以已寓。足訾，食之已风。鳡鱼，食之已疣。䳩鸦，食之不溺。

《东山经》：箴鱼，食之无疫疾。珠鳖鱼，食之无疠。鱃鱼，食者不疣。䖪鱼，食之不尿。

《中山经》：熊，食之已瘿。豪鱼，可以已百癣。飞鱼，食之已痔疼。蠚蛭，食之不眯。鸲，食之宜子。鸵鸟，食之已垫。令要（鸟名），服之不眯。修辟鱼，食之已白癣。三足龟，食之无大疾，可以已肿。鮀鱼，食者不睡。青耕，可以御疫。三足鳖，食之无蛊疫。䲢鱼，食者不痈，可以已瘘。鳜鱼，食者无蛊疾，可以御兵。㺔，食者不风，等等。

山经所载植物，其中可入药者有50多种。如《南山经》：祝余，食之不饥。迷谷，佩之不迷。白𦬸食之不饥，可以释劳，可以血玉。

《西山经》：䕮荔，食之已心痛。文茎，可以已聋。条草，食之使人不惑。黄雚，浴之已疥，又可以已胕。薰草，佩之可以已疠。蓇草，食之使人无子。杜衡，食之已瘿。无条，可以毒鼠。嘉果，食之不劳。丹木，食之不饥。萯草，食之已劳。怀木，食之多力。

《北山经》：䓴酸，食之已疠。

《中山经》：䈷，可以已瞢。天婴，可以已痤。植楮，食之不眯。枥木，服之不忘。鬼草，服之不忧。雕棠，食之已聋。荣草，食之已风。苟草，服之美人色。苦辛，食之已疟。少窰草，服之媚于人。黄棘，服之不字。无条草，服之不瘿。天楄，服之不噎（噎）。蒙木，服之不惑。亢木，食之不蛊。黎草，可以已疽。狼，可以为腹病。羊桃，可以为皮张（治皮肿），等等。

因此我们可以说，山经不仅是一部山水地理志和矿物志，同时也是一部十分珍贵的生物药物志。它反映出我国医药学之博大精深及中医药物学历史之灿烂悠久。这是世界上别的任何民族所不能比匹的！

海经具体分为海内经和海外经两大类。它们又各以其地理方位和区划之不同，而分为《海内南经》《海内西经》《海内北经》《海内东经》和《海外南经》《海外西经》《海外北经》《海外东经》。

海内经多记各州国地理位置、珍稀动物和神话传闻。如《海内南经》："旄马，其状如马，四节有毛，在巴蛇（州地名）西北，高山南。匈奴、开题之国、列人之国并在西北。"《海内西经》："貊国在汉水东北，地近于燕，灭之。孟鸟在貊国东北，其鸟文赤、黄、青，东乡。""昆仑南渊深三百仞、开明兽身大类虎而九首，皆人面，东乡立昆仑上。"

《海内北经》："林氏国，有珍兽，大若虎，五采毕具，尾长于身，名曰驺吾，乘之日行千里。""朝鲜在列阳东，海北山南。列阳属燕。""从极之渊，深三百仞，维冰夷恒都焉。冰夷人面，乘两龙。""射姑国，在海中，属列姑射，西南，山环之。大蟹在海中，陵鱼人面，手足，鱼身，在海中。"

《海内东经》："西胡白玉山，在大夏东，苍梧在白玉山西南，皆在流沙西，昆仑虚东南。昆仑山在西胡西，皆在西北。"

"雷泽中有雷神，龙身人头，鼓其腹，在吴西。"

海外经多为异域传闻，非作者实地考察所记，故其内容大都荒诞不经、离奇乖巧。如《海外南经》："结匈国在其西南，其为人结匈。""羽民国在其东南，其为人长头，身生羽。一曰在比翼鸟东南，其为人长颊。""灌头国在其南，其为人，人面有翼，鸟喙……厌火国在其国南，兽身黑色，生火出其口中。""贯匈国在其东，其为人匈有窍。""不死民，在其东，其为人黑色，寿，不死。""三首国在其东，其为人一身三首。"

《海外西经》："三身国在夏后启北，一首而三身。一臂国在其北，一臂一目一鼻孔。有黄马虎文，一目而一手。奇肱之国在其北，其人一臂三目，有阴有阳，乘文马。有鸟焉，两头，赤黄色，在其旁。""刑天与帝至此争神，帝断其首，葬之常羊之山，乃以乳为目，以脐为口，操干戚以舞。""巫咸国，在女丑北，右手操青蛇，左手操赤蛇，在登葆山，群巫所从上下也。""并封，在巫咸东，其状如彘，前后皆有首，黑。""乘黄，其状如狐，其背上有角，乘之寿二千岁。"

《海外北经》："无启之国，在长股东，为人无启。钟山之神，名曰烛阴，视为昼，瞑为夜，吹为冬，呼为夏，不饮不食，不息。息为风。身长千里，在无启之东。其为物，人面，蛇身，赤色，居钟山下。""一目国，在其东，一目中其面而居。柔利国，在一目东，为人一手一足，反膝，曲足居上……""夸父与日逐走，入日，渴欲得饮，饮于河渭；河渭不足，北饮大泽。未至，道渴而死。弃其杖，化为邓林。"

《海外东经》："奢比之尸在其北，兽身、人面、大耳，珥两青蛇。""朝阳之谷，神曰天吴，是为水伯。在虹虹北两水间。其为兽也，八首人面，八足八尾，皆青黄。""汤谷上有扶桑，十日所浴，在黑齿北，居水中，有大木，九日居下枝，一日居上枝。"

大荒经，亦按地理方位分为《大荒东经》《大荒南经》《大荒西经》和《大荒北经》。其内容多为日象和月象的观察记录及历史传说、民族起源、怪事奇闻。

如《大荒东经》："东海之外大壑，少昊之国。少昊孺帝颛顼于此，弃其琴瑟。有甘山者，甘水出焉，生甘渊。""东海之外，大荒之中有山名曰大言，日月所出。""大荒之中，有山名曰合虚，日月所出。""有中容之国，帝俊生中容，中容人食兽，木实，使四鸟：豹、虎、熊、罴。""有司幽之国。帝俊生晏龙，晏龙生司幽，司幽生思士，不妻；思女，小夫。食黍，食兽，是使四鸟。""大荒中有山名曰明星，日月所出。""有白民之国，帝俊生帝鸿，帝鸿生白民，白民销姓，黍食，使四鸟：豹、虎、熊、罴。""大荒之中，有山名曰鞠陵于天、东极、离瞀，日月所出。""东海之渚中，有神，人面鸟身，珥两黄蛇，践两黄蛇，名曰禺䝞。黄帝生禺䝞，禺䝞生禺京，禺京处北海，禺䝞处东海，是为海神。""有困民国，勾姓而食。有人曰王亥，两手操鸟，方食其头。王亥托于有易、河伯仆牛。有易杀王亥，取仆牛。河念有易，有易潜出，为国于兽，方食之，名曰摇民。帝舜生戏，戏生摇民。""大荒之中，有山名猗天苏门，日月所出。""大荒之中，有山名曰壑明俊疾，日月所出。""东海中有流波山，入海七千里。其上有兽，状如牛，苍身而无角，一足，出入水则必风雨，其光如日月，其声如雷，其名曰夔。黄帝得之，以其皮为鼓，橛以雷兽之骨，声闻五百里，以威天下。"

《大荒南经》："南海之外，赤水之西，流沙之东，有兽，左右有首，名曰术踢。有三青兽相并，名曰双双。""大荒之中，有不庭之山，荣水穷焉。有人三身。帝俊妻娥皇，生此三身之国，姚姓，黍食，使四鸟。""有蜮民之国。帝舜生无淫，降蜮处，是谓巫蜮民。巫蜮民盼姓，食谷，不绩不经，服也；不稼不穑，食也。爰有歌舞之鸟，鸾鸟自歌，凤鸟自舞。爰有百兽，相群爰处。百谷所聚。""大荒之中，有人名曰驩头。鲧妻士敬，士敬子曰炎融，生驩头……""东南海之外，甘水之间，有羲和之国。有女子名曰羲和，方日浴于甘渊。羲和者，帝俊之妻，生十日。"

《大荒西经》："有西周之国，姬姓，食谷。有人方耕，名曰叔均。帝俊生后稷，稷降以百谷。稷之弟曰台玺，生叔均。叔均是代其父及稷播百谷，始作耕。""西海之外，大荒之中，有方山者，山有青树，名曰柜格之松，日月所出入也。""大荒之中，有山名曰丰沮玉门，日月所入。""有灵山，巫咸、巫即、巫盼、巫彭、巫姑、巫真、巫礼、巫抵、巫谢、巫罗十巫，从此升降，百药爰在。""大荒之中，有龙山，日月所入。""大荒之中，有山名曰月山，天枢也。吴姖天门，日月所入。""有女子方浴月。帝俊妻常羲，生月十有二，此始浴之。""大荒之中，有山名曰鏖鏊钜，日月所入者。""西海之南，流沙之滨，赤水之后，黑水之前，有大山，名曰昆仑之丘。有神人面虎身，有文有尾，皆白处之。其下有弱水之渊环之，其外有炎火之山，投物辄燃。有人，戴胜，虎齿，有豹尾，穴处，名曰西王母。此山万物尽有。""大荒之中，有山名曰常阳之山，日月所入。""大荒之中，有山名曰大荒之山，日月所入。有人焉三面，是颛顼之子……""西南海之外，赤水之南，流沙之西，有人珥两青蛇，乘两龙，名曰夏后开。开上三嫔于天，得《九辩》与《九歌》以下。此天穆之野，高二千仞，开焉得始歌《九招》。"

《大荒北经》："东北海之外，大荒之中，河水之间，附禹之山，帝颛顼与九嫔葬焉……""大荒之中，有山名曰成都载天。有人珥两黄蛇，把两黄蛇，名曰夸父。后土生信，信生夸父。夸父不量力，欲追日景，逮之于禺谷。将饮河而不足也，将走大泽，未至，死于此。应龙已杀蚩尤，又杀夸父，乃去南方处之，故南方多雨。""共工之臣名曰相繇，九首蛇身，自环，食于九土。其所呕所尼，即为源泽，不辛乃苦，百兽莫能处。禹湮洪水，杀相繇，其血腥臭，不可生谷，其地多水，不可居也。禹湮之，三仞三沮，乃以为池，群帝因是以为台，在昆仑之北。""蚩尤作兵伐黄帝，黄帝乃令应龙攻之冀州之野。应龙畜水，蚩尤请风伯雨师，纵大风雨。黄帝乃下天女曰魃，雨止，遂杀蚩尤。魃不得复上，所居不雨。叔均言之帝，后置之赤水之北。叔均乃为田祖。魃时亡之。所欲逐之者，令曰：'神北行！'先除水道，决通沟渎。"

以上所举例证，足以证明《山海经》不仅是一部地理志、名物志、人物志、神怪志，同时也是一部药物志、矿物志和巫术志，是一部集神话、历史、地理、名物、人文于一体的古代百科全书，正如袁珂先生在《山海经校注·序》中所言："吾国古籍，环伟瑰奇之最者，莫《山海经》若。《山海经》匪特史地之权舆，乃亦神话之渊府。"

关于《山海经》的作者及其写作年代，历代注家其代表性说法有二：一、西汉刘秀（歆）《上山海经·表叙》云："《山海经》者，出于唐虞之际。昔洪水洋溢，漫衍中国，民人失据，崎岖于丘陵，巢于树木。鲧既无功，而帝尧使禹继之。禹乘四载，随山刊木，定高山大川。益与伯翳主驱禽兽，命山川，类草木，别水土。四狱佐之，以周四方，逮人迹之所希至，及舟舆之所罕到。内别五方之山，外分八方之海，纪其珍宝奇物、异方之所生，水土草木禽兽昆虫麟风之所止，祯祥之所隐，及四海之外，绝域之国，殊类之人。禹别九州，任土作贡，而益等类物善恶，著《山海经》。皆圣贤之遗事，古文之著明者也。其事质明有信。"

二、清代郝懿行《山海经笺疏·叙》云："《艺文志》不言此经谁作，刘子骏《表》云：出于唐虞之际。以为禹别九州，任土作贡，而益等类物善恶，著《山海经》。王仲任《论衡》、赵长君《吴越春秋》亦称禹益所作……今考《海外南经》之篇，而有说文王葬所，《海外西经》之篇，而有说夏后启事。夫经称夏后，明非禹书；篇有文王，又疑周简：是亦后人所羼也。至于郡县之名，起自周代，《周书·作雒篇》云：'为方千里，分以百县，县有四郡。'

《春秋·哀公二年》左传云：'克敌者上大夫受县，下大夫受郡。'杜元凯注云：'县百里，都五十里。'今《南次二经》云：'县多土功'，'县多放士'，又云'郡县大水''县有大鯢'：是又后人所羼也。《大戴礼·五帝德篇》云：'使禹敷土，土名山川。'《尔雅》亦云：'从《释地》已下至九河皆禹所名也。'观《禹贡》一书，足觇梗概。因知《五臧山经》五篇，主于纪道里、说山川，真为禹书无疑矣。"

从《山海经》的内容及其整体结构来看，此书并非出自一二人之手，也非一时一世之作，则是十分显然的，以袁珂先生校注的《山海经》本为例：

《南山经》为《山海经》第一；《西山经》为第二；《北山经》为第三；《东山经》为第四；《中山经》为第五；《海外南经》为第六；《海外西经》为第七；《海外北经》为第八；《海外东经》为第九；《海内南经》为第十；《海内西经》为第十一；《海内北经》为第十二；《海内东经》为第十三；《大荒东经》为第十四；《大荒南经》为第十五；《大荒西经》为第十六；《大荒北经》为第十七；《海内经》为第十八。这就是说，《山海经》的结构顺序是：山经为第一，海经中的海外经为第二，海内经为第三，大荒经为第四。

我想这种排列秩序不会是偶然的，而是反映了它们产生的时代顺序。也就是说，先有山经和海外经，后来人们继之补以海内经中的《海内南经》《海内西经》《海内北经》《海内东经》和大荒经。袁氏《校注》本中的卷十三《海内经》即《山海经第十八》，则是继大荒经之后的海内经"拾遗"，应是周人之作，其写作年代也可能最晚。

《山海经》的这个成书过程，也如同《楚辞》的成书过程一样——先有《离骚》，继以《九辩》，再继以《九歌》《天问》《九章》《远游》《卜居》《渔父》《招隐士》《招魂》《九怀》《七谏》《九叹》《哀时命》《惜誓》《大招》《九思》（见汤炳正先生《屈赋新探·〈楚辞〉成书之探索》），是以原著发现年代和编纂者及其创作的先后为序来排列的。

这个问题，我们还可以从《山海经》的内在结构及其内容分析来加以说明：

1. 禹为炎帝神农之后，炎帝神农氏居南方（属火），公元前5080年辛巳诞生于"黔中"即今湖南会同县的连山乡。故"山经第一"为《南山经》。

炎帝先祖出自昆仑和梵净武陵地区，地属西方，故"山经第二"为《西山经》。以后各篇除大荒经外，均以"南"经为首，就是出于对此的一种沿袭，也是古人民族心理意识的反映。

2.《山经》（南、西、北、东、中）多记山川、名物，且大都翔实具体可信，极少荒诞不经及鬼怪离奇之语。如《南山经》："又东三百七十里，曰杻阳之山，其阳多赤金，其阴多白金。有兽焉，其状如马而白首，其文如虎而赤尾，其音如谣，其曰鹿蜀，佩之宜子孙。怪水出焉，而东流注于宪翼之水。其中多玄龟，其状如龟，而鸟首虺尾，其名曰旋龟，其音如判木，佩之不聋，可以为底（胝，足茧）。"又《西山经》："又西八十里，曰小华之山，其木多荆杞，其兽多㸰牛，其阴多磬石，其阳多㻬琈之玉，鸟多赤鷩，可以御火，其草有䔇荔，状如乌韭，而生于石上，亦缘木而生，食之已心痛"等等，均可谓为实录，非作者耳闻目睹，亲身经历，不能为也。

因此，刘秀（歆）和郝懿行所云：《五臧山经》五篇，为禹益所记，当可凭信。至于《南次二经》所言："有兽焉，其状如豚，有距，其音如狗吠，其名曰狸力，见则其县多土功。有鸟焉，其状如鸱而人手，其音如痹，其名曰鴸，其名自号也，见则其县多放士"及《西次三经》："南望昆仑，其光熊熊，其气魂魂。西望大泽，后稷所潜也；其中多玉……"其中的"见则其县多土功""见则其县多放士"及"后稷所潜也"，当是后人所加之注，非是原文。我们不能凭此而否认此篇为禹益之作。

3."《山海经》之'经'，乃经历之'经'，意谓山海之所经，初非有'经典'之义"。《五臧山经》五篇，为禹益所经历者，故《山经》之末有"禹曰：天下名山，经五千三百七十山，六万四千五十六里，居地也"云云。

翻检海外经，其内容单薄，且多为异国传闻，其《海外南经》《海外北经》和《海外东经》四篇总共不过两千余字。究其原因，当是"四海之外，绝域之国""逮人迹之所希至，及舟舆之所罕到"（袁珂《山海经校注》），故其内容不可翔实，只能道其梗概而已。如《海外南经》："南山在其东南，自此山来，虫为蛇，蛇号为鱼。一曰南山在结匈东南。比翼鸟在其东，其为鸟青、赤，两鸟比翼。一曰在南山东。羽民国在其东南，其为人长头，身生羽。一曰在比翼鸟东南，其为人长颊……"因此，海外经的作者当为禹益或禹益之后。《海外南经》："狄山，帝尧葬于阳，帝喾葬于阴。爰有熊、罴、文虎、蜼豹、离朱、视肉、吁咽、文王皆葬其所。一曰汤山。"其中的"吁咽、文王皆葬其所。一曰汤山"，从上下文看，显系后人注释衍文。同样《海外西经》中提到的"大乐之野，夏后启于此舞九代；乘两龙，云盖三层。左手操翳，右手操环，佩玉璜。在大运山北"和"三身国，在夏后启北，一首而三身"亦是后人的注释衍文。原文当是"大乐之野，在大运山北"，"三身国，大乐之野北，一首而三身"。

4. 海内经所列之国，不少为春秋战国时期的国名。如：瓯、闽，《海内南经》："瓯居海中。闽在海中。"《周书·王会篇》云："欧人焕蛇。"孔晁注云："东越欧人。"《伊尹四方令》："正东越沤，正南瓯邓。"又如离耳雕题，《海内南经》："伯虑国、离耳国、雕题国、北朐国，皆在郁水南。"《伊尹四方令》："正西离耳"，"正西雕题"。又如匈奴，《海内南经》："匈奴、开题之国，列人之国并在西北。"《伊尹四方令》："正北匈奴。"又如东胡，《海内西经》："东胡，在大泽东。"《伊尹四方令》："正北东胡"。又如大夏、月支，《海内东经》："国在流沙外者大夏、竖沙、居繇、月支之国。"《周书·王会篇》："大夏兹白牛。"《伊尹四方令》："正北大夏"，"正北月氏"。以上足以说明《海内经》作为《山海经》的续补不会早于周代。

5. 如袁珂先生《大荒东经》按语引郝懿行所云：《大荒经》以上各篇，均"以南西北东为叙"，《大荒经》各篇却"以东南西北为次"，究其原因，"盖作者分别部居，不令杂厕，所以自别于古经也"。"又海外、海内经篇末皆有'建平元年四月丙戌'已下三十九字为校书款识，此下亦并无之。又此下诸篇，大抵本之海外内诸经而加以诠释，文字凌杂，漫无统纪，盖本诸家记录，非一手所成故也。"此言亦不无道理。

如前所云大荒经除古人观察日月之天象记录外，大都是一些荒诞不经的古代神话和历史人物传闻。这些历史传说既有炎黄时代的，也有夏商及西周早期的。如《大荒东经》："有困民国，勾姓而食。有人曰王亥，两手操鸟，方食其头。王亥托于有易、河伯仆牛。有易杀王亥，取仆牛。河念有易，有易潜出，为国于兽，方食之，名曰摇民。帝舜生戏，戏生摇民。海内有两人，名曰女丑，女丑有大蟹……"又如《大荒西经》："有西周之国，姬姓，食谷。有人方耕，名曰叔均。帝俊生后稷。稷降以百谷。稷之弟曰台玺，生叔均。叔均是代其父及稷播百谷，始作耕……""有人无首，操戈盾立，名曰夏耕之尸。故成汤伐夏桀于章山，克之，斩耕厥前。耕既立，无首，口厥咎，乃降于巫山。"又"西南海之外，赤水之南流沙之西，有人珥两青蛇，乘两龙，名曰夏后开。开上三嫔于天，得《九辩》与《九歌》以下……"以上几例，分别提到了殷商及西周史实，足证《大荒经》各篇非禹益所为明矣！其写作年代，亦不会早于西周时期。正因为是后人对前人（禹益）所著之补续，非为亲身经历或耳闻目睹，故内容多荒诞不经，神奇鬼怪。

6.《山海经第十八》之《海内经》，多为异国记事。因记的是"海内"之事，故其内容亦多平实可信。然其文风较之前者却有变化：文字不如前者古朴、简洁。叙事，其故事情节远比前者生动完整，而颇具文采。如"南方苍梧之丘，苍梧之渊，其中有九嶷山，舜之所葬，在长沙零陵界中。""洪水滔天，鲧窃帝之息壤以堙洪水，不待帝命。帝命祝融杀鲧于羽郊。鲧腹生禹。帝乃命禹卒布土以定九州。"其文各章内容也前后失次。可见此篇当是后人补叙，且非出一人之手。其写作年代当在《海内南经》等四篇之后，是《山海经》中最晚的一篇。

《山海经》与中华古历

　　《山海经》是我国上古时代集天文、地理、名物、历史、神话、人文于一体的旷古奇书。它不仅是上古时代的一部地理志、名物志、植物志、动物志、药物志、矿物志，同时也是一部人物志、神怪志、巫术志和天文志。它的作者是距今四千年前的禹益及其后人。周代的作家和学者对此亦有所补述。

　　《山海经》中的天文历法记载，往往与神话故事联系在一起，使人感到扑朔迷离，以致忘了它的真谛。其实，正如马克思所说，任何神话都是"通过人们的幻想用一种不自觉的艺术方式加工过的自然和社会形式本身"。（马克思《政治经济学批判·导言》）。任何神话都具有记事的实在性和人格化的鲜明特征，都是自然与社会生活事象的幻化性的再现。如果我们用上述的神话观来分析看待《山海经》中的某些神话，如《大荒南经》："东南海之外，甘水之间，有羲和之国。有女子名曰羲和，方日浴于甘渊。羲和者，帝俊之妻，生十日。"《大荒西经》："有女子方浴月，帝俊妻，常羲，生月十有二，此始浴之。"以及《大荒东经》："汤谷上有扶桑，十日所浴。在黑齿北。居水中，有大木，九日居下枝，一日居上枝。""一日方至，一日方出。"并参照《尚书·尧典》："乃命羲和，钦若昊天，历象日月星辰，敬授民时。分命羲仲宅嵎夷曰旸谷，寅宾出日……"《楚辞·天问》："（日）出自汤谷，次于蒙汜。"和《淮南子·天文训》："日出于旸谷，浴于咸池，拂于扶桑，是谓晨明……日入崦嵫，经于细柳，入虞泉之地，曙于蒙谷之浦，日西垂景在树端，谓之桑榆。"《地形训》："若木在建木西，末有十日，其华照下地。"等等说法，就不难发现：它们原本就是上古人们对天文历法方面的若干事象的形象化反映，是通过幻想对天文官羲和观测日月星辰之运行规律的人格化形象描述。

　　据文献记载和出土文物证实，距今六千多年以前的帝喾高辛时代，我国的天文历法已经发展到了一个相当高的科学水平。"生而神灵……聪以知远，明以察微，顺天之义，知民之急，仁而威，惠而信"的帝喾是一位"历日月而迎送之"的天文历法大家（《史记·五帝本纪》）。他在天文历法方面，除继承前代之法，"正四时之制"（《尸子》），"分八节，以始农功"（《晋书·律历志》），"建五行，起消息，正闰余"（《史记·历书》），"造八卦作三画，以象二十四气"（《晋书·律历志》），"立周天历度"（《周髀算经》），"察辰心而出火"（《路史·前纪》），命长子阏伯主祀心宿大火，命季子实沉主祀参宿三星外（《左传·昭公元年》），他还"序三辰以固民"（《国语·鲁语》），将心宿大火、参宿三星和北斗这"三辰"拴系在一起，建立了我国传统的科学而严密的"三辰"授时法。1987年6月我国考古工作者在河南濮阳西水坡发现的45号仰韶文化墓葬，墓主头南脚北仰卧，左侧用蚌壳摆塑着一条苍龙，右侧用蚌壳摆塑着一只白虎，脚端北侧还有一个用两根人胫骨和蚌壳摆塑成的略呈三角形状的显系北斗星的图像。人胫骨的斗杓正指龙头，略呈三角形状的斗魁，恰与虎脑相对应。经研究和碳14测定与树轮校正，这是距今六千三百年前，即帝喾高辛时期的典型"三辰"授时图案（详见拙文《河南濮阳西水坡45号墓葬天文图像及墓主身份考释》）。它以无可争辩的历史事实证明：一、六千多年前的帝喾高辛时代，已经有了四象和二十八宿的完整概念；二、运用二十八宿中的任何一宿（重点如心宿大火和参宿三星）的"中、流、伏、内"规律，测定一年四季春夏秋冬和十二个月及二十四节气，已成为当时星历家们的常识；三、"三辰"授时法将我国的天文历术推向了一个新的科学高峰。

经考证：《山海经》中的帝俊和《楚帛书》（乙编）"乃为日月之行"的帝夋，就是六千多年前的帝喾高辛。《初学记》卷九引《帝王世纪》云："帝喾生而神异，自言其名曰夋"（夋，古文通俊）。《大荒西经》："帝俊生后稷。"郭璞注："俊宜为喾，喾第二妃生后稷也。"《大戴礼·帝系》曰："帝喾上妃，有邰氏之女也。曰姜原氏，产后稷。"《史记·周本纪》亦说："周后稷，名弃，其母有邰氏女，曰姜原。姜原为帝喾元妃。"而"昔之传天教者，高辛之前，（有）重黎"，颛顼之时"乃命南正重司天以属神，命火正黎，司地以属民"（《史记·天官书》）。帝喾高辛之时仍以重黎"居火正"，因其"能光融天下"而被"命曰祝融"。"共工氏作乱，帝喾使重黎诛之而不尽，帝乃以庚寅日诛重黎，而以其弟吴回为重黎后复居火正，（亦命）为祝融"（《国语·楚世家》）。

帝喾除设"火正"（主司心宿大火）、"南正"，凭"三辰"授时法"示民时早晚"外，还设了"四海之内，照以日月，经以星辰，纪以四时，要之以太岁"（《海外南经》），从中央到全国各地，特别是东西南北四方的各级天文星历官。其中"羲和"就是帝喾时期的一位地位十分显赫的主"日月星辰之行次"（即"钦若昊天，历象日月星辰，敬授民时"）的朝中大臣。《晋书·律历志》和《通鉴外纪》均云："羲和占日，常仪占月。"羲和氏家族（羲仲、羲叔、和仲、和叔）继重黎（祝融）之后，作为朝廷星历官，主"日月星辰之行"的权威地位，从帝喾高辛之时，一直沿袭到唐虞之世。《尚书·尧典》和《夏书·胤征》等均有记载。《尚书·尧典》云："乃命羲和，钦若昊天，历象日月星辰，敬授民时。分命羲仲，宅嵎夷曰旸谷，寅宾出日，平秩东作，日中星鸟，以殷仲春……申命羲叔，宅南交，曰明都，平秩南讹敬致，日永星火，以正仲夏……分命和仲，宅西曰昧谷，寅饯纳日，平秩西成，宵中星虚，以殷仲秋……申命和叔，宅朔方曰幽都，平在朔易，日短星昴，以正仲冬……帝曰：'咨！汝羲暨和，期三百有六旬有六日，以闰月定四时成岁。'"《史记·历书》也说："尧复遂重黎之后不忘旧者，使复典之而立羲和之官，明时正度。"《归藏·启巫》曰："空桑之苍苍，八极之既张。随夫羲和是主日月，职出入，以为晦明。"又曰："瞻彼上天，一明一晦，有夫羲和之子，出于旸谷。"《史记·夏本纪》还记载了夏代中康之时，由于星历官"羲和湎淫，废时乱日"，即"沉乱于酒，畔宫离次，俶扰天纪，遐弃厥司。乃季秋月朔，辰弗集于房，瞽奏鼓，啬夫驰，庶人走。羲和尸厥官，昏迷于天象，以干先王之诛"（《夏书·胤征》），亦即《竹书纪年》所载："（中康）五年（公元前2139年）秋九月庚戌朔，日有食之。（中康）命胤侯帅师征羲和"之事。这些史实充分说明：羲和并非帝俊之妻，而是帝俊（即帝喾）之星历大臣。以夫喻君，以妻喻臣，这是中国很早就已有之的古俗。战国时期的爱国主义诗人屈原在《离骚》和《九章》中以夫喻楚怀王，而以香草蛾眉自喻（如王逸《离骚章句》所言："灵修美人以媲于君，宓妃佚女以譬贤臣"），就是这种古俗的承袭。日为阳，月为阴；天为阳，地为阴；男为阳,女为阴……如是,帝喾之臣——大星历家羲和主"日月星辰之行",以十天干甲乙丙丁戊己庚辛壬癸纪日,以十二地支子丑寅卯辰巳午未申酉戌亥纪月的事,便被人们通过幻想"用一种不自觉的艺术方式加工"成了"帝俊之妻羲和生十日"(即言生十子各以日名名之)和"帝俊之妻常羲生月十有二"(即言生女十二,各以月名名之)。由于羲和"主日月"被神话化,成了羲和"生十日"和常羲"生月十有二",于是"汤谷上有扶桑,十日所浴,在黑齿北。居水中,有大木,九日居下枝,一日居上枝"(《海外东经》)和十个太阳轮流值日,"汤谷上有扶木,一日方至,一日方出,皆载于乌"(《大荒东经》),以及"日出于旸谷,浴于咸池,拂于扶桑……"(《淮南子·天文训》),"日自汤谷,次于蒙汜"(《天问》)等等一系列关于太阳与羲和的神话便相继出现了。成都广汉三星堆出土的距今3000—4000年的青铜神树就生动地反映了"一日(朱离)居上枝""九日居下枝"的情景。

上古时候的星历学家,"敬授民时","示民时早晚",主要靠观测天象,即日、月、星、辰的运行规律。观天象,主要是观日象,即观测太阳东升西落的位置及其投影长短的变化规律;观月象,即观测月亮的阴晴圆缺和朔(既死魄)、朏、望(既生魄)、晦、上弦、下弦、既旁生魄、旁死魄(霸)等月相变化规律;观北斗,即观测北斗柄昼夜和四季指向的变化规律;观五星,即观测金木水火土五大行星的运行周期;观二十八宿,即观测每一个星宿(特别是心宿和参宿)的"中、流、伏、内"之规律。古人凭借这些天象观测,就能准确地确定一天的十二时辰,每月的合朔时刻,以及一年四季、十二月和二十四节气,等等。观测天象,授民时之早晚,必须选择好观测的时间、地点和方位。因此,太阳东升西落的东方和西方以及一天的早晨(平旦)、中午(卯)和黄昏(酉)(即日出和日落之前),便成了上古人们观测太阳位置及其投影长短变化,以定时辰和季节的最佳时地。每天的黄昏(酉时)、中夜(晚上十二点)和凌晨(平旦)便成了古人观测北斗运转规律、五星运行周期和二十八宿"昏旦中星""中、流、伏、内"规律以定时节的最佳时刻。这便是《山海经》中"有人名曰鹓……是处东极隅以止日月,使无相间出没,司其短长"(《大荒东经》);"有人名曰石夷……处西北隅,以司日月之长短"和"噎处于西极,以行日月星辰之行次"(《大荒西经》)以及"东方之神句芒司日出"(《海外东经》),西方之神少昊,蓐收"主司反影","西望日之所入,其气员,神红光(即蓐收)之所司也"(《西山经》)和《大荒东经》与《大荒西经》各记有六个"日月所出"和"日月所入"之山的缘由。

《大荒东经》和《大荒西经》分别标记的六座"日月所出"和"日月所入"之山,是我国上古时代的人们根据太阳东升西落的不同位置来测定季节的最早办法,是表竿测影的最早记载。《大荒东经》所载的"日月所出"的六个山头,即第一个山头:"东海之外,大荒之中,有山名曰大言,日月所出。"所记当是立春、雨水时候的太阳东升位置;第二个山头:"大荒之中,有山名曰合虚,日月所出"所记当是惊蛰、春分时候的太阳东升位置;第三个山头:"大荒之中,有山曰明星,日月所出"所记当是清明、谷雨时候的太阳东升位置;第四个山头:"大荒之中,有山名曰鞠陵于天东极离瞀,日月所出"所记当是立夏、小满时候的太阳东升位置;第五个山头:"大荒之中,有山名曰猗天苏门,日月所出"所记当是芒种、夏至时候的太阳东升位置;第六个山头:"大荒之中,有山名曰壑明俊疾,日月所出"所记当是小暑、大暑时候的太阳东升位置。

而《大荒西经》所载的六个山头:"西海之外,大荒之中,有方山者,上有青树,名曰柜格之松,日月所入也""大荒之中,有山名曰丰沮玉门,日月所入""大荒之中,有龙山,日月所入""大荒之中,有山名曰日月山,天枢也,吴姖天门,日月所入","大荒之中,有山名曰鏖鏊钜,日月所入者"、"大荒之中,有山名曰常阳之山,日月所入"、"大荒之中,有山名曰大荒之山,日月所入"它们所记分别当是立秋、处暑;白露、秋分;寒露、霜降、立冬、小雪;大雪、冬至;小寒、大寒时候的太阳西落位置。

《山海经·海外南经》所载:"六合之间,四海之内,照以日月,经以星辰,纪以四时,要之以太岁。神灵所生,其物异形,或夭或寿,唯圣人能通其道。"(天地上下四方谓之六合)概括了《山海经》时代在天文历法方面的全部成就。它告诉我们:在《山海经》成书以前的若干年代,被尊为"圣人"的星历家们,就已"能通其道"精确地掌握了日月星辰的运行规律,并会用它们的变化规律来调配年、月、日、时等时令节候,还懂得用木星(即岁星）的运行周期（即以"岁星"和"太岁"）来纪年。

《山海经》所说的"星辰"，是指北斗和金木水火土五大行星以及恒星中的二十八宿。《山海纪》中虽未具体提到北斗和北斗柄指向的观测，但在《山经》之首的《南山经》"凡鹊山之首，自招摇之山，以至箕尾之山，凡十山"中，不仅提到了二十八宿东方苍龙七宿中的箕宿和尾宿，而且提到了北斗柄"招摇"。可见当时的古人对北斗并不陌生。从河南濮阳西水坡45号墓葬中，用两根人胫骨和蚌壳摆塑成的略呈三角形的斗魁的北斗图像来看，六千多年前的古人（比《山海经》最早成书年代早出约两千来年），不仅已熟练地掌握了运用北斗柄的指向变化来定时间和节气的技术，而且从北斗星的斗魁"略呈三角形状"来看，当时人们对北斗星的观察已经积累了近十万年的历史之经验（参考潘吉星主编《李约瑟文集·李约瑟博士有关中国科学技术史的论文和演讲集（1944—1984）》，辽宁科技出版社1986年版，第481页）。到《山海经》成书之时，北斗及"三辰"授时体系，早已成为妇幼皆知的常识，故不需重言了。（明清学者顾炎武《日知录》卷30云："三代以上，人人皆知天文，'七月流火'，农夫之辞也；'三星在户'，妇人之语也；'月离于毕'，戍卒之作也；'龙尾伏辰'儿童之谣也。"）

《山海经》成书前的古人，不仅懂得以"日月星辰之行次"来记"四时"（春夏秋冬），而且还早在距今六七千年前，就将四方、四象、四时、四方之风、四方之神及阴阳、五行、干支和九宫八卦、四正、四维、八节等概念有机地组合在一起，形成了一个完整、严密而科学的天象授时体系。如：

东方甲乙木，其象苍龙，其时为春，其风为俊（胁）；其神句芒（析丹），其卦为震，四正为春分，四维为立春、立夏。

南方丙丁火，其象朱雀，其时为夏，其风为民（凯）；其神祝融（因），其卦为离，四正为夏至，四维为立夏、立秋。

西方庚申金，其象白虎，其时为秋，其风为韦（夷、彝），其神少昊、蓐收，其卦为兑，四正为秋分，四维为立秋、立冬。

北方壬癸水，其象玄武，其时为冬，其风为狻（伇），其神禺疆，其卦为坎，四正为冬至，四维为立冬、立春。

中宫戊己土。

《山海经》关于"四方之神"和"四方之风"的记载有："（东方有神）名曰折（析）丹，东方曰折（析），来风曰俊，处东极以出入风。"（《大荒东经》）"（南方）有神名曰因乎，南方曰因，来风曰民，处南极以出入风。"（《大荒南经》）"（西方）有人名曰石夷，西方曰夷，来风曰韦，处西北隅，以司日月之长短。"（《大荒西经》）"（北方）有人名曰鹓，北方曰鹓，来风曰狻，是处东北隅以止日月，使无相间出没，司其短长。"（《大荒北经》）此与甲骨文所载："东方曰析，风曰胁；南方曰因，风曰凯；西方曰韦，风曰彝；北方曰夕，风曰伇"（《合集》14294）；"辛亥卜，内贞，帝于北方曰伏，风曰伇，□年；辛亥卜，内贞，帝于南方曰完，风（曰）因，□年，一月；贞，帝于东方曰析，风曰胁，□年；贞，帝于西方彝，风曰夷，□（年）"（《合集》14295）相一致，亦与《尚书·尧典》"（尧）分命羲仲宅嵎夷，曰旸谷……厥民析，鸟兽孳尾；申命羲叔宅南交……厥民因，鸟兽希革；分命和仲，宅西曰昧谷……厥民夷，鸟兽毛毨；申命和叔，宅朔方，曰幽都……厥民隩，鸟兽氄毛"的记载近同。由此可见，此说源远流长，其历史上可追溯到唐虞之世，下可至于殷商。夏朝则是它的中续时代。四方之神（人）——析、因、彝（夷）、鹓（隩）和四方之风——俊（胁、刕）、民（凯、因）、韦（彝、夷）、狻（伇、殳），分别指春夏秋冬四季和随着四季气候的推移而变化的来风。如李学勤先生所言："古人已经认识到，一年之中随着季候的推移，风自有所变化，昼夜长短也不同。四方之神及其来风，是当时人们科学知识和宇宙观的一种结晶，不可单纯视为神话"（《商代的四风与四时》，《中州学刊》1985年第5期），自是无疑，但四方之神与四方之风的代表性季节究系何时？我们考以"（东方有神）名析丹……处东极以出入风""（南方）有神名曰因乎……处南极以出入风""（西方）有人名曰石夷……处西北隅，以司日月之长短"和"（北方）有人名曰鹓……是处东北隅以止日月……司其短长"，则知它们均有定指。

　　我国属于地球的北半球，我国的中部腹地，都处在北回归线的南北地带。地球绕着太阳转，但我国先民认为是太阳绕着地球，在地球的南北回归线之间作之字形运转。当太阳处在南回归线的上空时，这天是一年中白天最短的一天（即"日短星昴"），为"冬至"。冬至以后，太阳即向北回归，当太阳移到地球的赤道上空时,这天昼夜平分(即"日中星鸟"),为"春分"。春分之后,太阳继续北移,当太阳移到北回归线的上空时,这天白天最长(即"日永星火"),为"夏至"。夏至之后,太阳即掉头向南移动,当太阳移到地球赤道上空时,这天又昼夜平分了(即"宵中星虚"),为"秋分"。秋分之后,太阳继续南移,当太阳回到南回归线的上空时,这天便是第二个(即下一年的)冬至到了。因此,从我国人民(特别是中原地区人们)的视角来看:正东方向和正西方向就是北回归线的东西两极。从太阳的视运动来说,当太阳正出现在地球赤道线的上空,即夏历二月的"春分"和夏历八月的"秋分",这时太阳的方位,日出则为"东南隅";日落则为"西北隅"。春分和秋分昼夜平分,白天和夜晚的时间一样长。《汉乐府·陌上桑》:"日出东南隅,照我秦氏楼"说的正是二月春分日出时的情景。又《周髀算经》云:"冬至昼极短,日出辰而入申;夏至昼极长,日出寅而入戌。"(即冬至日出东南而没于西南,夏至日出东北而没于西北。)据此,我们可以推断,《大荒东经》东方之神"析丹……处东极以出入风"所司的时节是谷雨;《大荒南经》南方之神"因……处南极以出入风"所司时节是大暑;《大荒西经》西方之神"石夷……处西北隅,以司日月之短长"所司的时节是秋分;《大荒北经》北方之神"鹓……极东北隅以上日月,使无相间出没,司其短长"所司的时节是夏至。

《海外东经》载:"(禹)帝命竖亥步,自东极至于西极,五亿十选九千八百步。竖亥右手把算,左手指青丘北。"又据郝懿行引刘昭注《郡国志》云:"《山海经》称禹使大章步自东极至于西垂,二亿三万三千三百七一步。又使竖亥步南极北尽于北垂,二亿三万三千五百七十五步。"而《淮南子·地形训》亦曰:"禹乃使大章步自东极至于西极,二亿三万三千三百七十一步。使竖亥自北极至南极,二亿三万三千五百七十五步。""东极至于西极"(或西垂),所指正是地球北回归线的东西两极。据此可知,夏禹时代曾组织人们(如竖亥和大章)对地球的北回归线和南北子午线的长度进行过实测。

《山海经》全面总结并运用了自炎黄、少昊、颛顼、帝喾以来"谓以天之七曜(即日月五星)、二十八星(宿),周于穹圆之度,以丽十二位"(《隋书·天文志》),即以观日象、观月象、观北斗、观五星、观二十八宿,"建五行，起消息，正闰余"（《史记·历书》），"正四时""分八节""期三百有六旬有六日，以闰月定四时成岁"（《尚书·尧典》）的完整而科学的"观象授时"体系，这种观象授时体系具有极强的实践性、科学性、系统性与精确性。

在纪时方法上，《山海经》不仅采用了"共工□步十日四时"，即以十日为一旬、三旬为一月的十天干纪日法和十二地支纪月法，还采用了春夏秋冬"四时"以及"八节"（即二至、二分、二启、二闭）与二十四节气为一年，十二年（即子丑寅卯……十二辰）为一周期的岁星和太岁纪年法，等等。有人认为甲骨文"四方风刻辞的存在，正是商代有四时的最好证据"，并说"析、因、彝、伏（当为鹓）四名本身，便蕴含着四时的概念"（《中州学刊》1985年第5期）。其实，关于"四时"即春夏秋冬的概念，早在炎黄和少昊之世，就已十分明确。如《史记·历书·索隐》："黄帝调历以前，有上元太初历等。皆以建寅为正，谓之孟春也。"《史记·封禅书》和《汉书·郊祀志》："黄帝得宝鼎神策。是岁己酉朔旦冬至，得天之纪，终而复始。"《左传·昭公十七年》：少昊之时"凤鸟适至，故纪于鸟，为鸟师而鸟名。凤鸟氏，历正也。玄鸟氏，司分者也。伯赵氏，司至者也。青鸟氏，司启者也。丹鸟氏，司闭者也"。"分"指春分和秋分；"至"指夏至和冬至；"启"指立春和立夏；"闭"指立秋和立冬。夏禹和益所作的《五臧山经》也反复出现了春夏秋冬四季。如《南山经》云："（南禺之山）有穴焉，水出辄入，夏乃出，冬则闭。"《西山经》云："西北三百里曰申首之山，无草木，冬夏有雪。"《北山经》云："敦水出焉……是水冬干夏流"，等等。可见四时的概念到商代才"正式"出现的说法，恐怕是太晚了点。

以子丑寅卯等十二辰（支）为一周期的岁星和太岁纪年法，最先是依据木星（亦称岁星）行经一周天为十二年来计算的。岁星纪年法是将木星绕地球运行的一个周天均匀划分为星纪、玄枵、娵訾、降娄、大梁、实沉、鹑首、鹑火、鹑尾、寿星、大火、析木十二次（亦叫辰或宫）以代替子丑寅卯等十二支，即十二辰。当木星（岁星）运行到"星纪"次时，这年就叫"岁在星纪"；运行到"玄枵"次时，这年就叫"岁在玄枵"……从历史典籍所载："（颛顼）岁在鹑火而崩，葬东郡"（《史记·五帝本纪·索隐》），以及"（成汤）伐桀之岁……岁在大火，房五度"（《汉书·律历志》）和"武王伐纣，岁在鹑火……"(《国语·周语》)等等来看，我国的岁星纪年法，至少从六千四百多年以前的颛顼时代就已施行了。《海内经》云："炎帝生炎居，炎居生节并，节并生戏器，戏器生祝融，祝融生共工，共工生后土"，"后土生噎鸣，噎鸣生岁十有二"。《大荒西经》曰："大荒之中，有山名曰日月山，天枢也。吴姖天门，日月所入。有神人面无臂……名曰嘘。颛顼生老童，老童生重及黎。帝令重献上天，令黎邛下地。下地是生噎。处于西极以行日月星辰之行次。"（嘘，王念孙校注音唏，即噎之声转。噎、噎鸣实为一人。）《大荒西经》还说："大荒之中有龙山，日月所入。有三泽水，又曰三淖，昆吾之所食也。"我们知道，祝融就是重黎和吴回，而昆吾是吴回之孙，陆终之子（见《史记·楚世家》）。如此则噎显系重黎及其后人所化，而昆吾"无右臂"（《大荒西经》："有人名曰吴回，奇左，是无右臂"），是住西方龙山主司日月之所入者。而处大荒之中（西极）之"日月山"，司"日月所入"（即日月之行次）的"噎"，同样是一位"无臂"的神人，而且这位神人还是"世叙天地，而别其分者"（《国语·楚语》）的（重）黎"下地"时所生。由此可见，这个"生岁十有二"的噎鸣就是"祝融降四神，奠三天"和"共工□步十日四时""是襄天戋，是格天化"（《楚帛书·乙编》），即分一年为春夏秋冬四季，分一月为上中下三旬和察木星（即岁星）十二年行经一周天的神话化描述。"重献上天，黎邛下地"（献者举也，邛者抑也，按也），说的就是颛顼之时，重黎和吴回把"九黎乱德"时期，天文历术方面出现的混乱状况纠正过来，"使复旧常，无相侵渎"即所谓"绝地天通"的情事（见《书·吕刑》和《国语·楚语下》）。《山海经》所述"帝令重献上天，令黎邛下地，下地是生噎，处于西极，以行日月星辰之行次"的神话，与麻勇斌所著《苗族巫事·祀雷》（远方出版社2002年版）"久远昔时，天地粘连在一起，日月贴合在一块，世间黑漆漆，宇空暗幽幽……重公巨躯，黎公魁武，一锤扔向南方，击中土钻石钻；一棍打往北方，击中日钻月钻，世间才洞开了像簸箕和筛子（那么大的洞），宇空才洞开了像斗笠和雨伞（那么圆的穴）。世间才现出了平川和山谷，宇空才充满透明和光亮"所说的神话一样，通过幻想，"用不自觉的艺术方式"对"重黎（祝融）司日月星辰之行次"，以"示民时早晚"的真实历史事象的神话化反映。

《西山经》:"西南四百里,曰昆仑山之丘,是实惟帝之下都,神陆吾司之。其神状虎身而人面虎爪。是神也,司天之九部及帝之囿时。"说的也是吴回之子陆终和长孙昆吾,主司"九域之部界,天帝苑圃之时节"(《山海经》郭璞注)的事。

太岁纪年法,可以说是"岁星纪年法"的一种改进。同是以子丑寅卯等十二辰为一周期,其"十二岁阴名"依次为困敦、赤奋若、摄提格、单阏、执徐、大荒落、敦牂、协洽、涒滩、作噩、阉茂、大渊献。当"太岁"在子之时,这年便叫困敦之年;太岁在丑,这年便叫赤奋若之年;"太岁"在寅,这年便叫摄提格年……既然《山海经·海外南经》已经记载了"经以星辰,纪以四时,要之以太岁……圣人能通其道"的情况,那么,太岁纪年法,同岁星纪年法一样,亦是几千年前的事了。

《山海经》所记载的以观测"日月星辰之行次"的变化规律来调配和计量年、月、日、时的"敬授民时"法,具有极强的实践性和科学性。实践出真知,实践是发现真理和检验真理的唯一标准。我国的天文历术,就是这种长期客观实践上升为理论的科学产物。

屈赋写作地点与年代考辨

伟大的爱国诗人屈原创制的我国最早的文人文学,是"金相玉质,百世无匹"[①],"气往轹古,辞来切今,惊采绝焰,难与并能"[②],"虽与日月争光可也"[③]的词赋之宗祖,"其影响于后来之文章,乃甚或在三百篇以上"[④]。然于屈赋写作之年代,历代注家则异说纷纭,莫衷一是。综合简述如下。

一、《离骚》写作之地点与年代

关于《离骚》的写作年代,自汉代以来就有怀王时期和顷襄时期,即早期和晚期两说。

1. 司马迁、班固、王逸、朱熹诸家主早期说。认为《离骚》作于怀王时代屈原被疏之时,地点也当在楚之郢都了。

司马迁《屈原列传》云:"王怒而疏屈平。屈平嫉王听之不聪也,谗谄之蔽明也,邪曲之害公也,方正之不容也,故忧愁幽思而作离骚。"

班固《离骚赞序》云:"屈原初事怀王,甚见信任,同列大夫妒害其能,谗之王,王怒而疏屈原。屈原以忠信见疑,忧愁幽思而作《离骚》。"

王逸《楚辞章句》:"屈原与楚同姓,仕于怀王为三闾大夫,王甚珍之。同列大夫上官、靳尚妒害其能,共谗毁之,王乃疏屈原。屈原执履忠贞而被谗衺,忧心烦乱,不知所诉,乃作《离骚》。"

朱熹《楚辞集注》:"同列上官大夫及用事臣靳尚,妒害其能,共谗毁之。王乃疏屈原。屈原被疏,忧心烦乱,不知所诉,乃作《离骚》。"

今人陆侃如《屈原》也说:"《离骚》是公元前315年初次被疏外放时的作品。"

刘向、蒋骥、王夫之等亦认为《离骚》为屈原初次被疏时所作,但地点不在郢都。

刘向《新序·节士》："屈原逐放于外，乃作离骚。"

蒋骥《山带阁注楚辞》："（屈原）初失位，志在洁身，作《惜诵》。已而决计为彭咸，作《离骚》。""盖怀王时，初见斥疏，忧愁幽思而作也。"

王夫之认为《离骚》作于汉北。其《楚辞通释》说"是篇之作在怀王之世。原虽被谗见疏而犹未窜斥。原引身自退于汉北，避群小之愠以观时待变而冀君之悟……"

张汝舟、汤炳正教授则考证《离骚》作于"屈原三十多岁，见疏于怀王之时"（见北大《先秦文学史参考资料》和《屈赋新探》）。

2. 王闿运、游国恩、郭沫若诸家则主晚期说，认为《离骚》作于襄王之世。

王闿运《楚辞释》："凡《楚辞》二十五篇，皆作于怀王客秦之后。"郭沫若考定《离骚》是屈原六十二岁（即晚年时期）的作品（见《屈原研究》）。游国恩《离骚纂义》云："钱氏集传（指钱杲之《楚辞集传》）误承旧说，以《离骚》作于怀王时，疑不当预言投江事；而诸家之不知此篇为再放江南时所作者，又纷纷曲为之说，谓屈子之死志本属预定。此皆误读《史记》本传之过也。盖此篇乃再放后所作。王邦采谓顷襄王既立以后将致命之词者是也。"

今人冀凡提出《离骚》作于楚顷襄王之世秦拔郢之后十证。冀凡认为"屈原放逐乃赋《离骚》"而"怀王时期屈原未曾被放逐过"。《离骚》云："又何怀乎故都"，"如（楚都）未东迁，郢不得称故"；《离骚》云："恐年岁之不吾与。"非晚年不得言老；"恐皇舆之败绩"，"败绩指车之覆败，喻国之将倾"（非晚期不得言此）；"夏康娱以自纵"，"康娱自纵只有襄王时期才符合史实"等等。

张中一同志《试论"离骚"的写作地点与年代》亦认为《离骚》作于诗人之晚年。张中一认为：屈原"写作《离骚》时，他已'老冉冉其将至'"了。"伤灵修之数化"亦可证明他与楚王已经离别。因为屈原初次见疏时，只能说是"一化"，这与"伤灵修之数化"的事实不合。"灵修在这里无疑地是用来指代楚怀王的……（而）'灵修'是用来称呼神灵（的）。可见此时的怀王已客死在秦了。"《离骚》："济沅湘以南征兮，就重华而陈词。"诗人"陈词的这座祠庙必在长江以南……"。张氏之说，颇有一定道理。从《离骚》言及的地理名物、风土人情或方言土语来说（除神话地名和泛称外），几乎无一不指楚国南方（尤其是沅湘之间的南部地区）。因此说《离骚》为屈原晚年被逐江南时的作品，是十分可信的。从其诗句"济沅湘以南征兮，就重华而陈词"来分析，此诗大约写于顷襄王十一年以后，是诗人寄居"汉北"即今湖南常德汉寿地区时的作品。重华（即舜）所葬之地九嶷山，"在长沙零陵界中"（《山海经·海内经》）。诗人由"汉北"，"入溆浦"，下长沙，"就重华而陈词"，须先济沅水后渡湘江，其路线正是"南征"。且古者五十曰老（见《孟子正义·梁惠王章句上》）。其时诗人已年近六十，故有"老冉冉其将至"之叹。

二、《九章》写作之地点与年代

自汉以来，历代学者大多认为《九章》写于顷襄之世，即屈原遭谗见斥到放逐江南投汨罗以死之前所为。宋代朱熹《楚辞集注》云："屈原既放，思君念国，随事感触，辄形于声。后人辑之，得其九章，合为一卷，非必出于一时之言也。"此言确矣！

班固《离骚赞叙》："至于襄王，复用谗言，逐屈原在野，又作《九章》以风谏。"

王逸《离骚序》："襄王复用谗言，迁屈原于江南。屈原放在草野，复作《九章》。"

洪兴祖《楚辞补注》："《九章》之作，在顷襄时也。"

明代黄文焕《楚辞听直》："《离骚》作于怀王时，其余俱作于顷襄时。"黄氏认为，《惜诵》结尾曰："播江离与滋菊兮，愿春日以为糗芳"，所以此诗应作于被放那年的冬天而预计明春之欲行也，欲行而未行，故曰"谓汝何之（至）"，曰"曾思而远身"，尚未定其所之与远身之地也。《思美人》曰："路阻"，怵然欲行而不敢行焉。结尾曰："独茕茕而南行兮，思彭咸之故也。"亦只指出所向之属南，未明指地名，疑为初行时之作。《抽思》曰："曼遭夜之方长"，"悲秋风之动容兮"，又曰："望孟夏之短夜兮"，则是由春以后孟夏迄初秋，俱在途中。曰"泝江潭兮"，逆水而上也。曰"宿北姑兮"

又止而未遽泝也。《涉江》曰："将（应为'旦余'）济乎江湘"则既宿之后，复泝以行矣。曰"欸秋冬之绪风。"则在舟间者，由秋而冬矣。曰"上沅"，则泝之之区矣。又曰"宿辰阳"曰"入溆浦余僮徊兮"，泝者复暂止矣。《橘颂》则其冬遭廻之所见，即物生感者。其曰"愿岁并谢，与长友兮"，因是岁于此终矣。《悲回风》曰："岁曶曶其若颓兮"，明言是岁之终，而其云"观炎气之所积"（"所积"应为"相仍兮"）"悲霜雪之俱下（兮）"又合是岁之夏、秋、冬总言之，以志夫途间舟间之愁况焉。

汤炳正教授《屈赋新探》说："《橘颂》《惜诵》两章是写于顷襄王元年遭谗之后，以及被流放而犹未行之前。"《哀郢》"一章写于放居陵阳的第九年，并追叙被放时于顷襄王二年启行的情况"；《抽思》"写于从陵阳西上，又泝汉而行，到达汉北之时"；《思美人》"写于由汉北折而南下之时"；《涉江》"是由汉涉江，又转而西行，过洞庭口，泝沅而达溆浦所作"；《悲回风》"系到达溆浦之后的作品"；《怀沙》《惜往日》"这两章乃写于由沅水流域的溆浦东北走向湘水流域的汨罗时期"，"具体时间是顷襄王二十至二十二年"。

然明代汪瑗、清代蒋骥及今人陆侃如等认为《九章》既有写于怀王时期的，也有写于顷襄王时期的，不可一概而论。

汪瑗《楚辞集解》："《惜诵》大抵作于谗人交构，楚王造怒之时，故多危惧之词。然尚未放逐也。"并说："《涉江》与《惜诵》相表里，皆一时之作。"而《哀郢》"作于顷襄王二十一年秦拔郢都之时"，并由此推出"屈原见废在顷襄王十三年"。《哀郢》曰："方仲春而东迁。"《怀沙》曰："滔滔孟夏兮"，此诗当作于这年夏天。而《抽思》曰："悲秋风之动容"，作于当年秋天。（一说《抽思》作于东迁之秋，《怀沙》作于次年之夏，汪氏认为二说皆通。）汪氏说："《思美人》作于《哀郢》之后无疑。盖原迁至长沙，因土地之沮洳，草木之幽蔽，有感于怀而作此篇，故题之曰《怀沙》。怀者，感也，沙指长沙。题《怀沙》云者，犹《哀郢》之类也。"

蒋骥《山带阁注楚辞》："初失位，志在洁身，作《惜诵》。已而决计为彭咸，作《离骚》。十八年后放居汉北，秋作《抽思》。逾年，春作《思美人》。其三年，作《卜居》，此皆怀王时也。怀王末年召还郢，顷襄即位，自郢放陵阳。三年，怀王归葬，作《大招》。居陵阳九年，作《哀郢》。已而自陵阳入辰、溆，作《涉江》。又自辰、溆出武陵，作《渔父》适长沙，作《怀沙》《招魂》。其秋，作《悲回风》。逾年五月，沉湘，作《惜往日》。"

陆侃如《屈原》："《橘颂》为怀王十年时所作"，"《惜诵》当作于怀王二十四年（公元前305年），即屈原谏阻连秦而遇罚之后。""《哀郢》与《涉江》两篇一前一后，都作于顷襄王六年（公元前293年）即再放之后。"

余细考《九章》各篇：《惜诵》有"竭忠以事君兮"，"待明君其知之"，"疾亲君而无他兮，有招祸之道也"，"事君而不贰兮，迷不知宠之门"和"欲高飞而远集兮，君罔谓汝何之？欲横奔而失路兮，盖志坚而不忍"，"矫兹媚以私处兮，愿曾思而远身"等"亲君"之意和不忍"远身"而去之辞，当作于顷襄王初年诗人即将离开郢都之时无疑。从"捣兰以矫蕙兮，凿申椒以为粮。播江离与滋菊兮，愿春日以为糗芳"来看，也只有作于顷襄王二年（公元前208年）一月，即"方仲春而东迁"之前的孟春时节才合时令。因为这时正是兰蕙含蕾，木兰初绽，申椒吐芳，最宜采撷的时候。否则时令一过，兰蕙衰老，申椒花谢，要捣以为糗芳就没有意思了。

《哀郢》的写作年代，可以从"民离散而相失兮，方仲春而东迁。去故乡而就远兮，遵江夏以流亡"和"发郢都而去闾兮"，"上洞庭而下江"以及"当陵阳之焉至兮，淼南渡之焉如？"等诗句断定：是诗人离郢之后，"遵江夏""上洞庭"，"南渡"至"陵阳"（即今湖南岳阳城陵矶一带）时写的[5]，时为顷襄王二年"仲春"二月之后（吾据"方仲春而东迁""甲之早吾以行"两句，用四分历术推算，得屈子离郢出亡是公元前298年即顷襄王二年二月初六甲申日）。是时，"秦发兵出武关，攻楚。大败楚军，取析十五城而去。时怀王辱于秦，兵败地丧，民散相失。"（戴震《屈原赋注》，《史记·楚世家》所载略同。）从"曾不知夏之为丘兮，孰两东门之可芜？"和"忽若去不信兮，至今九年而不复"来分析，此诗是诗人在"陵阳"停留期间陆续完成的，非一蹴而就之作。故诗中有"忽若去不信兮，至今九年而不复"之说。"不信"言时之短，"九年"言时之长。这是一种以时间长短对比来抒写人物心理活动的夸张手法。"九"表多数，不一定是实指。有人以此断定《哀郢》写于顷襄王十年，恐非定论。

《抽思》是诗人"济乎江湘""乘舲船余上沅兮"，从南往北到达"汉北"

（"有鸟自南兮，来集汉北。好姱佳丽兮，牉独处此异域"），即今湖南常德汉寿县牛鼻滩以北地域之后，又将折而南去"溆浦"之时所写（常德汉寿地域，楚时为"蛮夷之地"）。蒋骥《山带阁注楚辞》云："辰州于楚最为西南，苗瑶之境，非人所居。"故诗称"异域"。据张中一同志考证："汉北"即为"滩北"（见其《屈赋新考·汉北考》）。此地滩多水急，又正值郢都的南边，恰与诗中所说"长濑湍流，泝江潭兮。狂顾南行，聊以娱心兮""望北山（指郢都附近的纪南山）而流涕兮，临流水而太息""曾不知路之曲直兮，南指月与列星"的地理方位吻合。其时大约是顷襄王十三年左右的一个夏秋之交（因诗中有"望孟夏之短夜兮，何晦明之若岁""曼遭夜之方长兮，悲秋风之动容"提到了同"孟夏""短夜"相比较而言的"夜之方长"和"秋风"），这时由于楚襄王"恌吾以其美好兮，敖朕辞而不听"，诗人因"历兹情以陈辞兮，苏详聋而不闻"，产生了思君（"愁叹苦神，灵遥思兮"）而又怨君（"与余言而不信兮，盖为余而造怒"，"初吾所陈之耿著兮，岂至今其庸亡？"）的怆怏情绪。

游国恩先生认为："《九章·抽思》一篇，乃自叙放逐之作。其倡曰：'有鸟自南兮，来集汉北。好姱佳丽兮，牉独处此异域。'即述此事。盖汉北今郧襄之地，在郢都之北。屈子以鸟自喻，而言来集汉北；又以美人自喻，而言独处异域，则其为迁谪之辞无疑也。其下文云：'道卓远而日忘兮，愿自申而不得；望南山而流涕兮，临流水而太息。'又云：'惟郢路之辽远兮，魂一夕而九逝；曾不知路之曲直兮，南指月与列星。'又乱辞云：'狂顾南行，聊以娱心兮。'观其欲自申而南望，魂逝郢而南指，聊娱心而南行，则所谓自南而来汉北者，明指自郢而北迁于此，又无疑也。"（见其《楚辞论文集·论屈原之放死及"楚辞"地理》）。郭沫若先生也认为汉北在郢都之北。他说：屈原被逐汉北时间有十四五年，直到襄王二十一年"秦将白起侵略楚国，把楚国的郢都攻破了……楚国君臣仓皇奔走，东北保于陈城"时，他才"从汉北逃到了江南"。游、郭二氏关于屈子曾被放逐于郢都之北的"汉北"（即郧襄之地）之说，证据很不充分，实难成立。郑文在其《屈原未放于汉北的补说》一文中提出"汉北之地，自怀王十七年为秦所得之后，不属于楚，屈原怎能被放于秦属的汉北？"张中一《屈赋新考》也说："顷襄廿一年（公元前

278年）以前十四五年，也就是顷襄王初年或怀王末年"，先后数年间"秦楚连年战争，汉北早就归秦汉中郡"，屈原绝不可能被放逐该地，"《抽思》中的'鸟集汉北'乃是南楚西洞庭枉陼附近的滩北。"张氏还对"汉""滩"二字，作了翔实的训释，指出汉北实是"滩北"。

此外我们还可以从《抽思》中的名物和地望来分析说明："《抽思》作于江南"（胡文英《屈赋指掌》）。诗中的"汉北"确系江南之地。其一，诗云"胖独处此异域"。"异域"当如前所说是指语言和风俗习惯各异的辰州（即今之常德地区）。汉水以北，民族单一的平原地区乃楚民族先民的中心活动地，与楚王同宗共祖的诗人绝不会视之为"异域"。其二，诗中的"北山"当指郢都附近的纪南山。郑文和张中一等人之说不误。姚鼐据《考异》将"北山"改作"南山"，游国恩先生等依从其说，"望南山而流涕兮"经此一改，则游氏的"观其欲自申而南望，魂逝郢而南指，聊娱心而南行，则所谓自南而来汉北（鄢襄之地）者，明指自郢而北迁于此，又无疑"矣！殊不知经此一改，则"长濑湍流，泝江潭兮"，"狂顾南行，聊以娱心兮。轸石崴嵬，蹇吾愿兮"其矛盾却又突出了。汉北（鄢襄地域）有水流揣急的"长濑"和"轸石崴嵬"的地方吗？倘"汉北"的地理位置不在郢都之南，而在"郢都之北"，那么"狂顾南行"的"狂顾"急切地回顾而"顾"的却不是郢都，则令人费解了。"泝江潭兮"的"江潭"是指沅江和潭水。洪兴祖《楚辞补注》云"潭水出武陵"。这与张中一同志所说的"汉北乃南楚西洞庭湖枉陼附近的滩北"恰是同一地域。由此可见诗中的"汉北"确系今之汉寿县北无疑。其三，"南指月与列星"，这句诗的意思并不是夜行不辨方向而借着月亮和星斗来作为指向南行的标志，而是诗人寄身南方，夜间凭着月亮和星斗（如北斗星）的指向来识辨郢都所处的地理方位。

既然"汉北"（即滩北）不在江北而在江南，那么屈原放逐汉北（鄢襄）地区的说法，自然就不复成立了。

接《抽思》之后，诗人看到常德沅水一带橘树千里（见《水经注·沅水》），有所感焉，于是咏物寓志，托物抒情，写了赞美橘树"受命不迁，生南国兮。深固难徙，更一志兮"，"苏世独立，横而不流"，"秉德无私，参天地兮"的《橘颂》。从其"曾枝剡棘，圆果搏兮，青黄杂糅，文章烂兮"来看,此时正是橘子成熟的金秋季节,时间大约是顷襄王十三年左右的一个秋天。

写完《橘颂》,诗人离开"汉北",前往"溆浦",途经"沧浪之水"时,遇渔父,写《渔父》篇。沧浪之水在汉寿县南部边境,离桃江县界不远。《常德府志》云:其水"自沧、浪二山发源,合流为沧浪之水",为"屈原行吟泽畔,遇渔父歌沧浪"处,且沧浪之水注入沅江的港口——沧港市至今尚存三闾巷、屈原巷及三闾大夫祠等古迹。

"溆浦"从其地理景象和文献史籍考证,当是今天的桃花江(即桃江县)位于沅湘之间,资水中游的桃花江,是一个山清水秀的丘陵山区。这里"峰峦突兀,岩壑幽邃"(同治《益阳县志》),山上或青石磊磊、葛蔓遍野,或松杉柏竹、蔽日遮天。薜荔、女萝、辛夷、石兰等芳花异草,四处皆是。解放前山中常见虎豹出没,花狸(俗名五爪猫)成群。其自然环境和风光景物,同《涉江》("入溆浦余儃徊兮,迷不知吾所如","深林杳以冥冥兮,乃猿狖之所居。山峻高而蔽日兮,下幽晦以多雨")和《山鬼》("乘赤豹兮从文狸,辛夷车兮结桂旗。被石兰兮带杜衡,折芳馨兮遗所思。表独立兮山之上,云容容兮而在下。杳冥冥兮羌昼晦,东风飘兮神灵雨……采三秀兮于山间,石磊磊兮葛蔓蔓","山中人兮芳杜若,饮石泉兮荫松柏")所描写的景象完全一致。

据《明统一志》《太平寰宇记补阙》《清一统志》和同治《益阳县志》等书记载,今桃江县资水岸边的桃骨山花园洞,曾是"屈原读书处,有原女绣英墓。洞口有三闾桥";"桃骨山龙台禅院,旧有天问阁","为屈原作《天问》处";此地"峰峦突兀,岩壑幽邃","其下巨石斗峭,俯临资潭,名天问石,亦云屈子钓台","(屈)原于此渡江而行吟泽畔。即《楚辞·涉江》(之所作)处也"。至今钓台犹存。

又据《水经注》记载:"沅水东径辰阳县东,南合辰水,旧治在辰水之阳,故取名焉。《楚辞》(涉江)所谓'夕宿辰阳'也。沅水又东,历小湾谓之枉渚(即《涉江》所谓'朝发枉渚'也)。"《水经注·沅水篇》云:"枉渚东里许,便得枉人山(即枉山)。"《读史方舆纪要》卷八十"常德府"云:"枉水出溆亦曰枉山。"据今人考证,枉水发源于桃江县界的沧山公社的九龙山，北流至常德市德山（古名枉山）西麓而入沅水。其入口处大溪口即古枉渚。"枉水出溆"，枉水既发源于桃江县境，则屈原"入溆浦余儃徊兮"的"溆浦"，也该在桃江境地了。王逸《楚辞章句》云："溆浦，水名。"《文选》五臣注："溆亦浦类。"戴震《屈原赋注》："舟行由沅入溆，至迁所也。""溆"为水名，历代注家多无异议，可见诗中"溆浦"并非今日的溆浦县（据《唐书·地理志》载：以溆浦之名正式立县，是唐高祖武德五年的事）。再如前面所述，沧浪之水，"自沧浪二山发源"，而沧、浪二山又在今之桃江县境。由此可知诗人屈原前往的"溆浦"自是桃江境地无疑了。

屈原到"溆浦"（即今之桃江境地）后，写下的第一首诗是《卜居》，然后是《涉江》《九歌·山鬼》和《天问》等其他作品。传说一天清早，诗人坐着小船，沿着桃花江顺流而下，当船过桃花港时，只见附近山上一座古庙香烟缭绕，鼓乐喧天。屈原指手而问船夫。船夫说："这是一座楚先王的寺庙，每年春秋两季，楚王总要派人前来祭祀。今年太卜郑詹尹来主祭，老百姓听说他最会卜卦，能预先晓得一个人未来的凶吉祸福，所以都来参拜。"在船夫的劝说下，屈原便舍舟登山，前往古庙与太卜郑詹尹相见。这就是屈原写作《卜居》的由来（见《中国民间故事集成湖南卷·汨罗县资料本》）。

《涉江》之作，从其"深林杳以冥冥兮""下幽晦以多雨"等诗句来分析，约与《九歌·山鬼》同时，是屈原"儃徊"于"溆浦"时的作品。时为顷襄王十五至廿年间的一个深秋。写作地点是今桃江县的桃骨山乡。

诗人在桃花江地区"儃徊"一段时间之后，便于顷襄王二十一年的"开春发岁"（《思美人》："开春发岁兮，白日出之悠悠"），雷始发声（"愿寄言于浮云兮，遇丰隆而不将"）的孟春时节，写下《思美人》和《悲回风》，离开桃花江而前往长沙。从其诗句"悲回风之摇蕙兮，心冤结而内伤""故荼荠不同亩兮，兰茝幽而独芳"及"折若椒以自处"来看，亦当为初春时节。"回风"乃回旋之风，非秋风也。而蕙亦乃春生之物。有人认为"《悲回风》是中国诗歌史上最早的悲秋之作"，恐怕不确。诗人乘船顺资水而下，经临资口转入湘江。在行经湘水入湖处的哀江口南边（即舜之二妃娥皇、女英投江处）时，他写了《招魂》以自悼。其诗曰："献岁发春兮，汨吾南征……湛湛江水兮上有枫，目极千里兮伤春心，魂兮归来哀江南！"便是这千里旅途的写照。时为公元前 278 年的暮春三月。接着诗人沂湘江而上，南至长沙，寻访楚先王熊绎和彭咸的遗踪①。是年四月孟夏诗人离开长沙，"进路北次"奔往汨罗（"滔孟夏兮，草木莽莽。伤怀永哀兮，汨徂南土"，"进路北次兮，日昧昧其将暮"，"舒忧娱哀兮，限之以大故"）途中写了《怀沙》。这时诗人已深感忠君无路，报国无门，决心以"君子"为榜样，舍生取义、以死为谏的念头已开始萌生："世溷浊莫吾知，人心不可谓兮。知死不可让，愿勿爱兮。明告公子，吾将以为类兮。"最后当诗人于顷襄王二十一年（即公元前278 年）五月到达汨罗时，正值"秦将白起，遂拔我郢，烧先王墓夷陵。楚襄王兵散，遂不复战，东北保于陈城"（《史记·楚世家》）。"楚王亡，去郢东走，徙陈。秦以郢为南郡，白起迁为武安君"（《史记·白起王剪列传》），忠义爱国的屈原不忍看到楚国江河日下，最终将为秦国所灭的悲惨局面（"宁溘死以流亡兮，恐祸殃之有再"），他写下《惜往日》这首"遂自忍而沉流""卒没身而绝名"的绝笔诗之后，便于五月五日投汨罗江而自杀了。

三、《天问》写作之地点与年代

游国恩认为，《天问》是屈原头一回被谗去职，放于汉北之前所作，为屈原最早时期的作品。郭沫若认为是顷襄王时诗人被逐于汉北以后所作，应是诗人"晚期的作品"（《屈原研究》）。陆侃如则认为是屈原最后的作品，"可能是绝笔，不久便自沉了"（《屈原评传》），"是在顷襄王三年（公元前 296年）至顷襄王九年（公元前 290 年）之间陆续写成的"（《屈原》）。陆氏此说本于明人黄文焕的《楚辞听直》。

我们认为，《天问》写于诗人晚年是可信的。据《清一统志》、同治《益阳县志》及民间传说，屈原写作《天问》的地点是今湖南桃江县的桃谷山乡。当地现存的天问石、天问台、三闾桥、屈子钓台、凤凰阁及原女绣英墓等遗迹（《涉江》云："鸾鸟凤凰日以远兮"，屈子常以凤凰自况。当地乡人称屈原为凤凰菩萨，至今不衰），便是最好的历史见证。考"薄暮雷电，归何忧！厥严不奉，帝何求？伏匿穴处，爰何云！"等诗句，可知《天问》是屈原爱女绣英不幸去世后，诗人精神上受到莫大打击，孤愤愁苦，无可宣泄，以致精神恍惚，对天地山川、神灵以及人世间的一切均已产生怀疑之时所作；是诗人在一个雷雨交加的春日下午,"披发行吟",见到楚国"先王之庙及公卿祠堂,图画天地山川神灵,琦玮僪佹及古贤圣怪物行事。周流罢倦,休息其下,仰见图画,因书其壁,呵而问之,以渫愤懑,舒泻愁思"之作(王逸《楚辞章句》),大约作于顷襄王廿年(公元前279年)之春。

四、《九歌》写作之地点与年代

关于《九歌》写作之年代,历代注家看法也不尽一致。归纳起来,主要有三种意见:

1. 早期说。郭沫若、刘大杰等认为是屈原"得意之时所作",即为诗人早期作品(《伟大的爱国诗人——屈原》)。

2. 中期说。魏炯若等认为,既有"怀王初政""诗人得意"即"被疏以前"的作品,也有"顷襄初立"、诗人"被疏后","殆已至于不死即俘"之时(即晚年)的作品(《九歌发微》)。

3. 晚期说。王逸、朱熹等名家大都认为是屈原放逐"南郢之邑,沅湘之间"所作,即晚期的作品。

我们认为王逸、朱熹等名家们的说法是对的。《九歌》是屈原晚期放逐沅湘之间的作品,其中大多数篇章作于湖南益阳的桃花江境地,时间大约是公元前289年至前279年这十年之间。

(一)从题材看。《九歌》诸篇的题材,大都来自楚国长江以南,特别是沅湘流域民间广为流传和当地人民最喜闻乐道的神话传说和故事,如《湘君》《湘夫人》是根据沅湘之间的民间传说——舜南巡病倒于苍梧,他的两个妃子,尧的两个女儿娥皇、女英闻讯赶到"四顾疑无地,中流忽有山"的洞庭湘水之滨,听到舜已去世的不幸消息,于是二妃呼天抢地,抱竹痛哭,"以涕挥竹,竹尽斑"(《博物志》),最后投江自杀而成湘水女神的故事——来进行艺术创作的。大约写于诗人"济乎江湘",过洞庭"乘舲船余上沅兮"的途中。时间是在《哀郢》之后,《涉江》以前,即顷襄王十一年左右的一个秋初(因诗中有"驾飞龙兮北征,邅吾道兮洞庭","令沅湘兮无波,使江水兮安流","采薜荔兮水中,搴芙蓉兮木末"及"袅袅兮秋风,洞庭波兮木叶下"等诗句,可见是诗人该年初秋渡湘江过洞庭,北去沅江、澧水时所作无疑)。

（二）从地理环境和名物看。《九歌》诸篇所描写的地理环境和名物，大都是楚"南郢之邑，沅湘之间"的独特风物，如：

"令沅湘兮无波，使江水兮安流。""驾飞龙兮北征，邅吾道兮洞庭。""望涔阳兮极浦，横大江兮扬灵"。（《湘君》）

"袅袅兮秋风，洞庭波兮木叶下。""登白薠兮骋望，与佳期兮夕张。""沅有茝兮醴有兰，思公子兮未敢言。""九嶷缤兮并迎，灵之来兮如云。"（《湘夫人》）"令飘风兮先驱，使涷雨兮洒尘"，"吾与君兮齐速，导帝之兮九坑。"（《大司命》）"秋兰兮糜芜，罗生兮堂下。""荷衣兮蕙带，倏而来兮忽而逝。"（《少司命》）"余处幽篁兮终不见天，路险难兮独后来。""杳冥冥兮羌昼晦，东风飘兮神灵雨。""采三秀兮于山间，石磊磊兮葛蔓蔓。""雷填填兮雨冥冥，猿啾啾兮狖夜鸣。"（《山鬼》）

这些优美动人的诗句，采用楚国南方的方言土语（如狖、羌、邅、茸、桡、灵，等等。以上见《说文》及王逸注）和独特的地理名物（沅湘、洞庭、九嶷、涔阳、大江、醴浦、白薠，以上见《屈赋指掌》。薜荔、芙蓉、飘风、涷雨、秋兰，以上见《历代诗话》），描绘了一幅幅十分媚人的南国锦绣风光，充满了强烈的地方生活气息，具有楚国南方风谣土乐的浓厚色彩。如果屈原不曾来过"南郢之邑、沅湘之间"，不熟悉这里的生活，不了解这一带人们的思想感情及其风俗习惯，那么不管他有多么伟大的艺术天才，也是不可能这样得心应手地创造出"叙情怨则郁伊而伤感；述离居则怆怏而难怀；论山水则循声而得貌；言节候则披文而见时"（《文心雕龙·辩骚》）的伟大艺术珍品的。

（三）从思想情调看。《九歌》诸篇除《东皇太一》外，没有一篇不充满着哀伤慕怨怆怏难怀的伤感情绪。

如《云中君》："思夫君兮太息，极劳心兮忡忡。"

《湘君》："望夫君兮未来，吹参差兮谁思。""横流涕兮潺湲，隐思君兮陫侧。"

《湘夫人》："沅有茝兮澧有兰，思公子兮未敢言。"

《大司命》："结桂枝兮延伫，羌愈思兮愁人。"

《少司命》:"悲莫悲兮生别离,乐莫乐兮新相知。""望美人兮未来,临风怳兮浩歌。"

《东君》:"长太息兮将上,心低徊兮顾怀。"

《河伯》:"日将暮兮怅忘归,惟极浦兮寤怀。"

《山鬼》:"留灵修兮澹忘归,岁既晏兮孰华予。""怨公子兮怅忘归,君思我兮不得闲。""风飒飒兮木萧萧,思公子兮徒离忧。"

《国殇》:"出不入兮往不反,平原忽兮路超远。"

《礼魂》:"春兰兮秋菊,长无绝兮终古。"这些诗句所表现的哀伤慕怨的感情,如果是原来的"九歌"所固有的,那么要使人"康娱自纵"就太不可能了。因此我们可以肯定这种哀伤慕怨、怆怏难怀的感情,正是诗人自己长期流放生活的真实心情的自然流露。

(四)从行踪来看。我们从诗人"南渡"至"陵阳"之后,继而济江湘、步马山皋、邸车方林、上沅江、发枉陼、宿辰阳、集汉北、入溆浦、下长沙、往汨罗,最后投江的历程,可知屈原除在"陵阳""汉北"和"溆浦"有过较长时期的停留("儃徊")外,其余均只不过是短暂的次宿。无论从时间或地理环境来分析,如前面所述,只有桃江地域才是屈原生活和写作《九歌》(山鬼、东皇太一、云中君、大司命、少司命、东君、礼魂)等诗篇最适合、最可信的地方。

楚人好巫,桃江人民好巫尤甚。至今民间除人丁生病或出现什么灾害时,要请巫师来跳舞吟唱"以乐诸神",消灾免祸、祈求安宁外,还要在每年的农历正月初一迎春神,正月初八贺上皇圣诞,二月初二祭土地,六月初三祀司命公公,六月二十四日祭雷神,八月十五拜月神,八月二十三日祀司命娘娘,冬月十九祭太阳星君,腊月二十四日敬灶神(相传这些日子是诸位神祇的生日)。屈原在此作《九歌》这是不无道理的。恩格斯在《家庭、私有制和国家的起源》这一经典著作中指出:"在每一个民族中所形成的神,都是民族的神。这些神的王国不越出它们所守护的民族领域。在这个界限以外,就由别的神无可争辩地统治了。"屈原根据"南郢之邑,沅湘之间,信鬼好祠,其祠必作歌乐鼓舞以乐诸神"的习俗,以及民间传说和神话故事而创作的《九歌》,其中涉及的神祇,至今几乎都可以在桃江地域找到印证。如:桃江人民农历六月初三祭司命公公,而《九歌·大司命》:"广开兮天门,纷吾乘兮玄云。令飘风兮先驱,使涷雨兮洒尘。"写的正好是夏季六月暴雨来临时的情景(《淮南子·时则训》:"季夏之月……大雨时行";《尔雅注》:"今江呼夏月暴雨为涷雨")。其诗"导帝之(至)兮九坑"的"九坑"(即九冈山)正好位于桃江县境。诗中的"疏麻"("折疏麻兮瑶华,将以遗兮离居")不仅为桃江境地所产,而且正好在六月间开花,其花色白如玉,有奇香,服之可致长寿。可见桃江民间六月初三祭祀的司命公公,正是《九歌》中的"大司命"。桃江人民六月二十四日祭雷神,而《九歌·云中君》"浴兰汤兮沐芳,华彩衣兮若英"所谓的"芳"即白芷(《本草》:"白芷,一名芳香。"),"若英"(即杜若花)也正好是在夏季开花结实。另从诗中的"灵连蜷兮既留,烂昭昭兮未央""与日月兮齐光"及"灵皇皇兮既降,猋远举兮云中。览冀州兮有余,横四海兮焉穷"来看,显然写的是夏季雷电雨景象。丁山《中国古代宗教与神话考》说,"此君,既居'云中',当然是藉云以栖身的天神,非虹霓当即雷霆了。离骚:'吾令丰隆乘云兮,求宓妃之所在……'丰隆'者象征霹雳之声,隆隆如连鼓,《淮南子》定为雷霆之神是也。以'丰隆乘云'证云中之君,知非雷神、雷公莫属。"六月正是季夏,可见《九歌》的"云中君"就是桃江民间至今奉祀的雷神。

《九歌》中的"少司命"是司爱的女神。她温情脉脉,和蔼可亲("满堂兮美人,忽独与余目成")。桃江人民除六月初三祭司命公公(即《九歌》中的"大司命")外,还在八月二十三日祭祀一位给人封妻荫子的司命娘娘(桃江民间亦称她为九天司命)。这位高居九天的司命娘娘,自然就是《九歌》中"登九天兮抚慧星"的"少司命"了。再则,《九歌·少司命》云:"秋兰兮蘼芜,罗生兮堂下。绿叶兮素华,芳菲菲兮袭予"正好写的是秋季景象。秋兰为"沅澧所生,花在春则黄,在秋则紫。然而春黄不若秋紫之芳馥也"(《历代诗话》),《本草》:"芎藭其叶名蘼芜,似蛇床而香……其叶倍香,或莳于园庭则芳香满径,七、八月间开白花。"《九歌》中这位"孔盖兮翠旍,登九天兮抚慧星,竦长剑兮拥幼艾,荪独宜兮为民正"的少司命,确实是一个为人主婚,封妻荫子,贻人幸福的爱神形象。

《九歌·东君》写的是太阳神的故事。从"暾将出兮东方,照吾槛兮扶桑。抚余马兮安驱，夜皎皎兮既明"以及"青云衣兮白霓裳，举长矢兮射天狼，操余弧兮反沦降，援北斗兮酌桂浆"等全诗的意境和天象来看，写的是冬月情景（天狼星与弧矢九星在井宿的东南边，非此月是看不到它们同时从天空出现的）。这也正好与桃江人民冬月十九祭太阳星君的时令相吻合。

湖南桃江民间有一种为外地鲜有的风俗：父母等长辈去世，大办丧事，尤其是出殡的前一天，祭祀活动特别隆重。除举行种种仪礼外，还要读长列文（即祭文），哼吟《诗经·小雅·蓼莪》之章（由一儒家先生领唱，众儒和之）。最后鼓乐齐鸣，参加祭祀的全体人员绕灵柩三周，以一种近乎歌舞形式的顶礼膜拜而告"礼成"。这种形式很像是《九歌·礼魂》所写的场面。我们想诗人屈原的《礼魂》大概就是受此启发而创作的吧！倘是这样，那么《国殇》和《礼魂》的写作年代，也当在顷襄王十五至廿年间了。特别值得重视的是：正月初八为上皇圣诞日，即《九歌·东皇太一》"吉日兮辰良，穆将娱兮上皇"中的"上皇"（即东皇太一）的生日，除在桃江这块古朴的土地上，至今仍流传不泯外，我们还不曾在别的地方发现过。这说明只有桃江这块"领域"才是东皇太一的"无可争辩"的"统治王国"。这是《九歌》作于桃江地域的一个铁证。

《九歌》作于桃江的另一个有力证据，就是桃江民间至今仍称山神为"小山娘娘"。其祠建在风景幽邃的茂林修竹、苍松翠柏之下。而且与众不同的是，对这位小山娘娘，人们平时并不祭祀，只有在青少年男子生病或神志不宁时，才因怀疑是小山娘娘作祟，才去祭她。祭祀时也不用酒肉和香烛纸钱，而只需剪个纸人儿，用上些香茶和花花绿绿的美丽芳洁之物即可。此外，这里的人们还把那些性格比较小气而多愁善感的姑娘呼为"小山娘娘"。这些情形与《九歌·山鬼》所描写的地处"幽篁"不见天日，以松柏为荫，石泉为饮，身披薜荔，腰系女罗，含睇宜笑，多愁善感，美丽窈窕的女山神的生活情景又何其相似！因此，我们可以断定，屈原的《九歌·山鬼》正是取材于古代桃江民间的小山娘娘这类山神故事。

根据以上事实我们完全可以肯定：清新绮丽、引人入胜的《九歌》是屈原晚年被逐于沅湘之间的作品，其中的绝大多数篇章作于桃江。

综上所述，我们将《屈赋》廿五篇按其写作年代顺序，排列如下，以就

· 278 ·

教于方家：

《惜诵》作于顷襄王二年一月诗人离郢之前；

《哀郢》作于顷襄王二年二月"仲春"之后至襄王十年以前，是诗人至"陵阳"（岳阳城陵矶）时期的作品；

《九歌·河伯》是诗人离开郢都"遵江夏以流亡""南渡"至"陵阳"初期（即顷襄王二年仲春之后）的作品；

《湘君》《湘夫人》作于顷襄王十一年秋天，是诗人"邅吾道兮洞庭"，北去"汉北"（汉寿县牛鼻滩以北）的作品；

《离骚》是顷襄王十一年以后诗人寄居"汉北"（即今之常德汉寿）"济沅湘以南征兮，就重华而陈词"，"入溆浦"（今桃花江地区）前的作品；

《抽思》作于顷襄王十三年左右，是诗人即将离开"汉北"（汉寿县境）折而南去"溆浦"（桃花江地区）之时的一个夏秋之交；

《橘颂》是顷襄王十一至十三年左右的一个金秋，诗人寄居"汉北"（即今之汉寿县境）时所作；

《渔父》是诗人离开"汉北"，前往"溆浦"（即今之挑江县境），途经"沧浪之水"遇渔父时所作，时为顷襄十四年许；

《卜居》是诗人于顷襄王十五年春到达"溆浦"（今桃江县境）时的作品；

《涉江》及《九歌·东皇太一》《云中君》《大司命》《少司命》《东君》《礼魂》和《山鬼》诸篇是诗人"僵徊"于"溆浦"（今桃江县）时期的作品。《国殇》之作，也许同为此时，也许是在早些时候（如怀王时期），有待进一步考证。

《天问》是诗人离开"溆浦"（桃花江）以前的作品，时为顷襄王廿年春天；

《思美人》《悲回风》，是顷襄王廿一年一月诗人离开"溆浦"（桃花江）时所作；

《招魂》是诗人顺资水而下，经临资口转入湘江，前往长沙，途经"哀江口"时的作品；时为顷襄王廿一年三月；

《怀沙》是顷襄王廿一年四月孟夏，诗人离开长沙，前往汨罗途中的

作品;

《惜往日》是诗人至汨罗投江前的作品,是诗人的绝笔,时间在顷襄王廿一年五月初五之前。

注:

①引自王逸《楚辞章句·离骚后序》。

②引自刘勰《文心雕龙·辩骚》。

③引自司马迁《史记·屈原列传》。

④引自鲁迅《汉文学史纲要》。

⑤陵阳,当是湖南岳阳城陵矶以南地区的简称,参阅张中一《屈赋新考·陵阳考》。

⑥蒋骥《山带阁注楚辞》:"沙本地名……即今长沙之地,汨罗所在也。曰怀沙者盖寓怀其地,欲往而就死焉。"并谓"熊绎始封,实在于此……归死先王故居,则亦首丘之意"。彭咸,即《史记·楚世家》所载楚之先祖陆终的第三个儿子彭祖,《古今人名大辞典》和《辞海》说他"姓篯,名铿",是"颛顼玄孙","常食桂芝,善导引行气"。大概屈原认为他同先王熊绎均始封长沙,因此诗人在"汉北"以后至长沙以前的几篇诗歌(如《离骚》《抽思》《思美人》《悲回风》等作品)中几次提到彭咸,并反复申述他要"依彭咸之遗则","从彭咸之所居"。他之所以"独茕茕而南行",离开"溆浦"去长沙的原因,也是"思彭咸之故也"(《思美人》)。

(此文刊于《贵州教育学院学报》1990 年第 1 期)

《九歌·山鬼》等篇的写作地点与年代考辨

《山鬼》是屈原清新典雅、芬芳绚丽的《九歌》中的一篇（名为"山鬼"，实是"山神"，在古代"鬼"和"神"是相通的。鬼犹神也，神犹鬼也。《说文》："人所归为鬼。"《国殇》："身既死兮神以灵，子魂魄兮为鬼雄。"就是例证。从某种意义上说，鬼比神更通人性，更亲切机灵、平易可爱。因此，至今人们称活泼可爱的小孩子为"小鬼"；称机灵、俊俏的妙龄姑娘为"小鬼头"或"鬼丫头"）。这首诗写的是一位女山神追慕游人的恋爱相思故事，其艺术特色独具一格。读之如同含英嚼华，沁人心脾，使人倍感真实亲切，缠绵悱恻，感人肺腑。

此诗写作年代是在《九章·涉江》的同年秋天，是屈原放逐沅湘之间，晚年"幽独处乎山中"时所写。[①]时间是在顷襄王二十年（即公元前279年）左右。地点在湖南省益阳市的桃花江境内。

位于沅湘之间资水中下游流域的桃花江（今为桃江县），是一个山清水秀的丘陵山区。浮丘山、九冈山、凤凰山（即屈赋中提到的高丘、九坑等）均在其境内。这里"峰峦突兀、岩壑幽邃"[②]，山上或青石磊磊、葛蔓遍野；或松杉柏竹，蔽日遮天。薜荔、女萝、辛夷、石兰等芳花异草，四处皆是。解放前山中常见虎豹出没，花狸（俗称五爪猫）成群。其自然环境和风光景物，同《涉江》（"深林杳以冥冥兮，乃猿狖之所居。山峻高而蔽日兮，下幽晦以多雨。"）、《山鬼》（"乘赤豹兮从文狸，辛夷车兮结桂旗，被石兰兮带杜衡，折芳馨兮遗所思。表独立兮山之上，云容容兮而在下……采三秀兮于山间，石磊磊兮葛蔓蔓……山中人兮芳杜若，饮石泉兮荫松柏"，"余处幽篁兮终不见天"）等所描写的景象完全一致。

据《明统一志》《太平寰宇记补阙》、嘉庆《常德府志》和《清统一志》、同治《益阳县志》等书记载：今桃江县资水岸边的桃骨山花园洞，曾是"屈原读书处,有原女绣英墓,洞口有三闾桥","桃骨山龙台禅院,旧有天问阁","为屈原作《天问》处。"此地"巨石斗峭,俯临资潭,名天问石,亦云屈子钓台","(屈)原于此渡江而行吟泽畔,即《楚辞·涉江》(之所作)处也"。至今钓台犹存。与桃江县比邻的常德汉寿县(古名龙阳,离桃骨山不过几十里)有"沧浪之水",其水"自沧、浪二山发源,合流为沧浪之水",为"屈原行吟泽畔,遇渔父歌沧浪"处。沧浪之水入沅江处名沧港,有三闾巷、屈原巷、三闾大夫祠等古迹。

又据《水经注》记载:"沅水东迳辰阳县东,南合辰水。旧治在辰水之阳,故取名焉。《楚辞·涉江》所谓'夕宿辰阳'也。沅水又东,历小湾之枉渚(即《涉江》所谓'朝发枉渚'也)。"《水经注·沅水篇》云:"枉渚东里许,便得枉人山(即枉山)。"《读史方舆纪要》卷八十"常德府"云:"枉水出溆,亦曰枉山(今名德山)。"据今人考证:枉水发源于桃江县交界的沧山公社的九龙山,北流至常德市德山(古名枉山)西麓而入沅水,其入口处大溪口即古枉渚。[③]"枉水出溆",枉水既发源于桃江县境,然则《涉江》"入溆浦余儃徊兮"的"溆浦",岂非在桃江地域乎?那么"朝发枉渚兮夕宿辰阳"的"辰阳"亦当相去桃江不远也。

再从《涉江》济湘江、乘鄂渚、止马山皋、邸车方林、乘船上沅、发枉渚、宿辰阳、入溆浦、处山中的行程路线来看,此诗之写作也只有在入"溆浦"(即桃江地域)之后才有可能。因屈原从"辰阳"经"沧浪之水","入溆浦","幽独处乎山中",除在此地作比较长时期的停留外,便顺资水而下,经过临资口转湘江逆上,南向长沙,然后折往汨罗江而投江了。而从桃江走水路到长沙,乘木船近一个礼拜,行程约一千来里;并且从临资口转入湘江时,还必须经过哀江口大小二哀洲的南边。屈原在这次旅途中写的《招魂》:"湛湛江水兮上有枫,目极千里伤春心。魂兮归来哀江南!"正好反映了从桃江至长沙的这段行程经历和感慨。[④]诗人这年(即公元前278年)三月到达长沙后,住了不久,就离开长沙前往汨罗,并于五月五日投汨罗江自杀了。他的《怀沙》("滔滔孟夏兮,草木莽莽。伤怀永哀兮,汩徂(于)南土。""进路北次兮,日昧昧其将暮。舒忧娱哀兮,限之以大故")就是离开长沙去汨罗的途中写的。由此可见,无论从时间或地理环境来分析,只有桃花江地区才是屈原生活和写作《涉江》《渔父》《天问》《九歌》等诗篇最合适、最可信的地方。

由于屈原曾在桃江地区生活和写作,并与当地人民结下了深厚情谊。因此,屈原投江死后,桃骨山人民徐、曾、袁、何、邓五姓,根据《涉江》篇云:"鸾鸟凤凰日以远兮""原常以凤凰自况"的情形,集资建造了凤凰阁,尊奉屈原为"凤凰神","每端阳竞度,辄载其像祀之"至今不衰。[⑤]"凤凰菩萨就是屈原",这里连几岁的小孩子都很知晓。

楚人好巫,桃江人民好巫尤甚。至今民间除人丁生病或出现什么灾害时,要请巫师来跳舞吟唱(其表演形式几乎可与舞台艺术比美),以悦诸神,消灾免祸,祈求安宁外,还要在每年的阴历正月初一迎春神,正月初八贺上皇圣诞,二月初二祭土地,六月初三祀司命公公,六月廿四日祭雷神,八月十五拜月神,八月廿三日祀司命娘娘,冬月十九祭太阳星君,腊月廿四敬灶神(相传这些日子是诸位神祇的生日)等等。屈原在此作《九歌》不无道理。恩格斯在《家庭、私有制和国家的起源》这一经典著作中指出:"在每一个民族中所形成的神,都是民族的神。这些神的王国不越出它们所守护的民族领域,在这个界线以外,就由别的神无可争辩地统治了"。屈原根据"南郢之邑,沅湘之间,信鬼好祠,其祠必作歌乐鼓舞以乐诸神"[⑥]的习俗,以及民间传说和神话故事而创作的《九歌》,其中涉及的神祇,至今几乎都可以在桃江地区找到印证:如桃江人民六月初三祭祀司命公公,而《九歌·大司命》:"广开兮天门,纷吾乘兮玄云。令飘风兮先驱,使涷雨兮洒尘",写的正好是夏季六月暴雨来临时的情景(《礼记·月令》和《淮南子·时则训》云:"季夏之月,温风始至","土润溽暑,大雨时行。")。其诗"导帝之(至)兮九坑"的九坑(即九冈山)正好位于桃江县境。诗中的"疏麻"("折疏麻兮瑶华,将以遗兮离居"),不仅为桃江境地所产,而且正好是五六月间开花,其花色白如玉,有奇香,服之可致长寿。可见桃江民间六月初三祭祀的司命公公,正是《九歌》中那位掌管人类寿命,严肃而近乎高傲、公正而不阿私情("纷总总兮九州,何寿夭兮在予")的"大司命"。

桃江人民六月廿四日祭雷神,而《九歌·云中君》:"浴兰汤兮沐芳,华彩衣兮若英"所谓的"芳"(即白芷,《本草》:"白芷,一名芳香")和"杜英"（即杜若花）也正好是在夏季五六月才开花结实。另从诗中的"灵皇皇兮既降，猋远举兮云中。览冀州兮有余，横四海兮焉穷"来看，显然写的是夏季雷电雨景象。丁山《中国古代宗教与神话考》说："此'君'（指《九歌》中的'云中君'）既居'云中'，当然是藉云以栖身的天神，非虹霓当即雷霆了。《离骚》：'吾令丰隆乘云兮，求宓妃之所在'……'丰隆'者象征霹雳之声，隆隆如连鼓，《淮南子》定为雷霆之神是也。以'丰隆乘云'证云中之君，知非雷神、雷公莫属。"六月正是夏季，可见《九歌》中的"云中君"就是桃江民间至今奉祀的雷神。

《九歌》中的"少司命"，是一位温情脉脉、和蔼可亲的司爱女神（满堂兮美人，忽独与独与余目成"，"悲莫悲兮生别离，乐莫乐兮新相知"）。而桃江人民除六月初三祭祀司命公公（即《九歌》中的大司命）外，还在八月廿三日祭祀一位为人封妻荫子的司命娘娘（桃江民间亦称她为九天司命），这位司命娘娘自然就是《九歌》中的"少司命"了。因《九歌·少司命》："秋兰兮蘪芜，罗生兮堂下。绿叶兮素华，芳菲菲兮袭予"正好写的是秋季景象。《本草》云："芎藭其叶名蘪芜，似蛇床而香……其叶倍香，或莳于园庭则芳香满径，七八月间开白花。"《九歌》中这位"孔盖兮翠旍，登九天兮抚慧星。竦长剑兮拥幼艾，荪独宜兮为民正"的少司命，确实是一个为人主婚、封妻荫子、贻人幸福的爱神形象。

《九歌·东君》写的是太阳神的故事。从"暾将出兮东方，照吾槛兮扶桑。抚余马兮安驱，夜皎皎兮既明"以及"青云衣兮白霓裳，举长矢兮射天狼。操余弧兮反沦降，援北斗兮酌桂浆"等全诗的意境和天象来看，写的是冬月情景（天狼星与弧矢九星在井宿的东南边，非此月季是看不到它们同时从天空出现的）。这也正好与桃江人民冬月十九祭祀太阳星君的时令吻合。且桃江方言"星"与"东"读音近似，"星君"可通假为"东君"。

关于《九歌·国殇》与《礼魂》（特别是《礼魂》的情节与至今保留在桃江民间的丧事祭祀方式基本相同）的情况，我已在拙文《"九歌·国殇"与"礼魂"释译》中谈过了，在此不再赘述（见《贵州文史丛刊》1985年第4期）。

值得特别重视的是：正月初八为上皇圣诞日，即《九歌·东皇太一》：

"吉日兮辰良，穆将娱兮上皇"中的"上皇"（即东皇太一）的生日，除在桃江这块古朴的土地上至今流传不泯外，我们还没有在别的地方发现过。这说明只有桃江这块"领域"，才是"东皇太一"的"无可争辩"的"统治""王国"。这是《九歌》作于桃江地区的一个铁证。

《九歌》作于桃江地区的另一个有力印证，则是桃江民间至今仍称山神为"小山娘娘"。其祠建在风景幽邃的茂林修竹、苍松翠柏之下。而且与众不同的是，对这位小山娘娘，人们平素并不祭祀，只在青少年男子生病或神志不宁时，才因怀疑是小山娘娘作祟而去祭祀她。祭祀时，也不用大酒大肉或香烛纸钱；只需剪个纸人儿，用上香茶和花花绿绿的美丽芳洁之物即可。此外，这里的人们还把那些性格比较小气而多愁善感的姑娘呼为"小山娘娘"。这些情形与《九歌·山鬼》所描写的地处"幽篁"，以松柏为荫，石泉为饮，身披薜荔、腰系女萝，含睇宜笑，多愁善感，美丽窈窕的女山神的生活情趣又何其相似！因此，我们可以断定屈原的《九歌·山鬼》正是取材于古代的桃江民间的"小山娘娘"这类山神故事。

关于女山神追慕游人的故事，在古代民间是非常流行的。如唐代文学家皇甫枚《三水小牍》云："汝州鲁西县六十里，小山间有祠，曰女灵观。其像独一女子焉。低鬟嚬蛾，艳冶而有怨慕之色……咸通末，县主簿皇甫枚因时祭，与友人夏侯祯偕行。祭毕，与祯纵观祠，祯独眷眷不能去。乃索卮酒，酹曰：'夏侯祯年少，未有匹偶。今者仰观灵姿，愿为庙中扫除之吏'，乃归。其夕，夏侯祯惝悦不寐，若为阴物所中。其仆来告，枚走视之，则目瞪口噤不能言矣。谓曰：'得非女灵乎？'祯颔之……"

这类人神恋爱的故事，在唐人陈翰的《异闻录》中亦有记载："（沈警）奉使秦陇，途过张女郎庙。旅行多以酒肴祈祷，警独酌水具祝词曰：'酌彼寒泉水，红芳掇岩谷。虽致之非遥，而荐之随俗。丹诚在此，神其感录。'既暮，宿传舍。凭轩望月……忽见一女子褰帘而入，拜云：'张女郎姊妹见使致意。'警异之，乃具衣冠。未离坐而二女已入，谓警曰：'跋涉山川，因劳动止。'警曰：'行役在途，春宵多感……岂意女郎猥降仙驾，愿知伯仲？'二女郎相顾而微笑……良久，大女郎（庐山女神）命履，与小女郎（衡山女神）同出。及门，谓小女郎曰：'润玉可使伴沈郎寝'……小女郎执警手曰：'昔从二妃游湘川，见君于舜帝庙读相王碑，此时想念颇切，不意今宵得谐宿愿。'"

又如宋人孙光宪《北梦琐言》云："（唐杨镰）少年为江西推巡。属秋祭，请祀大姑神。西江中有两山孤拔，号大者为大孤，小者为小孤……后人语讹，作姑姊之姑。创祠山上，塑像艳丽，而风涛甚恶，行旅惮之。每岁，本府命从事躬祭，镰预于此行。镰悦偶容，有言谑浪。祭毕回舟，而见空中云雾有一女子，容质甚丽，俯就杨公，呼为杨郎，致词云：'家姊多幸，蒙杨郎采顾，便希回桡以成礼也，故来奉迎。'弘农惊怪，乃曰：'前言戏之耳！'小姑曰：'家姊本无意辄慕君子而杨郎先自发言，苟或中辍，恐不利于君。'弘农忧惶，遂然诺之……"

与屈原同时的宋玉，其《高唐赋》也说："昔者先王（楚怀王）尝游高唐，怠而昼寝，梦见一妇人，曰：'妾巫山之女也，为高唐之客，闻君游高唐，愿荐枕席。'王因幸之。去而辞曰：'妾在巫山之阳，高丘之阻，旦为朝云，暮为行雨。朝朝暮暮，阳台之下。'……旦朝视之，如言。"

处在"深林杳以冥冥兮""峰峦突兀，岩壑深邃"的桃江山区的屈原，一定从民间听到了不少这类佳话，看到了当地人民祭祀小山娘娘的情况。他把它们集中起来，加以提炼和概括，创作了《山鬼》这首奇特瑰伟的优美诗篇。诗中通过对美丽善良的女山神坚贞纯洁的情操和钟情专一的恋爱生活的描写，抒发了诗人自己孤苦寂寞、怀才不遇、思君眷国之情无由上达的彷徨怅惘、慕怨愁苦之情的心情。

"若有人兮山之阿，被薜荔兮带女萝。既含睇兮又宜笑，子慕予兮善窈窕"等开头四句，写的是少年悦偶（如杨镰、夏侯祯之类）的挑逗、谑浪之词或女山神自身的一种幻觉（但从全诗来看，并非前者而是后者）。她幻觉着有一个多情美貌的男子对她传情依恋，很有采顾之意。于是"乘赤豹兮从文狸，辛夷车兮结桂旗"去与那幻觉中的男子会晤。由于这只是女山神自身的一种幻觉，并非现实，因此尽管几经追攀寻找，她始终没有见到那理想中的男子，结果只落了个"思公子兮徒离忧"的慕怨和痛苦。也正是在这伤怀咏怨之中，寄托了诗人屈原怨讽楚王朝夕多变，"弃忠臣而不思"的忧愤心情。历代楚辞注家多在"《九歌》是祭祀巫歌"中打圈子，以致把这篇千古绝唱，弄得人称混乱，面目全非。因而大大削弱了作品的高度思想性及其伟大的艺术魅力。

为了有助于读者弄清《山鬼》这首诗的思想、艺术真谛，现将它试译如下，谨请诸家赐教。

原　诗	译　文
若有人兮山之阿[⑦]，	那姑娘哟在山窝，
被薜荔兮带女萝。	身披薜荔花腰上系女萝。
既含睇兮又宜笑，	含情脉脉嫣然笑，
子慕予兮善窈窕[⑧]。	我爱您哟温柔美丽好苗条！
乘赤豹兮从文狸，	赤豹拉车花狸随，
辛夷车兮结桂旗。	辛夷车上插着桂花旗。
被石兰兮带杜衡，	杜衡作飘带，石兰结车帷，
折芳馨兮遗所思。	折束香花赠所思。
余处幽篁兮终不见天，	我在竹林深处住，终天难见日，
路险难兮独后来。	路险难行走，怪我竟来迟！
表独立兮山之上，	我高高站立在山巅，
云容容兮而在下。	脚下云横雾连绵。
杳冥冥兮羌昼晦，	白天昏暗象夜晚，
东风飘兮神灵雨。	神灵兴雨风云变，
留灵修兮憺忘归，	我等情哥好心痴，不想回家园。
岁既晏兮孰华予？	若是年华已迟暮，
	谁能使我永葆桃花面？
采三秀兮于山间，	上山采灵芝　委实太艰难，
石磊磊兮葛蔓蔓。	乱石如刀丛　葛藤满山冈。
怨公子兮怅忘归，	怨情哥哟心中惆怅忘回家，
君思我兮不得闲。	想郎君哟我心神不宁方寸乱！
山中人兮芳杜若，	我山中之人芳洁如杜若，

饮石泉兮荫松柏。	喝着清泉水,住着松柏屋。
君思我兮然疑作,	我想郎君郎君是否也想我?
	令人困惑难捉摸!
雷填填兮雨冥冥,	雷声隆隆 雨稠稠,
猿啾啾兮狖夜鸣。	猿狖夜啼声啾啾。
风飒飒兮木萧萧,	风声飒飒落叶飘,
思公子兮徒离忧。	念情哥哟空忧愁。

注释:

①《涉江》:"余幼好此奇服兮,年既老而不衰。"可见此诗写于晚年。

②⑤见同治《益阳县志》。

③参考湖南省社科院何光岳《屈原迁徙流放遗迹考》。

④蒋骥《山带阁注楚辞》:"今览图经,湘阴有大小哀洲。二妃哭舜而名。又《长沙湘阴志》云:'哀江在县南三十五里'。"《读史方舆纪要》卷八十《长沙府志》云:"县南三十五里有哀江,亦名哀江浒,旁有大哀小哀二洲,以舜妃哀思于此而名也。其水自湘江分流……"

⑥王逸《楚辞章句》。

⑦若,作指示代词"那"讲。"有",语气助词。"若有人",即若人。《论语·宪问》:"君子哉若人,尚德哉若人。"若人即那人。此处指女山鬼。

⑧子,指女山鬼。古代男女均可称子。如《战国策·赵策》:"鬼侯有子而好,故入之于纣。"《诗经·魏风》:"齐侯之子,卫侯之妻。"《论语·公冶长》:"以其子妻之。"慕予,使我爱慕。

⑨独,却,竟。《左传·隐公元年》:"尔有母遗,繄我独无。"

(此文刊于《贵州文史丛刊》1987年第1期)

中国传统天文历法篇

光辉灿烂的中华古代天文历法

我国是最早从事稻作农耕的国家之一。早在2.1万年至7000年前的道县玉蟾岩、澧县彭头山、洪江高庙、余姚河姆渡和磁山、贾湖等文化时代，就已形成南稻北粟水旱两种不同类型的经济文化区。

在长期实践中，先民们很早就认识到了天时对于农事成败的重要性。他们凭着观察日月星辰运行现象来审时度节，安排农牧业生产和其他农事活动，使之做到"春耕、夏耘、秋收、冬藏，四时不失"，"五谷不绝"，"污池渊沼川泽，谨其时禁……斩伐养长不失其时"（《荀子·王制》），"时至而作，竭时而止"（《吕氏春秋·任地》），"力不失时，则食不困"（《农书》）。

古人所谓天时，实指一年四季春夏秋冬和风雨雷电等与农事生产有着直接关系的自然现象。先民们进而发现这些关系到农牧业成败的自然现象，特别是气候的变化，与日月星辰的运行规律（即天象变化）有密切关系。

所谓天文就是天象，就是日月星辰在天幕上呈现出的有规律的运动现象。《淮南子·天文训》："文者象也，天先垂文，象日月五星及彗孛，皆谓以遣告一人，故曰天文。"而历法则是利用天象的变化规律来调配年月日时的一种纪时规则。简单地说，历法是计量年、月、日、时的方法，就是年月日时的安排调配。

我国古代天文历法最主要的组成部分是历法。在以推步为主要手段的科学历术还未产生前，同世界各国一样，我国先民经历了一个漫长的"观象授时"年代，如《尚书·尧典》："乃命羲和，钦若昊天，历象日月星辰，敬授民时"，而他们所观之象：

一是天象，即日月星辰（太阳、月亮、北斗、五星和二十八宿）的运行规律。

二是物象，即动植物顺应节气而发生变化的现象规律，以花鸟虫鱼兽等物候作为时宜的标志。如：夏历一月玄鸟至，桃始华，仓庚鸣……

三是气象，即风雨雷电等气象变化所显示的规律。如：夏历一月，始雨水，雷乃发声，虹始见……

公元前一千七百余年前的《大戴礼·夏小正》就是我国迄今为止最早见之文字的一部载有一年十二个月每月之天象、气象、物候和农事等内容，即集物候历、观象授时历于一体的农事历。

以天象观测为依据而安排、调配的"敬授民时"历，在我国已有七八千年历史。根据历史典籍《尚书》《周易》《礼记》《周髀算经》《尸子》《史记》《汉书》《隋书》《晋书》等记载：伏羲、神农之王天下也，"仰则观象于天，俯则观法于地。观鸟兽之文，与地之宜，近取诸身，远取诸物，于是始作八卦，以通神明之德，以类万物之情"（《周易·系辞》）。"仰观俯察，谓以天之七曜，二十八星，周于穹圆之度，以丽十二位也，在天成象示见吉凶"（《隋书·天文志》）。"伏羲始造八卦作三画，以象二十四气"（《晋书·律历志》）。"包牺立周天历度"（《周髀算经》）。"神农理天下，正四时之制"（《尸子》）。"分八节，以始农功"（明代程道生《遁甲演义·遁甲源流》）。《周易·系辞》还说："天生神物，圣人则之；天地变化，圣人效之；天垂象，见吉凶，圣人象之。河出图，洛出书，圣人则之。"河图、洛书是古代天文气象和地理方位图。洛书"二九四，七五三，六一八"之文（即"戴九履一，左三右七，二四为肩，六八为足，五居中宫。中宫者土，火之子，金之母，寄理于西南坤之位……"）所构成的九宫八卦：坎一，离九，震三，兑七，乾六，坤二，巽四，艮八，中（宫）五及四正（二至二分）、四维（二启二闭）、五方、五行（东方甲乙木，南方丙丁火，中央戊己土，西方庚申金，北方壬癸水）等等，并由此推演出：四时，八节（一卦一节，四十五日）及一节三元，一元五日，一日十二辰和一节三气，一气三候，一年为二十四节气，七十二候，三百六十日的上元太初历法（《晋书·律历志》）。

《史记·历书·索隐》谓："黄帝调历以前，有上元太初历等。皆以建寅为正，谓之孟春也。及颛顼、夏禹亦以建寅为正。唯黄帝及殷、周鲁，并建子为正（按：殷建丑，非建子也）。而秦正建亥，汉初因之。至武帝元封七年改用太初历，仍以周正建子为十一月朔旦冬至，改元太初焉。"神农时代的上元太初历始于何时？历代专家语焉不详。《汉书·律历志》云："乃以前历上元泰初四千六百一十七岁，至元封七年，复得阏逢摄提格之岁中冬十一月甲子朔旦冬至月在建星。"仔细分析，这话似乎有些问题。其一，公元前4617年并非"甲寅"，而是"甲子"。甲寅之年乃是晚于它50年的公元前4567年；其二，元封七年（前104年）既非"甲寅"也非"甲子"而是"丁丑"。不过从"复得阏逢摄提格之岁中（仲）冬十一月甲子朔旦冬至"来看，可以断言《汉书》作者班固所说的"前历上元泰初"当是黄帝调历之后的"天正甲寅元"，而非炎帝时代的"天元甲子"，即上元太初历。但"天正甲寅元"不是真正的历元，而只是历元的近距。真正的历元应始于甲子年甲子月甲子日甲子时合朔并交冬至（冬至点在牵牛初度），即十一月初一零点合朔并交冬至的那天。用司马迁《史记·历书·历术甲子篇》所提供的有关资料、数据和方法来分析推算，真正的历元是公元前5037年，这是真正的历元，是上元太初历亦即"天元甲子"的初行之时。

"天元甲子"（公元前5037年）与"天正甲寅"（公元前4567年），相距470年。这个差距是否就是炎帝历与黄帝历的年代差距呢？答案应该是肯定的。试以《史记》等历史典籍提供的情况来加以论定。《周易·系辞》疏："案《帝王世纪》云：炎帝神农氏姜姓也……在位一百二十年而崩。纳奔水氏女曰听詙，生帝临魁，次帝承，次帝明，次帝直，次帝厘，次帝哀，次帝榆罔，凡八代及轩辕氏也。"《资治通鉴·外纪》曰："帝临魁元年辛巳，在位六十年，或云八十年；以次帝承元年辛巳，在位六年或云六十年；帝明元年丁亥，在位四十九年；帝直元年丙子，在位四十五年；帝厘一曰克元年辛酉，在位四十八年；帝哀元年己酉，在位四十三年；帝榆罔元年壬辰，在位五十五年。自神农至榆罔四百二十六年。"《史记·五帝本纪·索隐》："（炎帝）中间凡隔八帝，五百余年。"或曰："五百三十年。"《春秋命历序》："炎带号曰大庭氏，传八世，合五百二十岁。"

根据以上典籍提供的材料，可以分析推断出：

1. 炎帝与黄帝相隔八代，时代相隔500余年（或曰530年，或曰520年，或曰426年，实为525年）；而炎帝创建天元甲子历是公元前5037年的前子月（夏十一月）甲子夜半朔并冬至，日月会于牛初。炎帝神农必生于公元前5037年以前的某年（"辛巳"），否则他就不可能在公元前5037年创制天元甲子太初历。

2. 《周易·系辞》和《资治通鉴·外纪》疏和索隐均说："炎帝在位（世）一百二十年而崩"，其子"帝临魁"继位是"元年辛巳"。由此可知，炎帝生年必是辛巳。他从辛巳年起，"在位（世）一百二十年而崩"。六十甲子一轮回，可见他逝世之年亦是辛巳（即帝临魁元年辛巳）。这就是说，炎帝一生经历了三个辛巳：一个是他的生年辛巳；一个是他在位之中的辛巳；一个是他逝世之年的辛巳。而他的生年辛巳，则当在他创制天元甲子太初历（即公元前5037年）之前，应是公元前5080年之辛巳。这时他已在位43年了（5080－5037＝43）。而绝不可能是更晚的公元前4977年的辛巳。因为炎帝创历不可能在他103岁高龄之后。炎帝生年既为公元前5080年辛巳，他"在位（世）一百二十年而崩"，那么他逝世之年即帝临魁元年辛巳，必是公元前4960年。

3. 从炎帝生年辛巳（公元前5080年）到第八代帝榆罔五十五年，合计如为530年，则共经历8个"甲子"又50年（530÷60＝8……50）；如为426年，则共经历7个"甲子"又6年（426÷60＝7……6）。然而，从炎帝生年辛巳（公元前5080年）到榆罔"在位五十五年"，倘历八代530年，则榆罔五十五年当是公元前4550年；倘历520年，则榆罔五十五年当是公元前4560年；倘历426年，则榆罔五十五年当是公元前4654年。从炎帝生年到第八代榆罔五十五年被黄帝所灭，中间若相隔530年，那么榆罔元年应是公元前4605年（5080－530＋55＝4605）。但此年是丙子，不是"壬辰"，与司马光

《资治通鉴·外纪》所载不符。若相隔520年，则榆罔元年应是公元前4615年。此年为丙寅，亦与司马光《外纪》所载不符。据此，"530年"和"520年"之说应否定。若相隔426年，那么榆罔元年应是公元前4709年（5080 – 426 + 55 = 4709），正与司马光《外纪》"榆罔元年壬辰"相吻合。但这里也有一个问题：倘公元前4654年即为榆罔五十五年，亦即黄帝战胜榆罔之年，而黄帝调历是公元前4567年之甲寅，那么黄帝调历应在败帝榆罔之后的87年（4654 – 4567 = 87）。而这时黄帝已近暮年。而黄帝与榆罔开战时，还不过是一个十二三岁的孩子，显然此说不足为信。但如果从炎帝到第八代榆罔共历486年，而非426年，即非"7"甲而是"8"甲又6年的话，那么榆罔五十五年即公元前4594年。这年与黄帝调历之年相距24年（4594 – 4567 = 24）。这样，黄帝灭榆罔之后24年（公元前4567年）调历创制"天正甲寅元"，就比较符合实际了。如此，则司马光在统计炎帝各代在位年数时就少计了一个甲子60年。对此，还可从司马光的《资治通鉴·外纪》中找到证据：《外纪》统计炎帝八代各帝在位年数时，有一处提到"帝临魁元年辛巳，在位六十年，或云八十年"；另一处提到"帝承元年辛巳，在位六年，或云六十年"。可见司马光亦存有疑义，但从甲子（干支）顺次和各帝之继承者的元年之干支来分析推算，帝临魁在位"或云八十年"之说当不能成立。因帝临魁的继承者"帝承元年"是"辛巳"，而非"辛丑"。从"帝临魁元年辛巳"到其继位者"帝承元年"亦是"辛巳"，刚好是一个甲子。倘帝临魁在位是八十年，帝承继位之元年应是辛丑，而不是辛巳。因此帝临魁在位"或云八十年"是不对的。而"帝承元年辛巳，在位六年，或云六十年"两说中，"或云六十年"较近乎实际：其一，炎帝八代除帝承在位有六年之说外，其余各帝在位年数均在四十年以上。其中最短的帝哀在位也有"四十三年"。帝承若无他故不可能仅在位六年；其二，帝承元年为辛巳，倘"在位六年"，其继位者帝明元年自是"丁亥"；倘帝承在位不是六年，而是"六十有六年"，则其继承者帝明元年亦是"丁亥"。从炎黄制历及其年代差距等分析，帝承在位"六十有六年"才符合历史的真实。是司马光氏统计炎帝八代各帝在位年数时，将承帝在位"六十有六年"，误为"六年或云六十年"了。因此炎帝八代（从炎帝元年到榆罔五十五年）486年变成了426年，刚好少计了一个甲子。

据此，可肯定黄帝历（天正甲寅元）晚于炎帝"天元甲子"太初历470年。

炎帝神农在位43年时，始创上元太初，即天元甲子历，到第八代帝榆罔五十五年被黄帝轩辕氏征灭时，已历经四五百年。其历"纪阴阳之通变，极往数以知来，可以迎日授时，先天成务……"（《隋书·律历志》），不仅为中华万邦所重，如水历、古彝历以及以二十八宿和十二地支自然组合成八十四"嘎进"一轮回的"苗甲子"等，都是炎帝天元甲子历的承传；还由榆罔、蚩尤的后裔于公元前4000年左右带到了美洲大陆。据研究，玛雅人公元前3400年前所使用的玛雅历、古印加帝国曾使用过的四分阴阳历以及墨西哥居民（印第安人）所使用的所谓"阿苏特克历法"，都是炎帝战败榆罔、蚩尤之后，由蚩尤的臣民迁往美洲时带去的。

黄帝轩辕氏战胜榆罔，实现炎黄一统后，于公元前4567年（甲寅），在"炎帝分八节以始农功"的上元太初即天元甲子历之基础上，"建五部"（即水木火土金五行），命"羲和占日，常仪占月，臾区占星气，伶伦造律吕，大挠造甲子，隶首作算数，容成综斯六术，考定气象，建五行，察发敛，起消息，正闰余，述而著焉，谓之调历"（《晋书·律历志》）。此后，中国天文历法为历代所重："少昊以凤鸟司历，颛顼以南正司天，陶唐则命和仲，夏后乃备陈鸿范，汤武革命咸率旧章，然文质既殊，正朔斯革。故天子置日官，诸侯有日御……"（《隋书·律历志》），并官方化和制度化。如少昊之时"凤皇适至，故纪于鸟，为鸟师而鸟名。凤鸟氏，历正者也；玄鸟氏，司分者也；伯赵氏，司至者也；青鸟氏，司启者也；丹鸟氏，司闭者也"（《左传·昭公十七年》）。"分"指春分、秋分；"至"指夏至、冬至；"启"指立春、立夏；"闭"指立秋、立冬。二至二分和四立，是二十四节气中最重要的"八气"。它把一年分为八个基本相等的时段（每个时段大约为45天），从而把春夏秋冬的时间范围确定下来，为农事活动提供了一个可靠的时令季节表。少昊承炎黄历制，设置专门司掌历术的官员，使二十四节气历更加精密和科学。到了颛顼帝时代，星历家们更着重于二十八宿运行规律的观测。神农之裔祝融（亦曰重黎）"以四神降，奠三天"，"共工□步十日四时"，"是襄天□，是格天化"，即专门从事天象观测、推步及天地造化规律的探索（见长沙子弹库出土（《楚帛书·乙编》），"颛顼受之，乃命南正重司天以属神，命火正黎司地以属民，使复旧常，无相侵渎"（《国语·楚语下》）。帝喾高辛时，特别重视对心宿大火和参宿三星的观测，并把它们定为本民族的主祀星（亦即族星），为此还任命了专门司掌其职的官员——"火正"，如"重黎为帝喾高辛居火正"（《史记·楚世家》）。又《左传·昭公元年》记曰："昔高辛氏有二子，伯曰阏伯，季曰实沉，居于旷林，不相能也，日寻干戈，以相征讨。后帝不臧，迁阏伯于商丘，主辰（主祀心宿大火），商人是因。故辰为商星；迁实沉于大夏（晋阳），主参（主祀参宿三星），唐人是因……故参为晋星。由是观之，则实沉参神也。"从颛顼、高辛到唐尧之世，星历家们对二十八宿的观测日渐精微。他们凭借对二十八宿的定时定点观测，掌握了二十八宿每宿的"中、流、伏、内"规律，为确定一年四季、十二个月和二十四节气的交节（气）时间提供了科学准则。

据载，我国先民在夏代以前，就已有了"中、流、伏、内（纳）"的概念。

所谓"中、流、伏、内"是指每个星宿在不同的月份于初昏时候，在天际所显示的不同位置。《尚书·尧典》所说："日短星昴""日中星鸟""日永星火""宵中星虚"，就是以昴宿、鸟宿（指南方朱鸟七宿中的七星）、心宿（大火）、虚宿四星酉时（即初昏时候）在中天的宿位而确定冬至、春分、夏至、秋分四个重要气日的。由于昴宿是仲冬（夏历十一月）的中星，鸟宿是仲春（夏历二月）的中星，心宿大火是仲夏（夏历五月）的中星，虚宿是仲秋（夏历八月）的中星，所以星历家们称昴、鸟、心（大火）、虚四宿为"四仲中星"。

"日永星火"，是说每年夏历五月夏至这天的黄昏时候（酉时），心宿大火就出现在天顶的上空（中天）。二十八宿每天西移一度（一年一周天360度）。心宿大火夏历五月初昏现于中天，六月就移到偏离中天30度的西方天空了，这就叫"流"（与地面成60度交角）。这即《诗经·豳风·七月》所说"七月流火"（《诗经》用殷历，建丑为正。殷历七月即夏历六月）。夏历六月以后，大火继续西移30度时，便进入了夏历七月，由于阳光的反照，这时黄昏时候已看不到大火，故谓之"火伏"，即《夏小正》所说的"八月辰则伏"。夏历八月时，大火已进入地平线，"入土"了（入就是纳）。这就是《夏小正》所谓的"九月内火"。

所谓"日短星昴""日中星鸟""宵中星虚"（"日短"是白天最短的一天，即冬至；"日中""宵中"是白天和晚上一样长的一天，即春分和秋分），它们中、流、伏、内的规律与心宿大火一样。

我国先民早在六七千年以前就已有了二十八宿和苍龙、白虎、朱雀、玄武四象的概念。颛顼、高辛之世就已熟悉和掌握了二十八宿等日月星辰的运行规律。如1987年6月在河南省濮阳市西水坡45号墓葬发现的距今六千多年的蚌塑龙、虎及北斗图案（死者头南脚北仰卧，身旁左侧用蚌壳摆塑着苍龙，即东方苍龙：角、亢、氐、房、心、尾、箕七宿；右侧摆塑着白虎，即西方白虎：奎、娄、胃、昴、毕、觜、参七宿；脚旁外侧北面摆塑着略呈三角形的北斗图案）。

夏商以前，各代对二十八宿的观测都选定有自己的标准中星，即主祀星（或称族星）。商人的主祀星是心宿大火，夏人的主祀族星是参宿三星，唐虞之世重视的是对"四仲中星"进行专职、分工的定点观测。《尚书·尧典》云："乃命羲和，钦若昊天，历象日月星辰，敬授人时。分命羲仲，宅嵎夷曰旸谷，寅宾日出，平秩东作，中日星鸟，以殷仲春……申命羲叔，宅南交，平秩南讹敬致，日永星火，以正仲夏……分命和仲，宅西曰昧谷，寅饯日，平秩西成，宵中星虚，以殷仲秋……申命和叔，宅朔方曰幽都，平在朔易，日短星昴，以正仲冬……帝曰：咨汝羲暨和，期三百有六旬有六日，以闰月定时成岁。"由此，中国天文历术进入了一个全兴时期。"尧夏遂重黎之后不忘旧者，使复典之而立羲和之官，明时正度"（《史记·历书》），"以至于夏商"（《国语·楚语下》）。"昔之传天数者，高辛之前，重黎；于唐虞，羲和；有夏，昆吾；殷商，巫咸；周室，史佚、苌弘；于宋，子韦；郑则裨灶；在齐，甘公；楚，唐昧；赵，尹皋；魏，石申"（《史记·天官书》），并涌现出了一大批通晓天地四时的著名天文历法学家。据《山海经·大荒东经》《大荒南经》和《大荒西经》载，羲和"主日月"曾命"鹓""处东极隅"，命"石夷""处西北隅，以司日月之长短"。大禹时命大章和竖亥等人"右手把算，左手指青丘北"，"自东极至于西垂"，"南极北尽于北垂"，对地球赤道、南北回归线和子午线的长度进行了实测。《轩辕本纪》云:"帝令竖亥自东极至于西极,得五亿十万九千八百八步;南北二亿三万一千三百步。竖亥左手把算,右手指青丘,东尽泰远,西穷邠国,东西得二万八千里,南北得二万六千里。"《淮南子·地形训》亦云:"禹乃使大章步自东极至于西极,二亿三万三千五百七十五步。使竖亥自北极至南极二亿三万三千五百七十五步。"1964年在郑州市东北部大河村发现的仰韶文化和龙山文化的大型遗址中,即出土了距今五六千年以前的大量精美绝伦的描绘着太阳纹、月亮纹、星座纹、日晕纹等的彩陶。这表明五六千年以前的先民,就已认识了日月星辰等自然现象及其变化规律。而殷商时代的甲骨文以及《尚书》《周易》等典籍,更有许多关于星宿名称和日食、月食的记载。还在夏代,我国天文历法就已制度化和法制化。帝中康时,星历官羲和"湎淫,废时乱日"(《史记·夏本纪》)而干先王之诛。《尚书·夏书·胤征》也记:"惟时羲和颠覆厥德,沉乱于酒,畔宫离次,俶扰天纪,遐弃厥司,乃季秋月朔,辰弗集于房。瞽奏鼓,啬夫驰,庶人走。羲和尸厥官,罔闻知,昏迷于天象,以干先王之诛。政典曰:先时者,杀无赦;不及时者,杀无赦。"因观测失误而被杀,正说明其时对天象观测之精微、准确和要求之严格。

我国先民早在六七千年以前的炎黄时代就已使用了干支纪年、十二地支纪月、十天干和甲子干支纪日及十二地支纪时。此外,星历家们还创造了木星(即岁星)纪年法等等。《资治通鉴·外纪》:"包牺氏没,女娲氏作;元年辛未。""神农纳奔水氏女曰听詙,生临魁。帝临魁元年辛巳……帝承元年辛巳……帝明元年丁亥……帝直元年丙子……帝厘一曰克元年辛酉……帝哀元年己酉……帝榆罔元年壬辰……"《鸿史·帝王统纪》亦载:"太昊伏羲氏元年癸酉。""女娲氏元年戊辰"。说明干支纪年始于女娲氏和神农。以上元太初历创制于公元前5037年(甲子)为佐证,说明《资治通鉴·外纪》之说完全可信。又《史记·五帝本纪·集解》:"尧以甲申岁生,甲辰即帝位,甲午征舜,甲寅舜代行天子事,辛巳崩。""舜以尧之二十一年甲子生,三十一年(岁)甲午征用,七十九年(岁)壬午即真,百岁癸卯崩。"《史记·夏本纪·集解》:"夏启元年甲辰,十年癸丑崩。"《史记·周本纪·集解》:"武王定位元年,岁在乙酉,六年庚寅崩。"威烈王"元(年)丙辰,崩己卯;安(王)

元（年）庚辰，崩己巳"。《史记·十二诸侯年表第二》："欲一观诸要难自共和讫孔子表。"《表》云："庚申共和元年，以宣王少，大臣共和行政……"从共和元年庚申，经六个"甲子"至周敬王四十一年（亦即鲁襄公十六年）壬戌孔子卒，再至周敬王四十三年甲子，凡365年有条不紊，可知干支纪年由来久矣！

关于天干纪日，20世纪30年代湖南长沙子弹库出土的《楚帛书》（乙编）云："共工□步十日四时。"十日，就是用十天干纪日。天干纪日，十天一轮回，即为一旬，三旬为一个月。《战国策·楚策二》："十日十二辰。"也是用十天干纪日，用十二地支纪时。《史记·封禅书》和《汉书·郊祀志》云："黄帝得宝鼎神策，是岁己酉朔旦冬至，得天之纪，终而复始。"可见早在炎黄之世就用干支纪日了。《世本·作篇》《吕氏春秋》和《史记·五帝本纪》正义等云："黄帝命大挠作甲子，容成造历。"（《鸿史·帝王统纪》亦曰：皇帝"因命大桡甲乙丙丁戊己庚辛壬癸十天干曰干，配子丑寅卯辰巳午未申酉戌亥十二支曰枝为六十甲子"。）这说明从黄帝时代起，历代王室就委任有专门编制"甲子"（历书）的官吏。

为计量一年四季和昼夜长短的变化，黄帝时代还发明了刻漏计时器。《隋书·天文志》载："昔黄帝创观漏水制器，取则以分昼夜。其后因以命官，同礼挈壶氏则其职也。其法总以百刻分于昼夜：冬至昼漏四十刻，夜漏六十刻，春秋二分，昼夜各五十刻。日未出前二刻半而明，既没后二刻半乃昏。减夜五刻以益昼漏，谓之昏旦……"今天的时钟不过是这种刻漏计时器的技术改进。

与刻漏计时法同时并行（或更早）的另一种计时法，是凭借太阳投影位置和日影长短变化而建立的立竿或圭表测量法。圭表（日晷）测量不仅可以计报时辰（一天十二时），还可以测定方位和时令（春夏秋冬四季和二十四节气）。据《史记·历书·索隐》等记载：十二地支纪时法在黄帝调历以前的炎帝神农时代就已采用了。《索隐》云："黄帝调历以前，有上元太初历等，皆以建寅为正，谓之孟春也……自平明寅至鸡鸣丑，凡十二辰。辰尽，丑又至明朝寅。一日一夜，故曰幽明。"

木星纪年（亦即岁星纪年）法，是古代星历家们以木星（亦称岁星）经天十二年为一周期所创制的一种纪年法，它把天球赤道由西往东均分为星纪、玄枵、娵訾、降娄、大梁、实沉、鹑首、鹑火、鹑尾、寿星、大火、析木十二次（辰），以代替子丑寅卯等十二支。木星每年行经一"次"（辰），十二年一周天。当木星运行到"星纪次"时，这年就叫"岁在星纪"；运行到"玄枵次"时，就叫"岁在玄枵"……木星（岁星）纪年始于何时？尚不得而知。不过，从颛顼"岁在鹑火而崩，葬东郡"（《史记·五帝本纪·索隐》）以及"（成汤）伐桀之岁……岁在大火，房五度"（《汉书·律历志》）和"武王伐纣，岁在鹑火，月在天驷，日在析木之津，辰在斗柄，星在天鼋"（《国语·周语》）等记载，可知它在颛顼时代就已开始使用，并一直延续到春秋战国初期，直到公元前545年（即鲁襄公二十八年）"岁在星纪而淫于玄枵"，这时，星历家发现"木星运行一周天并非12年，而是11.8622"年，即每隔86年就出现一次"跳辰"。从此，岁星纪年便被废置不用，代之而起的是太岁纪年法。太岁纪年法以摄提格、单阏、执徐、大荒落、敦牂、协洽、涒滩、作鄂、阉茂、大渊献、困顿、赤奋若，代替寅卯辰巳午未申酉戌亥子丑"十二支"，十二年一轮回，犹如十二地支（或十二生肖）纪年一样。我国先民对日月食的观测和推算，至迟在公元前21世纪的夏代中康时代就已进入了立法阶段。司历官羲和因"沉乱于酒"，未能准确预报这次日食而"干先王之诛"。公元前一千余年的殷商甲骨文，对日月食、日珥和新星等异常天象也有多次的测算记录："贞，日有食。""癸酉贞，日夕又食，唯若。癸酉夕，日夕又食，匪若。""六日□午夕，月有食。""庚申，月有食。""旬壬申夕，月有食。""乙卯允明霍，三舀食日，大星。""辛未有新星。""七日己巳夕，□有新大星并火。"我国先民对日月食等异常天象的准确预报，比公元前626—前538年的新巴比伦王朝时代的迦勒底人，整整早出一千五百来年（参阅陈久全《天文学简史·巴比伦和亚述天文学》，《天文学简史·希腊历法和冬周期》）。

我国先民对朔、闰、岁实（即回归年长度）和四分历的推算，也在世界各文明古国中，处于遥遥领先的地位。

关于闰的设置，在六七千年以前的炎黄时代就开始了。"黄帝考定星历，正闰余"（《史记·历书》），而五千余年前的唐尧之世以"甲子天元为推术"，

"七十六岁为一纪（蔀）"（《易·乾凿度》），"以闰月定四时成岁"（《尚书·尧典》），闰的设置成了四分历术推算必不可缺的条件。而巴比伦和亚述人分一年为十二个月，大月小月相间，平年354天并根据观测随时安排闰月的"置闰法"，则是公元前1100年的事。我国置闰比巴比伦和亚述人早出三四千年。而"七十六岁为一纪（蔀）"，即以940个朔望月，27759天为周期的阴阳历法，则比公元前4世纪希腊迦利泼斯创制的以七十六年为周期的阴阳历，整整早出六千余年。

关于岁实（即回归年的长度为365又1/4日），罗马人直到公元前43年采用儒略历时方始确知，而我国在西周以前就早已了然。《周礼·地官·大司徒》和《春官冯相氏》郑玄注："冬至，日在牵牛，景丈三尺；夏至，日在东井，景尺五寸。"我国先民还从连续两次测出最长日影（冬至）或最短日影（夏至）之间所经历的时间得出一个回归年的时间长度（即岁实）为365又1/4日："日发其端，周而为岁，然前景不变，四周，千四百六十一日而景复初，是则日行之终。以周除日，得三百六十五又四分之一，为岁之日数。"（《后汉书·律历志》）。这说明，我国对岁实即一个回归年的长度为365又1/4日的测定，至少要比罗马人早一千余年，比希腊人（如迦利泼斯）至少亦早五六百年（参阅陈久全《天文学简史·巴比伦和亚述天文学》，《天文学简史·希腊历法和冬周期》）。

我国古代历术，从黄帝调历以前的上元太初历（即天元甲子历）到而后的黄帝历、颛顼历、夏历、殷历和周历等等（统为"天正甲寅元"，只是建月各异），均是以推朔、置闰定四时成岁的阴阳历。也就是说，它是一部以回归年长度（即岁实）365又1/4日为一周期，以朔望月之朔实29又499/940日为另一周期，以六十甲子一轮回纪年，并使三者相谐和，以闰月定四时成岁的历法；是一部以十九年七闰为一章，四章为一蔀，二十蔀为一纪，三纪为一元（即4560年为一元）的四分历术。这个四分历术的推算，根据司马迁《史记·历书·历术甲子篇》提供的有关资料、数据和方法，经先师张汝舟破译和研究，得知《历术甲子篇》所称的"焉逢摄提格……"即"天正甲寅元"，乃是上元太初（天元甲子）历的历元近距。我们用司马迁提供的方法（历元近距—公元前427年己酉十六蔀为甲寅历元近距）来推算我国上下数千年的朔闰和二十四节气，竟同今天的现代科学的推算，无不密合（具体推算，请见拙著《中华传统天文历术》，海南出版社1996年版）。由此可见，我国的四分历术是世界上最早，推步最精密、最科学的历术。而西方各国如希腊、雅典的天文历法学家，到公元前4世纪以后，才发现和掌握这种"与中国的四分历周期完全一致"（即阴阳历）的推算方法（同上）。很可能同指南针、火药、印刷术和造纸术这四大发明一样，西方的四分历术也是由中国传入的。

光辉、灿烂而悠久的中国古代天文历术，永远是我们中华民族的光荣和骄傲！

中国历史纪年起始年代考

——关于历史纪年问题之商榷

中国历史纪年始于何时？有人看了《史记·十二诸侯年表》所列从"庚申共和元年"（即公元前841年），经六个甲子，至"四十三年敬王崩"，连续365年的历史年表，就认为中国的历史纪年始于"共和元年"，似乎共和以前的古代纪年便成了"空白"。最近"夏商周断代工程"课题组（以下简称"工程"或"断代工程"）的专家们，几经研究推出了一个"填补了我国古代文明史中的一段空白"的《夏商周年表》。据说这个迄今为止"最有科学依据"的年表，"把我国的历史纪年由公元前841年向前延伸了1200多年"或曰整整"向前推进了1229年"！事情果真如此吗？其实，我们只要认真阅读一下《史记》中的《五帝本纪》《夏本纪》《殷本纪》《周本纪》和《鲁周公世家》等等，特别是其中的《周本纪》和《鲁周公世家》，就不难发现：所谓共和元年以前无纪年的说法，实在是一种不负责任的臆说。

《史记·鲁周公世家》云："武王九年，东伐至盟津，周公辅行。十一年伐纣，至牧野……武王克殷二年，天下未集……武王既崩。成王少……周公乃践阼代成王摄行政当国……管蔡武庚果率淮夷而反。周公奉成王命，兴师东伐……成王七年二月乙未，王朝步自周至丰……其三月周公往营成周洛邑……还政成王。……鲁公伯禽之初受封之（至）鲁……伯禽即位之后，有管蔡等反也……于是伯禽率师伐之于……鲁公伯禽卒（《世经》："成王元年正月己巳朔，此命伯禽俾侯于鲁之岁也。……后三十年四月庚戌朔，十五日甲子……翌日乙丑成王崩……至康王十六年，而〔鲁公伯禽〕薨。"据此，可知鲁公伯禽在位五十三年），子考公酋立。考公四年卒，立弟熙，是谓炀公。炀公……六年（据《世经》应为六十年）卒，子幽公宰立。幽公十四年，幽公弟杀幽公而自立，是为魏公。魏公五十年卒，子厉公擢立。厉公三十七年卒，鲁人立其弟具，是为献公。献公三十二年卒，子真公濞立，真公十四年，周厉王无道，出奔彘，共和行政。二十九年周宣王即位。三十年真公卒，弟敖立，是为武公。武公九年春，武公与长子括、少子戏西朝周宣王……夏，武公归而卒。戏立，是为懿公。懿公九年，懿公兄括之子伯御与鲁人攻弑懿公而立伯御为君。伯御即位十一年，周宣王伐鲁，弑其君伯御……乃立称（懿公弟）于夷吾，是为孝公……孝公二十五年，诸侯畔周，犬戎杀幽王……"这里司马迁所记西周时代鲁国各公年次，除代周公"就封于鲁"的伯禽在位年数未具体言明，炀公在位六十年脱误成六年外，其余各公在位年数历历分明。只要我们将伯禽自武王克商二年后即崩，成王即位，周公辅助成王摄政"七年"，"还政成王"，"后三十年四月……乙丑成王崩"（《世经》），即将成王在位三十七年之数和伯禽卒于"康王十六年"之数（即伯禽在位53年）加上去，就能精确得出从武王克商之年起整个西周时代的王年总数：武王2年+伯禽53年+考公4年+炀公60年+幽公14年+魏公50年+厉公37年+献公32年+真公30年+武公9年+懿公9年+伯御11年+孝公25年，计为336年。"考公二十五年诸侯畔周，犬戎杀幽王"为公元前771年，这是大家公认的共和元年（公元前841年）之后的史实。以336+771－1=1106（年），这不就是西周开始之年，即武王克商之年吗？！这也就清楚地告诉了我们：《鲁周公世家》的纪年比"共和元年"（公元前841年），前推了265年（1106－841＝265）！即使不计伯禽在位之前的年数，《鲁周公世家》也较共和元年早出了二百多年。我们岂能不顾这一铁的史实，妄说"我国历史的确切年代只能上溯到西周晚期的共和元年"呢？！

关于共和元年以前的古代纪年，《史记》除《鲁周公世家》外，《周本纪》对"西伯（文王）盖即位五十年"而崩之后的历史亦有比较明确的记载："武王即位……九年，武王上祭于毕，东观兵，至于盟津……是时，诸侯不期而会盟津者八百……皆曰：'纣可伐矣！'武王曰：'女未知天命，未可也。'乃还师归。居二年（即武王十一年），闻纣昏乱暴虐滋甚……于是武王遍告诸侯曰：'殷有重罪，不可以不毕伐。'……十一年十二月戊午，师毕渡盟津……二月甲子昧爽，武王朝至于商郊牧野……帝纣闻武王来，亦发兵七十万人拒武王……武王驰之，纣兵皆崩畔纣，纣走……自燔于火而死。……

武王已克殷，后二年……而崩。太子诵代立，是为成王。成王少，周初定天下，周公恐诸侯畔周，公乃摄行政当国……周公行政七年，成王长，周公反政成王……（后三十年）成王既崩……太子钊遂立，是为康王……康王卒（《太平御览·皇王部·康王》引《帝王世纪》云："〔康王〕在位二十六年崩。"），子昭王瑕立。昭王之时，王道微缺，昭王南巡狩不返，卒于江上……立昭王子满，是为穆王。穆王即位春秋已五十矣……穆王立五十五年崩。子共王繄扈立……共王崩，子懿王立……懿王崩，共王弟辟方立，是为孝王。孝王崩，诸侯后立懿王太子燮，是为夷王（张闻玉教授通过纪历铭器推算，共王、懿王、孝王、夷王的王序应为共王、孝王、懿王、夷王）。夷王崩（《帝王世纪》："夷王十六年崩。"），子厉王胡立。厉王即位三十年，好利……三十四年王益严，国人莫敢言……三年乃相与畔，袭厉王，厉王出奔彘。厉王太子静匿召公之家……（召公）乃以其子代太子，太子竟得脱。召公、周公二相行政，号曰'共和'。共和十四年，厉王死于彘。太子静……二相乃共立之为王，是为宣王……四十六年宣王崩。子幽王宫湦立。幽王二年，西周三川皆震……三年，幽王嬖爱褒姒……申侯怒，与缯、西夷、犬戎攻幽王……遂杀幽王骊山下……于是诸侯乃即申侯共立故幽王太子宜臼，是为平王，以奉周祀。平王立，东迁于洛邑。"平王东迁洛阳以后的历史（《集解》引皇甫谧曰："周凡三十七王，八百六十七年。"）史迁记载甚详，这里就不再赘述了。《鲁周公世家》和《周本纪》等以铁的史实说明，共和元年以前，中国历史纪年乃是"空白"的说法，是毫无根据的，这不仅不符合《尚书》《逸周书》和《竹书纪年》等的记载，也不符于《史记》本身所载的事实。

《史记·五帝本纪》虽纪年不详，但从"尧立七十年得舜，二十年而老，令舜摄行天子之政，荐之于天。尧辟位凡二十八年而崩"和"舜年二十以孝闻，三十而帝尧问可用者……（舜）一年而所居成聚，二年成邑，三年成都……于是尧乃试舜五典百官……尧老，使舜摄行天子政，巡狩。舜得举用事二十年而尧使摄政。摄政八年而尧崩""舜年二十以孝闻，年三十尧举之，年五十摄行天子事，年五十八尧崩，年六十一代尧践帝位。践帝位三十九年南巡狩，崩于苍梧之野"及"舜乃豫荐禹于天，十七年而崩。三年丧毕……然后禹践天子位"来证实《史记》纪年亦非起自周初，远在尧舜时代就已始见纪年端倪。《夏本纪》和《殷本纪》较之《五帝纪》，则颇详而系统。《夏本纪》云："当帝尧之时，鸿水滔天……用鲧治水，九年而不息……舜登用，摄行天子之政……于是舜举鲧子禹而使续鲧之业……帝舜荐禹于天，为嗣，十七年而帝舜崩。三年丧毕……禹于是遂即天子位……十年，帝禹东巡狩，至于会稽而崩，以天下授益。三年之丧毕，益让帝禹之子启……于是启遂即天子位（《集解》引徐广曰："皇甫谧曰：夏启元年甲辰，十年癸丑崩。"）……夏后帝启崩，子帝太康立……太康崩，弟中康立……中康崩，子帝相立。帝相崩，子帝少康立。帝少康崩，子帝予立。帝予崩，子帝槐立。帝槐崩，子帝芒立。帝芒崩，子帝泄立。帝泄崩，子帝不降立。帝不降崩，弟帝扃立。帝扃崩，子帝廑立。帝廑崩……帝孔甲立……孔甲崩，子帝皋立。帝皋崩，子帝发立。帝发崩，子帝履癸立，是为桀……桀不务德而武伤百姓，百姓弗堪……汤修德，诸侯皆归汤。汤遂率兵以伐夏桀。桀走鸣条，遂放而死。"（《集解》引徐广曰："从禹至桀十七君，十四世。"骃按《汲冢纪年》曰："有王与无王，用岁四百七十一年矣。"《汉书·律历志·世经》曰："夏后氏继世十七王，四百三十二岁。"）

《殷本纪》云："成汤自契至汤八迁。汤始居亳……（桀败于鸣条）汤乃践天子位……汤崩。……帝外丙即位三年，崩。立外丙之弟中壬……帝中壬即位四年，崩。伊尹迎立太丁之子太甲……帝太甲居桐宫三年……帝太甲修德……（伊尹）褒帝太甲，称太宗。太宗崩，子沃丁立……沃丁崩，弟太庚立……太庚崩，子帝小甲立。帝小甲崩，弟雍己立。……帝雍己崩，弟太戊立（称中宗）……中宗崩，子帝中丁立……帝中丁崩，弟外壬立……帝外壬崩，弟河亶甲立。……河亶甲崩，子帝祖乙立……祖乙崩，子帝祖辛立。帝祖辛崩，弟沃甲立。……帝沃甲崩……祖辛之子祖丁（立）……帝祖丁崩……沃甲之子南庚（立）……帝南庚崩，立帝祖丁之子阳甲……帝阳甲崩，弟盘庚立……帝盘庚崩，弟小辛立……帝小辛崩，弟小乙立……帝小乙崩，子帝武丁立……帝武丁崩，子帝祖庚立……帝祖庚崩，弟祖甲立，是为帝甲。……帝甲崩，子帝廪辛立。帝廪辛崩，弟庚丁立……帝庚丁崩，子帝武乙立。帝武乙无道……暴雷，武乙震死。子帝太丁立。帝太丁崩，子帝乙立……帝乙崩，子辛立，是为帝辛，天下谓之纣。"（《集解》引谯周曰："殷凡三十一世，六百余年。"《世经》云："自伐桀至武王伐纣六百二十九岁。"）

因《五帝本纪》《夏本纪》和《殷本纪》所涉及时代久远，时间跨度上下几千年，其历史纪年自不可能像《周本纪》和《鲁世家》那样详细而周密。然其所载历代王序则是十分清楚而有条不紊的。

除《史记》外，战国以前的文物和历史典籍，殷末和西周青铜铭器以及《尚书》《逸周书》和《竹书纪年》等等，都有详略不一的共和元年以前乃至炎黄时代的历史纪年凭证。如殷商末年和西周时代的青铜铭器：

《弋其卣》甲："丙辰，在正月，隹王（帝辛）二祀。"（张闻玉教授考订此器合帝辛二年即公元前1156年天象。是年正月辛亥朔，初六为丙辰。）

《弋其卣》乙："乙巳、己酉在四月，隹王（帝辛）四祀。"（同上，此器合帝辛四年即公元前1154年天象。是年四月戊戌朔，初八为乙巳，十四为己酉。）

《弋其卣》丙："乙亥在六月，隹王（帝辛）六祀。"（同上，此器合帝辛四年即公元前1154年天象。是年正月戊午、二月戊子、三月丁巳、四月丁亥、五月丙辰、闰月丙戌、六月乙卯朔，二十一为乙亥。）

《邑尊》："癸巳，隹王（帝辛）六祀，肜日，在四月。"（同上，此器合帝辛六年即公元前1152年天象。四月丁亥朔，初七为癸巳。）

《戊辰彝》："戊辰，在十月一，隹王（帝辛）廿祀。"（同上，此器合帝辛廿年即公元前1138年天象。是年建丑，正月丙寅朔，十一月辛酉朔〔定朔壬戌00h00m〕，初八为戊辰。）

《商尊》："隹五月辰在丁亥，帝后商庚姬贝卅朋。"（张汝舟、张闻玉先生考订此器合帝辛四十七年即公元前1111年之物。是年建丑，五月丁亥828分合朔，是谓"辰在丁亥"。今用张培瑜先生《晚殷西周冬至合朔时日表》查对，亦合。）

《周师旦鼎》："隹（成王）元年八月丁亥。"（经考证：此器为成王元年公元前1104年之物。是年建丑，正月己酉365分合朔，八月〔中月〕丙子98分合朔，定朔为丙子05h57m，丁亥是八月十二。）

《散季》："隹（成）王四年八月初吉丁亥。"（张汝舟、张闻玉教授考订此器为成王四年即公元前1101年之物。是年建丑，正月壬戌19分合朔，八

〔申〕月戊子692分合朔。初吉即朔日初一。此月定朔为戊子426分,铭器记为"丁亥"失朔426分。)

《何尊》:"在四月丙戌,隹(成王)五祀。"(经考证,此器为成王五年即公元前1100年之物。是年建子,正月丙辰364分朔,四〔卯〕月甲申921分朔;丙戌是初三。)

《大鼎》:"隹(成王)十又五年三月既(死)霸丁亥。"(张汝舟、张闻玉先生考订,此为成王十五年即公元前1090年之物。是年建子,子正一月朔戊子610分,二月朔戊午169分;三月朔丁亥668分,既死霸即朔日初一丁亥。)

《番匊生壶》:"隹廿又六年七月初吉己卯。"(同上,此器为成王二十六年即公元前1097年之物。是年建丑,戌月定朔己卯。初吉即朔日初一。)

《庚嬴鼎》:"隹(康王)廿又三年(原三脱为二)四月既望己酉。"(同上,此器为康王二十三年即公元前1045年之物。是年辰月〔四月〕朔乙未291分定朔甲午,既望十六己酉。)

《虢季氏子縿盘》:"隹(昭王)十又一年正月初吉乙亥。"(同上,此器为昭王十一年即公元前1031年之物。是年丑月〔正月〕定朔乙亥。)

《伊》:"隹(昭)王廿又七年正月既望丁亥。"(同上,此器为昭王二十七年即公元前1015年之物。是年建子,正月朔癸酉32分〔定朔壬申〕,既望〔十六日〕丁亥。)

《小盂鼎》:"隹八月既望,辰在甲申;隹(昭王)卅又五祀。"(同上,此器为昭王三十五年即公元前1007年之物。是年建子,八月朔癸未262分〔定朔癸未11h33m,失朔12h27m〕,既望十六己亥。)

《吴彝》:"惟二月初吉丁亥……惟(穆)王二祀。"(同上,此器为穆王二年公元前1005年之物,是年二月朔甲戌778分〔定朔16h57m〕,铭器记为初吉丁亥,实为乙亥,用"丁亥为亥日吉日"例,失朔07h03m。)

《牧簋》:"隹(穆)王七年十又三月既生霸甲寅。"(此器为穆王七年即公元前1000年之物。是年建子,正月乙巳定朔19h10m,十二月庚午,十三月朔〔即公元前999年冬至月〕庚子86分,"既生霸"即望日十五为甲寅。)

《走簋》:"隹(穆)王十又二年三月既望庚寅。"(此为穆王十二年即公元前995年铭器。是年三月乙亥朔，既望〔十六日〕为庚寅。）

《望》："隹（穆）王十又三年六月初吉戊戌。"（此器为穆王十三年即公元前994年之物。是年建子巳〔六〕月朔戊戌603分。初吉即朔日初一）

《伯克壶》："隹（穆王）十又六年七月既生霸乙未。"（此为穆王十六年即公元前991年铭器。是年建子，午〔七〕月朔庚辰756分〔定朔辛巳〕，既生霸即望日十五乙未。）

《此鼎》："隹（穆王）十又七年十又二月既生霸乙卯。"（此器为穆王十七年即公元前990年之物。是年冬至月朔丁丑927分。建丑置闰，正〔丑〕月朔丁未486分，十二月朔辛丑831分，既生霸即望日十五乙卯。）

《善夫山鼎》："隹（穆王）卅又七年正月初吉庚戌。"（此器为穆王三十七年即公元前970年之物。是年建丑，正月定朔庚戌19h52m，初吉即朔日初一。）

《师虎簋》："隹（共王）元年六月既望甲戌。"（此器为共王元年即公元前951年之物。是年建丑，午〔六〕月朔戊午419分，铭器记为己未，故既望〔十六〕为甲戌。）

《尊》："隹三月初吉乙卯……隹（共）王二祀。"（此器为共王二年即公元前950年之物。是年建子，寅〔三〕月朔甲寅648分，铭器记为乙卯，失朔292分。初吉即朔日初一。）

《师遽簋》，"隹（共）王三祀四月既生霸辛酉。"（此为共王三年即公元前949年铭器，是年建丑，辰〔四〕月戊申110分朔。铭器记为丁未，失朔110分，故既生霸〔望日〕十五为辛酉。）

《乖伯簋》："隹（共）王九年九月甲寅。"（此为共王九年即公元前933年铭器。是年九月庚子朔，甲寅为十五日。）

《永盂》："隹（共王）十又二年（应为十年二月）初吉丁卯。"（此为共王十年即公元前942年铭器。是年寅正月朔戊戌，二月丁卯703分合朔，初吉即朔日初一。）

《曹鼎》："隹十又五年五月既生霸壬午（共）王才周新宫。"（此为共王十五年即公元前937年铭器。是年建子，五月戊辰朔，既生霸即望日十五为壬午。）

308

《逆钟》："隹（孝）王元年三月既生霸庚申。"（此为孝王元年即公元前928年铭器。是年建子，正月朔丁未，二月朔丙子，三月朔丙午，"既生霸"即望日十五庚申。）

《师簋》："隹（孝王）元年九月既望丁亥"同《蔡簋》："隹（孝王）元年，既望丁亥。"（此为孝王元年即公元前928年铭器。是年建子，正月丁未，二月丙子，三月丙午……九月壬申，既望即十六日为丁亥。）

《散季簋》："隹（孝）王四年，八月初吉丁亥。"（张闻玉教授考订此为孝王四年即公元前925年铭器。是年冬至月朔庚申14h20m，八月朔丁亥01h9m，初吉丁亥即朔日初一。）

《散伯车父鼎》。"隹（孝）王四年八月初吉丁亥。"（同上。）

《史伯硕父鼎》："隹（孝王）六年八月初吉乙巳。"（此为孝王六年即公元前923年铭器。是年建子，八月乙巳526分朔，初吉即朔日初一。）

《师鼎》："隹（孝）王八祀正月辰在丁卯。"（张闻玉教授考订此为孝王八年即公元前921年铭器。是年建亥，正月朔丁卯。"辰"为日月交会之日即朔日初一。）

《师毁簋》："隹（孝王）十又一年九月初吉丁亥。"（张闻玉教授考订此为孝王十一年即公元前918年铭器。是年九月朔乙亥，历家书为丁亥，用"丁亥为亥日吉"例。）

《大簋》："隹（孝王）十又二年二月既生霸丁亥。"（此为孝王十二年即公元前917年铭器。是年建子，二月朔癸酉599分，既生霸即望日十五为丁亥。）

《留鼎》："惟（懿）王元年六月既望乙亥……惟王四月既生霸，辰在丁酉。"（张闻玉教授考订此为懿王元年即公元前916年铭器。是年建丑，冬至月朔戊戌445分，四〔辰〕月朔丁酉〔即"四月辰在丁酉"〕，五月朔丙寅，六月朔丙申，六月既望"乙亥"实为辛亥。）

《王臣簋》："隹（懿王）二年三月初吉庚寅。"（此为懿王二年即公元前915年铭器。是年建丑，子月朔壬戌349分，正〔丑〕月朔辛卯848分，二月朔辛酉407分，卯〔三〕月朔庚寅906分，初吉即朔日初一为庚寅。）

《柞钟》："隹（懿）王三年四月初吉甲寅。"（此为懿王三年即公元前

914年铭器。是年建丑，冬至月朔丙辰694分，辰〔四〕月朔甲寅810分，初吉即朔日初一。）

《卫鼎》："佳（懿王）九年正月既死霸庚辰，眉敖使来。"（张闻玉教授考订此为懿王九年即公元前908年铭器。是年冬至月定朔辛巳20h54m，丑月朔辛亥501分；寅正月定朔庚辰19h03m。既死霸即朔日初一。）

《大鼎》："佳（懿王）十又五年三月既（死）霸丁亥。"（此为懿王十五年即公元前902年铭器。是年建子，冬至月朔丙子748分，二〔丑〕月朔丙午307分，三〔寅〕月朔乙亥806分，铭器记为丁亥。既死霸即朔日初一。）

《休盘》："佳（懿王）廿年正月既望甲戌。"（此为懿王二十年即公元前897年铭器。是年建丑，子月朔戊寅152分，正〔丑〕月朔丁未651分。既望十六为壬戌（铭器误为甲戌）。）

《庚嬴鼎》："佳（懿王）廿又二年四月既望己酉。"（此为懿王二十二年即公元前895年铭器。是年子月朔丙申401分，丑正月朔乙未459分，辰（四）月朔甲午517分。既望十六己酉）。

《卫盉》："佳（夷王）三年三月既生（死）霸壬寅。"（此为夷王三年即公元前891年铭器。是年冬至月朔壬申899分，丑（三）月朔壬寅458分。既死霸即朔日初一。）

《史颂簋》："佳（夷王）三年五月丁巳。"（此为夷王三年即公元前891年铭器。是年五〔卯〕月朔辛丑516分，十七是丁巳。）

《谏簋》："佳（夷王）五年三月初吉庚寅。"（此为夷王五年即公元前889年铭器。是年建丑，冬至月朔辛酉649分，正月朔辛卯208分，二月朔庚申207分，三月朔庚寅266分，初吉即朔日初一为庚寅。）

《兮伯吉父盘》（兮甲盘）："惟（夷王）五年三月既死霸庚寅。"（此为夷王五年即公元前889年铭器。是年建丑，冬至月朔辛酉649分，正月朔辛卯208分，二月朔庚申207分，三月朔庚寅266分。既死霸即朔日初一。）

《太师簋》："正月既望甲午……佳（夷王）十又二年。"（此为夷王十二年即公元前882年铭器。是年建丑，冬至月朔庚戌800分，正丑月朔庚辰359分（定朔庚辰02h07m），铭器记朔为己卯（失朔02h07m），则既望（十六）为甲午。）

《师簋》："隹（厉王）元年正月初吉丁亥。"（《周伯和尊》同。此为厉王元年即公元前878年铭器。是年建丑，子冬至月朔丁巳799分，丑正月朔丁亥358分。初吉即朔日初一。）

《师兑簋》甲："隹（厉王）元年五月初吉甲寅。"（同上，是年丑正月朔丁亥358分，二月朔丙辰857分，三月朔丙戌416分，四月乙卯915分，闰四月朔乙酉474分，五月朔乙卯33分，定朔甲寅18h36m。）

《师兑簋》乙："惟（厉王）三年二月初吉丁亥。"（此为厉王三年即公元前876年铭器。是年建丑，子冬至月朔丙子108分，丑正月朔乙巳607分，二月朔乙亥166分。铭器记乙亥为丁亥，用"丁亥为亥日吉日"例。初吉即朔日初一。）

《师晨鼎》："隹（厉王）三年三月初吉甲戌。"（此为厉王三年即公元前876年铭器。是年二月朔乙亥，闰二月朔甲辰665分，三月朔甲戌224分，初吉即朔日初一。）

《颂鼎》《颂敦》《颂壶》："惟（厉王）三年五月既死霸甲戌。"（此为厉王三年即公元前876年铭器。是年四月朔癸卯723分，五月朔癸酉282分，定朔为11h24m，铭器记为甲戌，失朔12h36m。既死霸即朔日初一。）

《攸从鼎》："隹（厉王）卅又一年三月初吉壬辰。"（此为厉王三十一年即公元前848年铭器。是年建丑，子冬至月朔癸亥216分，丑正月朔壬辰715分，二月朔壬戌274分，三月朔辛卯773分，定朔是壬辰01h23m。初吉即朔日初一。）

《伯父盨》："隹（厉王）卅又三年八月既死（生）霸辛卯。"（此为厉王三十三年即公元前846年铭器。是年子冬至月朔辛亥906分，闰丑月朔辛巳465分，正〔寅〕月朔辛亥24分……八月朔丁丑697分。既生霸即望日十五为辛卯。）

《鲜簋》："隹（厉王）卅又四祀，隹五月既望戊午。"（此为厉王三十四年即公元前845年铭器。是年建丑，子冬至月朔乙亥809分，丑正月朔乙巳368分……五月朔癸卯484分。既望〔十六〕戊午。）

《师簋》："隹（共和）元年二月既望庚寅。"（此为共和元年即公元前841年铭器。是年子冬至月朔壬午808分，闰丑月朔壬子367分，寅正月朔辛

· 311 ·

巳866分，二月朔辛亥425分。既望〔十六〕丙寅，铭器记为庚寅。）

《元簋》："隹（共和）十又三年正月初吉壬寅。"（此为共和十三年即公元前829年铭器。是年建丑，子冬至月朔癸酉364分，丑正月朔壬寅863分。初吉即朔日初一。）

《虢季氏子组盘》："隹（宣王）十又一年正月初吉乙亥。"（此为宣王十一年即公元前817年铭器。是年子冬至月朔癸巳418分〔定朔20h22m〕，丑正月朔癸亥。铭器记初吉癸亥为乙亥。）

《虢季子白盘》："隹（宣王）十又二年正月初吉丁亥。"（此为宣王十二年即公元前816年铭器。是年建子，子冬至月朔丁亥763分。初吉即朔日初一。）

《克钟》："隹（宣王）十又六年九月初吉庚寅。"（此为宣王十六年即公元前812年铭器。是年子冬至月朔甲子321分，酉〔九〕月朔庚寅112分。初吉即朔日初一。）

《克盨》："隹（宣王）十又八年十又二月初吉庚寅。"（此为宣王十八年即公元前810年铭器。是年子冬至月朔癸丑71分；丑二月朔壬午570分……十二月朔丁丑860分〔定朔戊寅03h39m〕。铭器记初吉〔朔日〕戊寅为庚寅，取吉祥义。）

《鼎》："隹（宣王）十又九年四月既望辛卯。"（此为宣王十九年即公元前809年铭器。是年子冬至月朔丙子915分……寅〔四〕月朔丙子33分，既望〔十六〕辛卯。）

《伊簋》："隹（宣）王廿又七年正月既望丁亥。"（此为宣王二十七年即公元前801年铭器。是年子冬至月朔庚申471分，建子。既望〔十六〕乙亥。铭器记为丁亥，用"丁亥为亥日吉日"例。）

《盘》："隹（宣王）廿又八年五月既望庚寅。"（此为宣王二十八年即公元前800年铭器。是年子冬至月朔甲寅816分，寅正月朔癸丑874分，五月朔辛亥13h27m。既望〔十六〕丙寅，铭器记为庚寅。）

《敦》："隹（幽王）二年正月初吉，王在周邵宫，丁亥，王格于宣榭。"（此为幽王二年即公元前780年铭器。是年丑正月朔丁亥。）

《师事簋》："隹（幽）王五年九月既生霸壬午。"（此为幽王五年即公元前777年铭器。是年子冬至月朔辛未81分，建子。九月朔丁卯313分，司历定为戊辰，故既生霸〔即望日十五〕为壬午。）

《叔尊父盨》："隹（平）王元年，六月初吉丁亥。"（此为平王元年即公元前770年铭器。是年子冬至月朔庚寅674分，丑正月朔庚申223分，六月朔丁亥848分。初吉即朔日初一。）

以上西周以前的铭器纪年，最早的《弋其卣》甲为帝辛二年即公元前1156年，最晚的《叔尊父盨》为周平王元年即公元前770年。根据这些铭器所载年历我们可以依次排出帝辛至西周各王的年序及在位年数：

帝辛元年是公元前1157年，在位52年（公元前1157—前1106年）；

武王克商是公元前1106年，在位2年（公元前1106—前1105年）；

成王元年是公元前1104年，在位37年（公元前1104—前1068年）；

康王元年是公元前1067年，在位26年（公元前1067—前1042年）；

昭王元年是公元前1041年，在位35年（公元前1041—前1007年）；

穆王元年是公元前1006年，在位55年（公元前1006—前952年）；

共王元年是公元前951年，在位23年（公元前951—前929年）；

孝王元年是公元前928年，在位12年（公元前928年—前917年）；

懿王元年是公元前916年，在位23年（公元前916—前894年）；

夷王元年是公元前893年，在位15年（公元前893—前879年）；

厉王元年是公元前878年，在位37年（公元前878—前842年）；

共和元年是公元前841年，行政14年（公元前841—前828年）；

宣王元年是公元前827年，在位46年（公元前827—前782年）；

幽王元年是公元前781年，在位11年（公元前781—前771年西周终）；

平王元年公元前770年东迁（东周始）。

以上铭器所记西周王年及各王在位年数是当时的实录。从武王克商（公元前1106年）到周平王东迁（公元前770年）之时为止，西周王年总数为336年（1106－770＝336），与《史记·鲁周公世家》所记之年总数完全一致，足证司马迁《鲁世家》等有关西周鲁公诸年的记载均是实录，完全可信。铭器从帝辛二年（即公元前1156年《弋其卣》甲）起到周平王元年（即公元前770年《叔尊父盨》）东迁前（西周亡时）止，纪历三百余年，各王各代历历分明，有条不紊，所谓共和元年以前中国历史无纪年的说法纯属是一种主观武断的臆说。

"共和"以前中国历史早有纪年。这在《尚书》中亦可找到若干凭证，《尚书·商书·伊训》："成汤既没，太甲元年，伊尹作伊训。""惟元祀十有二月乙丑朔，伊尹祠于先王。"（经推算是年为公元前1732年。）

《商书·太甲》："（太甲）三年复归于亳，思庸，伊尹作《太甲》三篇。""惟（太甲）三年十有二月朔，伊尹以冕服奉嗣王归于亳。"（经推算太甲三年为公元前1721年。）

《尚书·周书·无逸》："中宗（殷中宗）之享国七十有五年……高宗之享国五十有九年……祖甲之享国三十有三年……文王受命惟中身厥享国五十年。"（文王公元前1166—前1117年。）

《尚书·周书·泰誓》："惟十有一年武王伐殷，一月戊午，师渡孟津……"（此年为公元前1106年，建丑，一月辛卯朔，戊午为一月二十八日。）

《周书·武成》："武王伐殷……惟一月壬辰旁死魄，越翼日癸巳王朝步自周于征伐商。厥四月哉生明，王来自商至于丰……丁未祀于周庙……越三日庚戌柴望大告武成。既生魄庶邦冢君暨百工受命于周……既戊午师逾孟津，癸亥陈于商郊……甲子昧爽，受率其旅若林，会于牧野。"（经推算此年为公元前1106年，建丑，一月辛卯朔，壬辰初二，癸巳初三。四月己丑朔，哉生明〔魄〕初三，丁未十九，庚戌二十二，既生魄十五。戊午为一月二十八日，癸亥是二月初四，甲子是二月初五。）

《周书·洪范》："武王胜殷杀受，立武庚，以箕子归，作《洪范》，惟十有三祀，王访于箕子。"（经推算此年为公元前1104年。）

《周书·金縢》："既克商二年……武王既丧……秋大熟未获，天大雷电以风，禾尽偃，大木斯拔，邦人大恐。"（此年为公元前1104年。）

《周书·召诰》："成王在丰，欲宅洛邑……惟二月既望，六日乙未，王朝步自周则至于丰……三月惟丙午朏，越三日戊申，太保朝至于洛卜宅……越三日庚戌，太保乃以庶殷攻位于洛汭。越五日甲寅位成。若翼日乙卯，周公朝至于洛……越三日丁巳，用牲于郊，牛二，越翼日戊午乃社于新邑……越七日甲子，周公乃朝用事。"（经推算此为成王七年即公元前1098年。是年建子，一月朔乙巳；二月朔甲戌，既望十六，乙未为二十二；三月朔甲辰，胐日丙午初三，戊申初五，庚戌初七，甲寅十一，乙卯十二，丁巳十四，戊午十五，甲子二十一。）

《周书·洛诰》："戊辰王在新邑祭岁……在十有二月，惟周公诞保文武受命惟七年。"（戊辰成王行岁祭，可知这天即十二月晦日。此年周公归政成王〔周公摄政七年〕，即成王七年为公元前1098年。是年建子，一月朔乙巳，二月朔甲戌，三月朔甲辰……十二月朔己亥。戊辰为晦日十二月三十。）

《周书·顾命》："成王将崩……惟四月哉生魄，王不怿……甲子王乃洮水相被冕服凭玉几……越翼日乙丑，王崩。"（经推算此年为成王三十七年即公元前1068年。是年建子，卯〔四〕月朔己酉527分。哉生霸初三，甲子十六，乙丑十七。）

《周书·毕命》："康王……惟十有二年六月庚午胐，越三日壬申，王朝步自宗国至于丰。"（此为康王十二年即公元前1056年，是年建子，巳（六）月朔戊辰640分，胐日〔初三〕庚午，壬申初五。）

《逸周书》和《竹书纪年》是西晋时人从战国魏襄王墓中发掘出来的"汲冢古文"，是周代史官的实录。内容涉及礼制、兵戎，有史事，有训诰，有政令，有说教等等。它的历史真实性是不言而喻的。

《逸周书·大匡》："维周（文）王宅程三年，遭天之大荒，作《大匡》。"（经考证此年为帝辛三十五年即公元前1123年。）

《丰保》："维（文王）受命二十三祀庚子朔，九州之侯咸格于周。"（经考证，"二十三"当是"一十三"之笔误。文王受命十三年即武王四年是公元前1113年。是年子冬至月朔辛丑904分，建丑，四月朔庚子。）

《小开》："维（文王）三十有五祀……正月丙子拜望食无时。"（经推算此年为文王三十五年即帝辛二十六年为公元前1132年。是年正月壬戌朔，望日丙子为十五。）

《文传》："文王受命之九年，时维暮春，在鄗，召太子发曰：'呜呼！我身老矣，"（《帝王世纪》："文王即位四十二年……更为受命之元年。"据此，文王受命九年即文王五十二年，亦帝辛四十一年。《竹书纪年》："帝辛四十一年春三月西伯昌〔文王〕薨。"即公元前1117年。）

《柔武》："维（武）王元祀一月既生魄，王召周公旦……"（经推算此为武王元年即公元前1116年。既生霸即望日十五。是年丑正一月朔戊午，既生霸十五为壬申。）

《大开武》："维（武）王一祀二月，王在丰，密命访于周公旦，曰：'呜呼！余夙夜维商……'"（此年为武王元年即公元前1116年。）

《小开武》："维（武）王二祀一月既生霸，王召周公旦，曰：'余夙夜忌商，不知道极，敬听以勤天命。'"（经推算此为武王二年即公元前1115年。是年丑正一月朔癸丑，既生霸〔十五〕为丁卯。）

《丰谋》："维（武）王三祀王在毕，谋言告闻。王召周公旦，曰：'呜呼！商其咸辜……'"（此为武王三年，帝辛四十四年即公元前1114年。谋求伐商术略。此时纣王还在盼望伐周建功。时为公元前1114年。）

《世俘》："维四月乙未日，武王成辟……维一月丙午旁生魄，若翼日丁未，王乃步自于周，征伐商王纣。越若来二月既死魄，越五日甲子朝至于商，则咸刘商王纣，执矢恶臣百人。太公望命御方来。丁卯望至，告以馘俘。戊辰，王遂御循追祀文王……壬申，荒新至，告以馘俘……辛巳（伐靡及陈侯）至，告以馘俘。甲申，百弇以虎贲誓，命伐卫……庚子，陈本命伐磨……乙巳，陈本、荒新、蜀、磨至……时四月既旁生魄，越六日庚戌，武王朝至燎于周……若翼日辛亥，祀于位，用籥于天位。辛亥，荐殷俘殷王鼎……壬子，王服衮衣矢琰格庙……癸丑，荐殷俘王士百人……甲寅，谒戎殷于牧野……乙卯籥人奏《崇禹生开》三终，王定。越五日乙卯，武王乃以庶国祀馘于周庙……商王纣于商郊，时甲子夕，商王纣取天智玉琰五，环身厚以自焚……五日，武王乃俾千人求之。"（辟，君主。经推算此为武王十一年即公元前1106年事。是年建丑。旁生魄为十六，是日丙午。丁未为一月十七，则此一月朔必是辛卯。既死魄即朔日初一，如此则二月朔为庚申。甲子是二月初五，丁卯为二月初八，戊辰为二月初九，壬申为二月十三，辛巳为二月二十二，甲申为二月二十五。此年闰二月朔庚寅，庚子为闰二月十一，乙巳为闰月十六。三月朔是己未，既生魄即望日十五，旁生魄为十六，既旁生魄为十七。知四月朔必是己丑，庚戌为四月二十二，辛亥为二十三，壬子为二十四，癸丑为二十五，甲寅为二十六，乙卯为二十七。从辛亥至乙卯故"越五日"，"甲子夕"指二月初五甲子夜。）

《武儆》："惟（武王）十月二祀，四月王告梦，丙辰出金枝校《郊宝》《开和》细书，命诏周公旦立后嗣，属小子诵，文及《宝典》。"（此为武王伐殷之后的第一年即公元前1105年。）

《大匡》："惟（武王）十有三祀王在管。"《文政》："惟（武王）十又三祀，王在管，管、蔡开宗循。"（此为武王伐殷之后的第二年，即公元前1104年。）

《成开》："成王元年，大开告用……"（此为公元前1104年。）

《作雒》："武王克殷……既归，乃岁十二月崩镐，于岐周……周公立相天子……元年夏六月，葬武王于毕。二年又作师旅，临卫政殷。"（公元前1104年武王崩，成王即位，周公摄政。）

《宝典》："维王三祀二月丙辰朔，王在鄗召周公旦，曰……"（经推算此年二月丙辰朔，合成王亲政三年，即周公摄政七年还政成王后的第三年，即公元前1095年。是年建子，二月朔丙辰。）

《竹书纪年》据《晋书·束传》云："其《纪年》十三篇，记夏以来至周幽王为犬戎所灭……大略与《春秋》皆多相应。"而宋代刘恕云《竹书纪年》纪到了轩辕氏黄帝时代。今摘引数例如下：

《竹书纪年》："尧十九年命共工治河，六十一年崇伯鲧治河"（经推算尧即帝位元年"甲辰"为公元前2297年；则尧十九年为公元前2279年；尧六十一年为公元前2237年）；"帝舜元年，（舜）即帝位……击石拊石，以歌九韶，百兽率舞"（公元前2199年）；"帝启八年，帝使孟涂如巴莅讼"（公元前2157年）；"帝启十年，帝巡狩，舞《九韶》于大穆之野"（公元前2155年）；"帝启十一年，放王季子武观于西河"（公元前2154年）；"（中康）五年秋九月庚戌朔，日有食之。命胤侯帅师征羲和"（经推算中康五年为公元前2139年。是年建丑，子冬至月朔乙卯70分，丑正月朔甲申569分；二月朔甲寅128分……九月朔庚戌260分）；"（夏桀）三十年……冬聆隧灾"（《国语·晋语》："昔夏后氏之兴也，融降于崇山；其亡也，回禄信于聆隧。"为公元前1735年）。

"汤灭夏以至于受二十九王，用岁四百九十六年也。"

"自盘庚徙殷至纣灭二百五十三年，更不徙都。纣时稍大其邑，南距朝歌，北据邯郸及沙丘，皆为离宫别馆。"（如此则盘庚迁殷为公元前1359年。）

"（帝辛）三十三年，密人降于周师，遂迁于程。"（帝辛元年用《逸周书·宝典》："维王元年二月丙辰朔"推之，当为公元前1157年。从公元前1157年至武王克殷公元前1106年，其间帝辛在位刚好是52年。帝辛三十三年为公元前1125年。）

"（帝辛）三十四年，周师取耆及邘，遂伐崇，崇人降。"（此为公元前1124年。）

"（帝辛）三十五年，周大饥，西伯自程迁丰。"（此为公元前1123年。）

"（帝辛）四十一年春三月，西伯昌薨。"（帝辛四十二年即武王元年。此为公元前1117年。）

"（帝辛）五十二年秋，周师次于鲜原。"（今本《竹书纪年》："〔帝辛〕五十二年周始伐殷。""武王十一年，周始伐殷。"是年为公元前1106年。）

"（成王）元年正月庚午，周公诰诸侯于皇门。"（成王元年从《周师旦鼎》历日推知，为公元前1104年。是年正月朔己酉，庚午是正月二十二日。）

"（康王）二十六年秋九月乙未，王陟。"（康王崩于公元前1042年。）

"昭王十九年，天大曀，雉兔皆震。"（此为公元前1023年。是年七月丙子朔日食。）

"周自受命至穆王，百年。"（从武王克殷公元前1106年至公元前1006年穆王元年止，刚好100年。）

"（穆王）十一年王命卿士祭公谋父。"（此为公元前996年。）

"（穆王）十二年毛公班、井公利、逢公固帅师从王伐犬戎。冬十月王北巡狩，遂征犬戎。"（此为公元前995年。）

"（穆王）十三年春，祭公帅师从王西征。"（此为公元前994年。）

今本《竹书纪年》："（穆王）十四年"，"夏四月，王畋于军丘。""五月作范宫。""秋九月翟人侵毕。""冬蒐于萍泽，作虎牢。"（此为公元前993年。）

《竹书纪年》："穆王十五年作重璧台。"（此为公元前992年。）

今本《竹书纪年》:"(穆王)十五年春正月,留昆氏来宾,作重璧台。"(此为公元前992年。)

"穆王十六年霍候旧薨。"(此为公元前991年。)

《竹书纪年》:"(穆王)十七年王西征,至昆仑丘,见西王母,其年西王母来朝,宾于昭宫。"(此为公元前990年。)

今本《竹书纪年》:"穆王二十四年,王命左史戎作《纪》。"(此为公元前983年。)

"穆王三十九年,王会诸侯于涂山,未必非先因是梦,后见诸实事。"(此为公元前968年。)

《竹书纪年》:"(穆王)五十五年,王陟于祗宫。"(此年〔公元前952年〕穆王崩。)

"懿王元年,天再旦于郑。"经专家们考证:懿王"元年"当是"十八年"。古文竖写十八,后世误为"元",合二字为一字之误。懿王元年是公元前916年,懿王十八年为公元前899年,已被西周诸多铭器历日所证实,不可改易(见张闻玉:《西周王年论稿》,贵州人民出版社1996年版,第154—156页)。懿王十八年即公元前899年之月朔,我们以四分历术推知:是年建子,五月即辰月丁亥518分合朔(定朔是丙辰20h59m)。葛真教授研究指出:"公元前899年格里历4月13日(子正的)五月朔,当地时间上午四点半天已大亮,五点十八分太阳即将出山时,日食发生了。最大食分0.97,天黑下来。五点半太阳带食而出,天又亮了。当时日环食带起自河南南阳,若在新郑,则可见日全食的壮观。"(葛真:《用日食、月相来研究西周的年代学》,《贵州工学院学报》1980年第2期。)

以上所列《逸周书》《竹书纪年》之纪年均与商周铭器及《尚书》《史记》等纪历完全吻合,如此足见"共和元年"以前,中国古代历史已早有精确纪年。

中国历史纪年,古代除用"帝王纪年法"外,还使用了六十年为一周期的"干支"(即甲子)纪年法来纪年。

《史记·十二诸侯年表》从"庚申共和元年"(公元前841年)"甲子(共和)五年","甲戌宣王元年","甲申十一年","甲午二十一年","甲辰三十一年"……迄"甲子周敬王四十三年",一共六个多"甲子",凡365年,有条不紊。清代孙星衍《问字堂》卷五《再答钱少鲁书》亦云:"今按《史记·十二诸侯年表》自共和讫孔子,太岁未闻超辰,表自庚申纪岁终于甲子,自属迁本文。亦不得谓古人不以甲子纪岁。《货殖传》云:'太阴在卯,穰;明岁衰恶,至午,旱,明岁美。'此亦甲子纪岁之明证。"

共和元年不是甲子而是庚申,可见甲子纪年早于共和元年就已行用。《史记·历书·历术甲子篇》所列一蔀(甲子蔀)七十六年,用的就是干支的别名,即"太岁纪年法"来记载的。甲寅年记作"焉逢摄提格",乙卯年记作"端蒙单阏"……经张汝舟师考证史迁的这个《历术甲子篇》用的是公元前427年(即周考王十四年)之"历元近距"。因为这年的干支不是甲子而是甲寅,因此只能称为"近距"。从甲子到甲寅中间相差整整50年,也就是说只有公元前477年才是甲子。但公元前477年亦不能称当"历元"。这个四分历术的真正历元必须是始于甲子年甲子月甲子日甲子时合朔并交冬至,冬至点在牵牛初度的历法。这个人们称谓的"天元甲子历",经考证和推算,它创始于公元前5037年的前子月初一的零点零分;而人称"天正甲寅元"的甲寅历,则晚于它470年,即公元前4567年之甲寅。这时正是我国历史上的炎黄时代。这就是说干支纪年在炎黄时代就已创制施行了。

炎黄时代已开始干支纪年,我们可以从历代典籍中找到若干证据:

《史记·五帝本纪》:"帝尧者放勋。"《集解》引皇甫谧曰:"尧以甲申岁生,甲辰即帝位,甲午征舜,甲寅舜代行天子事,辛巳崩。年百一十八,在位九十八年。"(经考证,尧生于公元前2317年甲申,死于公元前2200年辛巳,享年118岁。)

《五帝本纪》:"虞舜者名曰重华。"《集解》引徐广曰:"皇甫谧云:舜以尧之二十一年甲子生,三十一年甲午征用,七十九年壬午即真,百岁癸卯崩。"(经考证,舜生于公元前2277年甲子,死于公元前2178年癸卯,享年100岁。)

《夏本纪》:"夏后帝启崩,子帝太康立。"《集解》引徐广曰:"皇甫谧曰:夏启元年甲辰,十年癸丑崩。"(经考证,禹生于公元前2257年甲申,死于公元前2165年丙辰。夏启元年为公元前2162年己未,启死于公元前2152

年戊辰。《夏本纪》："十年，帝禹东巡狩，至于会稽而崩。"皇甫谧将禹践舜帝位〔摄位居丧〕之年"甲辰"〔公元前 2177 年〕误记为"夏启元年甲辰"。）

《周本纪》："武王已克殷，后二年……武王有瘳，后而崩，太子诵代立，是为成王。"《集解》引皇甫谧曰："武王定位元年岁在乙酉。"（武王元年为公元前 1116 年。是年干支正是乙酉。）

《通鉴外纪》："包牺氏没，女娲氏作，元年辛未。""神农纳奔水氏女曰听谚，生临魁，帝临魁元年辛巳，在位六十年，或云八十年；以次帝承元年辛巳，在位六年或六十年（应为六十六年）；帝明元年丁亥，在位四十九年；帝直元年丙子，在位四十五年；帝厘一曰克元年辛酉，在位四十八年；帝哀元年己酉，在位四十三年；帝榆罔元年壬辰，在位五十五年。自神农至榆罔四百二十六年。"经考证推算：帝临魁元年辛巳为公元前 4960 年；帝承元年辛巳为公元前 4900 年；帝明元年丁亥为公元前 4834 年；帝直元年丙子为公元前 4785 年；帝厘一曰克元年辛酉为公元前 4740 年；帝哀元年己酉为公元前 4692 年；帝榆罔元年壬辰为公元前 4649 年。自神农至榆罔五十五年，共 486 年（《通鉴外纪》少计一甲子 60 年）。神农生于公元前 5080 年辛巳，死于公元前 4960 年即帝临魁元年辛巳，享年 120 岁。

《史记·封禅书》及《汉书·郊祀志》："黄帝得宝鼎神策，是岁己酉朔旦冬至得天之纪，终而复始。"（经推算，是年为公元前 4567 年。）

从以上商周纪历青铜铭器和历代文物典籍记载证实，我国古代以某王在位之年数进行纪年（包括甲子干支纪年），已成为人们的常识。这种"帝王纪年法"从远古炎黄时代开始，一直沿袭到清末民初（所谓民国某年实在也是这个"帝王纪年法"的翻版），真可谓是上下几千年矣！

"帝王纪年法"一个帝王使用一个甚至多个年号。如《汉书·武帝纪》："建元二年……春二月丙戌朔，日有蚀之。""元光元年……秋七月癸未日有蚀之。""元朔二年……三月己亥晦，日有蚀之。""元狩二年……五月乙巳晦，日有蚀之。""元鼎五年……十一月辛巳朔旦冬至。""太初元年……十一月甲子朔旦冬至，祀上帝于明堂。""太始四年……十月甲寅晦，日有蚀之。""征和四年……八月辛酉晦，日有蚀之。""后元二年……二月丁卯帝崩于五柞宫，入殓于未央宫前殿，三月甲申葬茂陵。"王年与王年上下无直接的延续关系，使用和统计起来颇不方便。时代久远或因书写、记载简约，或因记忆等主客观原因，很容易出现差错。以致西周"共和元年"（即公元前841年）以前的中国历史纪年，由于史家记载越是往前越是简略，也愈容易产生差错，竟然成了今天人们争论的中心，即使史家已明文记载的"惟十有一年，武王伐殷"（《尚书·泰誓》）等等，也成了人们心目中的纪年和断代难题。

二十四节气的起始年代之考证

二十四节气始于何时？2012年2月2日《文摘报》"人间万象"版转载《新民晚报》1月22日申赋渔《二十四节气中国人天人合一的生活方式》的文章，开头便说："二十四节气，源于商周，确立于秦汉。"我不知道申赋渔先生这个断语的依据是什么，但我肯定这个说法是很不正确的。二十四节气，特别是其中的"八气"（也叫"八节"）即冬至、立春、春分、立夏、夏至、立秋、秋分和立冬，早在七千年以前的伏羲、神农时代就已产生了。距今7800年前的太昊伏羲和公元前5080年——公元前4960年前的炎帝神农"仰则观象于天，俯则观法于地……始画八卦"（《易·系辞》），"分八节以爻应气"（《春秋内事》），"以象二十四气"（《晋书·律历志》），"正节气，审寒暑"（《事物纪原》），"立周天历度"（《路史·后纪》《隋书·律历志》《周髀算经》），"正四时之制""而化天下"（《尸子》），"以始农功"（晋书·律历志）。伏羲、神农通过对天象日月星辰和物候与气象的长期观测和实践，认识到天地万物及其时序季节的变化，都是因其事物本身的两种根本属性，即阴阳的相生相克、刚柔消长、此消彼长、此进彼退、相互依存、对立，并在一定条件下相互转化所形成的动态平衡与流转轮回规律而形成的。他们以"—"代表阳，以"--"代表阴，根据宇宙万物的这种阴阳演化规律，画出了"太极生两仪（天地阴阳），两仪生四象（春夏秋冬、二至二分），四象生八卦"（《易·系辞》）的先天八卦图。继之又以黑（代表阴）白（代表阳）两种小圆圈，按照一定的规则制成《河图》；又以一三五七九为阳，以二四六八十为阴，按照一定的规则绘制成《洛书》及《九宫八卦图》；羲农以"—"为阳（即阳爻），以"--"为阴（即阴爻），以三画（即三爻）为一卦，按方位画成八卦，即：乾卦"☰"纯阳，为天；位居正南方；坤卦"☷"纯阴为地，位居正北方；震卦"☳"为雷，位居东北方；离卦"☲"为火，居正东方；兑卦

"☱"为泽，位居东南方；巽卦"☴"为风，位居西南方；坎卦"☵"为水，位居正西方；艮卦"☶"为山，位居西北方（见图示一：羲农八卦图）。

图示一：羲农八卦图

羲农的这个先天八卦图不仅是一幅演示宇宙万物阴阳对立统一动态平衡规律及其变化状态的科学图表，同时也是一幅世界最早、最简约、最科学的观象授时仪。从坤、震、离、兑、乾、巽、坎、艮的八个卦象及其卦序和每卦三爻所构成的图像，即可以准确地观察一年的四季八气及其时日与月亮的朔望周期。如观察一年的四季和八气：位居正北方（子位）的坤☷卦，是纯阴，时为"阴之极"的"冬至"（夏历十一月）。冬至一过，阴气开始逐日下降，阳气逐日开始上升；至位居东北方的震☳卦时，是为"立春"（春季开始）；至位居正东方（卯位）的离☲卦时，是为"春分"（分者半也，这时春季已过一半，为夏历二月）；至位居东南方的兑☱卦时，是为立夏（夏季开始）；至位居正南方（午位）的乾☰卦时，（为纯阳）阴气殆尽，阳气最盛，时为"阳之极"的"夏至"（夏历五月）。夏至一过，阳气开始逐日下降，阴气逐日开始上升，至位居西南方的巽☴卦时，是为立秋（秋季开始）；至位居正西方（酉位）的坎☵卦时，是为"秋分"（这时秋季已过去一半，为夏历八月）；至位居西北方的艮☶卦时，是为立冬（冬季开始），此时阳气已弱，阴气渐盛；至位居正北方（子位）的坤☷卦时，此时阳气已尽，阴气最盛，又回到了"阴之极"的第二年"冬至"了（其中冬至、春分、夏至、秋分，谓之"四正"即二至二分，见图示二：羲农八卦授时图）。

正南（午位）

五月夏至

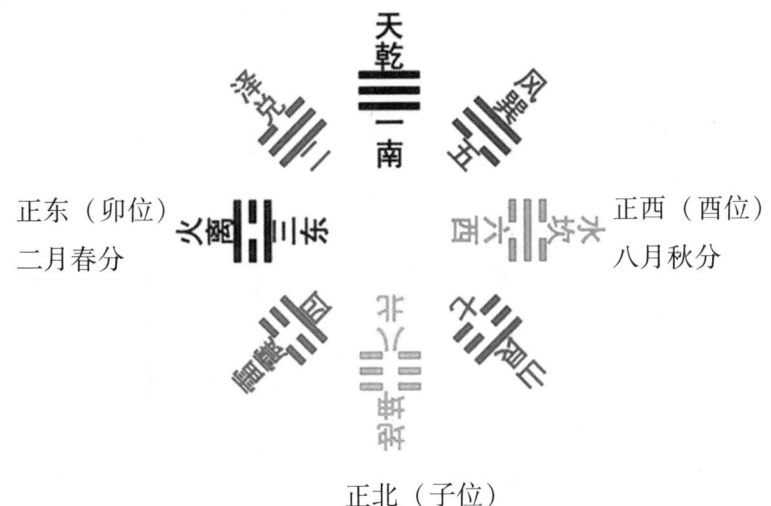

正东（卯位）　　　　　　　　　　　正西（酉位）

二月春分　　　　　　　　　　　　　八月秋分

正北（子位）

十一月冬至

图示二：羲农八卦授时图

由此可见羲农所画八卦，按其顺时针方向从坤卦、经震、离、兑、乾、巽、坎、艮回到坤排成一周，其八个方位（正北、东北、正东、东南……）就是一年四季的"八气"及其交节（气）时间。

羲农八卦除能描述和解说日月运行的规律及其季节之四正、八气外，还可凭其"六十四卦已在炉锤之中"（宋代学者，龙图阁直学士杨时《语录·京师所闻》）来解释一年四季的十二个月和包括八气在内的二十四节气的形成，也可以将四正以外的六十卦分排到各月之中，每月配以5卦，每卦掌管6又80分之7日（计一年365.25日）并按卦序将其划分为阴阳流转周期图。这就是《易经》所谓的"八卦成列，象在其中"之意。

由一二三四五等九个自然数，按照"六"为老阴，"九"为老阳和老阴可以转化为少阳，老阳可以转化为少阴的规则组成的方形图案，即"戴九履一，左三右七，二四为肩，六八为足，五居中宫"的《洛书》，其象征阳性的单数一、三、七、九，分置于四方形的四边之正方（子、卯、午、酉之位）为"四正"，分别为冬至、春分、夏至、秋分和春夏秋冬。五居中宫。其象征阴性的双数二、四、六、八，分置于四方形的四角，即东北、东南、西南、西北为"四维"，分别为立春、立夏、立秋、立冬。若将此方形《洛书》图像视之为圆，则亦可以之揆察一年四季四时八气的轮回流转。（见图示三：洛书）

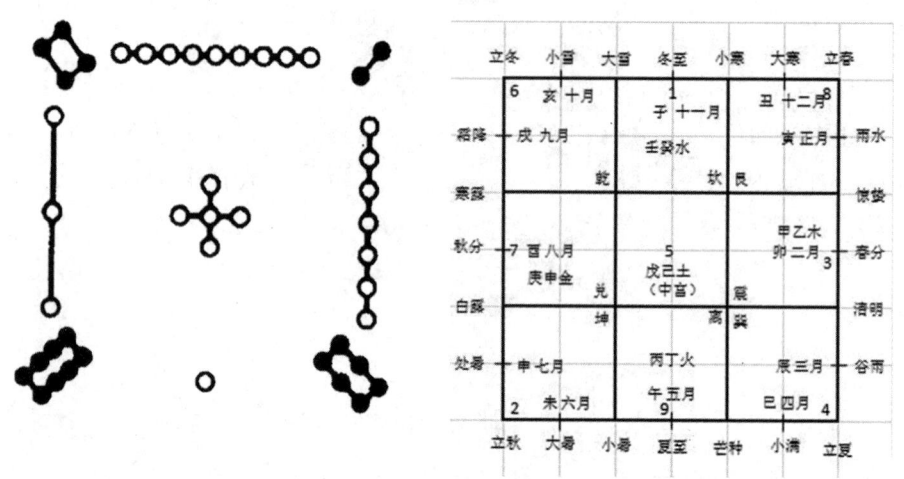

图示三：洛书　　　　　　　　　　图示四：九宫八卦图

而由《河图》《洛书》原理构成的《九宫八卦》："坎一、离九、震三、兑七、乾六、坤二、巽四、艮八、中（宫）五"及四正（二至二分）、四维（二启二闭）和五方五行与十天干（东方甲乙木，南方丙丁火，中央戊己土，西方庚申金，北方壬癸水），即可推演出四时八气（一卦一气，凡45日）及一节三元。一元五日和一卦三节，一节三候，一候五日，即一年为十二个月，一月一节一气（共二十四节气、七十二候）计360日的观象授时历。

这就是世界最早的神农太初历（亦即天元甲子历）。

神农于公元前5037年甲子创制的这个天元甲子历，经黄帝"迎日推策（朔）……建五行……正余闰"（《史记·五帝本纪》），于公元前4567年甲寅调制成"天正甲寅历"后，一直沿用到了今天。从伏羲神农所画八卦之六十四卦的成卦揲算"大衍之数五十，其用四十有九。分而为二以象两（天地、阴阳），挂一以象三，揲之四，以象四时，归奇于扐以象闰（三年一闰，五岁再闰）。再扐而后卦……"（《易·系辞》）和黄帝"正余闰"证实：二十四节气的完整概念，早在六七千年以前就已形成了。通晓历术的人都知道："置闰"，即"以闰月定四时成岁"（《尚书·尧典》）的真正目的就是补"气"。一年十二个月共二十四节气，每月一节一气。前一个叫"节"，后一个叫"气"或"中气"，每月的"节"可以提前到上个月的月底（下旬），但每月的"气"，即"中气"则必须居于当月之中，不能缺失（如夏历十一月的冬至、二月的春分、五月的夏至、八月的秋分）。中气很重要，它是置闰的依据。哪月失气就得先置闰月补上，这是制历千古不易的原则。

六千五百余年前的少昊（黄帝之子）以"凤鸟氏"为"历正"，并分命"玄鸟氏司分"（即春分和秋分），"伯赵氏司至"（冬至和夏至），"青鸟氏司启"（即立春和立夏），"丹鸟氏司闭"（即立秋和立冬）。对一年四季的八个最重要的代表性节气的交节（气）时间进行专门的分工观测（《左传·昭公十七年》）。

距今六千五百年至六千四百年间的高阳帝颛顼以北斗为车"临制四方，分阴阳，建四时，均五行，移节度，定诸纪"（《史记·天官书》）。在六七千年前的古人的心目中，北斗星就是悬挂在天空中的一座时钟和历书。《鹖冠子·环流》篇曰："斗柄东指，天下皆春；斗柄南指，天下皆夏；斗柄西指，天下皆秋；斗柄北指，天下皆冬。"后来的《礼记·月令》和《淮南子·时则训》等对北斗柄指时节（一年四季十二月和二十四节气）均有更加详细的记载。每当黄昏时候（如酉时）"斗柄悬在下"（指正北方子位）的时候，此时便是夏历十一月的"冬至"（即"日短至"）；"斗柄正在上"（指正南方午位）的时候，此时便是夏历五月的"夏至"（即"日长至"）；斗柄指正东方卯位的时候，此时便是二月的"春分"，斗柄指正西方酉时的时候，此时便是八月"秋分"……（以上见《大戴礼·夏小正》）远古先民凭北斗指向来确定月份和一年四季与二十四节气的方法，可以归纳成如下简表：

月建	子	丑	寅	卯	辰	巳	午	未	申	酉	戌	亥
农历	十一月	十二月	正月	二月	三月	四月	五月	六月	七月	八月	九月	十月
节气	冬至	大寒	雨水	春分	谷雨	小满	夏至	大暑	处暑	秋分	霜降	小雪
酉时斗柄指向	下	下右	下右	右	右上	右上	上	上左	上左	左	左下	左下

接颛顼之后，帝喾高辛继续以重黎和吴回为"火正"主司星宿大火，"光融天下"（《史记·楚世家》）。后来又"迁阏伯于商丘，主辰（主祀心宿大火），迁实沉于大夏（晋阳），主参（主祀参宿三星）（《左转·昭公元年》）"，"察辰心而出火"（《路史·前纪》），"序三辰以固民时"，通过对二十八宿（重点是心宿大火和参宿三星）"中、流、伏、内（纳）"规律的观测，为一年四季、十二个月和二十四节气的交节（气）时间提供了科学准则，创立了以心宿大火、参宿三星和北斗为主要观测对象的"三辰"授时历。

1987年在河南濮阳西水坡发现的距今6200—6400年的仰韶文化45号墓葬，墓主头南脚北，仰卧，左侧用蚌壳摆塑着一条苍龙；右侧用蚌壳摆塑成一只白虎。脚端用两根人胫骨和蚌壳摆塑为一个北斗图案，人胫骨的斗柄（杓）正指正东的龙头和龙角，蚌壳摆塑成的斗魁恰与虎脑（参宿）相对应。它反映的正是《史记·天官书》："杓携龙角，衡殷（迎）南斗，魁枕参首"和"二月龙抬头"即"辰出而以参入"，"斗柄东指，天下皆春"，即公元前4300年夏历二月春分的实际天象。它以无可争辩的历史事实说明：一、六千三百年前的帝喾高辛时代，已经有了四象和二十八宿的完整概念；二、运用二十八宿中任何一宿的"中、流、伏、内"规律，测定一年四季、十二个月和二十四节气，已成为当时星历家们的常识；三、"三辰"授时体系已将我国的天文历术推向了一个新的科学高峰（见拙文《河南濮阳西水坡45号墓天文图像及墓主身份考释》）。

此外，帝喾高辛还从中央到全国的东南西北四方，设立了主"日月星辰之行次"的天文官。羲和氏家族中的成员，如羲和、羲仲、羲叔、和仲、和叔，继重黎、吴回之后司掌"日月星辰之行次"的权威地位，直到唐虞之世，久盛不衰。成书于公元前2200年的《尚书·尧典》载曰："乃命羲和，钦若昊天，历象日月星辰，敬授民时。分命羲仲、宅嵎夷曰旸谷，寅宾出日，平秩东作，日中星鸟，以殷仲春……申命羲叔宅南交，曰明都，平秩南讹敬致，日永星火，以正仲夏……分命和仲，宅西曰昧谷，寅饯纳日，平秩西成，宵中星虚，以殷仲秋……分命和叔，宅朔方曰幽都，平在朔易，日短星昴，以正仲冬……帝曰：'咨！汝羲暨和，期三百有六旬有六日，以闰月定四时成岁。'"其"日中星鸟""日永星火""宵中星虚""日短星昴"即指夏历二月"春分"、五月"夏至"、八月"秋分"和十一月"冬至"。《尧典》对此鸟宿、心宿大火、虚宿和昴宿"四仲中星"的观测记载，说明帝尧时代我国对"日月星辰之行次"特别是对二十八宿"中、流、伏、内"之运行规律和二十四节气的交节（气）时间的观测，已经规范化和制度化了。

经研究，成书于夏禹时代，且出自禹益之手的奇书《山海经》（详见拙著《中华文明七千年初探·山海经概说》），对其几千年前就已形成的四方、四象、四时、四方之风、四方之神及阴阳五行、干支和九宫八卦、四正、四维、八节（气）等天象及其授时法的记载，可以简要归纳如下：

东方甲乙木，其象苍龙，其时为春，其风为俊（胁），其神句芒（析丹），其卦为震，四正为春分，四维为立春、立夏；

南方丙丁火，其象朱雀，其时为夏，其风为民（凯），其神祝融（因乎），其卦为离，四正为夏至，四维为立夏、立秋；

西方庚申金，其象白虎，其时为秋，其风为韦（夷、彝），其神少昊（蓐收），其卦为兑，四正为秋分，四维为立秋、立冬；

北方壬癸水，其象玄武，其时为冬，其风为□（役），其神禺疆，其卦为坎，四正为冬至，四维为立冬、立春。

中宫戊己土。

如《山海经》将羲和"主日月"（即天干：甲乙丙丁……地支：子丑寅卯……）神化成羲和"生十日"，常羲"生月十有二"；将"日月之行次"说成"有大木，九日居下枝，一日居上枝"（《海外东经》）和"一日方至，一日方出"（《大荒东经》）……"有人名曰鹓……是处东极隅以止日月，使无相间出没，司其短长"（《大荒东经》）；"有人名曰石夷……处西北隅，以司日月之长短"和"噎处于两极，以主日月星辰之行次"（《大荒西经》）以及

"东方之神句芒""司日出"(《海外东经》);"西方之神少昊、蓐收""主司反影","西望日之所入,其气员,神光(即蓐收)之所司也"(《西山经》)。

此外,《大荒东经》和《大荒西经》分别标记的六座"日月所出"和"日月所入"之山,是我国上古时代的人们根据太阳月亮东升西落的不同位置来测定季节的最早方法,即表杆测影的遗存。《大荒东经》所载的"日月所出"的六座山:第一座"山名曰大言,日月所出"所记的是立春、雨水节气太阳所在的位置;第二座"山名曰合虚,日月所出"所记的是惊蛰、春分节气太阳所在的位置;第三座"山名曰明星,日月所出"所记的是清明、谷雨节气太阳所在的位置;第四座"山名曰鞠陵于天,东极离瞀,日月所出",所记的是立夏、小满节气太阳所在的位置;第五座"山名曰倚天苏门,日月所出"所记的是芒种、夏至节气太阳所在的位置;第六座"山名曰壑明俊疾,日月所出"所记的是小暑、大暑节气太阳所在的位置。《大荒西经》所载六座山:第一座"山名曰丰沮玉门,日月所入"所记的是立秋、处暑节气太阳落山时的位置;第二座"山名龙山,日月所入"所记的是白露、秋分节气太阳落山时的位置;第三座"山名日月山,日月所入"所记的是寒露、霜降太阳落山时的位置;第四座"山名曰鏖鏊钜,日月所入"所记的是立冬、小雪节气太阳落山时的位置;第五座"山名曰常阳之山,日月所入"所记的是大雪、冬至节气太阳落山时的位置;第六座"山名曰大荒之山,日月所入"所记的是小寒、大寒节气太阳落山时的位置。

《山海经·海外南经》所载"六合之间,四海之内,照以日月,经以星辰,纪以四时,要之以太岁",概括了《山海经》(即夏代)以前,我国在天文历法方面的主要成就。"要之以太岁"说明这时已经采用了"太岁纪年法"(即干支纪年法的另一种纪历形式)。而这种"唯圣人能通其道"的太岁纪年法,只有明于推步,即真正懂得以二十八宿之"牛初"为"冬至"点,作为历元之始,进行推朔、推二十四节气的专家,方可掌握并施行之。

以上史实证明,二十四节气早在商代以前的伏羲、神农时代就已形成,到了四五千年前的尧舜禹时代,二十四节气的推算就更加科学、更加规范和制度化了。

论月相与金文历朔的推算

通过历史文献和青铜铭器上的历朔推算及考古研究等手段来解释历史事件，如西周王年的断代问题，已成为广大历史文化学者们所熟悉和运用的一套基本方法。其中尤其是对青铜铭器的历朔推算，特别是对"王年、月、日、月相"纪日干支完备的标准铭器的历的推算，更是决断其绝对年代的最佳方法。其精确性和科学性是任何别的方法都无法取代的。

如周厉王在位年数，我们根据《师簋》"隹元年正月初吉丁亥"，《师兑簋》"隹元年五月初吉甲寅"和《鲜簋》"隹卅又四祀，隹五月既望戊午"及《师簋》"隹元年二月既望庚寅"等推得厉王在位37年（公元前878—前841年），与《史记》所载厉王三十四年彘谤，继之三年奔彘而亡的总年数完全吻合。而"诸家所订就有16年（夏含夷）、18年（倪德卫、周法高）、24年（何幼琦）、30年（荣孟源、赵光贤）、37年（黎东方、白川静、马承源）、40年（谢元震）等多种说法。而每一种说法的背后都有金文历日材料作支持"（杜勇、沈长云：《金文断代方法探微》，人民出版社2002年版，第239页），似乎都有根有据，当可凭信。然厉王在位年数正确的结论只会有一个（即37年）。以上诸家所订，既然"都有金文材料作支持"，为何会有如此之大的分歧呢？归结其原因，主要有二：一是月相定点有问题；二是推算方法不科学。

关于晦、朔、初吉、既死霸、旁死霸、哉生霸、朏、望、既生霸、既望、旁生霸等月相及其定点问题，前人早有解说。西汉著名学者刘歆《世经》云："朔日为既死霸；二日为旁死霸；三日曰朏；十五为望，即哉生霸；十六为既望；十七为旁生霸。"除十五为哉生霸和十七为旁生霸有误外，其余均是对的。清代学者俞樾在其《生霸死霸考》一文中，对月相问题作了较为详细的考订，他说："晦日为死霸；朔日，初一，为既死霸；二日为旁生霸；三日为哉生霸，亦曰朏；十五为望，亦为既生霸；十六为旁生霸；十七为既旁生霸。"俞樾强调：哉生霸为初三日。他说"三日曰朏"是"月始生之日"，并引《乡饮酒义》"月三日则成魄（霸）"和《白虎通·日月篇》"三日成魄，八日成光"为证，纠正了刘歆"十五为哉生霸"的错误。

此后先师张汝舟先生通过对金文历朔的科学推算，对俞樾的月相定点说作了进一步的订正和补充，使之更加科学和完善。张先生说："生魄（霸），月球受光面；死魄，月球背光面。"它们都不是月相，只有"既生霸""既死霸"等等才是月相。"既死魄者，合朔在那个时刻，人们看见月球是全部背光面，全黑色，所以叫'朔'。"既死霸、朔、初吉，为初一；旁生霸为初二；哉生霸、朏，为初三；既生霸、望，为十五；既望、旁生霸（旁既生霸之省），为十六；既旁生霸为十七（以上见《二毋室古代天文历法论丛》，浙江古籍出版社1987年版）。

倘按俞樾并经张汝舟先生订正的月相定点指日说以及张氏在破解《史记·历术甲子篇》的基础上所建立的四分历术推算法来推算夏商周青铜纪历铭器和历史典籍所载历日的年代，其结果均与实际天象一一密合。然王国维等不了解齐、梁星历家何承天、祖冲之关于"四分历久则后天，三百年辄差一日"的说法，也不了解刘歆所用的孟统又晚去天象一日的情况，因此，他们根据刘歆三统历（孟统）所提供的推算方法来推算铭器历朔，则往往与实际天象不合，犹如唐代星历家僧一行所言："三统历自太初至开元朔后天三日。推而上之以至周初，先天之失之，盖益甚焉。"（《新唐书·历志·大衍历议》）因此而怀疑是月相定点指日有问题，于是便做起了"月相四分"的文章。王国维在其亦题名《生霸死霸考》（见《观堂集林》卷一，中华书局1959年版）的文章中说："余览古器物铭，而得之古之所以名月者凡四：曰初吉、曰既生霸、曰既望、曰既死霸。古者盖分一月之日为四分：一曰初吉，谓自一日至七八日也；二曰既生霸，谓自八九日以降至十四五日也；三曰既望，谓十五六日以后至二十三日；四曰既死霸，谓二十三日以后至于晦日也。"又说"若更欲明定其日，于是有哉生魄、旁生霸、旁死霸诸名。哉生魄之为二日或三日……既生霸为八日，则旁生霸为十日，既死霸为二十三日，则旁死霸为二十五日……哉生魄、旁生霸、旁死霸各有五日若六日"。并说

"初吉、既生霸、既望、既死霸各有七日或八日","而第一日亦得专其名"等等。王氏这个"一月四分说"一出，便成了在金文铭器历日推算上，被刘歆三统历所惑的一些学者，弥合其推算往往与实际天象（即金文纪历）不合的"法宝"，而被奉为"极富真知灼见"，"有其重要的学术价值"。此后，尽管赵曾俦、刘朝阳、董作宾等人，曾对王氏的月相四分说提出质疑，也"觉王说无一是处"（董作宾《四分一月说辨正》），但由于他们在具体推算上尚未发现刘歆之法的非严密性，加之又受了铭器同类比较法（即类型说）的迷惑，其推算结果亦往往与实际情形不合，于是他们便既承认俞樾关于月相定点指日的大部分观点，又重复了王国维初吉、既生霸、既望、既死霸等月相四分和"定日分段"的部分错误，如董作宾《周金文中生霸死霸考》把旁生霸、既望定为十六、十七、十八日；陈梦家《西周铜器断代》和黄彰建《释〈武成〉与金文月相》将既生霸定为十二、十三日或十六、十七日；将旁死霸定为十七或十八日；刘启益《西周金文中月相词语的解释》将初吉定为初二或初三，将既望定为十六或十七、十八。而劳幹《周初年代问题与月相问题的新看法》则将初吉定为初一至初三（可能到初四日），将既生霸定为初四至初六（可能到初七日）；将既望定为十四至十六日（可能到十七日），将既死霸定为十九至二十二日（可能到二十三日），如此等等，致使本来十分科学的月相定点指日问题，变得众说纷纭，模糊不清了。

王氏提出"月相四分"和"定日分段"说，否认月相定点指日说，所造成的混乱和错误是显而易见的。如《汉书·律历志·世经》引《周书·武成》云："惟四月既旁生霸，粤六日庚戌，武王燎于周庙，翌日辛亥，祀于天位，粤五日乙卯，乃以庶国祀馘于周庙。"按照俞樾等人的月相定点指日说，则"既旁生霸"是四月十七，"粤六日庚戌"是四月二十三，"翌日辛亥"是四月二十四，"粤五日乙卯"是四月二十九。若以王国维的"月相四分"之时段说，"既生霸谓自八九日以降至十四五日"，"旁者溥也，义进于既。以古文《武成》差之，如既生霸为八日则旁生霸为十日……"推之，则"四月既旁生霸"为四月十二降至四月十九日，如此，则"粤六日庚戌"可为四月十八至四月二十六日。"翌日辛亥"可为四月十九至四月二十六日，"粤五日乙卯"可为四月二十四日至下（五）月的初一或初二。明明是一个月的月相纪日却变成了前后两个月的事，可见王氏"月相四分"之说还有何科学性可言？

初吉即月朔，这在汉代以前的古人是非常明确的。《诗经·小雅·小明》："二月初吉，载离寒暑。"毛传："初吉，二月朔日也。"郑笺与孔疏俱同。又《国语·周语上》："先时九日，太史告稷曰：'自今至于初吉，阳气俱蒸，土膏其动。'"韦昭注："先，先立春日也。"又注："初吉，二月朔日也。"又《春秋》王子钟云："惟正月初吉元日癸亥。"元日自然就是月朔初一。因此，初吉为月朔初一，当无疑矣！然王国维认为："初吉谓自一日至七八日也。"他以《静》"惟六月初吉，王在菜京，丁卯，王命静司射学宫……雩八月初吉庚寅，王以吴吕……射于大池，静学无斁"和《彝》"惟六月初吉，王在郑，丁亥，王格大室"及《敦》"惟二年正月初吉，王在周邵宫，丁亥，王格于宣榭"为据，说三器"初吉皆不日，至丁卯、丁亥乃日者，明丁卯、丁亥皆初吉中之一日"（《生霸死霸考》）。然以《静敦》为例，此器吴其昌、董作宾、张汝舟诸人均订为厉王三十五年至三十六年（即公元前844—前843年）之物。经推算是年（公元前844年）建丑，子（冬至）月庚午214分朔，丑月己亥713分朔，寅月己巳272分朔，卯月戊戌771分朔，辰月戊辰330分朔，巳月丁酉829分朔，午月（六月）丁卯388分朔，未月丙申887分朔，申月（八月）丙寅446分朔……张闻玉先生推断说：从厉王三十五年（公元前844年）六月丁卯到厉王三十六年（即公元前843年）八月庚寅，其间十五个月八大、七小，计443日。干支纪日逢60去之，余23。丁卯去庚寅23日（《西周王年论稿》，贵州人民出版社1996年版，第14—15页），与实际天象密合。因此，董作宾和张闻玉等人考订，此器"其铭文涵（厉王）前后二年之事"（董氏语）。如果我们视铭器制作者将该年八月初吉"丙寅"（即申月丙寅446分朔），误记为"庚寅"，或取"庚寅乃吉"之义，亦未尝不可。但不管怎么说，初吉即朔日初一，俞樾等人的"月相定点指日"说是不可动摇的，王氏"月相四分说"不能成立。

又如《令方彝》："唯八月，辰在甲申，王命周公明保尹三事四方，受卿事寮（僚），丁亥，命矢告于周公宫……唯十月月吉癸未，明公朝至于成周……既咸命，甲申，明公用牲于京宫，乙酉用牲于康宫。"其中的"辰"就是日月交会之时，就是合朔时刻。八月朔甲申，九月朔则大月为甲寅，小月为癸丑（根据十月朔即月吉癸未，逆推知九月朔日当为癸丑），甲申为八月初一，则"丁亥"为八月初四；"十月月吉（即朔日）癸未"，则"甲申"为十月初二，"乙酉"为十月初三。倘"初吉"癸未不是月朔初一，既不定指一日，而是一个时间段（即王氏所谓的一至七八日），则甲申、乙酉为何日，将无所归依，世界上岂有这种含糊不明的叙事纪日铭文？实在令人难以置信。

一些迷信王氏"月相四分"说的学人，以《令方彝》"唯八月辰在甲申……唯十月月吉癸未"和《善鼎》"惟十又一月初吉辰在丁卯"为据，否认"初吉"即月朔和"辰"即月朔的说法。认为"所谓'辰'为朔日，无非是从初吉必须定点为朔推论出来的"，并说在一器之中，如《善鼎》铭云："'惟十又一月初吉，辰在丁卯'，已先言朔日初吉，为何又言朔日丁卯？"岂不是"在光宗耀祖的宝器上赘其蛇足"（杜勇、沈长云：《金文断代方法探微》，第197页）？其实，"辰"为月朔、初吉的概念，并不是"从初吉必须定点为朔推论出来的"。"辰"是古代天文历法中的一个常用术语，即日月交会之意。《尚书·尧典》："历象日月星辰"，注："辰，日月所交会之地也。"《释文》曰："日月所会，谓日月交会于十二次也。"《胤征》："辰弗集于房。"孔传："辰，日月所会。"孔颖达疏："辰为日月之会。日月俱右行于天，日行迟，月行疾。日，每日行一度；月，日行十三度十九分度之七。计二十九日过半，月已行天一周，又逐及日而与日聚会。谓此聚会为辰。一岁十二会，故为十二辰，即子丑寅卯之属是也。"《左传·昭公十七年》："公曰：'多语寡人辰而莫同。何谓辰？'对曰：'日月之会是谓辰。'"杜预注："一岁日月十二会，所会谓之辰。"《国语·周语下》："辰在斗柄。"韦昭注："辰，日月之会。"《辞源》和《汉语大字典》均说："辰指日月的交会点。即夏历一年十二个月的月朔时，太阳所在的位置。"因此，朔和辰，当是同一概念。《善鼎》铭文："惟十又一月初吉，辰在丁卯。"翻译成现代文就是："十一月初一，日月交会之时（即合朔时刻）为丁卯。"这是着重强调"宝器"纪日的庄重、严肃，岂有"赘其蛇足"之嫌？！

有人以铭器的形似（即所谓"同器类比法"）来定年代，这是非常靠不住的。因为有的铭器，其形制和铭文貌似相同相似，实则并不同属一个年代，如：《簋》"惟六月初吉乙酉，才堂师"与《鼎》"惟九月既望乙丑，才堂师"。有人就把它们定为同一王世的同年之物。经我们推算：《簋》的"六月初吉"是"乙酉"，则其九月初吉当是"甲寅（大月）"或"癸丑（小月）"；而《鼎》"九月既望"是"乙丑"，则其朔日（即初吉）必是"庚戌"。因此可以肯定二器并非同年之物。而有人竟以二器"内容互有关联，事件同地发生，日辰先后衔接"而将此二器定为穆王同年之器，进而以《鼎》九月朔有庚戌、己酉、戊申三种可能逆推六月月朔可以分别是壬午、辛巳、庚戌、己卯，则"初吉乙酉"相应为六月初四、初五、初六、初七，从而做出了"金文中的初吉并非固定在朔日一天"的错误结论（《金文断代方法探微》第179页）。

又如《此鼎》"唯十又七年十又二月既生霸乙卯，王在周康宫宫"，《攸从鼎》"唯卅又一年三月初吉壬辰，王在周康宫宫"，《吴虎鼎》"唯十又八年十又三月既生霸丙戌，王在周康宫宫，导入右吴虎，王命膳夫丰生、司空雍毅，（申）剌（厉）王命"。因三器均有"王在周康宫宫"等铭文，有人就以"同器类比"的原则将三器定为宣王世器。然我们根据三器铭文纪历推算，定《此鼎》为穆王十七年（即公元前990年）之物；《攸从鼎》为厉王三十一年（即公元前848年）之物。可见三器并非同为一个王世之物。同样我们不能凭《克鼎》"惟十又六年九月初吉庚寅王在周康剌宫"，《克盨》"十又八年十有二月初吉庚寅，王在周康穆宫"，《颂鼎》"唯三年五月既死霸甲戌，王在周康昭宫"，《盘》"唯廿又八年五月既望庚寅，王在周康穆宫"四器铭文均有"王在周康×宫"等字眼，就断定它们是同一王世之器。我们经推算考订《克鼎》为宣王十六年即公元前812年之物；《克盨》为宣王十八年即公元前810年之物；《颂鼎》为厉王三年即公元前876年之物；《盘》为宣王二十八年即公元前800年之物。四器并非同一个王世之物。因此，用器型同类法来断定铭器王世是靠不住的。要知道像"周康宫"或"周康宫宫""周康×宫"之类的建筑物，它是跨时代的，不因尧存，不因桀亡。因此，用器型类比法来断代实际上是很不科学的。

近年，夏商周断代工程组用刘歆三统术和王国维"月相四分"说推算西周铭器历朔又往往与铭器所载不合，他们为了解决在铭器历日推算上出现的尴尬，于是便对金文月相用语进行了新的界定和归纳：1. 初吉，出现在初一至初十。2. 既生霸、既望、既死霸顺序明确，均为月相，"既"表已经，"望"即满月，"霸"指月球的光面。3. 既生霸：从新月初见到满月。4. 既望：满月后月的光面尚未显著亏缺。5. 既死霸：从月面亏缺到月光消失（夏商周断代工程专家组：《夏商周断代工程1996—2000年阶段成果报告（简本）》，世界图书出版公司2000年版，第35—36页）。这样一来，问题似乎解决了，然而用他们的这个"新论"来推排金文月相，则往往矛盾百出，不能自圆其说。如断代工程组将《走簋》"既望庚寅"定在三月二十三日，将《休盘》"既望甲戌"定在正月二十三日。而这时月球的受光面，已是下弦（即其光面已明显亏缺），这与其月相新论"既望，满月后月的光面尚未显著亏缺"的定义显然相悖。又如工程组将"既死霸"定义为"从月面亏缺到月光消失"，而《伯父盨》"八月既死霸辛卯"，《西周金文历谱》却将其定在八月二十日，将《周书·武成》"惟一月壬辰旁死霸"亦定在正月二十日。如此，按其"顺序明确"之要求，则既死霸当在二十日（即旁死霸）之前。可在这里，工程组的《西周金文历谱》却将"既死霸"与"旁死霸"定在了同一天。又如《武成》"二月既死霸，粤五日甲子"，《历谱》以武王元年（公元前1046年）"二月癸卯朔"，定"甲子"为二十二日，即将这月的"既死霸"定在了二月十八日（22 − 5 + 1 = 18）。这就意味着"既死霸"始于十八日而至月底，与"既望"始于十六日而至二十三日，两者又发生了六七天的重叠，如此等等。可见断代工程组用这种月相"新论"来安排《西周金文历谱》进行西周考年，其结论很难说是"最权威""最科学"的了。

北斗星是远古人们的历书和钟表

满天繁星，最引人注目的，莫过于北斗，北斗是北半球天空的重要星象。它由斗身（魁）四星（天枢、天璇、天玑、天权）和斗柄（杓）三星（玉衡、开阳、摇光）组成，属恒显区，大熊星座。北斗七星所处的位置，正好是地球运转轴北端所指的天体上空。地球的运转轴和极是不动的，所以北斗星在不同的季节和夜晚不同的时间，总是出现于北部天空不同的方位。看起来它在围绕着北极星转动，并同为众星所拱。在北纬四十度以北（如北京）地区，全年不论哪天夜晚，都可以看到它围绕着北极星在天空打圈子，永远不会沉下地平线。在我国南方如长江流域广大地区，北斗星沉下地平线的时间也不长。因此几千年来，北斗星一直是人们极为熟悉的星座。在真正科学历法还没有创制的"观象授时"年代，古人为了准确地掌握农事季节，进行有效的生产劳动和活动，"观象"十分精湛，他们所观的"象"，第一是天象，即日月星辰；其次是物候，即动植物的生长和活动规律；第三是气象即风、云、雨、雪、雷、电等生发规律。早在六千四百年以前，我们的祖先通过长期的天象观测，不仅有了二十八宿的整套观念，懂得了用二十八宿的方位和拒度来定月份和季节，而且对北斗星这一散星的运行规律及其重要意义也有十分透彻的认识。河南濮阳西水坡出土的6300年前的仰韶文化45号墓葬，墓主人头南脚北仰卧，左侧摆放这一条用蚌壳组成的苍龙；右侧摆放着一只用蚌壳组成的白虎；脚端摆放着用两根人胫骨和蚌壳组成的北斗。其斗柄指向白虎的脑部。这显然是当年的一幅二月春分图像（见拙著《中华文明七千年初探》，人民出版社2002年版，第149—160页）。《史记·天官书》云："斗为帝车，运于中央，临制四方；分阴阳，建四时，均五行，移节度，定诸纪，皆系于斗。"就是对前人长期观测北斗这一星象的经验的科学总结。具体地说，仰观北斗，可以帮助人们辨别方向，定季节，知时刻。在古人的心目中，北斗就是一部展示在天空的历书和钟表。

一、辨方向

我们从天璇通过天枢画一条直线，并延长到五倍多一点的地方，就可以碰到一颗亮度和它差不多的恒星，这就是北极星。北极星所处的位置，正好是地轴北端所指天体上的一点，它的方向是正北方，其位置一年四季都不变动，当你面朝北极星站着，前面是北，背后是南，右面是东，左面是西（如图一）。在指北针还没有发明和普及以前，人们夜行、航海、旅游、猎兽、捕鱼……无一不依靠北斗星来明方向、指迷途。

二、定节令

在通过推算时令季节而制定的历法诞生之前，人们是靠"观象授时"来掌握农事季节的。《书经·尧典》云："历象日月星辰，敬授民时。"早在三代以前，我们的祖先不仅会用星宿的方位来定月份和季节，如"二至二分"，而且还会根据北斗柄在初昏时候的指向来定月份和季节。如我国"观象授时"的较早记录《大戴礼》中的《（夏）小正》对此就有明确记载：十一月冬至"斗柄悬在下"（指正北方）；五月夏至"斗柄正在上"（指正南方）。此后的古书《鹖冠子·环流》记载得就更具体了："斗柄东指，天下皆春；斗柄南指，天下皆夏；斗柄西指，天下皆秋，斗柄北指，天下皆冬。"（如图二）西汉刘安的《淮南子·时则训》记载得则更为周详："孟春之月，招摇（即斗柄）指寅，昏参中，旦尾中，其位东方……仲春之月，招摇指卯，昏弧中，旦建星中，其位东方……季春之月，招摇之辰，昏七星中，旦牵牛中，其位东方……"；"孟夏之月，招摇指巳，昏翼中，旦婺女中，其位南方……仲夏之月，招摇指午，昏亢中，旦危中，其位南方……季夏之月，招摇指未，昏心中，旦奎中，其位南方……"；"孟秋之月，招摇指申，昏斗中，旦毕中，其位西方……仲秋之月，招摇指酉，昏牵牛中，旦觜巂中，其位西方……季秋之月，招摇指戌，昏虚中，旦柳中，其位西方……"；"孟冬之月，招摇指亥，昏危中，旦七星中，其位北方……仲冬之月，招摇指子，昏壁中，旦轸中，其位北方……季冬之月，招摇指丑，昏娄中，旦氐中，其位北方……"。

古人凭斗建定月和季的方法，可以围绕北斗星画一个圈圈，按东南西北四个方位将圆圈分为十二等份，仿照钟表的形式（见图三）来加以说明：下为子（正北）；右下斜为丑、寅；正右为卯；右上斜为辰、巳；上为午（正南）；左上为未、申；正左为酉；左下斜为戌、亥。初昏时候，观测斗柄所指，便能定出月份和春夏秋冬及二十四节气：斗柄至子（即"斗柄悬在下"，正北方），是冬至，十一月；斗柄指丑（东北方，偏北），是大寒，十二月；斗柄指寅（东北方，偏东），是雨水，正月；斗柄指卯（东方），是春分，二月；斗柄指辰（东南方，偏东），是谷雨，三月；斗柄指巳（东南方，偏南），是小满，四月；斗柄指午（即"斗柄正在上"，南方），是夏至，五月……以此类推。你看北斗多么像一部摆在天上供人们随时阅读的历书。

三、计时刻

在古代还没有发明计时仪表（如古时候的刻漏和现代的钟表）以前，人们不仅根据北斗柄所指的方位确定月份和季节，而且还可以用它来计算时间。例如《宋史·乐志》中，就有"斗转参横将旦"的说法。地球每自转一圈为一昼夜，即二十四个小时。倘把一昼夜一圈平分为二十四个等份，那么在春分或秋分这二日，从初昏到天亮刚好是十二个小时。这也就是地球自转半圈（一百八十度）所需要的时间。这样，我们就可以根据斗柄一夜（从初昏到天亮）在天空所指的方向变换，画出一个"时间表"。春天初昏时候（晚上六七点钟），斗柄指右（东方，斗柄指正右是六点，但这时因日光未尽，北斗尚未显现）；现在斗柄转而指左（西方）了，很明显这时已近早上六点，快天亮了（早上六点斗柄指正左，这时太阳已出现于东方的地平线，天开始亮了）。倘若这时斗柄指正上（午即天顶，南方），那么我们就可以判断现在的时间是深夜十二点（如图四）。

在人类生活的历史长河中，北斗星的作用和贡献是不能低估的，这里介绍的只是一部分。然而，即使是这一部分，也足以引起人们对它的重视和兴趣了，怪不得我们的祖先要把斗身四星——魁，奉为主管文学的尊师"文曲星"，而加以供祀。

北斗柄指向示意表

月建	子	丑	寅	卯	辰	巳	午	未	申	酉	戌	亥
农历	十一月	十二月	正月	二月	三月	四月	五月	六月	七月	八月	九月	十月
节气	冬至	大寒	雨水	春分	谷雨	小满	夏至	大暑	处暑	秋分	霜降	小雪
斗柄指向	下	下右	下右	右	右上	右上	上	上左	上左	左	左下	左下
钟表（时）	6	5	4	3	2	1	12	11	10	9	8	7

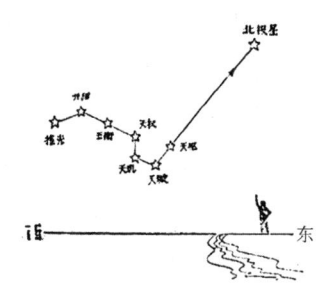

图一 凭北斗星找北极星定方向

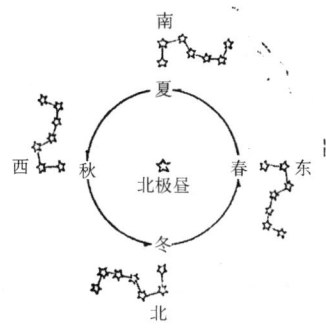

图二 凭北斗柄的指向定春夏秋冬四季（观看时须正面朝北）

图三 凭北斗柄的指向定月份和节气（观看时须正面朝北）

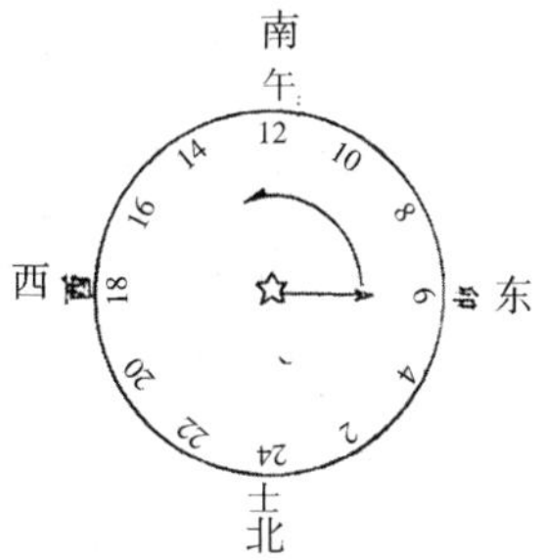

图四 凭北斗柄的指向计时（观看时须正面朝北）

"星期"纪日是我国对世界纪历的最早贡献
——兼论我国古代的几种纪历法

我国是世界最早的文明古国,是最早进入农耕社会的国家。早在距今八九千年以前,我国先民就已广泛开展了水稻的栽培种植;六七千年以前就形成了"南稻北粟"的农业区域布局,特别是南方水乡先民就已过上了"稻饭鱼羹"的温饱生活。[①]

出于农牧业生产和生活的需要,我国先民十分重视天时。他们从生产实践中得知:"夫稼,为之者人也;生之者地也;养之者天也。是故得时之稼兴,失时之稼约。"(《吕氏春秋》)"非天时,虽十尧不能冬生一穗。"(《韩非子》)。据考证:七千八百年前以太皞伏羲和稍后的炎帝神农(公元前5080—前4960年)为代表的贤哲们"仰则观象于天;俯则观法于地……"(《易·系辞》),根据对天象(日月星辰的运行规律)、物象(动植物生长的周期性变化)、气象(寒暑、凉热、雨雪、风云、雷电等气候的规律性周期变化)的长期观测,如太阳的东升西落、月亮的阴晴圆缺、二十八宿的"中、流、伏、内"、北斗柄的指向和太阳视运动(如投影长度及其位置的变化)所形成的日、月、年和四季以及天地万物阴阳相生相克、相互依存、刚柔消长、对立统一,并在一定条件下相互转化的规律,创制了先天八卦和观象授时历及其七曜(星期)、天干、地支等纪时法。[②]

七曜纪时法即我们今天通称的"星期"纪日法。它是一种以星象"天之七曜"——日月和水火木金土五星之名为最基本、最重要的计量"日"的时间单位,以七日为周期,以"日曜"日为每周之起始日的轮回纪日法。简言之,这是一种以星象之名纪日,以七为周期,以"日曜"日为首日的纪时法,故又谓之"星期",其首日为"星期日"(如王勃《七夕赋》:"伫灵匹于星期,眷神姿于七夕"。)

这种"七曜"（即星期）纪时法，可从《黄帝内经·素问·天元纪大论》（"九星悬朗，七曜周旋。"）和宋·罗泌《路史》（"三朝具于摄提，七曜起于天关，所谓太初历也。"其注曰："神农之历自曰太初，非汉之太初也。杨泉云：畴昔神农始治农功，正节气，审寒温，为早晚之期，故早晚之期，故立历名。"）中看到"三朝"指年月日，"摄提"指位于黄道星空的摄提六星。它是岁星即木星经天纪历的一个标志性星区。"天关"即黄道附近的天关星，它是"七曜"纪历起始的标志性星座。以《易经》复卦卦辞"反复其道，七日来复"等证实，这种以摄提六星和天关星等为"七曜"（特别是其中的木星）经天纪历的标志性星区和起始点的"太初历"法，它在炎帝神农时期，最迟在黄帝轩辕氏时期就已创制，并为历代天文历法学家和文人学士们所传承。赵元恒在其《炎帝神农氏"七曜起于天关"的年代》（《重庆文理学院学报》2011年第1期）一文中说："'三朝具于摄提，七曜起于天关'的日期为公元前4951年3月28日（庚寅年戊寅月庚寅日）。"此时正是炎帝神农之时。《尚书·尧典》："璇玑玉衡以齐七政"，"七政"就是"七曜"。这是一种凭北斗"璇玑玉衡"，"运于中央，临制四方，分阴阳，建四时，均五行，移节度"，并与"七曜"配合"以定诸纪"（《史记·天官书》）的观象授时法则。

需要明确指出的是，《黄帝内经·素问》中的"天元纪"指的就是炎帝神农氏于甲子年甲子月甲子日甲子时，即公元前5037年前子月（甲子）所创制的"天元甲子历"（亦即《史记·历书·索隐》和《汉书·律历志》所说的黄帝之前就已有之的"太初历"）。值得骄傲的是六七千年以前炎帝和黄帝之时所创制的这个"七曜"（即星期）纪历法，不仅被历代天文历法和文学史家所沿用（如晋代史家范宁《春秋谷梁传·序》"七曜为之盈缩"；唐初诗人王勃《七夕赋》"伫灵匹于星期，眷神姿于七夕"……），而且还流传到了日本等许多邻国。至今在日本还完好地保留着这种以"七曜"为周期的纪日古法。而西方国家直到公元前1世纪（即我国东汉初期）才开始采用"星期"纪日，且仅仅用于占卜。直到公元321年的3月7日（几乎与我国东晋的范宁同时）"星期"纪日，才由古罗马的君士坦丁大帝正式公布开始使用，成为定制传到今天。史实充分说明：我国的"星期"纪日法比西方国家至少早了四千五百余年！星期纪日法，我国拥有无可争辩的发明权。[③]

天干和地支纪时法，是分别以十天干——甲乙丙丁戊己庚辛壬癸，或十二地支——子丑寅卯辰巳午未申酉戌亥为计量单位，以十或十二为周期，进行轮回纪时的方法。

关于天干和地支的称谓及其含义与纪时之法，我国伟大的史学家司马迁《史记·律书》云："甲者言万物剖符甲而出也；乙者言万物生轧轧也"（为夏历二月之物象）；"丙者言阳道著明，故曰丙；丁者言万物之丁壮也，故曰丁"（为夏历五月之气象与物象）；"庚者言阴气庚万物，故曰庚；辛者言万物之辛生，故曰辛"（为夏历八月之气象与物象）；"壬者言任也，言阳气任养万物于下也；癸之为言揆也，言万物可揆度，故曰癸"（为夏历十一月之气象与物象）。"子者滋也。滋者言万物滋于下也"（"十一月也"）；"丑者纽也。言阳气在上未降，万物厄纽未敢出也"（"十二月也"）；"寅者言万物始生蚓然也，故曰寅"（"正月也"）；"卯之为言茂也，言万物茂也"（"二月也"）；"辰者言万物之也"（"三月也"。《索隐》："蜄，音振"）；"巳者言阳气之已尽也"（"四月也"）；"午者阴阳交，故曰午"（"五月也"）；"未者言万物皆成，有滋味也"（"六月也"）；"申者言申贼万物，故曰申"（"七月也"）；"酉者万物之老也，故曰酉"（"八月也"）；"戌者言万物尽灭，故曰戌"（"九月也"）；"亥者该也。言阳气藏于下，故曰该也"（"十月也"。《正义》孟康云："阁，藏塞也。阴杂阳气藏塞，为万物作种也。"）。这就是说天干和地支之名及其用于纪历，均源于羲农"仰则观象于天，俯则观法于地……始画八卦"和创制九宫八卦图之时，乃是观象授时长期实践的产物。

天干纪日法则具体始施于六千四百年前的黄帝之孙颛顼和帝喾高辛时期的天文官——"火正"重黎、吴回之子侄共工，秉承父辈"是襄天戗，是格天化"，"乃步十日四时"（《楚帛书·乙编》）所创制的甲乙丙丁等"十日历"。（这个"十日历"以甲乙丙丁等十天干纪日，分一月为上、中、下旬，每旬十天；并将一日划分为"宵、朝、昼、夕"四个时段。这种分一月为三旬的纪月法，一直沿用到了今天。）

地支纪历法源于羲农时期的天象观测，如依据北斗柄的指向和日月五星（特别是木星）及二十八宿任何一宿"中、流、伏、内"的周天匀速运行规律，将周天赤道带划分为子丑寅卯辰巳午未酉申戌亥十二等份，如《隋书·

· 344 ·

天文志》以"天之七曜、二十八星（宿）周于穹圆之度，以丽十二位也"；或根据观测太阳标杆投影角度的变化，将地平圈从北向东向南向西，按子丑寅卯等划分为十二等份所形成的纪时法则。[④]

开始时，天干主要用于纪日，地支主要用于纪月和一日的十二个时辰。不久，它们也被用来记年。用十二地支记年，除最先有十二地支记年法外，后来还出现了以木星（即岁星）绕天运行一周天为十二年，将天球赤道带由西向东均匀划分为星纪、玄枵、娵訾、降娄、大梁、实沉、鹑首、鹑火、鹑尾、寿星、大火、析木十二次（亦叫辰或宫），以代替十二地支的"岁星纪年法"。当岁星（即木星）运行到"星纪"次时，这年就叫"岁在星纪"；当岁星运行到"玄枵"次时，这年就叫"岁在玄枵"……但此岁星纪年法施行若干年后，人们发现岁星（即木星）运行一周天的时间并不是 12 年而是 11.8622 年，也就是说木星每经天运行一周要比原先观测确定的速度快出 0.1378 年。这样每 86 年木星经天就快出一年。如按原先确定的木星运行速度（12 年一周天），那么木星从"星纪"次出发运行 86 年后，它回到的次（辰或宫）仍应是"星纪"次（辰或宫）；但实际上，人们发现这时的"岁星"已不在"星纪"次，而是走到了"玄枵"之次了。这就是说，用岁星纪年法记年，每 86 年岁星就会多行一个辰次（星历家们谓之"跳辰"）。按实际这年本当为"岁在星纪"，可是这时木星已经到了"玄枵"之次，成为"岁在玄枵"（即快出一年"跳辰"）了！

当岁星纪年出现"跳辰"之后，星历家们不得不将其废止记年而改之用以纪月了。如《汉书·律历志》的"次度"，便是："星纪，初，斗十二度，大雪；中，牵牛初，冬至（于夏为十一月，商为十二月，周为正月），终于婺女七度。""玄枵，初，婺女八度，小寒；中，危初，大寒（于夏为十二月，商为正月，周为二月），终于危十五度。"这里的"星纪""玄枵"显然均用以纪月了。

岁星纪年法废置后，星历家们便设想出一个与真岁星（木星）"背道而驰"而与二十八宿的十二辰运行方向、顺序相一致，即从东到西匀速运行十二年为一周天的假岁星即"太岁"（《史记·天官书》和《淮南子·天文训》叫"太阴"），并按分天球赤道带为十二等份的办法，将地平圈由东到西均分为子丑寅卯等十二辰，并分别以困敦、赤奋若、摄提格、单阏、执徐、大荒落、敦牂、协洽、涒滩、作噩、阉茂、大渊献，即"十二岁阴"之名代之来纪年的方法，叫太岁纪年法。如战国时楚国爱国诗人屈原《离骚》"帝高阳之苗裔兮，朕皇考曰伯庸。摄提贞于孟陬兮，惟庚寅吾以降"用的就是这种太岁纪年法。屈原生年即为摄提格（寅）年（公元前343年）。

由于太岁纪年法使用的是假岁星，即"太岁"年，它不像用真岁星（木星）记年那样会出现"跳辰"。因此，用太岁纪年十二年一轮回，其实质同十二地支和生肖纪年完全一样，只是所使用的名称不同罢了。后来有些星历家为了避免人们在使用干支纪年、纪月、纪日问题上可能发生的紊乱（故避子丑寅卯……和甲乙丙丁等文字），于是便采用十天干和十二地支的别名，即用十"岁阳"：阏逢、旃蒙（端蒙）、柔兆（游兆）、强圉（强梧）、著雍（徒维）、屠维（祝犁）、上章（高横）、重光（昭阳）、玄黓（横艾）、昭阳（尚章）和十二"岁阴"（太岁）：困敦、赤奋若、摄提格……组成了一种别具特色的干支纪年。如《史记·历术甲子篇》将甲寅年写作"焉逢摄提格"；乙卯年写作"端蒙单阏"；丙辰年写作"游兆执徐"等等。

远古贤哲们从观象授时实践中发明创造的七曜（即星期）纪时法，天干纪时法、地支纪时法（包括岁星和太岁纪年法），分别用于短期的纪日、纪月、记年、记星期周，均非常便捷，也很生动、准确；但也因其纪时周期太短（才7至12），如果用以记年、月、日之时间长历，则很不适用。于是便很快（抑或同时）发明了一种以十天干和十二地支依次自然组合成甲子、乙丑、丙寅、丁卯等的干支（即六十甲子一轮回）纪历法。

干支纪历法始于何时？我们可以从历史典籍中看到。如，《通鉴外纪》："包牺氏没，女娲氏作，元年辛未。""神农纳奔水氏女听訞，生临魁。帝临魁元年辛巳（经考证为公元前4960年），在位六十或云八十年（经考证为六十年）；以次帝承元年辛巳（前4900年），在位六年或云六十年（经考证为六十六年）；帝明元年丁亥（前4834年），在位四十九年；帝直元年丙子（前4785年），在位四十五年；帝鳌一曰克元年辛酉（前4740年），在位四十八年；帝哀元年己酉（前4692年），在位四十三年；帝榆罔元年壬辰（前4649年），在位五十五年。"《史记·集解》："尧以甲申生（经考证为公元前2317

年），甲辰即帝位，甲午征舜，甲寅舜代行天子事，辛巳崩（前2200年），年一百一十八，在位九十八年。""舜以尧之二十一年甲子生（前2277年），三十一年甲午征用，七十九年壬午即真，百岁癸卯崩（前2178年）。"《史记·封禅书》及《汉书·郊祀志》："黄帝得宝鼎神策，是岁己酉朔，且冬至得天之纪，终而复始"（经考证为公元前4567年甲寅十一月初一己酉朔）。《竹书纪年》"中康五年秋九月庚戌朔日有食之"（经考证为公元前2139年）。出土文物《弋其卣》甲："丙辰，在正月，佳王（帝辛）二祀"（经考证为帝辛二年即公元前1156年正月初六丙辰）；《弋其卣》乙："乙巳、己酉在四月，佳王（帝辛）四祀"（为公元前1154年四月初八乙巳，十四日己酉）；《弋其卣》丙："乙亥在六月，佳王（帝辛）六祀"（为公元前1154年六月二十一日乙亥）等等。由此可知干支纪历，早从伏羲时代开始并一直传承到了今天。[5]

干支纪历法以60为周期，其时间长度是天干纪历时间长度的6倍，地支纪历时间长度的5倍。比较而言，显然是适用多了，也优越多了。但在实际中也仍然发现有其不足之处。这种干支纪年虽然也同样优于以某王在位之年数记年的"帝王纪年法"（如《尚书·周书·泰誓》："惟十有一年武王伐殷，一月戊午师渡孟津，作泰誓三篇。惟十有三年春大会于孟津……惟戊午，王次于河朔，群后以师毕会。王乃徇师而誓……"）；它可以用60甲子一轮回连续不断地纪时和记年，如《史记·十二诸侯年表》就从"庚申共和元年"开始，经过六个六十甲子，一直记到了"周敬王四十三年甲子"为止，凡365年有条不紊。但它与公元纪年法相比，它仍然不像公元纪年那样具有无穷的前后一直延续不断的标示性和明确的识读性。就拿中国近代史上的"甲午战争""戊戌变法"和"辛亥革命"来说，如果不查检史书、辞典的《历史纪年表》，又不懂得干支与公元纪年的相互换算，时间一久，就根本搞不清这些历史事件发生的具体年代。又比如：有一位老人，他的生年超过了一个甲子。比如他是甲子年生的，92岁（丙申年）去世了。若干年后人们从其墓碑"档案"中得知此人"生于甲子年，卒于丙申年"，那么这个人是活了92岁？还是32岁？！

实践是发现真知、检验真知、发展真知的最好途径。为了克服干支纪历的美中不足，我国古代贤哲们根据"天之七曜、二十八星（宿）周于穹圆之度以丽十二位也，在天成象见吉凶"（《隋书·天文志》）的观象授时法则，将"七曜"（即星期周）、二十八宿和十二地支（即取7、28、12的最小公倍数），组成"84嘎进"用以纪年和纪日；随即又在"84嘎进"的基础上加上十天干（即由七曜、二十八宿、六十甲子之7、28和12、10或60的最小公倍数）与之组成更大周期——420序数纪历法，用以纪年和纪日。84嘎进和420序数纪历法之轮回周期的时间长度，分别为七曜纪历的12倍和60倍；为十二地支纪历的7倍和35倍。因420序数周期纪历法的一周长度为干支即60甲子的7倍，因此古人又称其为"七元甲子局"。

除七曜（星期）纪历法、天干纪历法、十二地支纪历法和干支（60甲子）纪历法，已成为我国传承至今的传统纪历法以外，84嘎进和420序数周期（即"七元甲子局"）纪历法，至今也仍在我国各民族民间流传。例如："苗甲子"、84嘎进和以420序数为周期（即"七元甲子局"）的纪历法，就是对上述中华古历的正宗传承。

水族今天仍在使用的"七元纪历法"与距今一千四百年前的梁代萧吉《五行大义》及明代初期池本理、刘基《禽星易见》中的"七曜"（日月火水木金土）即"七元甲子局"亦即"七元将头"纪历法，有着完全相同的渊源关系。它们均以"鼠宿（虚）日曜"为起元（即首元）。其第一元的甲子周是："甲子鼠（虚）宿日曜、乙丑燕（危）宿月曜、丙寅猪（室）宿火曜、丁卯鱼（貐）（壁）宿水曜、戊辰螺（狼），（奎）宿木曜、己巳狗（娄）宿金曜、庚午雉（胃）宿土曜、辛未鸡（昴）宿日曜……"，第二元的甲子周是"甲子螺（奎）宿金曜"；第三元为"甲子乌鸦（毕）宿水曜"；第四元为"甲子鬼（鬼）宿月曜"；第五元为"甲子蛇（翼）宿土曜"；第六元为"甲子貉（氐）宿木曜"；第七元为"甲子豹（箕）宿火曜"。从一元开始到七元之终（"癸亥妇（女）宿土曜"）就是420序数的一个大周期。[6]

这个由"七曜"（轮回60次），28宿（轮回15次），六十甲子（干支轮回7次或天干轮回42次，地支轮回35次）；或84嘎进（轮回5次）所构成的420序数为一周的"七元甲子局"纪历法，在我国已有六七千年以上的历史了。我们可以骄傲地说：中国是世界上最早创制和施行历法的国家。

注释：

①拙著《中华文明七千年初探·中华远古文明七千之佐证》，人民出版社 2002 年版。

②拙著《中华传统天文历术·序论》和《观象授时》，海南出版社 1996 年版。

③陈玄机：《周易图文大百科》，中国画报出版社 2010 年版，第 230 页。

④拙著《中华传统天文历术·天文历术及其推算的原理与方法》，海南出版社 1996 年版。

⑤拙著《中华古帝与文明研究》，贵州人民出版社 2009 年版。

⑥拙著《水历是中华远古历法的活化石》，潘朝霖主编：《水书文化研究》，贵州民族出版社 2009 年版。

水历是中华远古历法的"活化石"

水族是一个历史极其悠久的民族。水族的历法同水族的历史一样悠久。早在距今六千三百年以前，水族的始祖共工就曾"步十日四时"（《楚帛书·乙篇》），创制了甲乙丙丁等十天干纪日，分一月为三旬，并将一日划分为"宵、朝、昼、夕"四个时段的"十日历"。这个分一月为上、中、下三旬的纪历法，一直沿袭到了今天。共工的父辈重黎和吴回先后在公元前4400—前4300年的颛顼和帝喾高辛时代，相继担任过主管天文历法的朝廷要员——"火正"。这个在中国历史上被称为祝融氏家族的重要成员，"是襄天□，是格天化"，并"□思□，奠四亟……以四神降，奠三天……""步十日四时"（《楚帛书·乙编》），发明了以天象为依据的历法。其子孙沿源相袭"乃步以为岁"，历朝历代，成了朝中掌管天象观测的要员和天文历法大师。正如司马迁《史记·天官书》所云："昔之传天数者，高辛之前重黎（氏）；于唐虞，羲和（氏）；有夏，昆吾（氏）；殷商，巫咸（氏）；周室，史佚、苌弘；于宋，子韦；郑则裨灶；在齐，甘公；楚，唐昧；赵，尹皋；魏，石申……"

今天水族民间用以纪时、择吉的"水历"就是中华古历传承至今的瑰宝和"活化石"。

据《史记·楚世家》和《山海经·海内经》等记载：水族的始祖共工，原是帝喾高辛时期"霸九州""平九土"（《国语·晋语》），"地处江水"，为江南"水正"的朝廷要员（相当于今天的国家水利部部长）。在治理江南水患时，由于他抗命诛杀"窃帝之息壤以湮洪水"（《竹书纪年》）的鲧氏家族成员，因而被帝喾高辛视为叛逆作乱而遭到讨伐。从而逼使他开展了一场与帝喾一决雌雄的战争。结果因寡不敌众，共工失败身亡了。经分析推测，共工战败身亡那年，就是水族民间至今流传的《鲤鱼歌》所说的"庚午年"，其时为高辛五十七年即公元前4327年庚午。

共工战败身亡之后，他的部族及其子裔为了躲避帝喾高辛的野蛮屠杀，就从世居的荆楚江南水乡，纷纷逃亡，向外迁徙。若干年后他们大都集聚到了滇桂黔三省交界之区及都柳江流域的三都等地。

今天的水族同胞虽然远离了先祖们生活的荆楚江南故土，但他们却还保留了祖先几千年前的种种风情习俗和文化因子。水历就是一个十分鲜活的例子。

一、建戌为正（即以农历九月为岁首）的水历，仍是六千三百年前共工及其部族子裔为对抗帝喾高辛建亥为正（即以农历十月为岁首）的历法而创制的以农历九月"玄司秋，可以筑室（寓意可兴家立业）"（楚帛书《十二月相图》）之新历法。这个新历法定农历九月（即戌月）为岁首，其用意就是要把建历以亥（十）月为岁首的帝喾高辛统治集团压下去，好兴家立业建立起共工氏部族自己的政权。"玄司秋"的"玄"指"司秋"的水神"玄冥"。其具体所指有三：1. 曾"命南正重司天以属神；命火正黎司地以属民"的颛顼（《国语·楚语下》）。因为颛顼为帝时曾任命祝融氏家族的成员（重黎、吴回和共工等）或居火正，司天，掌管天象观测和历术推算以示民时早晚；或司地，为"水正"，"霸九州"，"平九土"，兴水利，除水患。所以颛顼死后祝融氏家族便将这位"以水德王天下"的隆恩之主推崇为"北方水德之帝"，即"所司者万二千里"的玄冥（《淮南子·时则训》）。今天水族同胞每两年或六年或十二年一次的敬霞节，所祭拜的"霞"神，就是水德之帝颛顼。"霞"就是"豭"，是猪的别称。《山海经·海内经》云："昌意降处若水，生韩流。韩流擢首、谨耳、人面、豕喙、麟身、渠股、豚止，取淖子曰阿女，生帝颛顼。"原来颛顼是一位猪图腾崇拜的家族成员。在水族同胞的心中，霞神不仅管风调雨顺，五谷丰登，而且还是一位可保人们人丁兴旺、财运亨通、乡土平安的万能之神。2. 少昊之子循或少昊之叔修、熙。高诱注《吕氏春秋》曰："少昊氏之子曰循，为玄冥师，死祀为水神"。又《左传·昭公二十九年》云："少昊四叔，曰重、曰该、曰修、曰熙，实能金木及水……（少昊使）修及熙为玄冥。"循和修、熙都是"能金木及水"的水神，他们与颛顼又有十分密切的亲缘关系。《海外东经》说：少昊曾"孺（养育）颛顼"于"东海之外"的"少昊之国"。《绎史》卷七亦载："颛顼生十年"曾"佐少昊。"3. 水族始祖共工。共工生前曾为江南"水正",是国家最高职务的治水官。他死后,人们尊奉他为水神(玄冥),这于情于理都是当然之事。水族民间至今传说共工远祖亡于"庚午年"的某月亥日。为了纪念这位远祖,水族过端(年节)不仅分作七批进行,其首端定在农历八月即水历十二月的第一个亥日,并约定"戌日晚各家设供桌祭祀。供物为鱼包韭菜、炕鱼、豆腐及各种素菜。此日晚和亥日早晨,家中必须忌荤,绝不沾动物油,就是点灯也只能用菜油和茶油,忌用桐油(桐者痛也,而"桐"又与"共"字谐音);但鱼虾及水产动物不算荤物,且是必不可少的祭品"(《水族民俗探幽》,第287页)。水族过端为何要分作七批进行?其中除五批为"逢亥"过端外,另有两批为"逢午""逢未"过端,这又是为何呢?这显然与祝融(重黎、吴回)、共工氏家族崇北斗和"治南方……主火"有关。从五行方位来说:午未属火,居南方,而北斗七星又是颛顼之车。《史记·天官书》云:"斗为帝车,运于中央,临制四方,分阴阳,建四时,均五行,移节度,定诸纪,皆系于斗。"

二、祝融(重黎、吴回)、共工、陆终、昆吾等,在颛顼和帝喾高辛时代曾"以四神降,奠三天","步十日四时","居火正",司掌"三辰"(即心宿大火,参宿三星和北斗)。他们的后代乃是一个"乃步以为岁"即以天象观测和历法推步传家的旺族。他们以"天之七曜,二十八星周于穹圆之度,以丽十二位也,在天成象示见吉凶"(《隋书·天文志》)的天象观测为依据,创制、推行了一种以日月五星(即七曜)、二十八宿和十天干、十二地支等组合成60甲子、84嘎进或以420序数(即七元甲子局)为更大周期的纪历法,以及十天干、十二地支各自为周期的纪历法,即人们通称的干支纪历法、嘎进纪历法、天干纪历法及十二生肖纪年法、岁星(木星)纪年法和太岁纪年法,等等。

祝融氏家族成员及其后裔创制的这些纪历法成了中华民族的优秀传统文化和极其宝贵的精神财富。有的如六十甲子(即干支)纪年法,十二地支(即生肖)纪年法和十日一旬的天干纪日法等等则一直流传到了今天;有的如84嘎进和以十二地支(即生肖)组成的36禽法,等等,直到明代以前仍藏之于楚祖熊绎之秘府(如长沙熊湘阁),或尚在以长沙为中心的荆楚地区流传。因此一千五百年前梁武帝之兄，长沙王萧懿之孙"博学多通，尤精阴阳算术"的萧吉（？—614）才有条件依据这些资料著述《五行大义》这类以十二地支或七曜（日月五星）和二十八宿与禽类相配来推断人生禄命的星历相术之书；六百年前的明代开国功臣刘基（1311—1375）和星命术家池本理也才有机会依据这些远古秘籍编著像《郁离子》《演禽图诀》和《禽星易见》等这类的古代哲学和谶纬、星象占卜之书。

经研究发现：今天水族和苗族、彝族等南方少数民族民间流传的"苗甲子"或"嘎进"和以420序数为周期的纪历法，就是对上述中华古历的正宗承传。据苗族《道理书》说：苗甲子的84嘎进"是苗族先民嘎里、嘎对等人于浑河黑水之间创建的包含有时、月、季、年、斗概念在内的历日制"。这种由六十干支配二十八宿和七曜组成420序数为周期，或以二十八宿与十二生肖、84"嘎进"为周期的纪历法，不仅是水族和苗族、彝族历法的共同特征，而且与汉族历代施行的农历等同出一辙，有着十分密切的渊源关系。

苗族的先民嘎里、嘎对，其实就是帝喾高辛时曾"居火正，甚有功，能光融天下，帝喾命曰祝融"的重黎和吴回两兄弟。"嘎"是表示尊称的语助词。"里"就是"黎"，"对"就是"雷"的音转。嘎雷即吴回。《说文》："吴，大也。""回，雷也（"回"，"雷"乃一声之转）。"早年在北京出土的《楚公逆镈铭文》就将"吴回"直书为"吴雷"，楚祖吴回因生前主祀星宿大火，"死为火官之神"（《吕氏春秋》），因此被后人祀奉为火神和雷神（相传农历六月二十四是他的生日）。

苗族《道理书》中的"浑河""黑水"指的是沅江及其黔江、巫水。《山海经·西山经》云："黑水出焉而西流大杅。"据袁珂注，此水离"禹攻云雨之山"（即巫山）不远。又《大荒南经》云："黑水之南有玄蛇食尘，有巫山，西有黄鸟。"《南山经》又曰："又东五百里曰鸡山，其上多金，其下多丹膫。黑水出焉而南流注于海。"由此可见"浑河黑水之间"所指正是祝融（重黎、吴回）所治之区。

三、水历二十八宿的动物名称，不仅与隋代萧吉《五行大义》中的三十六禽类关系甚密，而且与明代刘基、池本理的《演禽图诀》和《禽星易见》

所载二十八宿的动物名称也完全一致（见十二生肖同池本理三十六禽、水历二十八宿动物名称对照表）：

十二辰及对应的十二生肖	子（鼠）	丑（牛）	寅（虎）	卯（兔）	辰（龙）	巳（蛇）
池氏三十六禽名	燕鼠、伏翼	牛、蟹、鳖	狸、豹、虎	狸、兔、貉	龙、蛟、鱼	鳝、蚯蚓、蛇
水族二十八宿名	燕、鼠、女	牛、蝎	豹、虎	日、兔、貉	龙、蟹	蚯蚓、蛇
十二辰及对应的十二生肖名	午（马）	未（羊）	申（猴）	酉（鸡）	戌（狗）	亥（猪）
池氏三十六禽名	鹿、马、獐	羊、鹰、雁	猫、猿、猴	雉、鸡、乌	狗、狼、豺	豕、猪
水族二十八宿名	蛛、马、蜂	鬼、羊、鹅	獭、猴	乌、鸡、雉	狗、螺	鱼、猪

此外，池本理的《禽星易见》纪历用二十八种动物配二十八星宿（即谓之二十八禽星）；再以二十八禽星分别与七曜（日、月、火、水、木、金、土）和六十干支相配，即从虚宿配"日曜"与干支"甲子"日（即"虚日鼠"）开始，依次按六十花甲轮回一次为一元，第二元又从甲子日（"奎木狼"）起（接第一元之后）依次循环配二十八禽星，这样周而复始，直至第七元（"箕水豹"）之终，共四百二十天为一个大轮回。这个大轮回就是所谓的"七元甲子局"：一元虚、二元奎、三元毕、四元鬼、五元翼、六元氐、七元箕。其中二十八禽星与七曜的组合则为：角木蛟、亢金龙、氐土貉、房日兔、心月狐、尾火虎、箕水豹、斗木蟹、牛金牛、女土蝠、虚日鼠、危月燕、亥火猪、壁水貐、奎木狼、娄金狗、胃土雉、昴日鸡、毕月乌、觜火猴、参水猿、井木犴、鬼金羊、柳土獐、星日马、张月鹿、翼火蛇、轸水蚓。《禽星易见》就是利用禽星彼此间的生克伏合，弱肉强食以及得地之变化等等来占测人事的吉凶祸福。

今天的水历同样是采用六十甲子与二十八宿及其相配动物和七曜相配以定元的纪历法。它同样是"鼠宿（虚），日曜"起，按六十甲子一轮回为一元。第一元为"甲子鼠（虚）日曜"，第一元的"甲子周"如下：

甲子鼠（虚）宿

日曜、乙丑燕（危）宿月曜、丙寅猪（室）宿

火曜、丁卯鱼（壁）宿水曜、戊辰螺（奎）宿

木曜、己巳狗（娄）宿金曜、庚午雉（胃）宿

土曜、辛未鸡（昴）宿日曜、壬申鹰（毕）宿

月曜、癸酉猴（觜）宿火曜、甲戌獭（参）宿

水曜、乙亥鹅（井）宿木曜、丙子鬼（鬼）宿

金曜、丁丑蜂（柳）宿土曜、戊寅马（星）宿

日曜、己卯蛛（张）宿月曜、庚辰蛇（翼）宿

火曜、辛巳蚓（轸）宿水曜、壬午雷（角）宿

木曜、癸未龙（亢）宿金曜、甲申竹鼠（氐）宿

土曜、乙酉兔（房）宿日曜、丙戌太阳（心）宿

月曜、丁亥虎（尾）宿火曜、戊子豹（箕）宿

水曜、己丑蟹（斗）宿木曜、庚寅牛（牛）宿

金曜、辛卯妇（女）宿土曜、壬辰鼠（虚）宿

日曜、癸巳燕（危）宿月曜……依此类推

第二元为"甲子螺宿（奎）金曜"；第三元为"甲子乌鸦宿（毕）水曜"；第四元为"甲子鬼宿（鬼）月曜"；第五元为"甲子蛇宿（翼）土曜"；第六元为"甲子貉宿（氐）木曜"；第七元为"甲子豹宿（箕）火曜"。一元之始到七元之终（"癸亥妇宿（女）土曜"）就是420序数的一个大周期。

水历的这种七元纪历法，不仅与池本理《禽星易见》所用的"七元将头"纪历法，即以六十干支配二十八宿与七曜配三十六禽所组成的演禽法及其七元结构完全相同，而且其起元也都从"虚日鼠""甲子"日始，"凡换元（亦）皆以甲子"（《禽星易见·七元二十八将》）。由此足以说明，水历以420序数一大周期的"七元甲子周"纪历法和池本理的"七元将头"纪历法有着完全相同的渊源。

虽然水历二十八宿的动物名称同池本理《禽星易见》二十八宿的动物名称，有少数几个存在某些差异，而这种差异也仅仅是称谓之不同而已（如下表）：

355

二十八宿	角	亢	氐	房	心	尾	箕
《禽星易见》动物名	蛟	龙	貉	兔	狐	虎	豹
水历动物名	雷	龙	竹鼠	兔	太阳	虎	豹
二十八宿	斗	牛	女	虚	危	室	壁
《禽星易见》动物名	蟹	牛	蝠	鼠	燕	猪	貐
水历动物名	蟹	牛	妇	鼠	燕	猪	鱼
二十八宿	奎	娄	胃	昴	毕	觜	参
《禽星易见》动物名	狼	狗	雉	鸡	乌	猴	猿
水历动物名	螺	狗	雉	鸡	鹰	猴	獭
二十八宿	井	鬼	柳	星	张	翼	轸
《禽星易见》动物名	犴	羊	獐	马	鹿	蛇	蚓
水历动物名	鹅	鬼	蜂	马	蛛	蛇	蚓

如：角宿，《禽星易见》的物名谓"蛟"，而水历名称则为"雷"；氐宿，《禽星易见》的物名谓"貉"，而水历名称则为"竹鼠"；心宿，《禽星易见》的物名谓"狐"，而水历名称则为"太阳"；女宿，《禽星易见》的物名谓"蝠"而水历名称则为"妇"；壁宿，《禽星易见》的物名谓"貐"而水历名称则为"鱼"；奎宿，《禽星易见》的物名谓"狼"而水历名称则为"螺"；毕宿，《禽星易见》的物名谓"乌"而水历名称则为"鹰"；参宿，《禽星易见》的物名谓"猿"而水历名称则为"獭"；井宿，《禽星易见》的物名谓"犴"而水历名称则为"鹅"；鬼宿，《禽星易见》的物名谓"羊"而水历名称则为"鬼"；柳宿，《禽星易见》的物名谓"獐"而水历名称则为"蜂"；张宿，《禽星易见》的物名谓"鹿"而水历名称则为"蛛"；

这些星宿的物名称谓之不同，多是缘于同音异字的讹误（如"蝠"与"妇"，"貐"与"鱼"等）；或物种属性为同类、同科罢了（如"蛟"与"雷"同为鳞虫类的蛇科灵性之物。《山海经·海内东经》云："雷泽中有雷神。龙身而人头，鼓其腹。"传说此雷神乃吴回所化。又如"貉"与"竹鼠"同为猫科哺乳动物；"乌"与"鹰"同为鸟类；"猿"与"獭"同为哺乳类动物；等等）。除此之外，有的还与水族的信仰和图腾崇拜有关。正如潘朝霖先生在《水苗汉二十八宿比较研究》（《贵州民族研究》2001年第3期）一文中所云，水族之所以把角宿动物之名"蛟"称为"雷"，并排为水历二十八宿之首，就是缘于对"雷神的崇拜"。"因为在水族社会中，雷神是自然神与社会神的结合体，能主持正义、惩恶扬善、洞察秋毫、行动敏捷，上苍的意志由其（他）来表达与传递。在婚嫁、营造、丧葬、生产等重大活动中均有忌雷及祭雷的习俗。雷神的地位在水族社会中是至高无上的，因而在宿名的排位上，'雷'排首位是必然的。"同样，"水族以'鱼'为'貐'也缘于水族的鱼图腾信仰"（《中国水族文化研究》，第503—504页）。潘先生的分析十分正确，但还需补充的是：雷神就是水族始祖共工的父辈吴回。前面已经提到，吴回因生前"主火""能光融天下"，死后被祀奉为雷神。因此水族人民把"雷"排在了二十八宿的首位，用"角木雷"取代了"角木蛟"。

四、水族和苗族同根同源是同宗共祖的兄弟，他们都是炎帝神农的后裔。《山海经·海内经》云："炎帝之妻……听訞生炎居；炎居生并节；并节生戏器；戏器生祝融（即重黎和吴回）。祝融降处江水，生共工，共工生术器……共工生后土……"《史记·楚世家》云："重黎为帝喾高辛居火正……共工氏作乱，帝喾重黎诛之而不尽，帝乃以庚寅日诛重黎，而以其弟吴回为重黎，后复居火正，（亦）为祝融。吴回生陆终。陆终生子六人……一曰昆吾、二曰参胡、三曰彭祖、四曰会人、五曰曹姓、六曰季连，芈姓，楚其后也。"因此，他们使用的历法也几乎完全一样。他们除了都使用干支和十二生肖等纪历外，也都使用人们所称的"苗甲子"和"嘎进"。但由于他们一个是共工的子孙，一个是蚩尤的子孙，因此在用历上也有细微的区别。那就是他们以二十八宿和十二生肖组成的嘎进，其起始之年不同。苗族起于"雷宿虎"（即角宿寅）而水族则起于"鼠宿虚"（即虚宿子）。

水族为何不始起于角宿而要始起于虚宿，即以"甲子鼠宿（虚）日曜"为起始之年呢？因为虚宿是水族尊奉的族星（亦即主祀星）。水族为何选用虚宿为本民族的主祀星（即族星）呢？这显然与他们的先人精通天文历法和憎恨帝喾高辛有很大的关系。虚宿是炎黄帝时代星历家们观象授时的"四仲中星"之一，即《尚书·尧典》所说的"宵中星虚"。它是农历仲秋八月的

"中星"。农历仲秋八月，正是建丑为正，殷历《礼记·月令》和《夏小正》所说的"九月内火"（"内"即"纳"，入也。这里的"九月"即农历八月），是心宿大火进入地平线的时候。而心宿大火却是帝喾高辛之子阏伯所主祀的族星。《左传·昭公元年》云："昔高辛氏有二子：伯曰阏伯，季曰实沉。居于旷林，不相能也，日寻干戈，以相征讨。后帝不臧，迁阏伯于商丘，主辰（主祀心宿大火），商人是因。故辰（主星心宿）为商（族）星；迁实沉于大夏（晋阳），主参（主祀参宿），唐人是因……"水族先民选定虚宿为本民族的主祀星（即族星）就意味着他们将如仲秋八月升入中天的虚宿；而帝喾高辛的统治就将随同心宿大火"纳之以息其气"（《周礼·春官》），从此入土而完蛋了，也就是说当代表帝喾高辛的主祀星（即高辛氏族的族星）心宿大火行将入土的时候，水族的主祀星（即水族的族星）虚宿却从东升上了中天。从此建亥为正的帝喾高辛的末日到了，建戌为正的水族的新纪元即将开始了。这在历法上确实是一个独具匠心的巧妙安排。

水历的编制规则，除采用上古"七元纪历法"即以干支的"甲子"，二十八宿（禽星）的"虚宿（鼠）"和七曜（日月火水木金土）的"日曜"为第一元的首年或首日（"甲子鼠宿日曜"），并按照六十花甲、二十八禽星（宿）和七曜的顺序依次轮回，最后以六十花甲作7次轮回，二十八禽星作15次轮回、七曜作60次轮回而终于"七元甲子周"即420序数为一大周期，如此周而复始，反复循环外，其年历的编制则同今天全国施行的农历一样，同样是一部以回归年岁实365又4分之1日为一周期和以朔望月之朔实29又940分之499日为另一周期，及以六十花甲一轮回纪年并使三者相谐和，以置闰月"定四时成岁"的阴阳历。同农历一样亦分一年为四季，十二个月和二十四节气。平年六个大月，六个小月，大月为30天，小月为29天，一年共354天，比一个回归年短11又4分之1天。为了使之补齐，水历同样采用了19年7闰为一章，4章即76年为一蔀的推步之术。闰年为384天（闰大月）或383天（闰小月）。水历与农历稍微不同的是：1. 农历置闰是在失气之月的前面（如某年三月失气，无谷雨，则即置闰二月以补之）；而水历置闰则在水历的九、十月之间（即农历五月之后，六月之前）。其实水历的这种置闰法也是对置闰于年中或岁末的古制的传承（秦代以前中华古历置闰多在年中或岁末）。2. 农历建寅为正（即以夏历正一月为岁首）；水历则建戌为正（即以夏历九月为正月，岁首）。此外，水历一年四季的名称似乎与农历不同，农历曰：春、夏、秋、冬；水历曰：盛（胜）、鸦（权）、熟（旭）、挪（冷、冻）。其实这只是一音之转。至今湖湘地区民间不少汉族同胞仍读"夏"为"鸦"，"秋"为"旭"，"冬"为"冻"或"冷"。

再者，水历根据太阳、月亮、星辰等天象变化和风雨雷电等气象变化及动植物顺应节气而发生变化所形成的规律，以指导农牧业生产活动的民间谚语，也同农历的农业谚语完全一致，如：

虫鳝出来滚干灰，酷热干旱不减威。

太阳打伞长江水，月亮打伞草木枯。

游丝天外飞，久晴必可期。

暮看西边明，来日天定晴。

云势若鱼鳞，明日风不轻。

久晴西风雨，久雨西风晴。

东闪闪，西闪闪，下起雨来不打伞。

看见大蛇跑，大雨定来到。

蚯蚓满地爬，雨下乱如麻。

蜻蜓飞得高，太阳似火烧，蜻蜓飞得矮，就要下雨来。

鸡进笼宿早，明天有太阳；鸡进笼宿晚，夜间有雨来。

水族民间流行的许多农事谚语，也同样是围绕着二十四节气来编排，如：

但得立春晴一日，农夫不用力耕田。

惊蛰闻雷米似泥，春分有雨病人稀。

清明要明，谷雨要淋。

清明若明大丰收，谷雨不雨万民愁。

立夏不下，犁耙高挂。

夏至日无光，五谷难满仓。

夏至昼暖夜来寒，虽是江湖也防旱。

立秋无雨甚堪忧，万物从来一半收。

处暑若逢天下雨，纵然结实也难留。

秋分天气白云多，到处欢歌好拾禾。
最怕此时雷电闪，冬来无米道奈何。
冬至天晴无雨色，来年栽秧田开裂。
大寒倘有大雪来，明年定是大旱灾。
……

特别值得重视的是水族关于"太阳打伞长江水，月亮打伞草木枯"和"夏至昼暖夜来寒，虽是江湖也防旱"等谚语，反映的则是荆楚江南地区的天象与物候的变化，这不仅说明水历与农历同源，而且还有力说明水族原本就是荆楚江南水乡的居民。荆楚江南水乡才是他们最早的家园。否则他们不可能有"太阳打伞长江水，月亮打伞草木枯"等等之说。倘若他们自古就生活在五岭以南的百粤地区，或如今的都柳江流域，那就绝不可能产生这类与"长江"和"江湖"（即长江和洞庭等江南湖泊）有关的谚语了。

从以上诸多事例断定，水族是六千三百年以前就已生活在中华大地荆楚江南地区的古老民族。今天水族民间流传的"水历"，则是六千余年前水族的先祖重黎、吴回、共工、陆终和昆吾等人所创制的中华古历的承传，是中华古代历术的"活化石"。

彝族历法是中华古历的承传

彝族是七八千年前的伏羲和炎帝神农的后裔。同苗族一样，是炎帝神农集团"九黎之君"蚩尤的后代。"处南服，颛顼之前曰'九黎'，颛顼之后曰'三苗'"的"黎苗"（晋·张华《博物志》），是炎帝"王权"的继承者，在天文历法方面享有独尊地位。到了颛顼和帝喾高辛时期，彝族先人司掌天文历法的正宗地位得到了进一步的巩固。炎帝之裔祝融（重黎和吴回）相继被任命为"火正"，成为朝廷司掌心宿大火，参宿三星和北斗等"三辰"，"能光融天下"的天文历法大臣[①]。此后，彝族的先人重黎、吴回、昆吾、陆终、羲和到汉代的司马迁，一代又一代地成了历代朝廷"世序天地"，历典天官的历法要员。如司马迁《史记·太史公自序》所云："昔在颛顼命南正重以司天，北正黎以司地。虞唐之际绍重黎之后使复典之，至于夏商。故重黎氏世序天地，其在周，程伯休甫其后也。当周宣王时，失其守而为司马氏……"太史公司马谈临终前执迁手而泣曰："余先周室之太史也。自上世尝显功名于虞夏，典天官事。后世中衰，绝于予乎？汝复为太史则续吾祖矣。"

七八千年前，伏羲、神农"仰则观象于天，俯则观法于地"（《周易·系辞》），"以天之七曜二十八星周于穹圆之度，以丽十二位也，在天成象"（《隋书·天文志》），"立周天历度"（《周髀算经》），"正四时之制"（《尸子》），"画八卦""分八节，以始农功"（《隋书·律历志》），创制了上元太初历（即天元甲子历）。这个以甲子年甲子月甲子日甲子时合朔并交冬至为历元，分一年为十二个月、二十四节，气并以"闰月定四时成岁"（《尚书·尧典》）的天元甲子历就是中华传统天文历法的"四分古历"[②]。

七千年来，中华历代王朝所执行的历法，都是这传统四分历的传承。只是建月有所不同而已。如夏历建寅，殷历建丑，周历建子，颛顼历建亥，除此绝无任何实质的差别。各民族民间流行的纪时法则（除外来宗教传入的

"回回历"、儒略历和格里历外），亦无任何本质的不同。

彝族是伏羲、神农和颛顼、重黎、吴回的后裔。彝族同胞使用的历法，我们从彝族历史典籍《彝族源流》《彝族创业世志》《宇宙人文论》及《彝族天文学史》等确知：它是非常正宗的中华传统天文历术。即是用十天干和十二地支组合成六十甲子用以纪日、纪年；分一年为十二个月、春夏秋冬四季和二十四节气，并使太阳和月亮的周期（$365\frac{1}{4}$日与$29\frac{499}{946}$日）同60甲子一轮回相谐合，以十一月冬至为岁首，以"闰月定四时成岁"的历法。彝族关于二十八宿，关于北斗、九星，关于星宿分野和以星宿中流伏内定时节，以北斗柄指方向、定时节、辨四季的观念及其功能作用的认识，同汉族等各民族完全一样，为中华传统天文历法之龟镜。彝族《宇宙人文论》在谈到用六十甲子纪日和纪年，用十二地支纪月和以十一月冬至为起点，以建寅为正，分一年为四季和二十四节气时说："太阳一天转一次，月亮一月圆一番。""太阳一年十二月转一周，轮回二十四节气。月亮跑一周，经历一个月，轮回一次盈亏圆缺。""春天发生，夏天成长，秋天收获，冬天贮藏……一年十二月分为八个季节，即立春、春分、立夏、夏至、立秋、秋分、立冬、冬至。"二十四节气以十一月冬至为始："子，十一月，天一气（冬至）；丑，十二月，天二气（大寒）；寅，正月，天三气（雨水）；卯，二月，天四气（春分）；辰，三月，天五气（谷雨）；巳，四月，天六气（小满）；午，五月，地一气（夏至）；未，六月，地二气（大暑）；申，七月，地三气（处暑）；酉，八月，地四气（秋分）；戌，九月，地五气（霜降）；亥，十月，地六气（小雪）。"《彝族创世志》亦曰："春季三月里，春晴日融融，万物始苏醒；夏季三月里，夏晴日炎炎，万物尤繁盛；秋季三月里，秋晴气清清，万物有收成；冬季三月里，冬晴日高寒，万物新旧替。一年十二月，三百六十五天，红日当空转，一天行一度。一月三十日，十五或十六，月圆明朗朗。三十转初一，月象昏沉沉。"（"春季三月"正是夏历三月，时值二十四节气中的清明、谷雨，正是天气晴和，叶嫩花红，越冬作物拔节勃长"雨足郊原草木柔"的美好季节，故曰"春晴日融融，万物始苏醒"；"夏季三月"，正是夏历六月，时值小暑大暑。暑者热也。正是天气炎热之季，故曰"夏晴日炎炎，万物尤繁盛";"秋季三月"正是夏历九月,时值寒露、霜降,正是天气转凉,天高气爽,风轻云淡,万物已成之季,故曰"秋晴气清清,万物有收成";"冬季三月"正是夏历十二月,时值小寒、大寒,乃一年之中最冷的季节,故曰"冬晴日高寒,万物新旧替"。)

以上典籍所载充分说明:彝族历法是正宗的中华传统天文历法,是建寅为正月的真夏历。彝族凉山地区至今流行的以观察昴、氐和垒壁阵位置之变化而定季节的方法,正是六千三百年前帝喾高辛时期的"三辰"授时体系和两千两百年前的《尚书·尧典》昴宿、鸟宿、心宿大火和虚宿等"四仲中星"中流伏内观象授时法则的承传。"昴、氐和垒壁阵"的"昴"是西方白虎七宿"奎娄胃昴毕觜参"的中星,其宿位与参宿挨近。"氐"是东方苍龙七宿"角亢氐房心尾箕"中的一宿,其宿位很接近中星心宿大火。"垒壁阵"属北方玄武七宿"斗牛女虚危室壁"中的"室"宿。它由二十颗星组成。其星犹如中星虚宿的垒壁(故称"垒壁阵"),也比较耀眼,容易辨认。因此,观察"昴、氐和垒壁阵"位置的变化就等于用帝喾高辛时期的心宿大火、参宿三星和北斗之"三辰"授时体系,亦等于用尧帝放勋时期的昴宿,心宿大火和虚宿中星的中流伏内规律来观察星象,确定时节。这就是《尚书·尧典》关于"日短星昴"(即夏历十一月,酉时昴宿现于中天),"日中星鸟"(即夏历二月,酉时鸟宿〔七星〕现于中天),"日永星火"(即夏历五月,酉时心宿大心现于中天)和"宵中星虚"(即夏历八月,酉时虚宿现于中天)。"四仲中星"中流伏内之星象变化规律,乃是今天彝族民间观象授时所遵循的不二之法。

中华传统天文历法是我国先民在"观象授时"的长期生活实践中形成的。古人所观之象为天象、物象和气象。观天象就是观察太阳、月亮、五星、北斗和二十八宿的运行变化规律;观物象就是观察动植物顺应节气变化的现象规律;观气象就是观察风云雷电雨雪和气的升降与吸纳所显示的变化规律。

气分天气和地气,亦即阳气和阴气。《黄帝内经·素问》认为,从地上上升到天空中的气为阳,从天上下降到地体中的气为阴。"天地之气的这种下降与上升,以三十日左右为节制","岁半之前,天气主之,岁半之后,地气主之"[3]。《史记·天官书》曰:"气始于冬至,周而复始。""冬至之后半岁为呼

(其气为阳，曰天气）；夏至之后半岁为吸（其气为阴，曰地气）"（宋·邵雍《皇极经世书·观物篇》）。彝历承传中华传统古历，故彝族《宇宙人文论·论闰年闰月和大月小月》云："子，十一月，天一气。丑，十二月，天二气。寅，正月，天三气。卯，二月，天四气。辰，三月，天五气。巳，四月，天六气；午，五月，地一气。未，六月，地二气。申，七月，地三气。酉，八月，地四气。戌，九月，地五气。亥，十月，地六气。"

《宇宙人文论》不仅证实彝族使用的是分平年为十二个月和二十四节气，并以子十一月冬至为气之始，以寅月为正月的真夏历；而且说明它是一部以月相周期（从上月之晦，经朔、上弦、望、下弦至晦为轮回），分大月为三十天，小月为二十九天，并设闰年（阳历四年闰一天为366日）、闰月（阴历十九年闰七个月），即以"置闰定四时成岁"的阴阳合历；还从其用十二生肖所纪之历元"天年鼠年首，天月鼠月首，天日鼠日首，天时鼠时首"（凉山彝族《谚语》）证实：彝族所用之历法，确实是炎帝神农所创制的始于"甲子年甲子月甲子日甲子时"，即始于公元前5037年前十一月甲子朔并交冬至的天元甲子历。甲为十天干之首，子为十二地支之首。子属十二生肖的"鼠"，故有"天年鼠年首，天月鼠月首，天日鼠日首，天时鼠时首"之说。[④]

伏羲、神农的传世之作先天八卦，即《古太极图》，不仅概括了天地阴阳之易理，而且也展示了节气变化之规律。正如清代学者胡渭《易图明辨》所云："（古太极图）其阴阳盛衰之数，以推晦朔弦望之气而知其理有合符节者矣。阳气生于东北而盛于正南（午位），震、离、兑、乾在焉……阴气生于西南而盛于正北（子位），巽、坎、艮、坤在焉……"这种阴阳之理和节气变化之规，亦展示在《河图》之中。《河图》同先天八卦一样，即"由阴爻、阳爻搭配而成的八个卦符所标记的八种卦气，就是二十四节气中的'八气'——立春、春分、立夏、夏至、立秋、秋分、立冬、冬至"[⑤]。这也就是彝族《宇宙人文论》将"一年十二月分为八个季节，即立春、春分、立夏、夏至、立秋、秋分、立冬、冬至"的由来。

《河图》《洛书》是伏羲、神农或伏羲神农之前的燧人氏在"仰则观象于天，俯则观法于地"的长期观察实践中所绘制的隐含四时八气、四方八位的天象（如太阳的运动）与地理之五方、五行的方位图。《洛书》"戴九履一，左三右七，二四为肩，六八为足，五居中宫，中宫者土，火之子，金之母，寄理于西南坤之位……"所构成的九宫八卦：坎一、离九、震三、兑七、乾六、坤二、巽四、艮八、中（宫）五及四正（二至二分）、四维（二启二闭，亦即四立）、五方、五行（东方甲乙木、南方丙丁火、中央戊己土、西方庚辛金，北方壬癸水）等等，并由此排演出的四时八气，一卦一节（气），凡45日及一节三元，一元五日，一日十二辰和一节三候，一年为二十四节气，七十二候，三百六十日之上元太初历（亦即天元甲子历），正是今天彝族历法所依循的规则[6]。可有人却认为伏羲、神农所画的八卦和绘制的《河图》《洛书》均源于彝族的"十月历"。这显然是犯了本末倒置的思维和逻辑错误。他们一方面承认彝族是伏羲女娲的后裔；一方面又说伏羲神农时的"阴阳八卦起源于《河图》《洛书》；《河图》《洛书》起源于彝族十月历"。并说（洛书）"表达的是十月太阳历，《河图》表达的则是十二月太阳历"。即在同一个时期、同一个地区、同一个民族竟使用着时间相互矛盾，时序相互抵牾的两种不同历法，世上能有这样的怪事吗[7]？

我们经多方考证得知太皞伏羲是公元前5800年以前的历史人物；炎帝神农生于公元前5080年辛巳，他于公元前5037年甲子创制了天元甲子历。伏羲和神农是七八千年前的历史人物，是中华民族的人文初祖[8]。

彝族为伏羲、神农和颛顼、重黎、吴回的后裔。彝族正式成为彝族的历史，应当从彝族谱系记载的始祖"笃慕俄"或"希慕遮"算起。据贵州《安顺府志》和《西南彝志》记载：彝族的远祖笃慕俄生子六人——慕稚考、慕稚场、慕稚热、慕稚卧、慕克克、慕济济。他们在彝族发展史上合称"六祖"。"六祖传至康熙初年已达85代。若一代按25年计，六祖当在公元之前480年前后。"若按彝族《帝王世纪》，据水西土司家谱所载，其始祖希慕遮至笃慕俄31代，六祖至安昆（1673年被吴三桂所杀）83代[9]，如此则彝族的历史约为3147年，即（31+83）×25+（2010-1673）=3147。三千年前正是我国历史上的夏王朝时期。《史记·五帝本纪》："尧立七十得舜，二十年而老，令舜摄行天子事，荐之于天，尧辟位凡二十八年而崩。"《集解》皇甫谧云："尧以甲申岁生，甲辰即帝位，甲午征舜，甲寅舜代行天子事，辛巳崩，年百一十八，在位九十八年。"本人据此推得尧帝放勋生于公元前2317年甲申，卒于公元前 2200 年辛巳。⑩美国天体物理学家易博士（DR．H．KC．VEE）用岁时差公式推得《尚书·尧典》记叙的年代确实为公元前 2200 年左右。⑪从彝族历史以冬至（十一月）为历元之始，以寅月为正月和以昴、氐、垒壁阵，即《尚书、尧典》"四仲中星"之中流伏内为授时之法证实：彝历起源于三千年前的夏代历法，即传承至今的中华传统四分历则是确凿无疑了。

有人不顾彝族历"太阳一年十二（个）月转一周（三百六十五天），轮回二十四节气；月亮跑一周，经历一个月（大月三十天，小月二十九天），轮回一次盈亏圆缺（即晦朔弦望……）"和"一月三十日，十五或十六月圆明朗朗。三十转初一，月象昏沉沉"的客观事实，硬说彝族使用的是一种分一年为十月，每月为 36 天的"十月历"，并说这是"四千多年前中华民族曾经行用过的，中国最古老的历法"。它所传承的是"四千多年以前夏代用十天干纪一年分十个月的历法"。为了证明这个"十月历"的"真实存在"和"悠久"，他们还列举了殷周之际的旧典《（夏）小正》和《诗经·豳风·七月》。竟把《（夏）小正》和《豳风·七月》这两个均以建丑为正，明确分一年为十二个月的殷历强释为"十月历"；将《楚帛书·乙编》"共工步十日四时"所创的十天干纪日法（即以甲乙丙丁……十日为一旬，三旬为一月的纪时法），说成是"即以十天干作为阳历名的十月太阳历"⑫。竟然违背"十天干所纪十日为阳，是标志天气运行规律"（《黄帝内经·素问》）的常识，说"十天干在古代是用来纪十月历的十个月名的"。他们甚至还将彝族凉山地区流行的"十月一日"过彝族年即"十月年"混为"十月历"；将傈僳族《简志简史合编》所载的"花开月（3）、鸟叫月（4）烧山月（5）、饥饿月（6）、采集月（7、8）、收获月（9、10）、酒醉月（11）、狩猎月（12）、过年月（1）、盖房月（2）"，即在括号已明确标注月序，明明分一年为十二个月的"傈僳历"也说成是"十月历"⑬。其实，凉山地区彝族同胞中流行的"十月一日"过彝族年，即"十月年"的风俗，正是彝胞沿用建丑为正的颛顼历之实证。这个"十月年"绝不等于"十月历"。从彝胞过十月年"一般金秋十月上旬择一吉日举行"即已有力证明：这个"金秋十月"同分一年为 10 个月每月 36 天的"十月历"的月序和时令，根本就风马牛不相及！而傈僳族同胞所说的"花开月（3）"正是"江南草长，杂花生树，群莺乱飞"的夏历暮春三月;"鸟叫月（4）"正是《诗经·豳风·七月》《礼记·月令》和《淮南子·时则训》等所载之鸣、"鸠""𪄲"等百鸟和鸣的夏历四月;"饥饿月（6）"正是旧社会民谣"五荒六月，五谷不接"，农民缺粮少食的夏历六月;"采集月（7、8）"，正是《豳风·七月》《礼记·月令》和《淮南子·时则训》等所载之"剥枣""断壶""叔苴""采荼薪樗""伐薪为炭"的夏历七八月份;"收获月（9、10）"，正是《豳风·七月》《礼记·月令》和《淮南子·时则训》所载之"获稻""纳禾稼"的夏历九、十月份。而"过年月（1）"正是夏历一月"千门万户瞳瞳日，总把新桃换旧符"和"新年纳余庆，佳节号长春"的大年春节，民间通称之为"过年"。傈僳族同胞分明使用的是分一年为十二个月，并建寅为正的真夏历，是独具特色的中华传统阴阳合历，根本不是什么"十月太阳历"。

所谓将一个回归年的时间长度 $365\frac{1}{4}$ 天分为 10 个月，每月为 36 天（剩下的 $5\frac{1}{4}$ 天不计时数，作为年头和年中的休息日）的"十月太阳历"，是一种脱离天象（特别是月象）观测、脱离生活实际的蓄意编造。它完全违背了月球绕地球运转一周为 $29\frac{499}{940}$ 日的客观朔策规律，背离了月亮阴晴圆缺（即晦朔弦望）等月相所构成的关于月的时间概念。而太阳的东升西落，月亮的阴晴圆缺等天象变化规律，则是全世界的远古人类最先、最直接形成"日"和"月"的时间概念的凭据。而"年"与"岁"则是古人类在长期观测日月、五星、北斗和植物生长、开花结果、荣枯以及气的变化规律中形成的较长时间概念。没有月亮、五星、北斗和气等任何一种天象作参数的太阳历（特别是所谓的"十月太阳历"）是根本不能成立的。因为地球绕着太阳所做的旋转是永无休止的，它既无起点也无终点。我国传统阴阳历中的阳历，则是以夏历十一月冬至点在牵牛初度为其起讫点（《史记·天官书》："气始于冬至，周而复始。"）而划定的（即从上一个冬至点牛初到下一个冬至点牛初，地球绕太阳公转一周的长度 $365\frac{1}{4}$ 日为一岁）。

世界各国通用的太阳历，不论是儒略历还是格里历，它们都是以地球绕太阳公转一周，岁实 $365\frac{1}{4}$ 日，取 365 日为一岁（四年闰一天即 366 日）和以月亮绕地球运行一周，朔实 $29\frac{499}{940}$ 日，取平月 30 天，一年为十二个月的原则基础上将大月定为 31 天，小月定为 30 天而制定的（除阳历二月为 28 天外）。

月亮是最靠近人类的天体。月亮阴晴圆缺（即晦朔弦望等月相）的变化规律最为明显，也最容易引起人们的注意。世界上没有任何一个地区的古代先民不是凭着对月亮阴晴圆缺的月相周期变化规律观测而形成"月"的时间概念的。离开了月相的晦朔弦望之变化规律，不可能有"月"的时间概念。所谓一个月为 36 天的"十月太阳历"，只能是人为的主观编造；而且只可能是近现代洋教传入偏僻闭塞、落后地区后，某些洋人为奴化当地居民而蓄意编造的玩意。要说这是"四千年以前的夏代历法"，"是中国最古老的历法"，则根本不是事实！

一个月为 36 天的所谓"十月历"，根本不可能有"晦朔弦望"等月相，也绝不可能有"冬至为夏历十一月，春分为夏历二月，夏至为夏历五月，秋分为夏历八月"的千古不易之固定概念，而这些却是中国最古老的历法，即中华传统天历法的制历原则。《尚书·尧典》所载的"日短星昴""日中星鸟""日永星火""宵中星虚"即"四仲中星"，反映的正是夏历的这种天象实际。《史记·夏本纪》和《尚书·夏书·胤征》所载：仲康五年秋九月庚戌朔发生日食，天文官羲和"颠覆厥德，沉乱于酒，畔宫离次，俶扰天纪，遐弃厥司。乃季秋月朔，辰弗集于房。瞽夫鼓，庶人走，羲和尸厥官，罔闻知，昏迷于天象，以干先王之诛"而被砍头一事亦充分证明：四千年前的夏历是一部已入《政典》的以月相为依据、分一年为十二个月的阴阳合历。它的"二至""二分"的交气时刻法定在夏历的二月（春分）、五月（夏至）、八月（秋分）和十一月（冬至）。这是千古不易的原则。

《（夏）小正》和《诗经·豳风·七月》反映的天象与《尚书·尧典》吻合，如《夏小正》"（正月）初昏参中，斗柄悬在下。"参宿"与"昴宿"之拒度约 30 度为一月星移之数[14]。这就是说"参中"晚于"昴中"正好为一个月。

《尚书·尧典》："日短星昴"是夏历十一月的星象，而"初昏参中"则是夏历十二月的星象，此已足证《夏小正》是建丑为正的殷历（殷历正月正是夏历的十二月）。"斗柄悬在下"是说北斗柄初昏（酉时）指向正北方向。此时正是《鹖冠子·环流篇》所谓的"斗柄北指，天下皆冬"的冬季（即夏历的十月十一月和十二月）。倘"斗柄悬在下"却不是"正在下"，即稍微偏东一点则就是夏历的十二月了。夏历十二月正是建丑为正的殷历正月。又《夏小正》："六月初昏斗柄在上"，"斗柄在上"说明此时斗柄正指南方（《鹖冠子》"斗柄南指，天下皆夏"），"正在上"为夏历五月夏至（即《尚书·尧典》"日永星火"）时的星象，此是千古不易的原则。此亦足证《夏小正》用的是建丑为正的殷历，比建寅为正的夏历早一个月。故殷历六月就是夏历的五月。

此外，《夏小正》的"三月摄桑""妾子始蚕"同《诗经·豳风·七月》的"蚕月条桑""爰求柔桑"，《夏小正》的"四月取荼"与"莠幽"同《诗经·豳风·七月》的"四月秀葽"；《夏小正》的"八月剥枣"同《诗经·豳风·七月》的"八月剥枣"，不仅记事密合，反映的也同为夏历二月、三月和七月的物象，足证它们所使用的同是建丑为正的殷历。

《尚书·尧典》所谓"日永星火"即心宿大火夏历五月现于中天（即谓之火"中"）；六月大火偏西30度，谓之火"流"；七月偏西60度，谓之火"伏"；八月偏西90度，谓之火"内"（内者入也）。建寅为正的夏历同建丑为正的殷历恰好相差一个月。故夏历的六月流火、七月伏火、八月内火，到了以建丑为正的殷历纪时则成了"七月流火""八月伏火""九月内火"了。故《诗经·豳风·七月》所载的"七月流火"，《夏小正》所载的"八月辰伏"（辰宿与心宿大火宿位挨近，辰伏即可视为火伏）、"九月内火"，正是建丑为正的夏历的六月（流火）、七月（伏火）、八月（内火）的实际天象。《夏小正》和《诗经·豳风·七月》都是分一年为十二个月和二十四个节气的中华传统历法（即四分阴阳古历），而不是什么"十月太阳历"。《夏小正》明明记载着"十一月王狩，陈筋革，啬人不从。陨麋角"和"十二月鸣弋，玄驹贲，纳卵蒜，虞人入梁"等文字；《诗经·豳风·七月》也明明记载着

"蚕月（三月）条桑""四月秀葽""五月鸣蜩""六月食郁""七月流火""八月剥枣""九月筑场圃""十月纳禾稼"和"一之日（即十一月）觱发""二之日（即十二月）栗烈""三之日（即正月）于耜""四之日（即二月）举趾"等一年十二个月每月的天象、物象、气象以及农民们的农事活动，怎能瞎说它们用的是"十月历"呢？

通过以上论述，我们可以肯定在中国古代根本不可能存在每月为36天的"十月太阳历"。世界上也没有任何国家存在着这种36天为一月的"十月太阳历"，彝族先民也从来未曾行用过分一年为十个月，每月为36天的所谓"十月历"！凉山彝族自治州美姑县退休干部罗家修《古今彝历考》的说法是值得重视的。

如果硬要说彝族民间有"十月历"的话，那也只可能在近世纪洋教传入彝族凉山某些偏僻落后地区后，洋教徒为这些少数无历地区蓄意编造了这种不切实际的"十月太阳历"。陈久金先生为彝族行用"十月太阳历"提供了两条证据：一是云南省弥勒县1895年1月17日黄文彩的一个《滇彝天文》抄本。抄本说："十月太阳历"是"彝族先民戈施蛮在云南东川白马山的一个山洞里，通过观测北斗柄的指向和太阳出没等方位制定的"。内行人一看就会明白：这个所谓的"十月历"，绝不是彝族"最早行用的历法"，因为彝族最早的家园并不是云南东川的白马山，三千年前的彝族还未进入云南，再说，北斗星是摆在天上的一部历书，一座钟表，它能准确指明一年十二个月和二十四节气的时间与方位以及一天十二辰（即24小时）每个时刻的时间与方位（如同钟表一样），但它绝不能指明分1年为10个月、每月36天的时间与方位。因此，从这个抄本的本身，就能否定其抄本故事的真实性（关于北斗星的"授时"作用，请阅拙著《中华传统天文历术·观北斗》）。

陈久金的另一条证据："十月太阳历"来源于西昌地区退休教师朱叶"1949年"，"在中华基督教教会办的西昌夷语学习班时"学习并保存下来的《西昌日月星辰书》。这已明确道明了这个"十月历"的真实来历和本来面目，它根本不可能是我国"最早的""四千年以前"就已有的"宝贝"。

注释：

①④⑤⑧⑩拙著《中华古帝与文明研究》，贵州人民出版社2009年版。

②⑥⑭拙著《中华传统天文历术》，海南出版社1996年版。

③吴维主编：《天道·地道·人道——中医科学性的准思考》，学苑出版社2010年版。

⑦⑫陈久金：《陈久金全集·天干十日考》，黑龙江教育出版社1993年版；刘尧汉等：《世界天文历史上具有特色的彝族十月太阳历》，《中央民族学院学报》1982年第12期；刘明武：《河图洛书揭秘——彝族文化中的河图洛书》，《中国文化研究》2009春之卷。

⑨⑬陈久金等：《贵州少数民族天文学史研究》，贵州科技出版社1999年版。

⑪吴国祯著、陈博译：《中国的传统》，东方出版社2000年版。

武王伐纣年月考
——也谈夏商周断代问题

关于武王克商之年问题，历来有二十余种说法。其中影响较大者有：汉代刘歆公元前1122年说，唐代僧一行公元前1111年说，日本新城新藏公元前1046年说，陈梦家先生公元前1027年说以及张钰哲、张培瑜先生的公元前1057年说等等。最近"夏商周断代工程"课题组又提出了武王克商为公元前1046年之说。

武王克商究系何年？先师张汝舟先生曾考订，并经其弟子张闻玉教授等再三申说的公元前1106年之说（见张汝舟《二毋室古代天文历法论丛》，浙江古籍出版社1987年版；张闻玉《西周王年论稿》，贵州人民出版社1996年版），乃是取证于天（天象），于地（出土文物纪历铭器），于史（历代典籍），即"三证合一"不可更易的铁案。本文将从以下几个方面加以补充论证，以信服于天下方家：

1.《尚书·周书·武成》："武王伐殷……惟一月壬辰旁死魄，越翼日癸巳王朝步自周于征伐商。厥四月哉生明，王来自商至于丰……辛未祀于周庙……越三日庚戌柴望大告武成……既生魄庶邦冢君暨百工受命于周……既戊午师逾孟津，癸亥陈于商郊，俟天休命。甲子昧爽，受（纣王）率其旅若林，会于牧野。"《汉书·律历志下》引《周书·武成》篇云："惟一月壬辰旁死霸，若翌日癸巳武王乃朝步自周于征伐纣。""粤若来三（二）月既死霸，粤五日甲子咸刘商王纣。""惟四月既旁生霸，粤六日庚戌，武王燎于周庙，翌日辛亥祀于天位，粤五日乙卯乃以庶国祀馘于周庙。"又《尚书·周书·泰誓》云："惟十有一年，武王伐殷，一月戊午师渡孟津。"《周书·牧誓》："时甲子昧爽，王朝至于商郊牧野……"1976年临潼出土的《利簋》其铭文亦云："征商，隹甲子朝。岁则克闻。夙又商，辛未，王才（在）阑……"

根据以上《尚书》历日记载，武王克商之年"一月旁死魄"（初二）为"壬辰"，"翼日"（初三）为"癸巳"，则一月朔（初一）必是辛卯。"二月暨死霸"（初一），"粤五日甲子"，则二月朔必是庚申，且为大月。它的下一个月小，朔是庚寅；再下一个月大，朔是己未；再下一个月朔是己丑。该月"哉生明（霸）"，（初三）为辛卯，"既旁生霸"（十七）为己巳；"辛未"是十九；"越三日"（既旁生霸），粤六日"庚戌"是二十二。因此月《武成》标明是"四月"，则知二月朔庚申至"四月"朔己丑之间必有一个闰月。而"既生魄"是十五，"戊午"是一月二十八日，"癸亥"是二月初四，"甲子"是二月初五。我们用先师张汝舟先生根据《史记·历术甲子篇》等提供的有关理论和数据研制出的"四分历术推算法"来推算验证，武王克商之年的这些历日，恰与公元前1106年的实际天象相吻合。是年天象是：子月朔辛酉558分，丑月朔辛卯117分，寅月朔庚申616分，卯月朔庚寅175分，辰月朔己未674分，闰月朔己丑233分，巳月朔戊午732分，午月朔戊子291分，未月朔丁巳790分，申月朔丁亥349分，酉月朔丙辰848分，戌月朔丙戌407分，亥月朔乙卯906分。此年建丑，闰二月。我们用张培瑜先生《晚殷西周冬至合朔时日表》公元前1106年之冬至合朔时日（冬至月朔辛酉08h25m，二月辛卯03h55m，三月庚申22h31m，四月庚寅14h46m，五月庚申04h58m，六月己丑14h58m，七月戊午23h54m，八月戊子07h44m……十三月乙卯11h37m）相勘照，唯辰月朔己未674分张培瑜计入第二天，即"五月庚申04h10m"（仅失朔四个来小时）外，其余一一密合。足证公元前1106年为武王克商之年（即武王十一年）不误！

2. 《尚书·周书·无逸》："文王受命惟中身，厥享国五十年。"《史记·周本纪》："西伯（文王）盖即位五十年。"我们根据《逸周书·丰保》（"维二十三祀庚子朔"）和《小开》（"维三十有五祀……正月丙子拜望食无时"）之历日记载可以推算出，《丰保》纪历为文王二十三年即公元前1144年（是年天象：冬至月朔壬寅，丑月朔壬申，寅月朔辛丑，卯月朔辛未，辰月朔庚子。是年建子，五〔即辰〕月朔庚子）；《小开》纪历为文王三十五年即公元前1132年（是年天象：冬至月朔壬戌，建子，正月朔壬戌，望日十五即为丙子）。据此，可知文王元年为公元前1166年（1144+23-1=1166；或1132+

35－1＝1166）。文王"即位（享国）五十年"；其卒年则为公元前1117年（1166－50＋1＝1117）。文王薨武王即位，"惟十有一年武王伐殷"，则武王克商之年自然是前1106年（1117－11＝1106）！

3. 《竹书纪年》云："帝辛四十一年春三月，西伯昌薨。"从上得知文王卒于公元前1117年，则帝辛元年当是公元前1157年（1117＋41＝1157）。按商末铭器《戊辰彝》"戊辰在十月（有）一（月），隹王廿祀"推算，此器为帝辛二十年即公元前1138年之物（是年天象：冬至月朔丙申，丑月朔丙寅，寅月朔乙未，卯月朔乙丑……酉月朔壬戌，戌月朔壬辰，亥月朔壬戌。是年建丑，亥月即十一月朔辛酉〔定朔壬戌00h00m〕，初八是戊辰）。如此，则帝辛元年自是公元前1157年（1138＋20－1＝1157）。而今本《竹书纪年》云："（帝辛）五十二年庚寅，周始伐殷。"如此，则武王克商之年应是公元前1106年（1157－52＋1＝1106）；又古本《竹书纪年》云："武王十一年庚寅，周始伐商。"则武王克商之年当是公元前1117年减去11年，亦为公元前1106年（1117－11＝1106）！

4. 《逸周书·世俘》："维一月丙午旁生魄，若翼日丁未，王乃步自于周，征伐商王纣。越若来二月既死魄，越五日甲子朝至于商，则咸刘商王纣，执矢恶臣百人……"文中详细记载了武王伐商杀纣王并抓捕邪恶大臣的具体时间。经推算为公元前1106年一月十六至二月初五甲子日（是年，"一月丙午旁生魄"为十六，"翼日丁未"为十七，则一月朔必是辛卯；"二月既死魄"即二月朔日初一，"越五日〔即初五〕甲子则二月朔必是庚申"。是年建丑。用张汝舟先生编制的《西周经朔谱》或张闻玉先生编制的《西周朔闰表》或张培瑜先生编制的《中国先秦史历表》对照，均一一密合）。《逸周书》是西周史官实录，武王克商为公元前1106年足可凭信。

5. 周初纪历铭器《周师旦鼎》："隹元年八月丁亥。"《番匊生壶》："隹廿又六年七月初吉己卯。"《逸周书·宝典》："维王三祀二月丙辰朔。"张汝舟等先生考订《周师旦鼎》为成王元年即公元前1104年铭器（是年建丑，正月朔己酉365分……八月朔丙子98分。丁亥是八月十二）。《番匊生壶》为成王二十六年即公元前1079年铭器（是年建丑，七月定朔己卯。初吉即朔日初一）。《逸周书·宝典》所纪历日合成王亲政三年，即周公摄政七年还政于成

·374·

王后的第三年，亦即成王十年即公元前 1095 年（是年建子，正月朔丁亥 267 分，二月朔丙辰 766 分）。如此，则知成王元年为公元前 1104 年（1079 + 26 − 1 = 1104；或 1095 + 7 + 3 + 1 = 1104）。而成王是"武王克殷二年，天下未集……既崩"（《史记·鲁世家》）才即位的。由此可知武王克商之年是公元前 1106 年（1104 + 2 = 1106）！

6. 史载武王克商二年而崩，成王即位，周公摄政。《尚书》涉及周公摄政七年的有三个历日，即《召诰》："惟二月既望，越六日乙未，（成）王朝步自周则至于丰。"《召诰》："越若来三月，惟丙午朏，越三日戊申。太保朝至于洛卜宅。"《洛诰》："戊辰王在新邑烝祭岁……在十有二月。惟周公诞保文武受命七年。"《召诰》所记二月即望（十六），越六日（即二十一日）即为乙未，则二月朔必是乙亥，望日十五当为己丑。三月朏日（初三）即为丙午，越三日（初五）为戊申，则三月朔必是甲辰；《洛诰》所记"祭岁"，为除夕日（即十二月晦日三十）。此日为戊辰，则十二月朔（初一）当是己亥（戊辰干支数次 4 − 30 + 1 + 60 = 35；35 为己亥的干支数次）。据《召诰》如《洛诰》提供的历日，我们可以排出周公摄政七年的朔日干支（其中三至十二月之间必有一个闰月）：正月朔乙巳，二月朔乙亥，三月朔甲辰，四月朔甲戌，五月朔癸卯，六月朔癸酉，七月朔壬寅，八月朔壬申，九月朔辛丑，十月朔辛未，十一月朔庚子，十二月朔庚午，十三月朔己亥。我们将周公摄政七年的朔日干支与张培瑜先生的《晚殷西周冬至合朔日时表》对照，恰与公元前 1098 年的实际天象相符（张《表》：公元前 1098 年"冬至干支辛未，冬至月朔乙巳 03h33m，二月甲戌 22h41m，三月甲辰 15h41m，四月甲戌 05h26m，五月癸卯 15h59m，六月癸酉 00h18m，七月壬寅 07h32m，八月辛未 14h39m，九月庚子 22h27m，十月庚午 07h32m，十一月己亥 19h08m，十二月己巳 09h37m，十三月己亥 03h01m"。张《表》二月朔为甲戌 22h41m，合朔时刻是夜晚 10 点 41 分，周初司历定为"乙亥"相差仅 01h19m。八至十二月之朔属同样情况）。我们用张汝舟先生《西周经朔谱》或张闻玉先生《西周闰表》核对，亦与公元前 1098 年之天象相符。据此，足证成王（亦即周公摄政）七年是公元前 1098 年。然则周成王元年自是公元前 1104 年（1098 + 7 − 1 = 1104）！而成王是"武王克殷二年……即崩"之时即位的，如此，则武王克商之年必是公元前 1106 年（1104 + 2 = 1106）！

7.《史记·鲁周公世家》："鲁公伯禽卒，子考公酋立。考公四年卒，立弟熙是谓炀公。炀公……六年（据《世经》应为六十年）卒，子幽公宰立。幽公十四年幽公弟溃公杀幽公而自立，是为魏公（一作微公）。魏公五十年卒，子厉公擢立。厉公三十七年卒，鲁人立其弟具，是为献公。献公三十二年卒，子真公濞立。真公（一作慎公）十四年，周厉王无道，出奔彘，共和行政……三十年真公卒，弟敖立，是为武公。武公九年春（朝周）……夏武公归而卒，戏立，是为懿公。懿公九年……伯御与鲁人攻弑懿公……伯御即位十一年，周宣王伐鲁，弑其君伯御……乃立称于夷吾，是为孝公。……孝公二十五年诸侯畔周，犬戎杀幽王。"这里除鲁公伯禽在位年数未记，炀公六十年误脱为六年外，从鲁公伯禽之子考公起到"孝公二十五年，诸侯畔周，犬戎杀幽王"（即西周亡时）止，史迁对西周年代鲁国各公的在位年数均有系统而翔实的记载。倘弄清楚鲁公伯禽在位年数，则西周的年代总数（从武王克商到"犬戎杀幽王"西周乃亡）就迎刃而解了。据《鲁世家》和《汉书·律历志·世经》，鲁公伯禽是周公摄政之初（即成王元年）代周公就封于鲁的，《鲁世家》："武王即崩，成王少……周公乃践阼代成王摄行政当国……（周公）卒相成王，而使其子伯禽代就封于鲁。……伯禽即位之后，有管蔡等反也……于是伯禽率师伐之。"《世经》："成王元年正月己巳（当为己卯）朔，此命伯禽俾侯于鲁之岁也。"而《世经》又有"鲁公伯禽即位……至康王十六年而薨"的记载。这样鲁公伯禽的在位年数当是成王在位年数 37 年加上康王的 16 年，共 53 年。如此，则从武王克商至西周亡，其总年数应是：武王 2 年 + 伯禽 53 年 + 考公 4 年 + 炀公 60 年 + 幽公 14 年 + 魏公 50 年 + 厉公 37 年 + 献公 32 年 + 真公 30 年 + 武公 9 年 + 懿公 9 年 + 伯御 11 年 + 考公 25 年，共计 336 年，我们知道西周亡于周幽王十一年即公元前 771 年。据此我们可以逆推得武王克商为公元前 1106 年（771 + 336 − 1 = 1106）！

8. 据西周纪历铭器（按诸王顺序排列）《周师旦鼎》"隹（成）王元年八月丁亥"；《庚嬴鼎》"隹（康王）廿又三年四月既望己酉"；《小盂鼎》"隹八月既望，辰在甲申。隹（昭）王卅又五祀"；《吴尊》"惟二月初吉丁亥……惟（穆）王二祀"；《师虎簋》"隹（共王）元年六月既望甲戌"；《逆钟》"隹（孝）王元年三月既生霸庚申"；《鼎》"惟（懿）王元年六月既望乙亥……惟王四月既生霸，辰在丁酉"；《卫盉》"隹（夷王）三年三月既死霸壬寅"；《师鼒殷》"隹（厉）王元年正月初吉丁亥"；《师𩛂》"隹（共和）元年二月既望庚寅"；《虢季氏子白盘》"隹（宣）王十有二年正月初吉丁亥"；《敦》"惟（幽王）二年正月初吉……丁亥"可以推算出西周各王在位年数：据《周师旦鼎》和《庚嬴鼎》推知成王在位37年（公元前1104—前1068年）；据《庚嬴鼎》和《小盂鼎》推知康王在位26年（公元前1068—前1042年）；照此依次推知昭王在位35年（公元前1041—前1007年）；穆王在位55年（公元前1006—前952年）；共王在位23年（公元前951—前929年）；孝王在位12年（公元前928—前917年）；懿王在位23年（公元前916—前894年）；夷王在位15年（公元前893—前879年）；厉王在位37年（公元前878—前842年）；共和行政14年（公元前841—前828年）；宣王在位46年（公元前827—前782年）；幽王在位11年（公元前781—前771年，西周亡）。把从成王到幽王的各王在位年数累积起来再加上武王克商后的2年，便可得出整个西周的王年总数，即：武王2 + 成王37 + 康王26 + 昭王35 + 穆王55 + 共王23 + 孝王12 + 懿王23 + 夷王15 + 厉王37 + 共和14 + 宣王46 + 幽王11，共计336年。同据《鲁世家》所推鲁国诸公在位年数完全一致。西周亡于周幽王十一年即公元前771年，如此，我们把西周的王年总数336加上去即可得出武王克商为公元前1106年（771 + 336 - 1 = 1106）！

9.《汉书·律历志下·世经》云："周公摄政五年正月丁巳朔旦冬至。""周公七年复子明辟之岁，是岁二月乙亥朔，庚寅望，后六日得乙未。"（"复子明辟"即还政成王。）用四分历术推算法推得"周公摄政五年"为公元前1100年（是年建子，正月朔丙辰364分，定朔丙辰18h35m，司历记为丁巳，失朔05h25m），"周公七年"为公元前1098年（是年建子，正月朔乙巳114分，二月朔甲戌613分，定朔22h41m，司历记为乙亥，失朔01h19m。望日为庚寅，"后六日乙未"即二月二十日）。可知周公是"武王克殷二年……既崩，成王少"而"代成王摄行政当国"的（《鲁世家》），则武王克商之年应是公元前1106年（即1100 + 5 - 1 + 2 = 1106或1098 + 7 - 1 + 2 = 1106）！

另可从《世经》："成王元年正月己巳（应是己卯之误）朔，此命伯禽俾侯于鲁之岁也。后三十年四月庚戌朔，十五日甲子哉（应是"既"之误）生霸……翌日乙丑成王崩"推知武王克商之年。"后三十年"即成王亲政后三十年，也就是成王三十七年（周公摄政七年才还政成王的）。而用四分历术推算法推得是年（成王三十七年）即公元前1068年（是年建子，一月朔庚辰910分，二月朔庚戌469分，三月朔庚辰28分，四月朔己酉527分。司历记为庚戌，失朔413分。望日十五甲子。既生霸即望日十五。"翌日乙丑"即十六）。亦可资证武王克商为公元前1106年（1068＋37－1＋2＝1106）！

10.《晋书·束晳传》云："自周受命（即克商之年）穆王，百年。"而《史记·秦本纪》张守节《正义》云："年表穆王元年去楚文王元年三百一十八年。"楚文王元年即周庄王八年，为公元前689年。就是说周穆王元年当为公元前1066年（318＋689－1＝1006）！而"自周受命（即克商之年）至穆王"元年，为一百年（从西周初期各王在位年数统计：武王2年加成王37年加康王26年加昭王35年至穆王元年，恰好正是整整100年）。如此，武王克商之年应是公元前1106年（1006＋100＝1106）！

关于"武王伐纣，岁在鹑火"问题，据古代岁星（即木星）纪年法，现作如下讨论：《国语·周语》云："武王伐纣，岁在鹑火。"《汉书·律历志下》亦云："武王伐纣，岁在鹑火，张十三度。"根据《左传·襄公二十八年》"岁在星纪而淫于玄枵"和《左传·昭公三十二年》"岁在星纪"所载实际天象为基础历点排出：公元前1115年岁在星纪，前1114年岁在玄枵，前1113年岁在娵訾，前1112年岁在降娄，前1111年岁在大梁，前1110年岁在实沉，前1109年岁在鹑首，前1108年岁在鹑火，前1107年岁在鹑尾，前1106年岁在寿星，前1105年岁在大火，前1104年岁在析木……《史记·周本纪》云："九年武王上祭于毕，东观兵至于盟津，是时诸侯不期而会者八百。诸侯皆曰：'纣可伐矣！'"据此可知武王九年即公元前1108年，武王曾有一次"观兵至于盟津"和八百诸侯"不期而会"的伐纣举动。虽然这年武王以"未知天命"乃还师归，居二年，到"殷有重罪不可不毕伐"之时，武王便于"十一年"（公元前1106年）"师毕渡盟津""至于商郊牧野"，于二月甲子日一举攻灭了殷商。《国语》和《汉书·律历志》"武王伐纣，岁在鹑火"记的就是武王九年"观兵至于盟津"，八百诸侯"不期而会"的那次伐纣示武行动。这次伐纣直到武王十一年即公元前1106年的二月甲子才告结束，但这种示武和接之而起的伐纣行动在历史上的影响是很大的，因此史家记武王伐纣之事时，仍从武王九年记起。而武王九年即公元前1108年，正是岁在鹑火之年。于是《国语·周语》等便有了"武王伐纣，岁在鹑火"的记载。这实在也是古人依据天象而作的实录。据此我们同样可以做出武王克商为公元前1106年的结论。

先师张汝舟先生曾用天象日历、历史典籍和出土文物——商周青铜纪历铭器，即"三证合一"推算所得武王克商为公元前1106年之结论，今天，我们以此克商之年（公元前1106年）为商周分界线，来推算安排西周及商、夏三代之年代问题，并依据《汉书·律历志·世经》"凡殷世继嗣三十一王，六百二十九年"或"自伐桀至武王伐纣，六百二十九岁"之说，求得成汤伐桀之年为公元前1735年（即1106+629=1735）！

又据《史记·夏本纪·集解》"从禹至桀十七君，十四世"和《汲冢纪年》"有王与无王，用岁四百七十一年矣"而求得夏代元年为公元前2206年（1735+471=2206）；或依据《世经》"夏后氏继世十七王，四百三十二岁"而求得夏代元年为公元前2167年（1735+432=2167）；或依据《资治通鉴·外纪》"夏七主，计四百三十九年"而求得夏代元年抑或为公元前2174年（1735+439=2174）。这三个夏之元年哪个可信？经推算验证，当以公元前2174年丁未最为可信。

这样，便可建立起一个从西周上至夏代之初的三代年代学框架——《夏商周年表》：

夏代王年表

夏王	禹	启	太康	仲康	相	少康	予	槐	芒	泄	不降	扃	厪	孔甲	皋	发	癸桀
年代	公元前2174年为禹即位元年；禹崩于公元前2165年（在位10年）；公元前2164年为夏启元年；公元前2143年为仲康元年。从公元前2174年至公元前1735年，夏积年439年，公元前1764年为夏桀元年，公元前1735年夏桀亡。																	

商代王年表

商王	汤	外丙	中壬	太甲	沃丁	太庚	小甲	雍己	太戊	中丁	外壬	河亶甲	祖乙	祖辛	沃甲
年代	公元前1735年为成汤用事元年			公元前1723年为太甲元年											

商王	祖丁	南庚	阳甲	盘庚	小辛	小乙	武丁	祖庚	帝甲	廪辛	庚丁	武乙	太丁	帝乙	帝辛（纣）
年代				公元前1359年盘庚迁殷	从公元前1735年至前1106年，商积年629年										商纣王在位为公元前1157年—前1106年

西周王年表

西周王	武王	成王	康王	昭王	穆王	共王	孝王	懿王	夷王	厉王	共和	宣王	幽王
年代	前1106—前1104年	前1104—前1068年	前1067—前1042年	前1041—前1007年	前1006—前952年	前951—前929年	前928—前917年	前916—前894年	前893—前879年	前878—前842年	前841—前828年	前827—前782年	前781—前771年

注释：

① 《世经》："成汤方即世，用事十三年十一甲子朔。"（据《尚书·商书》云此年即成汤既没，太甲元年。）经推算为公元前1723年。是年前子月朔己巳430分，即子正一月朔己巳，二月朔戊戌……十一月朔甲子。"成汤用事十三年"，即"太甲元年"为公元前1723年，则成汤元年为公元前1735年。又《通鉴外纪》："夏……计四百三十九年。"如此则夏之元年（即禹元年）为公元前2174年（1735+439=2174）；而《史记·夏本纪》云："十年帝禹东巡狩，至会稽而崩。"则禹崩于公元前2165年。

② 《竹书纪年》："（仲康）五年秋九月朔庚戌朔，日有食之。"经推算此年为公元前2139年。是年建丑，子冬月朔乙卯70分，丑正月朔甲申569分……九月朔庚戌260分。仲康五年即公元前2139年，则仲康元年为公元前2143年。

③ 《世经》："自伐桀至武王伐纣六百二十九年。"《汲冢纪年》亦云："汤灭夏以至于受……用岁六百二十九年也。"如此则成汤元年为公元前1735年（1106+629=1735）；商纣王亡于公元前1106年（1735-629=1106）；又《竹书纪年》："自盘庚徙殷至纣灭二百五十三年。"因纣灭于公元前1106年，则盘庚迁殷为公元前1359年（1106+253=1359）。又《弋其卣》甲："丙辰在正月，佳王（辛）二祀。"经推算此年为公元前1156年，则帝辛（纣王）元年为1157年。

楚历辨正

以长江为轴心的南方文化和以黄河为轴心的北方（亦即中原）文化，是世界文化百花园中的两枝奇葩；而长江文化中的荆楚文化则是一朵璀璨夺目的鲜花。对楚文化的方方面面，不少专家做过专论。我这里只想就其历法问题谈点意见，以就教于海内外方家。

楚国用的是什么历？有人说是周历；有人说是夏历；有人说是颛顼历；也有人说前期用周历，后期改用夏历；或开始用周历，而后行用颛顼历。以上诸说谁是谁非，我们将以客观事实来加以辨正。

春秋战国时期的楚国，是三苗九黎为主体的古民族在荆州、江淮为中心的中国南方地区所创建的一个政治、经济、军事、文化均十分繁荣昌盛的封建国家。它"西有黔中巫郡，东有夏州海阳，南有洞庭苍梧，北有汾泾之塞郇阳。地方五千里，带甲百万，车千乘，骑万匹，粟支十年"（《战国策·楚策一》，《墨子·兼爱》所载亦同），是一个富于竞争力和创造力的经济强国。"从合则楚王，横成则秦帝"，是战国七雄中的佼佼者！

楚国的先人熊绎是炎帝神农、祝融的后裔。《山海经·海内经》云："炎帝生炎居，炎居生节并，节并生戏器，戏器生祝融。祝融降处于江水，生共工。共工生术器，术器首方颠，是复土穰……"《史记·楚世家》也说："高阳生称，称生卷章，卷章生重黎。重黎为帝喾高辛居火正，甚有功，能光融天下，帝喾命曰祝融。共工氏作乱，帝喾使重黎诛之而不尽，帝乃以庚寅日诛重黎，而以其弟吴回为重黎后复居火正，（亦）为祝融。吴回生陆终，陆终六子，坼剖而产焉。其长一曰昆吾，二曰参胡，三曰彭祖，四曰会人，五曰曹姓，六曰季连，芈姓，楚其后也……季连苗裔曰鬻熊……其子曰熊丽。熊丽生熊狂，熊狂生熊绎。"熊绎因其祖"鬻熊（曾为）文王之师"。他的族人苗民曾兴师追随武王伐纣"会于牧野"，助周灭商立有战功，所以"周成王封赏武王以来的功臣后嗣时,(绎)乃以子男田令居楚"(见《后汉书·西羌传》和范文澜《中国通史》)。近年出土的战国文物《包山楚简》亦有"楚先老童、祝融、鬻酓"之说。《山海经》和《史记》所述楚之世家系谱尽管有些差异,但有一个根本点却是相同的,那就是它们都肯定楚人是炎帝神农祝融的后裔。20世纪30年代在湖南长沙子弹库出土的楚帛书及十二月相图,经专家们考证,"帛书十二月名,代表着楚国境内历史上十二个著名的民族或氏族的图腾和姓氏",而"帛书中出现的伏羲、女娲、炎帝、共工、祝融、帝逡等传说人物……均与南方的苗蛮集团有关"。今天的苗、瑶、畲等南方少数民族是"远古三苗九黎的直接后裔"。"早在二千多年以前的文献里,伏羲、女娲就是苗族所祀奉的祖神了"(陈久金:《贵州少数民族天文学史研究》,贵州科技出版社1999年版,第49—70页)。

楚国是源远流长的历法之乡。早在七千年以前,苗楚的始祖伏羲、神农"仰则观象于天,俯则观法于地","立周天历度"(《周易正义·系辞》),"正四时之制"(《尸子》),"建八节(气),以始农功"(《晋书·律历志》)。其后,他的后人祝融(重黎)、羲和、昆吾、巫咸(彭咸)、程伯休父(甫)、甘德、唐昧、石申、司马氏等等,历典天官,世代相承,名垂万代。《史记·天官书》云:"昔之传天数者,高辛之前重黎,于唐虞,羲和;有夏,昆吾;殷商,巫咸;周室,史佚、苌弘;于宋,子韦;郑则裨灶;在齐,甘公;楚,唐昧;赵,尹皋;魏,石申。"《国语·楚语下》曰:"及少皞之衰也,九黎乱德,民神杂糅,不可方物……颛顼受之,乃命南正重司天以属神,命火正黎司地以属民,使复旧常,无相侵渎。是谓绝地天通。其后三苗复九黎之德,尧复育重黎之后不忘旧者,使复典之,以至于夏商。故重黎世叙天地而别其分主者也,其在周,程伯休父其后也。当宣王时,失其官守而为司马氏。"这就是说自神农始创上元太初历以来,历代"传天数","叙天地而别其分主者",均为祝融重黎之后。"世主天官"的西周程伯休父及其子孙司马氏,亦是重黎后裔。西汉大史学家司马迁在其《史记·太史公自序》中引用其父司马谈临终时的嘱咐说:"余先周室之太史也。自上世尝显功名于虞夏,典天官事。后世中衰,绝于予呼?!汝复为太史,则续吾祖矣!"可见,司马迁不仅是楚祖祝融重黎的后人,而且"续吾祖",是楚国历术之集大成者。

司马迁之父，汉初太史公司马谈亦是"世典周史""既掌天官"的著名史学家和星历学家，早年"学天官于唐都"。唐都为楚国中秘之书——古天文历术的奥府。以唐都为代表的历术，一代复一代地造就了如唐昧、屈原、司马谈、司马迁等一大批闻名于世的天文历法学家。其影响所及至东汉的刘向、刘歆父子，等等。他们都是楚国王室后人，亦是名重当代、功垂后世的大学者、大星历学家。司马迁《史记·历书》中的《历术甲子篇》和班固《汉书·律历志》中的《次度》，经先师张汝舟考订，乃是楚国中秘之书，是我国古代天文历法光照万代的瑰宝（见张汝舟《二毋室古代天文历法丛书》，浙江古籍出版社1987年版）。今天我们凭借这两本宝书所提供的原理、数据及其推算方法，便可推出并验证我国上下数千年业已发生或将要发生的实际天象（如朔和二十四节气的推算与验证）。

既然楚国是源远流长的历术之乡，是我国古代天文历术之秘府，那么楚国的用历在当时应是既最传统、最科学，也是最先进的。

论传统性，楚历是炎帝"上元太初历"的继承者。《史记·历书》："昔自在古，历建正作于孟春。""黄帝考定星历，建五行，起消息，正闰余。""尧复遂重黎之后不忘旧者，使复典之，而立羲和之官，明时正度，则阴阳调。""夏正以正月，殷正以十二月，周正以十一月。""秦灭六国……而自以为获水德之瑞，更名河曰德水，而正以十月，色尚黑。至孝文时，鲁人公孙臣以终始五德上书，言'汉得土德，宜更元，改正朔，易服色。当有瑞。瑞黄龙见。'……至今上（武帝）即位……十一月甲子朔旦冬至已詹，其更以七年为太初元年。年名焉逢摄提格，月名毕聚，日得甲子，夜半朔旦冬至。"《索隐》韦昭云："黄帝调历以前有上元太初历等，皆以建寅为正，谓之孟春也。及颛顼、夏禹亦以建寅为正。唯黄帝及殷、周鲁并建子为正。而秦正建亥，汉初因之。至武帝元封七年，始改用太初历。"（按：殷历建丑为正，非建子也。）这就是说，黄帝调历以前伏羲、神农创制和使用的是"上元太初历"。这个以冬至点（即牵牛初度）于甲子年甲子月甲子日甲子时现于中天为纪元之始，并以"建寅为正"的"上元太初历"，以后一直被颛顼、夏禹及其后代所承用。"黄帝调历"只是在"建五行，起消息，正闰余"方面做过某些改进，把"建寅为正，谓之孟春"改成为"建子为正"，即以二十八宿中的牵牛初度夜半现于中天，亦即冬至点所在的子月（夏正十一月）为正月，周鲁承之，皆"建子为正"。其实，无论黄帝历或颛顼历、夏历、殷历、周历等等，它们都源于上元太初历，最初是凭目力观测日月星辰，特别是二十八宿的移动而发明的，是对日月星辰及其二十八宿运行规律的总结。开始粗略，后渐精密。它们除建月有所不同，颛顼历和夏历承上元太初历建寅，即以一月为正月。殷历建丑，以夏正十二月为正月；周历建子，以夏正十一月为正月；秦颛顼历建亥，以夏正十月为岁首，除此，别无二致。

《尚书·尧典》："十一月"，"日短星昴"。

《礼记·月令》："季冬之月，日在婺女，昏娄中，旦氐中。"

《淮南子·时则训》："仲冬之月，招摇指子，昏壁中，旦轸中，日短至。"（日短至即冬至）

《（夏）小正》："正月，初昏参中，斗柄悬在下。"

《礼记·月令》："孟春之月，日在营室，昏参中，旦尾中。"

《淮南子·时则训》："季冬之月；招摇指丑，昏娄中，旦氐中。"

《礼记·月令》："仲春之月，日在奎，昏弧中（弧在舆鬼南），旦建星中。"

《淮南子·时则训》："孟春之月，招摇指寅，昏参中，旦尾中。"

《尚书·尧典》："二月"，"日中星鸟。"

《（夏）小正》："三月，参则伏。"

《礼记·月令》："季春之月，日在胃，昏七星中，旦牵牛中，日夜分。"（日夜分即春分）。

《淮南子·时则训》："仲春之月，招摇指卯，昏弧中，旦建星中，日夜分。"

《（夏）小正》："四月，昴则见，初昏南门正。"

《礼记·月令》："孟夏之月，日在毕，昏翼中，旦婺女中。"

《淮南子·时则训》："季春之月，招摇指辰，昏七星中，旦牵牛中。"

《（夏）小正》："五月，参则见。"
《礼记·月令》："仲夏之月，日在东井，昏亢中，旦危中。"
《淮南子·时则训》："孟夏之月，招摇指巳，昏翼中，旦婺女中。"

《尚书·尧典》："五月"，"日永星火。"
《（夏）小正》："六月初昏，斗柄　正在上（指正南）。"
《礼记·月令》："季夏之月，日在柳，昏火中。旦奎中。"
《淮南子·时则训》："仲夏之月，招摇指午（指正南），昏亢中，旦危中，日长至。"（日长至即夏至。）

《（夏）小正》："七月，初昏织女正东乡（向），斗柄悬在下则旦。"
《礼记·月令》："孟秋之月，日在翼，昏建星中，旦毕中。"
《淮南子·时则训》："季夏之月，招摇指未，昏心中，旦奎中。"

《（夏）小正》："八月辰则伏，参中则旦。"
《礼记·月令》："仲秋之月，日在角，昏牵牛中，旦觜觿中。"
《淮南子·时则训》："孟秋之月，招摇指申，昏斗中，旦毕中。"

《尚书·尧典》："八月"，"宵中星虚。"
《（夏）小正》："九月内火。"
《礼记·月令》："季秋之月，日在房，昏虚中，旦柳中。"
《淮南子·时则训》："仲秋之月，招摇指酉，昏牵牛中，旦觜觿，日夜分。"（日夜分即秋分。）

《（夏）小正》："十月初昏南门见，织女正北乡则旦。"
《礼记·月令》："孟冬之月，日在尾，昏危中，旦七星中。"
《淮南子·时则训》："季秋之月，招摇指戌，昏虚中，旦柳中。"

《礼记·月令》："仲冬之月，日在斗，昏东壁中，旦轸中。"
《淮南子·时则训》："孟冬之月，招摇指亥，昏危中，旦七星中。"

这些都是当时实际天象的记录。由此可以看出《尚书·尧典》纪时用的是夏历；《（夏）小正》和《礼记·月令》用的是殷历；《淮南子·时则训》为西汉刘安所编著，刘安乃楚国后裔，所著《淮南子·时则训》用的亦是战国时的楚国资料，自然是建寅为正的夏历。

当对二十八宿及其拒度的观测已精密确定之后，我国的历法便由"观象授时"的阶段，进入到了室内推算的科学历术阶段。

楚承炎帝伏羲神农"上元太初历"还可以从长沙子弹库出土的楚帛书及十二月相图得到印证。《帛书》（乙编）云："古□嬴雹戏"（即伏羲）"娶□□□子之子，曰女娲，是生四□（子），是襄天□，是格天化"，专门从事天象观测、推步及天地造化规律的探索。他们的后代继承先辈的事业"乃步以为岁"，"祝融以四神降，奠三天"，"共工□步十日四时"，"帝夋乃为日月之行"。即以十天干纪日，分一年十二个月为春夏秋冬四季，直到夏禹殷契以下，炎帝、祝融之裔仍"为禹为离堵，襄昬天步"，为历代君王从事天象观测和星历推算。

楚《帛书》是战国前期的楚国文物。经专家们考证，帛书所列的十二个月月名依次为：取（陬）、女（如）、秉□、余（佘）、欨（皋）、□（且）、仓（相）、臧（壮）、玄□、易（阳）、姑（辜）、茶（涂），与《尔雅·释天》中的十二个月的月名和月次完全一致。《尔雅·释天·月名》："正月为陬，二月为如，三月为寎（秉），四月为余，五月为皋，六月为且，七月为相，八月为壮，九月为玄，十月为阳，十一月为辜，十二月为涂。"陬者始也，正也。楚人除用数序和十二地支等纪月外，还用岁星纪年所创立的十二宫（次）的名目，即用星纪、玄枵、陬訾、降娄、大梁、实沉等纪月。《汉书·律历志》中的《次度》云："陬訾，初，危十六度立春；中，营室十四度惊蛰（今日雨水，于夏为正月，商为二月，周为三月），终于奎四度。"郑玄注《礼记·月令》云："孟春者日月会于陬訾而斗建寅之辰。"陬为寅月就这样在楚国历术中固定了。由此可见楚国历法建寅为正，完全继承了炎帝神农、重黎祝融、共工及夏禹的一套。

楚用建寅为正的夏历，还可以从屈原的诗歌和其他文史典籍得到证实。屈原是楚国伟大的爱国诗人和大学问家。他出身于楚国的王族，在楚怀王时期曾任左徒和三闾大夫，是一位"博闻强志"的史学家和天文历法学家。他的自述性长诗《离骚》："帝高阳之苗裔兮，朕皇考曰伯庸。摄提贞于孟陬兮，惟庚寅吾以降。"王逸《楚辞章句》："太岁在寅曰摄提格。孟，始也。贞，正也。于，於也。正月为陬。庚寅，日也。"顾炎武《日知录》卷二十："摄提，岁也。孟陬，月也。庚寅，日也。屈子以寅年寅月寅日生。"开宗明义自我介绍说：他是炎帝（高阳）的后代，是皇考祝融的子孙。摄提格寅年建寅为正的孟陬一月，庚寅之日是自己的生日。这是楚历建寅为正的铁证。诗人在《九章·哀郢》中叙述自己离开郢都的时间是"方仲春而东迁"，"甲之朝吾以行"。这个才进仲春二月的第一个甲日，经推算为公元前298年二月初六的甲申日，用的正是建寅为正的夏历。而他的其他诗句，如《思美人》："开春发岁兮，白日出之悠悠。""愿寄言于浮云兮，遇丰隆而不降。"（孟春正月"东风解冻"，"雷乃发声"。）《怀沙》："滔滔孟夏兮，草木莽莽。"（四月孟夏草木繁茂。）这些均与建寅为正的夏历时令完全吻合。以上事实说明，楚崇神农"四时之制"，在历法上一直行用建寅为正的"上元太初历"，当不容置疑。

所谓先进性与科学性，我们将以上元太初历推步的精密性和实践性来加以说明。上元太初历是一部以推朔、置闰定四时成岁的阴阳历。也就是说，它是一部以回归年岁实365又1/4日为一周期，以朔望月之朔实29又499/940日为另一周期，以六十甲子一轮回纪年，并使三者相谐调和，以闰月定四时成岁的历法，是一部以十九年七闰为一章，四章为一蔀，二十蔀为一纪，三纪为一元（即4560年为一元）的四分历术。这个四分历术的推算，我们在谈到楚国中秘之书《史记·历术甲子篇》时已做过介绍，这里就不再赘述了。有志于推算的同志可阅读拙著《中华传统天文历术》之《四分历术及其推算》。根据司马迁《历术甲子篇》提供的有关资料和数据，经先师张汝舟先生破译和研究，得知《历术甲子篇》所称的"甲寅元"（即"焉逢摄提格……"）是公元前427年（即周考王十四年之甲寅）。这个"甲寅元"，作为历元，它只是历元的近距，不是真正的历元。因为周考王十四年前一个子月己酉夜半虽是冬至又是合朔之时，但这天不是甲子日而是己酉日；加之这年亦非甲子而是甲寅年。元者，始也。历元就是历时的开始。真正的历元当始于甲子年甲子月甲子日甲子时，这时既是冬至又是合朔时刻。这个理想的历元即《历术甲子篇》所称的"太初元年",亦即《汉书·律历志》"前历上元泰初"之"泰初"(太初),经推算当是公元前5037年。

公元前5037年以前正是炎帝神农时代,那时人们就发明了精于推步的"上元太初历"。我们用这种历法推算、验证从古至今上下数千年的实际天象而丝毫不误。例如《左传·僖公》"五年春王正月辛亥朔,日南至。"僖公五年为公元前655年。周历建子为正,"王正月"就是夏历的十一月,"朔"即初一,"日南至"就是冬至。这就是说公元前655年(僖公五年)前十一月初一辛亥,这天既是"朔日"也是"冬至",这是当时的天象实录。我们用"上元太初历"术(亦即司马迁《历术甲子篇》提供的推算之法,以公元前427年己酉十六蔀为甲寅元历元近距)来验证:

(655 − 427) ÷ 76 = 3……0

16 − (3 + 1) = 12

76 − 0 + 1 = 77 (公元前655年当为上元太初历《二十蔀蔀余表》中的第十二蔀,即癸酉蔀第77年)

因76年为一蔀,77年则已进入下一蔀之首年。实际公元前655年已为第十三蔀(即壬子蔀)的第1年。从《历术甲子篇子月朔闰气余表》得知:太初1年的前(朔)大余为0,前(朔)小余亦为0,气(后)大余为0,气(后)小余亦为0。从《二十蔀蔀余表》得知:壬子蔀蔀余为48。蔀余加朔余:

48 + 0 = 48(此即为公元前655年前子月朔日的干支数次)

从《一甲数次表》得知:48为壬子日的干支数次(以上诸表见拙著《中华传统天文历术》)。

推算结果是:公元前655年(僖公五年)前子月(即夏正十一月)的朔日为壬子,合朔时刻是零时(即晚上十二点整),交冬至的时间与合朔的时间完全同时,也是壬子日的零时。这一推算与《左传·僖公》"五年,春王正月辛亥朔,日南至"的天象实录完全吻合。周正建子,夏历十一月正是周历的"春王正月"。"日南至"就是冬至,它是一年二十四节气中的第一个中气,其交气时间必是夏历的十一月,否则便是失气。我们推出的朔日是壬子,而《左传》实录的是"辛亥"。表面上壬子和辛亥相差一天,实则因该月的合朔和交气时刻均为"0"（即晚上十二点整）。这个时刻即是上一天（晦日）的终点，也是下一天（朔日）的起点，即《十三经注疏·左传·僖公五年》注所谓的"晦朔交会"之时。所以这月的朔时，可以记为辛亥日的深夜十二点整，也可以记为壬子日的零点整。《左传》把这天记为辛亥，我们推算为壬子，看上去似乎相差一天，但从合朔与交气的时间来看，实则是同一时间。用"上元太初历"推算和验证实际天象竟如此精密，这不能不使人们感到惊异！然而这是无法否认的铁的事实。我们从1987年6月在河南濮阳市西水坡45号墓发现的距今六千多年的蚌塑龙虎及北斗图案（死者头南脚北仰卧，身旁左侧用蚌壳摆塑着苍龙，右侧摆塑着白虎，脚旁外侧北面摆塑着略呈三角形的北斗图案），三者将以大火定季节与以参宿定季节和以北斗柄定季节的方法汇集在一起，也可以证实：远在六七千年前的人们，对日月星辰及其二十八宿等天象的观测和推步，已经达到了何等精密的惊人程度！《路史·前纪》注引《尸子》亦云："遂人察辰心而出火"（辰心即心宿大火。火出为夏正二月）。神农以前的初民就已懂得通过对心宿大火的观察而确定季节。仅此，中国五千年的文明史也早该改写为七千年或更早了！

楚为神农、祝融后裔，建寅为正的上元太初历是他们的祖传家珍，千百年来遵循不二。楚国立国数百年间，并无改用他历，即所谓前期用周历建子为正，后期用"颛顼历"建亥为正等的情况。

有的先生通过对照《春秋》《左传》和《史记·楚世家》所记楚事的月日，提出春秋时代，即公元前541年以前，楚国用的是"天正建子"的周历。不错，《春秋》《左传》记事除少数地方，即春秋初期隐、桓、庄、闵四公之时，承殷制，曾用建丑为正的殷历外，其余都使用建子为正的周历（失闰者例外），专家们已有定论。《史记·楚世家》史迁记事，即使袭用周历，也不能因此而定楚国前期使用的就是周正。《史记》是一部记传体通史。它记述了从黄帝到西汉武帝首尾共三千余年的历史，尤详于战国、秦汉。为了让读者能了解那个错综复杂历史时代的整体面貌，我们认为司马迁《史记》记事，不可能，也不应该同时使用各国行用的不同历法（即不可能记周、鲁诸国之事时用周历，而记荆楚或吴越之事时就用楚历或其他历法）。

春秋时代，楚国究竟行用何历？请看《左传》的记载：《左传·庄公》

"四年，春王三月楚武王荆尸授师孑焉以伐随。"《左传·宣公》："十二年春，昔岁入陈，今兹入郑，民不罢劳，君无怨讟，政有经矣。荆尸而举，商农工贾不败其业，而卒乘辑睦，事不奸矣。"《左传》记的这两次楚国用兵之事，一次是楚武王伐随，时间为鲁庄公四年（公元前690年）的"春王三月"；一次是庄王灭陈伐郑，时间是鲁宣公十二年（公元前597年）"春"。而"春王三月"和"春"，在楚则书为"荆尸"之月。何谓"荆尸"？张闻玉先生《古代天文历法论集·试论楚历非亥正》释云："'荆尸'即楚历刑夷，即寅正正月"（张闻玉：《古代天文历法论集》，贵州人民出版社1995年版，第189—192页）。齐鲁尊周建子为正，"春王三月"正是建寅为正的夏历一月。春秋时代楚行夏正明矣。

长沙子弹库楚《帛书》是战国前期文物。《帛书》中有四月"余取女""取女为邦茂"和二月"女此武""不可以嫁女取臣妻"的礼仪邦规。因此，又有先生根据《礼记·月令》（"仲春之月玄鸟至，至之日以大牢祠于高禖"）、《（夏）小正》：（"二月，绥多女士"此乃"冠子取妇之时也"）和《周礼·媒氏》（"仲春之月，会令男女于是时也，奔者不禁"）的古仪礼规，认定《帛书》所载"取女为邦茂"的四月"余"为《礼记·月令》和《（夏）小正》的"仲春""二月"，并将《月令》和《（夏）小正》的用历误为夏正；而《帛书》又明确规定：二月"如"，"不可嫁女取臣妻"。因此他们得出的结论是《帛书》（即战国前期）行用周正。实则《礼记·月令》和《（夏）小正》用的是建丑为正的殷历。《礼记》和《（夏）小正》所说的"仲春""二月"正是夏历正月。此月是古代男女婚配的佳期；而夏历二月正是春分前后的农忙季节（"摄桑扮冰""采蘩""伐远杨""妾子始蚕""析麦实"），不宜举大事（《礼记·月令》："季春之月（即夏正二月），禁妇女毋观省，妇使以劝蚕事"）；帛书大书此月"女此武"，"不可以嫁女取臣妻"正合古规。而夏历"四月为余"，大忙已经过去（《礼记·月令》："仲夏之月"（即夏历四月），"农乃登黍"）此时"取女"与夏历正月"冠子取妇"之古规并不矛盾。因此用《礼记·月令》等与楚帛书对照，不但得不出楚国前期用周历的结论，而恰恰只能证明楚国前期行用的正是建寅为正的夏历！

楚国历法不论早期和晚期，一贯行用夏历。有同志以云梦睡虎地出土的

《日书》竹简"秦楚月名对照表"中的某些文字（如："四月楚七月……"）为据，认定"楚历月序要比秦历月序早三个月。这正好说明楚国晚期使用亥正，秦国用夏正"（陈文金等：《贵州少数民族天文学史研究》，贵州科技出版社1995年版，第172—182页）。战国时期，秦国用历号称"颛顼"，以夏正十月为岁首，是谓"建亥"。秦始皇统一中国后，仍以建亥之月（即夏正十月）为岁首。秦历每年先纪十月，依次至九月为一岁。"因夏正适合农事节令，故不改（夏正）十月为（秦之）正月；不改（夏正）正月（秦称端月）为（秦之）四月。春夏秋冬和月份的搭配，亦悉依夏正"（张闻玉：《古代天文历法论集》，贵州人民出版社1995年版，第172—182页）。因此所谓秦颛顼历，实为建寅为正的夏历，只是其岁首不同而已。说"秦国用夏正"不误，但由此而说楚用亥正则实在谬矣！

睡虎地《日书》竹简793—796记：

十月楚冬夕　　　日六夕十

十一月楚屈夕　　日五夕十一

十二月楚援夕　　日六夕十

正月楚刑夷　　　日七夕九

二月楚夏尿　　　日八夕八

三月楚纺月　　　日九夕七

四月楚七月　　　日十夕六

五月楚八月　　　日十一夕五

六月楚九月　　　日十夕六

七月楚十月　　　日九夕七

八月楚爨月　　　日八夕八

九月楚献马　　　日七夕九

这个《秦楚月名对照表》告诉我们：

1.《表》以"十月"为岁首，依次记为"十一月""十二月""正月""二月"……终于"九月"，显系秦历月次。

2. 从"十月楚冬夕　日六夕十""十一月楚屈夕　日五夕十一"……"九月楚献马　日七夕九"，即各月之中"日"与"夕"的时分度数，即古代刻漏计时的简化。由昼夜 100 度或 96 度简化为 16 度来看：白天最短的是"十一月楚屈夕　日五夕十一"（即白天 5：16 = X：24，为 7.5 小时；夜晚 11：16 = X：24，为 16.5 小时），白天最长（夜晚最短）的是"五月楚八月　日十一夕五"（即白天为 16.5 小时，夜晚为 7.5 小时）；而白天和夜晚一样长的是"二月楚夏尿　日八夕八"和"八月楚爨月　日八夕八"（即昼夜各为 8：16 = X：24，即 12 小时）。这就明确告诉我们："十一月"是冬至之月；"五月"是夏至之月；"二月"和"八月"分别是春分和秋分之月。从二十四节气的规律来说，冬至必在夏正十一月，夏至必在夏正五月；春分必在夏正二月，秋分必在夏正八月。因此依《表》之月次，"十月"即夏正十月，"十一月"即夏正十一月，"十二月"即夏正十二月，"正月"即夏正正月……

3. 倘以夏正建寅为序来安排上《表》月次，则当为：

正月楚刑夷　　　　　日七夕九

二月楚夏尿　　　　　日八夕八

三月楚纺月　　　　　日九夕七

四月楚七月　　　　　日十夕六

五月楚八月　　　　　日十一夕五

六月楚九月　　　　　日十夕六

七月楚十月　　　　　日九夕七

八月楚爨月　　　　　日八夕八

九月楚献马　　　　　日七夕九

十月楚冬夕　　　　　日六夕十

十一月楚屈夕　　　　日五夕十一

十二月楚援夕　　　　日六夕十

除夏正月"四月"（即"四月楚七月　日十夕六"）至夏正"七月"（即"七月楚十月　日九夕七"），这四个月楚历纪月无专称外，其余八个月（如"正月楚刑夷　日七夕九"）均有专称。如"刑夷"（即《左传》所说的"刑尸"）是楚记建寅为正之夏历"正月"的专称（即楚历一月的专称）；"纺月"是楚记夏正"三月"的专称。《礼记·月令》："孟夏之月，蚕事毕，后妃献茧。"《月令》建丑。"孟夏之月"为夏正三月。此月正是缫茧纺丝的季节，

· 392 ·

故楚名夏正三月为纺月；"爨月"是楚记夏正八月的专称。《礼记·月令》云："季秋之月（即夏正八月），伐薪为炭。"此是"爨月"为夏正八月的力证。因此，"正月楚刑夷日七夕九"应释读为：夏历正月楚名刑夷（即寅正一月）；（此月）日长 10.5 小时，夜长 13.5 小时。"二月楚夏屎　日八夕八"应释读为：夏正二月楚名夏屎；（此月）日夜时长各 12 小时（即春分之月）。"三月楚纺月　日九夕七"应释读为：夏正三月楚名纺月；（此月）日长 13.5 小时，夜长 10.5 小时。"四月楚七月　日十夕六"应释读为：夏正四月楚无专称，是秦历第七月；（此月）日长 15 小时。夜长 9 小时。"五月楚八月日　十一夕五"应释读为：夏正五月楚无专称，是秦历第八月；（此月）日长 16.5 小时，夜长 7.5 小时……"八月楚爨月　日八夕八"应释读为夏正八月楚名爨月；（此月）昼夜长各 12 小时（即秋分之月），等等。

月名对照表如此安排，既保持了楚人的民族气节和爱国气节，也承认战胜国施行以"十月为岁首""建亥"之秦"颛顼历"的现实。以上就是《秦楚月名对照表》的用历真相。楚国行用建寅为正的夏历。"至死矢靡它"！

此外，有人依据楚《帛书》"共工□步十日四时"的话，认为楚国曾施用一种一年为十个月，亦即十个季节，一月为 36 天的"十月太阳历"。其实，共工"步十日"并不是把一年 365 又 1/4 天分为十个月或十个季节，而是用十天干来纪日。每月大抵为 30 天，用天干纪日，十天一轮回，即为一旬，计三旬为一月，如此而已。《战国策·楚策二》"十日十二辰"说的也是这种十天干和十二地支分别纪日法。这个问题我们还可以从云梦竹简《日书》得到证实。《日书》反映的纪日法，除十二地支纪日法、干支纪日法、序数纪日法外，其中就有"十日"即天干纪日法，如，简864："戊己丙丁庚辛，旦行有三喜，甲乙壬癸丙丁，日中行有五喜；庚辛戊己壬癸，铺时行有七喜；壬癸庚辛甲乙，夕行有九喜。"

月的概念是人们长期观察月亮阴晴圆缺之运行规律的经验总结。早在数千年前的古人，凭其观察经验，即已得出其一个朔望月的时间长度（即从上一个朔经望到下一个朔为一周期的朔实）为 29 又 499/940 日（即大月 30 天，小月 29 天）的结论。古人还凭着对日月星辰及其二十八宿的观察，测得了分一年为十二个月和春夏秋冬四季（即共工步天得出的"四时"）以及二至、二分、二启、二闭、八气、七十二候和二十四节气等时令概念；但从未有"十个季节"的概念。因此，远在几千年前的共工时代，无论从理论或实践的角度看，当时不可能出现以 36 天为月限周期的"十月太阳历"。因为 36 天这样的月限（亦即朔望月周期），在实际天象中是根本不存在的。勤奋务实的楚人也不会将建立在天象观测基础上的月的真实概念，虚化为脱离实际的数字——即 36 天为一月的"十月太阳历"。

（此文刊于《贵州社会科学》2000 年第 1 期）

《诗经》用历说

清代学者顾炎武说:"三代以上,人人皆知天文。""后世文人学士,有问之而茫然不知者矣!"(见《日知录》卷三十"天文"条)先师张汝舟先生亦云:不通声韵训诂天文历法,不能读古书。因此,搞清楚《诗经》的用历,对我们学习《诗经》,正确理解它的思想内容有着极其重要的作用。拿《豳风·七月》来说,如果我们不懂得"七月流火"这一星象及其所使用的历法,就不能真正读懂这首诗。

在以天文数学为前提的历法产生以前,古人凭目力观测历象,"敬授民时"(见《尚书·尧典》)。他们所观之象,一是天象,即日月星辰。二是物象,即动植物的生长变化(活动)情况。如:玄鸟至,桃始花(夏历正月);鸣鸠奋羽,有鸣仓庚(夏历二月);苦菜秀,王瓜生(夏历三月);䴗始鸣,螳螂生(夏历四月);鹰始挚(夏历五月);寒蝉鸣(夏历六月);鸿雁来,玄鸟归(夏历七月);菊有黄华,草木黄落(夏历八月);黑鸟浴(夏历九月);麋角解,蚯蚓结(夏历十月);雁北乡,鹊始巢(夏历十一月);鱼上冰,獭祭鱼,草木萌动(夏历十二月),等等。三是气象,即风雨雷电等自然现象的变化情况。如:始雨水,雷发声(夏历正月);虹始见,时雨将降(夏历二月);小暑至(夏历四月);温风始至,土润溽暑(夏历五月);凉风至,白露降(夏历六月);雷始收声,水始涸(夏历七月);霜始降(夏历八月);水始冰,地始冻(夏历九月);冰益壮,地始坼(夏历十月);冰方盛,水泽腹坚(夏历十一月);东风解冻,地气上腾(夏历十二月),等等(以上见《夏小正》《月令》《淮南子》)。

古人观测天象,主要是靠观察二十八个星座(即二十八宿)的位置变化和北斗柄的指向(《鹖冠子》:斗柄指东,天下皆春;斗柄指南,天下皆夏;斗柄指西,天下皆秋;斗柄指北,天下皆冬)来确定一年的四季和二十四个节气的变化。

地球绕着太阳转圈，但在地球上的人看来，好像是太阳在天空绕着地球转圈。而太阳在空中所经过的路线，正好是一条与地球的赤道和南北回归线相对应的三条假定圆线之间的之字形闭合轨道。这三条假定圆线和之字形闭合轨道的关系，决定了冬至、春分、夏至、秋分这四个极为重要的历点，即《尚书·尧典》所记载的"日短星昴""日中星鸟""日永星火""宵中星虚"。

在北半球的人们看来，当太阳移到南回归线上空的假定圆线时，这天是一年中白天最短的一天（即"日短星昴"），为"冬至"。冬至之后，太阳即向北回归。当太阳移到赤道上空的假定圆线时，这天昼夜平分（即"日中星鸟"），定为"春分"。春分之后，太阳继续北移，当它移到北回归线上空的假定圆线时，这天是一年中白天最长的一天（即"日永星火"），为"夏至"。夏至之后，太阳即掉头向南移动，当它移到赤道上空时，这天又昼夜平分了（即"宵中星虚"），定为"秋分"。秋分之后，太阳继续南移，当它移到南回归线上空的假定圆线上时，便是第二个冬至到了。

我们古人把北回归线上空假定的这个大圆圈，谓之"黄道"。二十八宿：角亢氐房心尾箕，斗牛女虚危室壁，奎娄胃昴毕觜参，井鬼柳星张翼轸，分布在这黄道上（或稍南，或稍北），并以各自相对不变的位置由东向西移动。我们祖先就凭目力观测二十八宿的移动而发明历法。他们把黄道这个大圆圈等分成十二段（即十二宫）并365又1/4度（亦即一个太阳年的天数）。二十八宿以"冬至"为起止点，每天西移一度，每月西移一宫（亦称一辰或一次），即约30.4度（算式为：365又1/4÷12）。一年运行一周天，今年冬至到明年冬至，周而复始。

以心宿（即大火，《左传》："心为大火。"）为例，它的移动规律是：

《尚书·尧典》："日永星火。"

《礼记·月令》："季夏之月昏火中。"

《豳风·七月》："七月流火。"

《夏小正》："八月辰（火）伏。"（辰为房宿，靠近大火，故"房伏"可视为"火伏"。）

《夏小正》:"九月内火。"

根据古人的这一记载,我们知道古代观测天象有"中、流、伏、内"的概念。所谓中、流、伏、内,是指每个星宿在不同的月份,于初昏时候在天际所显示的不同位置。宿座每天西移一度,每月西移一宫。这也就意味着地球每月转动的角度东移了三十度。了解这一点,对我们学习古历,研究古代文化很有用处。

"日永星火","日永"是指白天最长的一天,即夏至(也就是《夏小正》所云的"初昏斗柄正在上"。"上"就是正南方,即北斗柄指正南方的这一天),而夏至必在夏历(即今之所谓阴历)的五月(正月雨水、二月春分、三月谷雨、四月小满、五月夏至、六月大暑、七月处暑、八月秋分、九月霜降、十月小雪、十一月冬至、十二月大寒。这十二个中气是人们必须遵循的规律。二十四节气始于天象,律于历法,是我们编制历书的标尺,是违背不得的)。"日永星火"就是说每年夏历五月夏至这一天的黄昏时候(晚上六七点钟),心宿大火就出现在天顶的上空(即中天,它与地面成九十度的交角)。反言之,就是每当我们黄昏时候看到大火出现在天顶上空时,就知道这天准是夏历五月的夏至了。

因二十八宿每天西移一度,心宿大火夏历五月初昏现于中天,六月就移到了离中天30°的西边天空了。也就是说,当我们初昏时候在偏西30°的天空(与地面交角为60°)看到大火时,就知道这个月是夏历六月了。这就是《诗经·豳风》所记的天象"七月流火"。夏至六月以后大火继续西流30°,就是夏历的七月份了(此时大火与地面成30°的交角)。这时地面上的人们按说在初昏时候,应能看到大火;但由于这时西方日光还较强,其因阳光的照射作用,我们就看不到大火了,所以谓之"火伏"(即"辰伏")。七月以后大火再继续西流三十度,就到了夏历八月。这时大火的位置与地面平行(交角为0°),即已进入地平线,"入土"了。"入"就是"内"。这就是《夏小正》所说的"九月内火"了。

从上面所说的实际天象,夏历五月夏至"日永星火"来按月推算,那么,"流火"应为夏历六月,"伏火"应为夏历七月,"内火"应为夏历八月。怎么《夏小正》《月令》《诗经·豳风》却说是"季夏之(六)月昏火中""七月流火""八月伏火""九月内火"呢?《夏小正》《月令》和《诗经·豳风》等的记载,与实际天象发生的月份(以夏历为准)恰好相差一个月。由此可见,《夏小正》《月令》和《诗经》用的不是夏历,而是别的历法。

我们知道,我国古代历法有建亥为正的颛顼历,有建子为正的周历,有建丑为正的殷历和建寅为正的夏历(即今天的阴历,亦称农历)。建亥为正(即以夏历十月为岁首)的颛顼历产生使用时间最短(仅见于秦代和西汉初期),影响甚微。建子为正(即以夏历十一月为岁首)的周历,是春秋后期才出现的,使用范围亦不广泛。建丑为正(即以夏历十二月为岁首)的殷历,产生最早。据张汝舟先生考证,殷历的近距当为周考王十四年,即公元前427年。西周人承用殷历一直到春秋前期(殷历产生以前是"观象授时"年代。殷历产生以后,古天文历法学家也并未放弃对天象的观察。他们常以天象如"日月食"来检验所编制的历书,并充实其历法的内容,使之更好地配合天象。二十四节气就是在这样的基础上产生和不断完善的)。建寅为正(即以今之农历一月为岁首)的夏历,在西周时期并未为西周人们所采用。由于孔子提倡要"行夏之时",这个建寅为正的夏历到战国初期,才开始被大多数诸侯国家所采用。到汉武帝太初改历之后,它才一直盛行到今天。《夏小正》《月令》和《诗经》所载的历法,比以建寅为正的夏历刚好早一个月。由此可以断定:《夏小正》《月令》和《诗经》所使用的历法,乃是建丑为正(即以夏历十二月为岁首)的殷历。弄清楚了这个问题,《诗经》中过去许多悬而不明的问题,即可迎刃而解了。

《豳风·七月》:"一之日觱发,二之日栗烈,无衣无褐,何以卒岁?三之日于耜,四之日举趾。"毛传:"一之日,十之余也。"这就是说"一之日"是殷历十一月天,"二之日"是殷历十二月天,"三之日"是殷历正月天,"四之日"是殷历二月天。但毛公是用建子为正的周历来解释《诗经》的。这样,"一之日"和"二之日"就成了周历的十一月和十二月份;"三之日"和"四之日"就成了周历的正、二月。然周历的十一月和十二月,才是夏历的九、十月份。此时正是小阳春天气,根本不会"觱发""栗烈",寒风凛冽,刺入肌骨。而"三之日于耜,四之日举趾(即夏历十一月清理农具,十二月下地耕种)"则又失之过早。毛公用周历讲不通,就暗用夏历。这样,夏历正月份开始清理农具，二月份才下地耕种，则显然又失之太晚，延误农时。由此可见，无论用周历或夏历都是讲不通的。

再说"二之日栗烈，无衣无褐，何以卒岁。"卒者终也。"卒岁"就是终岁。"二之日"本是夏历的十一月。倘用周历，则周历的十二月才是夏历的十月，怎么能说"二之日"会"栗烈"并"卒岁"（即年终）了呢？不用殷历是根本无法讲通的。

我们知道，古人心目中的年和岁，起初并不是一个概念。《说文》："年，谷熟也，从禾。"可见年与谷物有关，说明年的概念起于五谷成熟的周期，它是以正月朔到下一个正月朔（即十二月朔望月，共354日）为一周期的。

古人心目中的岁，是从这年冬至到下一个冬至，即二十八宿以冬至为起止点，由东向西运行一周天，即365又1/4日为一周期的。《后汉书·律历志》云："日发其端，周而为岁……以周除日，得三百六十五，四分日之一，为岁之日数。"可知"岁"指回归年的长度，"年"指与回归年长度接近的十二个朔望月的长度。所谓"置闰"，就是为了调整好回归年和朔望月的关系，使之大体相吻合。

正因为殷历是建丑的，它以夏历十二月为（正月）岁首，而冬至（必在夏历十一月）是"岁"的起止点，也正好是殷历的十二月份。因此，从殷历来说，"二之日"（即夏历的十一月份）自然是"卒岁"（也是年终）了。

又如："七月食瓜"。"七月"开始吃瓜，自然是指鲜瓜。这个"七月"倘不是夏历的六月，而是夏历的七月，那么按二十四节气，则七月已是立秋、处暑了。如果这时才开始吃瓜，那岂不是吃秋瓜了吗？因此用周历或夏历讲，不但上述问题讲不通，连"九月叔苴，采荼薪樗""十月纳禾稼"也都会通通左右碰壁（如用夏历来讲"九月采荼"，则就只能采到已开花结籽的老荼菜了）。由此可以证实：《诗经》用历既非周历也非夏历，而是建丑为正的殷历。

《诗经》用建丑为正的殷历，我们还可以从《小雅·四月》《召南·小星》《鄘风·定之方中》《唐风·绸缪》以及《小雅·正月》和《小雅·采薇》等诗来加以印证。

《小雅·四月》："四月孟夏，六月徂暑。"毛传："徂，往也。"毛公是用周历来解释《诗经》的。周历六月是夏历四月，其节气是立夏、小满，离暑

· 399 ·

天（小暑、大暑）还有一个半月以上，怎么能说是"徂暑"呢？用周历显然是讲不通的！如果说是用夏历，则夏历六月正值小暑、大暑两个节气。正是暑天又怎么能说是"徂暑"（即正走向暑天）呢？用夏历讲也同样碰壁。用殷历讲将会怎样呢？我们知道：殷历六月正是夏历的五月，其节气是芒种、夏至，夏至过后紧接着便是小暑、大暑。因此从夏至到小暑、大暑自然是"徂暑"了。这样用殷历讲"六月徂暑"就完全符合实际天象与时令了。

《召南·小星》："嘒彼小星，三五在东……嘒彼小星，维参与昴，肃肃宵征，抱衾与裯，寔命不同。""三"指参宿；"五"指昴宿。据《尚书·尧典》"日短星昴"和《礼记·月令》与《夏小正》"正月（孟春）初昏参中"的记载，"日短星昴"必是夏历十一月冬至。查《汉书·律历志·次度》可知昴与参宿的距离（即二宿之间的距离）约二十九度，二十八宿每天西移一度，这刚好为一个小月（二十九天）。因此，当参星初昏出现于中天的时候，就是夏历的十二月份。而《夏小正》与《月令》记载的却是"正月"（"孟春"）。可见《夏小正》和《月令》用的是殷历。根据"中、流、伏、内"的天象概念，我们可以推出参昴二宿同时出现于东方夜空的时间，必是夏历十月，即殷历的十一月份。这时正值立冬、小雪两个节气。对承用殷历的西周人来说，此时正近年关，"岁之将逝"了。在这个时候，《召南·小星》的作者却不能"嗟我妇子，曰为改岁"（同老婆孩子一起守在家里过年），却要抛开温暖的被子（"衾裯"），通宵奔波在外，可见命运实在不好，定为生计所迫吧（闻一多《诗经新义》："《乐宛》抛作抱，并二字古通之证。'抛衾与裯'者……抛弃衾裯，不遑寝息"）！

《鄘风·定之方中》："定之方中，作于楚宫。""定"是二十八宿中的营室，据《夏小正》和《月令》记载："十月（孟冬之月）昏危中。"营室靠近危宿。殷历十月即夏历九月。这时正值秋收（"十月纳禾稼"）之后，属于农闲时节（为寒露、霜降之时），正是修房建屋的大好时机。因此《豳风·七月》有"我稼既同，上入执宫功，昼尔于茅，宵尔索綯"之句。《淮南子》有"孟冬之月，修城郭，修边境，完要塞"之训。由此可见，倘不通天文历法，不但上面的《召南·小星》读不懂，连这首《鄘风》"定之方中，作于楚宫"也将不知云何了。

《唐风·绸缪》："绸缪束薪，三星在天。"前面说过，三星就是参宿，它出现于中天的时间是殷历正月，即夏历的十二月份。古礼夏历十二月是青年男女订婚纳采之时。正月（即殷历二月）"是冠子取妇之时"（见《夏小正》传，亦即《周礼·媒氏》所云："仲春之月（即殷历二月），令会男女于是时也，奔者不禁。"），所以此诗才有："绸缪束薪，三星在天，今夕何夕，见此良人""见此邂逅""见此粲者"之叹（"良人"是女子对男子的爱称；"粲者"是男子对女子的美称）这也恰好说明只有用殷历解释此诗的天象记载，才能与古制密合。

《小雅·正月》："正月繁霜，我心忧伤。"因《诗经》用的是殷历，殷历正月正是夏历的十二月。按时令十二月为小寒、大寒节气，应是一年四季最冷的季节，正是三九、四九冻死猪狗的时候，也正是冰雪覆盖的时候，而这时天气却很暖和（繁霜必大晴）。因此，诗人觉得这天气很不正常，担心会有什么变异（如来年出现什么虫灾之类），所以心中"忧伤"。如果不是夏历十二月，而是周历的正月（即夏历的十月）或夏历的正月，那么天降"繁霜"就没有什么值得大惊小怪的了。

另外，从《小雅·采薇》："采薇采薇，薇亦作止。曰归曰归，岁亦暮止"，"采薇采薇，薇亦刚止。曰归曰归，岁亦阳止"来分析，也可断定《诗经》用的是殷历。因为"薇"是一种野生的豌豆苗，嫩苗可以食用。"作"是初生的意思。这种豌豆苗什么时候可以开始食用呢？从豌豆的生长季节来看，一般为夏历十月播种，十一月份长出苗苗（"薇亦作止"）。但这时豌豆苗才寸把深，还舍不得食用，真正掐来煮火锅一般要到十二月份（"薇亦柔止"）。到了夏历第二年二月，它就长老了（"薇亦刚止"），苗苗坚硬不能食用了。这时是它开花结豆荚的时候。"薇亦作止"是夏历十一月，正是冬至之月，而殷历是以夏历十二月为正月的。因此，从殷历来说，夏历十一月（冬至），正是它一年最后的一个月（即"卒岁"）了。所以"薇亦作止"之月，正乃殷历"岁亦暮止"之时。"岁亦阳止"的"阳"，过去诸家都注为："阳，指夏历十月"（因"十月为小阳春"云云），这是不对的。夏历十月乃是"薇"的播种发芽季节，离"薇亦刚止"（即苗老）之时甚远。"阳"当是《豳风·七月》"春日载阳，有鸣仓庚"的"阳"，即夏历的二月。这样讲既符合《诗经》用历的实际，也符合野豌豆的生长规律。倘用周历或夏历来解释"薇亦作止，岁亦暮止"则将同样碰壁。因为周历"岁暮"才夏历十月，这时豌豆或刚下种，或还没有下种。因此，说这时已"薇亦作止"则失之太早；反之，以夏历计，则夏历十二月"薇"才"作止"，又当失之太迟……

综上所述，我们完全可以肯定：《诗经》用的是建丑为正的殷历。过去那些或用周历或用夏历，或用所谓的"豳历"来解释《诗经》中的天象（也包括物象、气象）记载的做法，都是违背事实而难以自圆其说的。

以上是我对《诗经》用历的一些肤浅认识，倘有谬误之处，谨请专家们指教。

（此文刊于《贵州教育学院学报》1987年第1期）

关于《诗经》的用历与《诗经》的断代问题

《诗经》是我国最早的一部诗歌总集。历代注家大多认为它是西周初年至春秋中叶，约 500 年间的作品。但也有不少学者，如汉代的《毛诗》学派，宋代的欧阳修（《诗本义》）、苏辙（《诗经集传》）、吕祖谦（《吕氏家塾读诗记》）、朱熹（《诗集传》），清代的马瑞辰（《毛诗传笺通释》）、陈奂（《诗毛氏传疏》）、姚际恒（《诗经通论·商颂》）、方玉润（《诗经原始》）、吴闿生（《诗经会通》）、王夫之，以及当今的杨公骥、李松如、刘毓庆（《商诗非宋人作考》）、陈子展（《诗经直解》）、张启成（《论商颂为商诗》）、梅显懋（《商颂作年之我见》）、常教（《商颂作于殷商述考》）、黄挺（《诗·商颂作年作者的再探讨》）、赵明（《殷商旧歌商颂论述》）、程俊英（《诗经详注》）等人认为：《诗经》绝不全是西周至春秋中叶的作品，其中也有殷商时代的东西，如《商颂》便是。近年张松如先生著《商颂研究》，该书全面系统地对《商颂》进行了绎释和考证。张松如先生指出："所谓商颂，就是殷商的颂歌"，是"殷商奴隶主贵族祭祀其先公先王时所唱的。其制作年代不可详考，或非出于一时，盖当殷商晚期，在武丁之子若孙从祖庚祖甲到康丁武乙及其以后，直到帝辛朝"（张松如：《商颂研究》，南开大学出版社 1995 年版，第 9 页）。

从《商颂》所反映的社会生活内容来分析，《商颂》是殷商时期的作品应是无疑的。如《殷武》："挞彼殷武，奋伐荆楚，深入其阻，裒荆之旅，有截其所，汤孙之绪。维女荆楚，居国南乡，昔有成汤，自彼氐羌，莫敢不来享，莫敢不来王，曰商是常。"不仅把殷王武丁伐楚的勇武神威炫耀了一番，而且还以一种高居显位，为万邦之王者气度，将齐、鲁两国即周的先人狠狠地贬斥了一顿："自彼氐羌，莫敢不来享，莫敢不来王，曰商是常。"这种诗歌，说是产于"周之德，可谓至德也矣"，即对周朝统治者充满一片赞扬之声的西周时期,并为殷商遗少和宋人所作,是根本不可能的!

除《商颂》外,我们发现《诗经》中还有其他篇章(如《豳风·七月》《小雅·采薇》《大雅·公刘》等等)也是殷商的遗诗。

关于《豳风·七月》,高亨在《诗经今注》中说:"周代及其以前确有过不同的历法,豳历又是一种。"并说"(豳历)是很特殊的很古拙的一种纪月方法……(它)可能是周历的前身"(高亨:《诗经今注》,上海古籍出版社1980年版,第204页)。周代及其以前是否有过一种很特殊很古拙的豳历,我们暂且不论,但高亨先生的这段话,我们是否可以理解为:《豳风·七月》这首诗是西周以前的作品,是一首很特殊很古拙的,不是用西周通用的纪月法所写的古诗呢?如果这种理解不错,那么西周以前的作品自然就是商诗了。

其实,《豳风·七月》的标题就已告诉我们:它是豳地的民歌,而豳是夏商时期的一个小国,其地在今陕西栒邑县西,为周的第四代先人公刘于夏后太康失政(一说为夏桀)时期所立,到周第十三代先人古公亶父弃置它迁徙至岐山时,这个古国就自行消亡了(《史记·刘敬传》:"周之先自后稷,尧封之邰,积德累善,十有余世。公刘避桀居豳。")。《史记·周本纪》:"公刘卒,子庆节立,国于豳………古公亶父复修后稷、公刘之业……薰育(即猃狁)戎狄攻之……(古公亶父)乃与私属遂去豳,渡漆、沮,逾梁山,止于岐下。豳人举国扶老携弱,尽复归古公于岐山下。"《豳风·七月》既是豳国的民歌,如黄振民《诗经研究》引梁启超《要籍解题》所云:"为周人自豳迁岐之前之民间作品。"那么它的产生年代最迟不得晚于古公亶父(即殷王武乙)之时(范处义《诗篇目》认为此诗作于公刘之世。何楷《诗经世本古义》认为是"夏少康之世"的作品)。

《豳风·七月》作于殷商之世,我们还可以从诗中找到印证:一曰"田畯至喜"。田畯是古时的劝农官。《周礼·春官·籥章》曰:"击土鼓以乐田畯。"郑玄注引郑司农云:"(田畯)古之先教田者。"既然田畯这古代教民农耕的田官,在周代早期的仪礼中就已作为田神列入享受祭祀的仪典,可见他并非是周代的现职官吏,而是夏商时的田官无疑了。二曰"一之日于貉,取彼狐狸,为公子裘"。历代注家都把"于貉"释为取貉,即猎取貉兽(古代女子竟成了猎手!),"于貉"既然是取貉,那么紧接着又是"取彼狐狸",一句之中用"于""取"两个不同的词表同一词义,岂不怪诞难通?"于貊"是往貊,到貊国去,与《诗经·周南·桃夭》"之子于归"的"于"字同义。"貊"或作"貉"。《五经文字》:"貉经典相承作蛮貊。"《唐韵》《广韵》《集韵》《韵会》《正韵》均为莫白切,读"陌"(mò)。它不是貉兽,而是远古时代生活在北方的一个少数民族的族名或国名。《尚书·武成》:"华夏蛮貊,罔不率俾,恭天成命。"《周礼·夏官·职方氏》:"掌天下之国,以掌天下之地,辨其邦国、都鄙、四夷、八蛮、七闽、九貉、五戎、六狄之人民。"注引郑司农云:"北方曰貉狄。"《诗经·大雅·韩奕》:"王锡韩侯,其追其貊,奄受北国。"朱熹《诗集传》云:"追、貊,夷狄之国也。"《礼记·中庸》:"溥博如天,渊泉如渊,见而民莫不敬,言而民莫不信,行而民莫不说,是以声名洋溢于中国,施及蛮貊。"《论语·卫灵公》:"子曰:言忠信,行笃敬,虽蛮貊之邦行矣!"《公羊传·宣公十五年》:"寡乎什一,大貊小貊也。"《孟子·告子章句下》:孟子曰:"子之道,貉道也。"《说文》:"貔,豹属,出貉国。"段氏注:"貉国,北方国也。"班固《汉书·晁错传》云:"夫胡貉之地,其人密理,鸟兽氄毛,其性能寒。"貊国地处北方,其地寒,为优质狐皮产地。所以诗中女主人才于夏历十月("一之日"),到北方的貊国以物换取狐皮来给心上人("公子")缝制皮衣。

貊国是殷商时期的北方小国,武王伐纣前被姜太公所灭,周宣王时期其地为猃狁所踞。(毛诗《大雅·韩奕》笺云:"韩侯先祖有功德者,受先王之命,封为韩侯。"其后"君微弱用失其业……追也貊也为猃狁所逼,稍稍东迁。")由此断定《豳风·七月》为西周以前的商诗,当不容置疑。

此外,《豳风·七月》的用历与《诗经》其他篇章相比较,也很特别。"七月流火,九月授衣。一之日觱发,二之日栗烈。无衣无褐,何以卒岁?三之日于耜,四之日举趾。同我妇子,馌彼南亩,田畯至喜。"历代注家对该诗的用历,异说纷纭,莫衷一是。有的说是用夏历,有的说是用周历,有的说是夏周二历合用。有人感到无论用夏历、周历都讲不通,于是便另辟蹊径,提出了所谓火历或豳历的说法(如杨任之《诗经今译今注》、高亨《诗经今注》)。

豳历是一种什么样的历法?倡说豳历者未能提供有力的解释和凭据。高亨先生大概可称是豳历说的代表。他在《诗经今注·豳风·七月》篇的注释中说："周代各地存在着几种历法，如夏历、殷历、周历等，豳历也是一种。豳历七月即夏历七月，自四月至十月都与夏历相同……豳历五月里黄昏时候，火星正在天空的当中，六月里便向西斜，七月里便向下去了。"并说："豳历是用十个数目记十二个月份，因而在纪月上不得不采用两种形式：一种是'某之日'，如'一之日''二之日'等；一种是'某月'如'四月''五月'等。这是很特殊很古拙的一种纪月方法。豳历的岁始是'一之日'，岁终是'十月'，一岁的始终与周历相当，可能是周历的前身。"据此，高亨先生的豳历说其要点有二：一是豳历的四至十月用的是夏历（即"与夏历相同""豳历七月即夏历七月"）；二是豳历一岁的始终与周历相同（即"豳历的岁始是'一之日'，岁终是'十月'，一岁之始终与周历相同"）。

高亨先生的豳历说尽管认为《七月》所使用的历法"可能是周历的前身"，是一种很古拙很特殊的历法；但就其本质，它仍然是夏历和周历的合用。而夏历和周历是建月完全不同的两种历法，夏历建寅，周历建子（即以夏历十一月为岁首），在建月时间上二者整整相差两个月。怎么能在同一首诗里使用建月不同的两种历法呢！更何况高亨先生所说的豳历的岁始是"'一之日'，岁终是'十月'"，根本就不是事实。诗中明明说道："一之日觱发，二之日栗烈。无衣无褐，何以卒岁？"毛传："一之日，十之余也。"历代注家对毛公此释从无异议。这就是说："一之日"是十一月天，"二之日"是十二月天。"卒岁"就是"终岁"（毛诗郑笺："卒，终也。"），就是年终。岁终明明是"二之日"即十二月天，怎么说"岁始是'一之日'"而"岁终是'十月'"呢？！

再者，若豳历"一岁的始终与周历相当"，那么"一之日"即相当于周历十一月，"二之日"相当于周历十二月，"三之日"和"四之日"也就相当于周历的正、二月了。然周历的十一月和十二月，才是夏历的九月和十月。此时正是小阳春天气，根本不会"觱发"和"栗烈"（寒风凛冽，刺入肌骨）；而"三之日于耜，四之日举趾"（即夏历十一月修理农具，十二月下地翻种土地）则又失之过早。毛公用建子为正的周历解释《七月》到此遇到了麻烦，他用周历讲不通了，就暗用夏历。这样夏历正月才修理农具，二月份才下地翻种土地，显然又失之太晚。由此可见用夏历或周历都是讲不通的。

《豳风·七月》究竟用的是什么历？我们可以从以下几个方面来加以解答。

1. 该诗一开头就提到"七月流火"。这个"火"可不是行星金木水火土的"火"，而是心宿大火。《左传·昭公元年》："昔高辛氏有二子，伯曰阏伯，季曰实沉，居于旷林，不相能也。日寻干戈，以相征讨。后帝不臧，迁阏伯于商丘，主辰（主祀心宿大火），商人是因，故辰（心宿大火）为商星。迁实沉于大夏（晋阳），主参（主祀参宿），唐人是因……故参为晋星。"《左传·襄公十九年》亦云："陶唐氏之火正阏伯，居商丘，祀大火，而火纪时焉。相土因之，故商主大火。"这个人身与心宿附会的故事说明：我国夏代很重视参宿三星的观察。参宿是夏族的主祭星，而商朝却重视对心宿大火的观察，心宿大火是商族的主祭星。《七月》所纪时令，一开始就提到心宿大火，可见它明显地带有商朝的时代烙印（"视大火而火纪时焉"）。

2. 《公羊传·昭公十七年》云："大火为大辰，伐为大辰。北极亦为大辰。"何休《公羊解诂》曰："大火谓心宿，伐为参星。大火与伐，所以示民明之早晚。"心宿大火和参星（包括二十八宿中的任何一宿）都可以作为我们观象授时的标准星。今以商族族星——心宿大火为标准星来说明它们的运行规律：

《尚书·尧典》五月"日永星火"。

《礼记·月令》："季夏之月，昏火中。"

《豳风·七月》："七月流火。"

《大戴礼·（夏）小正》："八月辰则伏"（辰伏即火伏）。

《大戴礼·（夏）小正》："九月内火。"

据此，我们知道古代观测天象有"中、流、伏、内"的观念。所谓中、流、伏、内，是指每个星宿在不同的月份于初昏时候，在天际所显示的不同位置。"日永星火""日永"是白天最长的一天，即夏至。而夏至必在夏历的五月（这是制历的规律）。"日永星火"就是说每年夏至（夏历五月）这一天的黄昏时候，心宿大火就出现在天顶的上空（即中天）。因二十八宿每天西移一度，心宿大火夏历五月（夏至）初昏现于中天，六月（如大暑）就移到了

407

离中天偏西 30 度的天空。这就是《七月》所记的天象"七月流火"。夏历六月以后，心宿大火继续西移 30 度（即偏西 60 度），就是夏历的七月（如处暑）了。这时的初昏（酉时），由于西方日光的照射，人们看不到心宿大火，即《夏小正》所云的"八月辰则伏"了。七月以后，大火再继续西移 30 度（即偏西 90 度），就到了夏历八月（如秋分）了。这时心宿大火的位置与地面平行，即已进入地平线"入土"了。入土就是"内"（纳）。这就是《夏小正》所说的"九月内火"。

从以上所说实际天象，夏历五月夏至"日永星火"起，按日推算，那么"流火"，应为夏历六月，"伏火"应为夏历七月，"内火"应为夏历八月。这就是说心宿大火的中、流、伏、内，用建寅为正的夏历推算，其所在之月恰好同《月令》《夏小正》及《豳风·七月》的记载相差一个月。由此可见《月令》《夏小正》和《豳风·七月》，用的是建丑为正（即以夏历十二月为岁首）的殷历。

再说"二之日栗烈，无衣无褐，何以卒岁"。卒者终也，卒岁就是岁终。"二之日"原是夏历的十一月倘用的是周历，则周历的十二月才是夏历的十月，怎么会"栗烈"？又何以曰"卒岁"？不用殷历是无法讲通的。

我们知道古人心目中的岁，是以冬至为起讫点的一个回归年的时间长度。二十八宿以"冬至"为起讫点，每天西移一度，每月西移一宫（亦称一辰或一次）即 30.4 度，一年运行一周天（365 又 1/4 度）。今年冬至到明年冬至周而复始。建丑为正的殷历，它以夏历十二月为岁首，而冬至（必在夏历十一月）是"岁"的起讫点，也正好是殷历的十二月份。因此，从殷历来说"二之日"（即夏历的十一月）自然是商族的"卒岁"（即年终）了。

又如"七月食瓜"，七月开始吃瓜，自然是指吃新鲜之瓜。这个"七月"倘不是夏历的六月而是七月，那么按二十四节气，则七月已是立秋、处暑了，如果这时才开始吃瓜，那岂不是吃秋瓜了吗？还有"二之日凿冰冲冲，三之日纳于凌阴"等等，亦可证实《七月》用的是建丑为正的殷历。

3. 《豳风·七月》用心宿大火纪月，这在《诗经》中也是独一无二的。按古人的习惯，对商代的主祭星（即族星）心宿大火，不称"伐"而称"火"，这一般也只有当代（即殷商）的诗人才会这样。同商代的人们不称夏代的主祭星为"参"。而只称它为"伐"（即被伐之族的族星）一样，克商的西周民族也不会称商族的族星为"火"的。殷历建丑而周历建子的原因也是如此。我要压倒你，征服你，我的月建就要定在你的前头。你建丑，我建子；你建子，我就该建亥，总之我得骑在你的头上，把你压下去。由此亦可证实：《七月》是殷商时代的豳地人民用殷历记咏农事生活的诗。

我国古代从夏商周至秦汉以前，每一个新王朝建立时，都要祷告天地"改正朔，易服色"。如《史记·殷本纪》："桀败……奔于鸣条"，"汤乃践天子位，平定海内"。"汤乃改正朔，易服色，尚白，朝会以昼。"这是人所共知的常识。夏朝建寅为正（即以夏历一月为正月），商朝建丑为正（即以夏历十二月为正月），周朝建子为正（即以夏历十一月为正月），秦始皇统一中国后，用颛顼历，以建亥为正，以夏历十月为正月（《史记·秦始皇本纪》："始皇推终始五德之传，以为周得火德，秦代周德，从所不胜。方今水德之始，改年始，朝贺皆自十月朔。"《正义》曰："周以建子之月为正，秦以建亥之月为正。故其年始用十月而朝贺"）。总之，后一个新建的王朝推翻前一个王朝之后，在建月上也一定要建在被推翻王朝的月建之前。直到西汉王朝建立时，才破除这种"积习"，恢复建寅为正的夏历，并一直沿袭到了今天。夏有夏历，商有殷历，周有周历。每个新建王朝它刚立国时，虽然改了正朔，确定了自己的月建（即历法），如殷历建丑，周历建子，等等。但任何一个新建王朝，它们在建国后却在相当长的时间里仍沿袭前朝历法。这主要是由于人民百姓习惯于旧历而对新历尚未约定俗成的缘故。这也便是西周前期，基本仍用殷历的原因。然而尽管如此，新王朝的月建却是"法定"了的，对建子为正的周人来说，他们的"岁暮"（或"卒岁"）则一定是亥月（即夏历的十月）而绝不会是子月（即夏历的十一月）。据此，我们分析《诗经》中的所有纪月的诗篇（如《召南·小星》《鄘风·定之方中》《唐风·蟋蟀》《唐风·绸缪》《豳风·七月》《小雅·采薇》《小雅·六月》《小雅·正月》《小雅·十月之交》《小雅·四月》《小雅·小明》），就能得知，凡是以夏历十一月为"岁暮"（或"卒岁"）的诗篇，就一定是殷商或殷商遗民（如伯夷）的作品，如《豳风·七月》和《小雅·采薇》等。

以《小雅·采薇》"采薇采薇，薇亦作止。曰归曰归，岁亦莫止"，"采薇采薇，薇亦柔止。曰归曰归，心亦忧止"，"采薇采薇，薇亦刚止。曰归曰归，岁亦阳止"来分析，可断定此诗用的是殷历，其"岁暮"是夏历十一月。"薇"是野生的豌豆苗，嫩苗可以食用。"作"是初生的意思。豌豆一般在夏历十月份播种，十一月份开始长出嫩苗（"薇亦作止"），十二月份其苗柔嫩（"薇亦柔止"），可以掐来食用。到了第二年的一月份，气候开始暖和起来（"岁亦阳止"，"阳"暖和，与《豳风·七月》："春日载阳，有鸣仓庚"之"阳"同义），薇也开始开花结荚，其苗质硬（"薇亦刚止"），不宜食用了。"薇亦作止"之时，正是夏历的十一月份，即殷历的"岁暮"（"岁亦莫止"）。因此可以断定《采薇》是殷商将士出征猃狁的诗。《史记·匈奴列传》云："唐虞以上，有山戎猃狁荤粥，居于北蛮。"又《诗三家义集疏》云："毛序文王之时，西有昆夷之患，北有猃狁之难，以天子之命，命将率遣戍役，以守卫中国。故歌《采薇》以遣之。"笺："文王为西伯服事殷之时也。昆夷，西戎也。天子，殷王也。戍，守也。西伯以殷王之命，命其属为将，率将戍役，御西戎及北狄之难，歌《采薇》以遣之。"这是《采薇》为殷商时诗的佐证。

此外，从《诗经·大雅·公刘》《泂酌》《绵》《皇矣》等所歌颂的人物（公刘、古公亶父、文王）以及所反映的社会生活和思想内容来看，它们亦应是殷商时期的诗歌。

以《公刘》为例，此诗叙述了周人的始祖公刘为避夏桀之乱，从邰徙邠的经历，以及他率领众人上山下原，反复考察豳地周围环境（"陟则在巘，复降在原"），在此营房筑舍、安家落户（"于时处处，于时庐旅，于时言言，于时语语"）、劳动生息（"度其隰原，彻田为粮"）的情景。《诗三家义集疏》："笺：公刘者后稷之曾孙也。夏之始衰，见迫逐，迁于豳而有居民之道。"《史记·匈奴传》曰："夏道衰而公刘失其稷官，变于西戎，邑于豳。"《吴越春秋卷一》曰："公刘避夏桀于戎狄，变易风俗，民化其政。"又《艺文类聚·职官部》扬雄博士箴云："公刘挹行潦而浊乱斯清，官操其业，士执其经。"陈乔枞云："此以《泂酌》为公刘之诗。"《盐铁论·和亲篇》曰："政有不从之教，而世无不可化之民。诗云：'酌彼行潦，挹彼注兹。'故公刘处戎狄，戎狄化之；大王去豳，豳民随之。"公刘为夏桀时人，从公刘到武王立国，时间相距数百年。《公刘》之诗，倘非当时（或相去不远）之人所为，其内容岂能如此具体生动？据此我们可以认为《公刘》是夏末殷初时候的作品。

综上所述，我国最早的诗歌总集——《诗经》，不仅《商颂》是殷商时期的作品，《风》《雅》中的《豳风·七月》《小雅·采薇》以及《大雅·公刘》《泂酌》《绵》《皇父》等也是殷商以前的作品。因此，《诗经》制作之年代为西周至春秋中叶500年间的说法是不确切的。《诗经》应是殷商至春秋中叶一千余年间的作品。它不仅是我国最早的诗歌总集，也是世界最早的诗歌总集，这是我们中华民族的骄傲！

（此文刊于《贵州社会科学》1997年第4期）

晋国灭虢、亡虞的具体时间考

据《左传·僖公二年》，晋献公曾以名马美玉向虞国借道攻打虞国的邻国虢国。虞国谋士宫之奇劝阻虞君道："虢国是虞国的屏障。虢国灭亡了，虞国必将随之而亡……谚语所说的'辅车相依，唇亡齿寒'，大概说的就是虞国和虢国的关系吧！"虞君利令智昏，不听宫之奇的劝告。结果晋国在灭掉虢国的回师途中，一举灭掉虞国，并俘虏了虞国的国君。

晋国灭取虢国和虞国的具体时间和经过，《左传·僖公五年》（公元前655年）有一段十分生动的叙述，现摘抄如下：八月甲午，晋侯围上阳，问于卜偃曰："吾其济乎？"对曰："克之。"公曰："何时？"对曰："童谣云：'丙之辰，龙尾伏辰，均服振振，取虢之旂，鹑之贲贲，天策焞焞，火中成军，虢公其奔。'其九月十月之交乎！丙子旦，日在尾，月在策，鹑火中，必是也。"冬十二月丙子朔，晋灭虢，虢公奔京师，师还，馆于虞，遂袭而灭之。

这段话用童谣所反映的天象实际和卜偃的分析推测及史家记载，指明了晋灭虢国的具体时间是"丙之晨，龙尾伏辰"之日，亦即"九月十月之交"的"丙子旦"，灭虞国的时间是"冬十二月丙子朔"。

对于"九月十月之交"的"丙子旦"和"冬十二月丙子朔"的解释，几乎所有注家都认为，"九月十月之交"是"夏之九月十月也，交，晦朔交会"（见《十三经注疏·左传·僖公五年》）。1990年贵州人民出版社出版的《左传全译》其注释也说："九月十月之交，九月末十月初。"按照这种解释，则晋灭虢国的具体时间当是公元前665年夏历十月初一丙子日了。

"冬十二月丙子朔"原是晋师灭虢之后，"师还馆于虞"，用突然袭击的办法灭取虞国的具体日期。可是历代注家却将它同灭虢的"九月十月之交"

的"丙子旦"混为一谈。为了解决"九月十月"与"冬十二月"在纪月上的"矛盾",他们提出前者用的是夏历,后者("冬十二月")用的是周历。《十三经注疏》云:"冬十二月,周十二月(即)夏之十月。"朱东润先生主编的《中国历代文学作品选·宫之奇谏假道》的注释也说:"冬十二月,晋用夏历,鲁用周历,十二月即晋之十月。丙子朔,初一丙子,和前言九月十月之交相应。"

这个"九月十月之交"的"丙子旦"和"冬十二月丙子朔"究竟是指同一天呢?还是两个不同的日期?它们究竟是夏历的几月几日?为了弄清这些问题,我们有必要就童谣和卜偃所说到的一些天象及其他有关问题,做点简要的介绍和解释。

《史记》所载的《历术甲子篇》是一部以周考王十四年(即公元前427年)为历元近距的一部历法宝典。在这科学的历算产生以前,我国长期处于观象授时年代。所谓观象授时,主要是观天象,即观测日月星辰的位置变化。这种位置变化,是由日月星辰各自的运行规律所决定的(在古人的概念里,地球是不动的,太阳,月亮,星辰总是不停地在围绕着地球运动,我们称这种运动为视运动)。因此,观察并掌握日月星辰的位置变化(即运行)规律,就能计量安排年月日时和春夏秋冬及二十四节气。例如对二十八宿的观测,我国先民在地球北回归线23度半的高空假想有一个与地球赤道平行的大圆圈叫黄道。二十八宿(即二十八个恒星座、区)就分布在这个黄道上(或稍南或稍北),并以各自相对不变的位置由东向西移动。先民们把黄道这个大圆圈等分为十二段(亦即十二宫、辰或次)并365又1/4度(即一个回归年的时间长度)。二十八宿以"冬至"(牵牛初度)为起点,每天西移一度,每月西移一宫(辰、次)即约30.4度。一年运行一周天,今年冬至到明年冬至周而复始。

这样我们只要从二十八宿中任意认准其中的任何一个星宿,并对它进行定时定点观察,就能分清一年四季、十二个月和二十四个节气的交节(气)时间。例如当某星宿出现在东方的地平线上方,同地平线构成的夹角小于30度时,为夏历一月,那么当它出现在东方上空,同地平线构成的夹角等于或大于30度而小于60度时,则为夏历二月,当它出现在东方上空,同地平线构成的夹角等于或大于60度而小于90度时，则为夏历三月，以下类推为四月，五月……

我国先民根据初昏（酉时）对二十八宿的仔细观测，建立了酉时中星的"中、流、伏、内"概念。所谓中流伏内是指每个星宿（即中星）在不同的月份于初昏时候在天际所显示的不同位置。即当某星宿初昏（酉时）在头顶（即中天）出现时为"中"，在偏西30度（与地平线构角为60度）的天空出现时为"流"，在偏西60度（与地平线构角为30度）的天空出现时为"伏"，在偏西90度（与地平线构角为0度）即进入地平线时为"内"（读作"纳"）。中、流、伏、内，彼此之间刚好相差一个月。以心宿大火为例："火中"为夏历五月（即殷历六月，如《礼记·月令》："季夏之月，昏火中"）。"流火"为夏历六月（即殷历七月，如《诗经·豳风》："七月流火"）。"火伏"为夏历七月（即殷历八月，如《大戴礼·夏小正》："八月辰则伏。"辰是四象中的主星。此处指东方七宿中的房宿。因房宿靠近心宿大火，故"辰伏"即是"火伏"）。这时，大火的位置为偏西60度，与地平线构成30度的夹角。由于西方日光较强，因太阳光的照射作用，初昏时候我们就看不到心宿大火了。所以谓之"伏"。"内火"为夏历八月（即殷历九月，如《大戴礼·夏小正》："九月内火"）。这时大火的位置为偏西90度，与地平线的构角是0度，即已进入地平线了，所以谓之"内"（纳），"内"（纳）就是"入"，即进入地平线的意思。

童谣所云的"丙之晨，龙尾伏辰"意思是指二十八宿中的东方苍龙七宿角、亢、氐、房、心、尾、箕的"尾"宿伏于"辰"时，这天是丙日，因尾宿十分靠近心宿大火，故"尾伏"即可视为"火伏"，时为夏历七月。

"龙尾伏辰"的"辰"指日月交会之所，亦即《康熙字典》所释的"日月合宿"之日。这时太阳与月亮处于同一个宿区，即"月为日所食"之日。因此这夜人们看不到月亮，其具体时间就是人们常说的"晦朔交会"之时。所以"丙之晨，龙尾伏辰"实际说的是当年夏历七月晦日的天象实况。

童谣"鹑之贲贲，天策"指的是二十八宿中的南方朱雀（亦即鹑鸟）七宿井、鬼、柳、星（七星）、张、翼、轸和天策星（即傅说星）当时在天际显现的位置。如前所说，将二十八宿一周天等分为十二次（宫、辰），南方朱雀七宿所占之次为鹑首、鹑火、鹑尾三次（这三次起于"初，井十六度"终于"轸十一度"，合计占周天约93度）。

"贲贲"是暗淡无光的意思（《杂卦传》云："贲，无色也。"），"天策"即傅说星，其位置靠近尾宿。《左传·正义》云："天策，傅说星。史记天官书之文庄子云傅说之以骑箕尾。傅说殷高宗之相，死而托神于此星，故名为傅说星也，傅说之星在尾之末。""贲贲"亦即昏暗无光的意思。什么时候"鹑鸟"和天策星才会黯然无光呢，根据它们的运行规律，只有"尾伏"（亦即"火伏"）的夏历七月才会如此（夏历五月鹑鸟初昏现于中天，六月为流，七月为伏）。因此，"鹑之贲贲，天策"说的仍是夏历七月的天象。

"火中成军"，火中即指心宿大火初昏现于中天，时为夏历五月（"火中"是古天文历法的专门术语。《左传全译》说"火中"，即鹑火星出现在南方。这是不对的，鹑火是次，说它是星区可以，说是"星"就不对了）。"成军"指发动军事行动。"火中成军，虢公其奔"意思是说晋国在五月发动军事行动，六月包围虢国都城上阳，虢公丑将在晋国的这次军事进攻中出逃。

因童谣说的全是天象，卜偃怕晋献公听不明白，故又对童谣加了一番解释。卜偃说："丙之辰，龙尾伏辰"指的就是"九月十月之交"的"丙子旦"，"鹑之贲贲，天策"是说"取虢之旂"这天日月将交会于尾宿。此时"鹑火"之次所辖三宿柳、星、张，将居当月之中（即夏历七月）。

无论是童谣还是卜偃的分析推测，都是就当时的实际天象和晋军已完成了对虢国都城上阳的包围的实际情形而说的，并无什么神秘之处，卜偃也不是什么未卜先知。晋军既已于夏历六月十七（即"八月甲午"）包围了上阳，而要拿下虢国（"取虢之旂"）自是指日可待的事。卜偃据此推断：晋军必将于"九月十月之交"（即夏历七月底）"取虢之旂"，也就不足为奇了。现在的问题是"九月十月之交"的"丙子"日，究竟是夏历的哪一天，历代注家把它说成是夏历十月初一，这就值得研究了。

一、"九月十月之交"的"交"是交接、接替之义。"九月十月之交"就是"九月末，十月初"亦即"晦朔交会"的意思。它可以是上月的晦日，也可以是下月的朔日。经我们用古四分历术推算当是周历九月的晦日（即夏历七月二十九日，详情见后）。

二、《左传》用的究竟是什么历？是周历，还是夏历或两种历兼而用之？所有注家不是把它说成夏历，就是说成周历与夏历合用。而我们认为《左传》用的是建子为正的周历，它并不存在用夏历或周历和夏历合用的情况。

为了彻底搞清楚这个问置，我们根据《史记·历术甲子篇》所提供的古代历术（如甲子蔀子月的朔闰气余等等）及相关的古历知识（如十九年七闰为一章，四章为一蔀，二十蔀为一纪；《历术甲子篇·子月朔闰气余表》；《二十蔀蔀余表》），将僖公五年（即公元前655年）的"王正月辛亥朔，日南至"（即冬至）的交气时间和全年各月的朔推算如下（推算时我们是以公元前427年己酉十六蔀为天正甲寅元的历元近距来进行的）：

(655－427)÷76＝3……0（公元前655年与公元前427年相距为3蔀）

16－(3＋1)＝12

76－0＋1＝77（年）……（公元前655年当为第十二蔀〔癸酉蔀〕第77年）。

因76年为一蔀，77年则已进入下一蔀之首年，实际公元前655年已为第十三蔀（即壬子蔀）的第1年。

查《历术甲子篇子月朔闰气余表》得知：

太初1年的前（朔）大余为0，前（朔）小余亦为0，气（后）大余为0，气（后）小余亦为0（朔大余"0"，为是年前子月朔日的干支数次，朔小余"0"为合朔时刻。气大余"0"为冬至日的干支数次，气小余"0"为冬至交气时刻。《历术甲子篇》以甲子到癸亥为一甲。其干支数次甲子为0，乙丑为1……癸亥为59。见《一甲数次表》）。

查《二十蔀蔀余表》得知：壬子十三蔀余为48。

48＋0＝48（蔀余加朔余的干支数次等于所推之年前子月朔日的干支数次）

查《一甲数次表》得知：48为壬子日的干支数次。

以上准算即得：公元前655年前子月（即"春王正月"）的朔日为壬子，合朔时刻是零时（即晚上十二点整）。交冬至的时间与合朔的时间完全同时，也是壬子日的零时。

据此我们即可排出僖公五年（公元前655年）全年各月的朔及合朔时

· 416 ·

间，为：

子月壬子　0分合朔并交冬至

丑月辛巳　499分合朔

寅月辛亥　58分合朔

卯月庚辰　557分合朔

辰月庚戌　116分合朔

巳月己卯　615分合朔

午月己酉　174分合朔

未月戊寅　673分合朔

申月戊申　232分合朔

酉月丁丑　731分合朔

戌月丁未　290分合朔

亥月丙子　789分合朔

子月丙午　348分合朔

丑月己亥　847分合朔

《春秋》《左传》用的究竟是建寅为正的夏历，还是建子为正的周历？或是两者兼用？我们用上面排出的这个十二月合朔时刻表一对照，就一目了然了，从表上看，前子月壬子0分合朔并交冬至，正是《左传·僖公五年》之中所说的"五年春，王正月辛亥朔，日南至"。因该月的合朔时刻是"0"（即晚上十二点整），它既是上一天（晦日）的终点，也是下一天（朔日）的起点，即《左传·僖公五年》注所谓的"晦朔交会"之时。所以这月的朔时，可以记为辛亥的深夜十二点整，也可以记为壬子的零点整。《左传》把这天记为辛亥，我们推算为壬子。辛亥与壬子看上去似乎相差了一天。但从合朔与交气时间来看，实则是同一时间。

我们知道，"日南至"就是"冬至"，它是一年二十四节气中的第一个中气，其交气时间必是夏历的十一月（"气"是确定四季和十二个月的时间范围的。正月雨水，二月春分，三月谷雨，四月小满，五月夏至，六月大暑，七月处暑，八月秋分，九月霜降，十月小雪，十一月冬至，十二月大寒，这是必须遵循的规律。是绝对不能违背的）。僖公"五年春，王正月辛亥朔，日南

417

至"用的正是建子为正（即以夏历十一月为岁首）的周历。倘这"王正月"用的是夏历就绝对说不通了（冬至必在夏历十一月，它是绝对不能跑到夏历正月去的）。

从表上看，未月（即周历八月）朔日是戊寅。据此可推知该月的甲午日是十七。这与僖公五年的"八月甲午，晋侯围上阳"完全吻合，证明《左传》用的确实是周历。《左传全译》所谓"八月无甲午日"的说法是不对的。原因是他们把《左传》的用历误认为是夏历，并错把"戌月"看成夏历八月了。倘把周历八月看成是戌月（即丁未290分合朔）的话，那这月倒确实没有甲午日了。可《左传》的作者绝不会这样糊涂，竟在"晋侯围上阳"这么一个大的军事行动的纪时上，闹出如此荒唐的笑话来。

再从表上得知：公元前655年申月（周历九月）的朔日戊申232分合朔，酉月（周历十月）的朔日是丁丑731分合朔。由此可以推知周历九月晦日的干支是丙子。这正好与《左传·僖公五年》卜偃所说的"九月十月之交""丙子旦"，完全一致。足见晋灭虢国的具体日期是周历九月的晦日丙子，即夏历七月二十九日（因该月的合朔时刻为232分，是小月），而不是某些注家所说的夏历十月初一。我们从上表看，尽管亥月（即夏历十月，周历十二月）的朔日虽然也是丙子，但这个月已远不是"龙尾伏辰"时节。这时的东方苍龙七宿早已进入地平线了（民间谚语云："二月龙抬头，八月龙藏尾。"夏历十月，尾宿不是"伏"，而是早已"内"了）。再说，童谣和卜偃所说的晋灭虢国（即"取虢之旗"）之日是"丙之辰""丙子旦"，并没有说这天是朔日，是"丙子朔"。所以《左传》"冬十二月丙子朔"（即夏历十月初一）显然是晋军灭虢之后返回晋国，途经虞国"馆于虞，遂袭而灭之"的日子，否则晋灭虞国的日期就缺乏历史记载了。

这里顺便说一个问题，晋国灭取虢国和虞国的时期，为何都选择在丙子日呢？因丙为南方，属火；子为北方、属水。晋处虞、虢之北，虞、虢在晋之南。水能灭火。故晋灭取虢、虞均以丙子日为期。这是古人迷信所谓五行相生相克的缘故。

以上推算证实晋灭虢国的具体时间是公元前655年夏七月二十九日。晋军回师馆于虞，遂袭而灭虞的时间是公元前655年夏历十月初一丙子。

策划编辑:邵永忠　王建虹
责任编辑:邵永忠
封面设计:徐　晖

图书在版编目(CIP)数据

中华人文稽考/蒋南华　黎斌　著.—北京:人民出版社,2017.5
ISBN 978-7-01-016193-8

Ⅰ.①中…　Ⅱ.①蒋…②黎…　Ⅲ.①中华文化-研究　Ⅳ.①K203

中国版本图书馆CIP数据核字(2016)第096314号

中华人文稽考
ZHONGHUA RENWEN JIKAO

蒋南华　黎　斌　著

人民出版社 出版发行
(100706 北京市东城区隆福寺街99号)

北京中科印刷有限公司印刷　新华书店经销

2017年5月第1版　2017年5月北京第1次印刷
开本:710毫米×1000毫米 1/16　印张:26.75
字数:420千字
ISBN 978-7-01-016193-8　定价:68.00元

邮购地址 100706　北京市东城区隆福寺街99号
人民东方图书销售中心　电话 (010)65250042　65289539

版权所有·侵权必究
凡购买本社图书,如有印制质量问题,我社负责调换。
服务电话:(010)65250042